관광소비자 행동론

TOURISM CONSUMER BEHAVIOR

Preface

먼저 지금까지 저의 執筆書를 전공 교재로 활용해 주신 모든 분께 진심으로 감사드린다.

4차 산업혁명의 핵심적인 기술들은 관광 산업과 같은 서비스 산업에 더 지대한 영향을 미치고 있다. 기술 혁신에 따른 서비스의 온-디맨드 수요가 여행업, 호텔업, 카지노업 등 관광 서비스 산업 전반에서 대폭 증가할 것으로 보인다. 관광 서비스 소비자의 욕구를 정확히 예측할 수 있다면 관광 서비스 기업들은 마케팅 전략을 효과적으로 수립할 수 있게 된다. 이번 개정된 내용은 이러한 환경 변화를 최대한 반영하려 노력하였다.

이번에 개정된 내용을 간략히 소개하면 다음과 같다. 우선 관광 소비자 행동에 관련한 이론과 사례의 설명을 쉽게 연결함으로써 독자들의 이해도를 높이는 데 초점을 맞추었다. 또한, 개정판을 출간하기까지 변화무쌍한 현상들이 소비자 행동에 많은 변화를 가져다 주었다. 따라서 최신의 사례들과 그 중요성이 새롭게 부각되는 소비자 행동 개념들을 소개하였다.

그리고 내용의 간결함을 꾀하고자 노력하였다. 양적으로는 14장에서 13장으로 한 장(Chapter)를 줄여 구성하였다. 대부분의 4년제 대학교에서는 15주 수업을 진행하고 있는 것을 반영하였다.

또한, 다양한 사례를 발굴하여 본문 내용에 포함하였다. 특히 독자들의 이해를 돕기 위해 관련 주제와 연관된 다양한 사례를 오픈 AI 등을 통해서 발굴하여 제시하였다.

뿐만 아니라 독자들이 쉽고 흥미롭게 교재 내용을 이해할 수 있도록 딱딱한 텍스트 위주에서 벗으나 시각적 내용(표, 그림, 사진)을 많이 포함하였다. 이와 더불어 내용의 모호함, 오류 또는 실수, 사례의 부적합성 등을 개선하였다.

개정판을 준비하고 집필하기 위해서 혼신의 노력을 기울였지만, 여전히 미흡한 부분이 있으리라 생각된다. 이 책을 사용하시면서 부족한 부분이나 보완해야 내용이 있다면 三顧草廬도 마다하지 않을 것이다. 호텔 외식 관광 소비자 행동에 관심이 있는 많은 분께 조금이나마 도움이 되길 바란다.

마지막으로 집필자의 역량이 부족함에도 믿고 출간해 주신 임순재 사장님과 이 책이 나오기까지 가장 많은 희생을 하신 한올출판사 최혜숙 실장님께 머리숙여 감사를 드린다.

2024년 12월 크리스마스를 보내며
김병용

관·광·소·비·자·행·동·론

Contents

PART 2 정보 처리 과정과 구매 의사 결정 과정

Chapter 03 관광객 정보 처리 과정 • 72

PART 3

구매 의사 결정의 내부 영향 요인

Chapter 06 태도와 관광 행동 • 190

Chapter 09　동기와 관광 행동 • 286

PART 4 구매 의사 결정의 외부 영향 요인

🎙 **Chapter 12** 준거 집단 및 가족과 관광 행동 • 382

관광소비자
행동론

관·광·소·비·자·행·동·론

PART
1

소비자 및 관광 소비자 행동의 이해

Chapter 01

소비자 행동의 이해

🎯 학습목표

이 장을 학습하고 나면 학생들은 다음의 내용을 이해하게 될 것이다.

1. 소비자 행동 개념

2. 소비자 행동 특성

3. 신소비자 행동 특성

4. 소비자 행동 연구의 접근 방법

5. 전통적 소비자 행동 모델의 장단점

6. 현대적 소비자 행동 모델의 장단점

7. 덴츠의 SIPS 모델의 특성

8. 모델 연구의 중요성

9. 소비자 행동 모델의 한계점

인간은 소비 활동을 하는 경제적 동물이기 때문에 소비 주체인 동시에 경제 주체이다. 소비자는 성별, 연령, 주거 지역, 교육 수준, 문화의 차이에 관계없이 각자의 욕구를 충족하기 위해 상품과 서비스를 소비하는 주체로서 경제 활동에 참여할 뿐만 아니라 재화나 서비스 생산을 촉진하는 역할을 한다.

소비자는 소비 생활을 안전하게 영위할 권리를 가지고 있다. 시장이 공급자 중심에서 소비자 중심으로 형성된 오늘날 소비자의 안전이 매우 중시되고 있다. 안전한 소비 생활은 개인의 건강한 삶과 직접적인 관계가 있으며, 나아가 국민의 행복과 직결되어 있다.

소비자 행동은 소비자가 소비와 관련된 돈, 시간, 노력 등의 자원을 어떻게 합리적으로 배분할 것인가와 관련이 있다. 이러한 자원들은 소비자의 욕구를 만족시켜 줄 수 있는 대상물의 교환을 용이하게 한다. 소비자는 개인, 가족, 그리고 기업과 같은 조직도 포함하며, 이러한 의사 결정 단위의 행동은 신체적 행동뿐만 아니라 심리적 결정 과정을 모두 포함한다.

따라서 소비자의 행동은 복잡하고 이해하기가 어렵다. 이러한 어려움을 극복하기 위하여 다양한 소비자 행동 모델을 개발하여 왔다. 또한 다양한 접근 방법을 통해 소비자의 행동을 논리적으로 이해하려는 노력이 시도되어 왔다.

제1장에서는 소비자 및 소비자 행동의 개념, 소비자 행동 연구의 배경 및 접근 방법을 살펴본다. 그리고 과거와 현대의 대표적 소비자 행동 모델을 분석해 본다. 또한, 인터넷 시대에 맞는 소비자 행동 모델인 SIPS에 대해서도 살펴본다.

제1절 소비자 행동 개념 및 특성	제2절 소비자 행동 연구	제3절 소비자 행동 모델
·소비자의 개념 ·소비자 행동의 개념 ·소비자 행동의 특성 ·신소비자 행동의 특성	·소비자 행동 연구의 배경 ·소비자 행동 연구의 접근 방법	·전통적 소비자 행동 모델 ·현대적 소비자 행동 모델 ·덴츠의 SIPS 모델 ·소비자 행동 모델 연구의 장점과 한계점

🌐 그림 1-1_ 제1장 내용구성

제1절 소비자 행동 개념 및 특성

개인의 소비 성향은 소득, 연령, 교육, 성별, 선호도, 경험 등의 주관적 요인에 따라 좌우되며 그에 따른 선택은 사업자로 하여금 상품이나 서비스를 원하는 조건으로 제공하도록 유도한다. 소비자의 개념은 제품이나 서비스의 탐색, 구매, 소비에 관련된 일련의 행위를 포괄적으로 포함하고 있다. 여기서는 소비자의 행동을 이해함에 있어 기본적인 소비자 및 소비자 행동의 개념, 소비자 행동 특성, 그리고 신소비자의 행동 특성에 대해 살펴본다.

1 소비자의 개념

소비자란 소비 생활을 위하여 상품과 서비스를 구입하거나 사용하는 사람을 말한다. 인간은 살아가면서 끊임없이 소비 활동을 하는 경제적 동물이기 때문에 모든 인간은 소비자이다. 소비자의 개념은 다음과 같이 포괄적으로 정의되고 있다.

첫째, 유형의 재화나 무형의 서비스를 구매·사용 또는 소비하는 사람을 소비자라 한다. 예를 들면, 호텔, 레스토랑, 카지노, 테마파크, 제과점, 미용실, 은행 이용자나 컴퓨터 및 자동차 구매자 등이 있다. 이들은 모두 일정한 비용을 지불하고 특정 제품을 사용하거나 혹은 서비스의 혜택을 향유하는 소비자이다.

둘째, 소비자는 개인 소비자, 재판매자, 그리고 생산을 목적으로 구매하는 조직 구매자도 포함한다. 개인 소비자는 자신이 최종적으로 사용하기 위해 주로 제품을 구매한다. 재판매자는 소매상이나 도매상처럼 상품을 되팔아서 이익을 얻을 목적으로 제품이나 서비스를 구입하는 개인이나 조직을 말하다. 조직 구매자는 제품 또는 서비스를 생산하기 위하여 이에 필요한 원자재, 부품, 기계, 설비 등을 구매하기 때문에 이들의 궁극적인 목표는 생산된 제품이나 서비스를 판매, 대여, 교환함으로써 이윤을 얻는 데 있다.

마지막으로, 제품이나 서비스가 아닌 이념이나 지식, 교육, 정보, 아이디어 이용자도 소비자에 포함된다. 유권자, 신도, 학생 등은 정당, 정치가, 종교 단체, 학교 또는 교육자 등으로부터 정책이나 이념, 아이디어, 지식 등을 구매 혹은 이용하기 때문에 소비자라 볼 수 있다.

2 소비자 행동의 개념

소비자 행동consumer behavior은 소비자가 자신의 욕구 충족을 위해 제품이나 서비스를 탐색, 구매, 사용, 평가, 처분하는 행위이다Schiffman & Kanuk, 1991. 여기서 제품이란 승용차, 컴퓨터, 요트 등과 같은 유형의 제품뿐 아니라 진료, 창업 컨설팅, 법률 상담, 교육 등과 같은 서비스 등도 포함한다. 개인이 특정 아이디어를 수용하는 과정에서 나타나는 반응은 제품이나 서비스를 구매할 경우와 유사하므로 제품은 이러한 아이디어까지도 포괄한다. 따라서 인간의 욕구를 충족시킬 수 있는 것은 무엇이든지 제품이라 할 수 있다.

소비자 행동에서 행동이란 신체적 움직임은 물론 정신적·심리적 활동까지도 포함한다. Kardes2002는 소비자 행동을 "제품과 서비스 그리고 마케팅에 대한 인간의 반응"p.5으로 정의하면서 인간의 반응을 제품이나 서비스에 대해 좋거나 싫은 감정적 요소, 제품이나 서비스에 대한 믿음을 나타내는 인지적 요소, 그리고 실제로 제품이나 서비스를 구매, 소비, 처분하는 행동적 요소로 구분하였다. 따라서 구매 행동은 소비자 행동의 한 측면에 불과하며 구매에 영향을 미칠 수 있는 신념이나 태도의 변화 등 정신적 활동까지도 포함한다.

소비자 행동의 정의에 포함된 구성 요소를 정리해 보면 〈그림 1-2〉와 같다. 소비자 행동을 구성하는 요소로는 의사 결정의 요소, 소비의 유형, 제공물, 의사 결

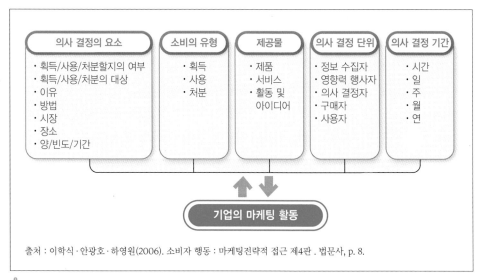

출처 : 이학식·안광호·하영원(2006). 소비자 행동 : 마케팅전략적 접근 제4판. 법문사, p. 8.

🧭 **그림 1-2_ 소비자 행동 구성요소**

정 단위, 그리고 의사 결정 기간 등이 있다. 따라서 소비자 행동은 구매 이상의 다양한 소비 관련 활동을 수반한다. 이들 요소는 기업의 마케팅 활동의 실행에 직접적으로 영향을 주고 받는다.

③ 소비자 행동의 특성

소비자의 행동은 매우 복잡하다. 정서적 자극에 의해 구매하는 사람, 스트레스 해소를 위해 구매하는 사람, 선물을 위해 구매하는 사람, 온라인 쇼핑을 통해 구매하는 사람, 충동 구매를 즐기는 사람 등 소비자의 행동은 다양하고 이해하기 복잡하다. Wilkie[1986]는 선행 연구 결과를 토대로 일곱 가지 소비자 행동의 특성을 설명하고 있다.

첫째, 소비자 행동은 동기에 근거한다. 즉 동기는 소비자가 구매혹은 소비 행동을 '왜' 하는지를 설명해 준다. 예를 들면, 사람들이 왜 식사를 하는지, 왜 등산을 하는지, 왜 카지노 게임을 즐기는지에 대한 대답이다.

둘째, 소비자 행동은 다양하고 포괄적이다. 소비자 행동은 단지 소비자의 구매 행동만을 말하는 것이 아니라 실제 제품이나 서비스를 구매하기 위해 탐색하고, 평가하고, 느끼고, 그리고 결정하는 모든 활동을 포함한다.

셋째, 소비자 행동은 일련의 과정으로 이루어진다. 소비자 행동은 구매 이전의 행동, 구매 행동, 구매 후 행동로 나누어지며 이 모든 일련의 과정이 소비자 행동에 포함된다.

넷째, 소비자 행동은 시간, 복잡성, 소비 기간, 소비 상황 등에 따라 상이하게 나타난다. 시간이란 소비자가 언제 구매 의사 결정을 하는가 그리고 그 과정이 얼마나 오래 걸리는가를 말한다. 복잡성이란 의사 결정에 관련한 많은 활동과 그 결정 자체의 어려움을 의미한다. 예를 들어, 제품의 가격이 비싸거나 구매 빈도가 뜸한 자동차, 냉장고, 여행 등 고관여 제품을 구입할 때 소비자는 많은 정보를 탐색하고 상표를 서로 비교하기 때문에 구매 의사 결정 과정은 매우 복잡하다. 또한, 제품의 소비 기간이 장기일 때(⑩ 자동차) 그리고 소비 상황이 일상적이 아닐 때(⑩ 친구의 생일 선물 구매) 소비자 행동은 복잡해진다.

다섯째, 소비자 행동은 다양한 역할을 포함한다. 소비자로서 물건을 구매하기도 하지만, 다른 사람의 구매에 영향을 미칠 수도 있고, 다른 사람이 구매한 제품을 사용하기도 한다. 소비자 행동은 구매에 영향을 미치는 영향자, 구매자, 사용자 등의 다양한 역할을 포함한다.

여섯째, 소비자 행동은 소비자의 개인적 요인과 외부적인 요인에 의해 영향을 받는다. 개인적 요인은 태도, 동기, 성격 등을 포함하며 외부적 요인은 문화, 사회 계층, 가족, 준거 집단, 마케팅 환경 등을 포함한다.

마지막으로, 소비자 행동은 개인에 따라 다르다. 개인의 필요, 욕구, 태도, 동기, 라이프스타일, 인구 통계적 특성, 개성 등이 모두 다르기 때문에 소비자는 각기 다른 행동을 한다. 그러므로 광고와 마케팅에 있어서 개인의 욕구, 개성, 라이프스타일에 의한 시장 세분화 전략이 중요하다. 〈사례 1-1〉은 개인적인 취향을 고려해 여행 계획을 수립하는 FITForeign Independent Tour; 개별 자유 여행 수요가 증가함에 따라 여행객의 참여와 소통을 강화하기 위해 특화된 콘텐츠를 제공하기 위해 노력하고 있는 사례이다.

 사례 1-1

SNS 입소문 좇아 젊은 세대
자유 여행 바람

〈중략〉 최근 동남아 여행문화에 변화 움직임이 일고 있다. 패키지투어로 상징되는 전통적인 단체 관광에서 벗어나 개별 자유 여행을 선택하는 인구가 증가하는 것이다. 가이드의 안내를 좇아 정해진 일정표를 따르는 수동적 관광이 아닌 스스로 방문지의 동선을 결정하는 능동적 여행 행태가 확산 일로라는 게 여행업계의 설명이다.

기존 여행 업계가 가지 않은 길에 도전장을 던진 주역은 단연 젊은 세대다. 이른바 밀레니얼 세대로 불리는 1980년대 초반에서 2000년대 초반 사이에 태어난 젊은층이 새로운 여행 문화를 주도하고 있다. 일본의 영문 경제 주간지 니케이 아시안 리뷰는 이들을 '해시태그 트래블러'라고 이름 붙였다. 해시태그는 해시 기호(#) 뒤에 단어나 문구를 띄어쓰기 없이 붙여 써 SNS 등에서 검색을 쉽게 해 주는 기능이다. 해시태그와 함께 SNS에 올려진 이미지, 동영상을 통해 여행 정보를 공유한 밀레니얼 세대가 기성세대와는 차별화되는 해외 현지의 문화, 음식 체험 등에 몰입하는 현상을 표현한 것이다.

젊은층의 '나홀로 여행' 열풍에는 몇 가지 요인이 자리 잡고 있다. 우선 경제 성장과 이에 따른 중산층의 급속한 형성을 들 수 있다. 아시아개발은행(ADB)에 따르면, 아세안 10개국은 2012~2016년 연평균 5%의 높은 경제 성장률을 기록했다. 세계은행

▲ SNS 등을 통해 입소문을 타며 동남아 관광객들에게 인기를 끌고 있는 부산 감천문화마을.

(WB)이 발표한 같은 기간 전 세계 연평균 경제 성장률 2.6%에 비해 두 배 가까이 높은 수치다. 경제력 향상에 힘입어 주머니 사정에 여유가 생긴 중산층이 두터워지면서 해외 여행 욕구 또한 커지고 있다.

스마트폰 보급 확대도 비슷한 맥락에서 생각해 볼 수 있다. 현재 싱가포르를 제외한 동남아 주요 국가의 스마트폰 보유 인구는 전체 휴대폰 보유 인구의 40% 수준으로 추산된다. 사실상 스마트폰 보급 포화상태에 이른 한국, 일본 등과는 달리 스마트폰 구매가 늘어날 여지가 크다. 이는 SNS 사용 인구 증가와도 밀접하게 연관돼 있다. 스마트폰 보급 확대는 앞으로 젊은층을 중심으로 SNS 활용이 더욱 활발해질 것을 예상하게 한다. 30세 이하가 전체 인구의 절반 가량을 차지하는 동남아 최대 경제 대국 인도네시아의 경우 2019년 페이스북 사용자가 1억 명을 돌파할 것이라는 전망이 나온다. 이 밖에 말레이시아의 에어아시아, 베트남의 비엣젯 항공 등 저가 항공사의 잇따른 등장으로 해외 여행의 심리적 장벽이 낮아진 점도 이런 변화를 추동하는 원인 중 한 가지다.

태평양아시아관광협회는 밀레니엄 세대가 여행 정보를 얻는 주요 창구로 전문 여행 후기 사이트, 친구 및 지인의 SNS, 전문 여행 블로그를 차례로 언급했다. 이에 더해 한국과 일본, 태국, 몰디브가 향후 각광받는 아시아 여행지가 될 것으로 내다봤다.

그래서일까. 동남아 밀레니엄 세대를 유치하기 위해 각 나라는 발 빠르게 움직이고 있다. 관광업이 국가 경제의 약 20%를 담당하는 태국이 중국인 관광객 유치를 위해 자국을 배경으로 한 중국 영화 제작을 적극 지원한 사실이 대표적이다.

실제 치앙마이를 찾는 중국인 여행객이 급증하면서 이미 북경, 상해, 심천 등 중국 12개 도시에서 치앙마이 직항편이 운행되고 있을 정도다. 고고도미사일방어체계(THAAD·사드) 배치에 반발한 중국의 보복 여파로 심각한 타격을 입은 한국 관광업계가 눈여겨봐야 할 대목이다. 방한 동남아 관광객들이 매년 증가하고 있다는 현실에만 안주해서는 안 된다. 떠오르는 밀레니얼 세대 여행객들의 마음을 사로잡을 수 있도록 팔을 걷어붙여야 할 때다.

출처 : 한국일보 (2017. 11. 3.)

④ 신소비자 행동의 특성

오늘날 소비자는 제품이나 서비스 제공자의 마케팅 과정에 참여하고, 사회 이슈에 민감하게 반응하며, 자신만의 스타일을 추구하는 신新소비자로 변신하고 있다. 최근 소비 심리 위축과 가치 소비의 정착으로 아껴 쓰는 현상이 많이 나타나고 있다그림 1-3 참조. 또한, 친환경과 사회 친화에 관심이 높고 다양한 사회 이슈에 대해 적극적으로 의견을 표출함은 물론 바르게 쓰는 현상이 두드러지고 있다. 그리고 기술의 도움으로 소비자가 영리해짐에 따라 똑똑하게 소비하는 현상이 나타나고 있다.

이러한 특성을 바탕으로 소비자를 新프로슈머, 소셜슈머, 그리고 큐레이슈머로 구분한다그림 1-4 참조. 신프로슈머는 토플러Toffler의 프로슈머prosumer★에서 진화한 것으로 제품 기획, 디자인, 광고, 판매 과정에 직접 개입해 성과 창출에 동참하는 능동적 소비자를 가리킨다. 일반 소비자가 개발한 제품이 상업화된 사례로서 이경규의 꼬꼬면을 들 수 있다. 기업이 제품이나 서비스 생산 과정에 대중을 참여시켜 더 나은 제품·서비스를 만들고 수익을 참여자와 공유하는 크라우드소싱 crowdsourcing도 이에 해당한다.

★ 제품이나 서비스 제작에 직간접적으로 참여하는 능동적 소비자를 말함. 미래 학자 토플러가 1971년 그의 저서 「미래 충격」에서 처음 사용

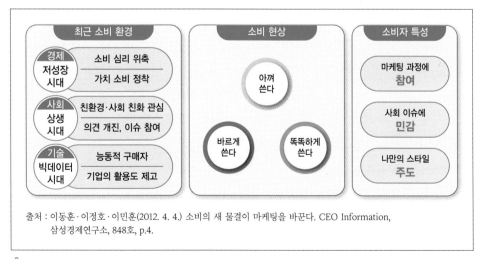

출처 : 이동훈·이정호·이민훈(2012. 4. 4.) 소비의 새 물결이 마케팅을 바꾼다. CEO Information, 삼성경제연구소, 848호, p.4.

🧭 그림 1-3_ 최근 소비 환경에 따른 소비자 특성 변화

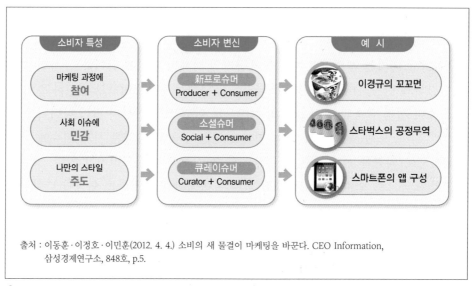

출처 : 이동훈·이정호·이민훈(2012. 4. 4.) 소비의 새 물결이 마케팅을 바꾼다. CEO Information, 삼성경제연구소, 848호, p.5.

🧭 그림 1-4_ 소비자의 세 가지 변신 모습

소셜슈머는 개인의 만족뿐 아니라 사회 전체의 혜택에 관심을 가지고 사회적 이슈에 참여하고 기업에게도 사회적 역할을 요구하는 소비자를 말한다. 오늘날 소비자는 기업의 사회적 책임으로 인해 발생한 추가 비용이 자신에게 전가될 것을 우려해 모두에게 이익이 되는 공유 가치 창출CSV : creating shared value에 주목하고 있다. 스타벅스의 공정 무역fair trade이 한 예이다. 즉, 거대한 자본을 자기 기업이나 국가만이 계속해서 이윤을 남기는 것이 아니라 다수의 나라와 사람들이 함께 잘살기를 희망하는 공생의 의미를 담고 있다.

큐레이슈머는 전시회의 큐레이터처럼 스스로 삶을 꾸미고 자신만의 소비 스타일을 만들어나가는 소비자를 지칭한다. 이러한 소비자는 기업이 의도한 브랜드 이미지나 제품 사용 방식에 구애받지 않고 자신만의 노하우를 활용하여 색다른 만족을 추구한다. 스마트폰의 앱 구성을 예로 들 수 있다. 즉, 동일한 기종의 스마트폰 사용자라 하더라도 사용하는 앱과 스타일이 각양각색이다.

최근에는 위에서 언급한 신프로슈머, 소셜슈머, 큐레이슈머 이외에도 다양한 소비자들이 나타나고 있다. 대표적으로 바겐헌터, 리뷰슈머, 트라이슈머, 트윈슈머, 앰비슈머, 크로스오버 쇼퍼, 펀슈머, 그리고 모디슈머 등이 있다. 특히, 4차 산업혁명을 이끄는 기술들에 대한 소비자의 친숙도가 증가하면서 더 다양하고 차별적인 구매 행동이 나타날 것으로 보인다.

💡 **표 1-1_ 신소비자 유형과 구매 행동 특성**

신소비자 유형	구매 행동 특성
바겐헌터(bargainhunter)	• 세일만을 기다렸다가 할인된 가격으로 구매를 하는 소비자 • 출처 : 중소기업뉴스(http://news.kbiz.or.kr)
리뷰슈머(reviewsumer)	• 비평과 소비자 합성어로 신제품을 남보다 먼저 사용해 보고 SNS 등에 상품에 대한 평가글을 전문적으로 올리는 소비자 • 출처 : 소비자평가(http://www.iconsumer.or.kr)
트라이슈머(trisumer)	• 광고 등에 의존하지 않고 스스로 제품을 사용해 본 뒤 구매를 결정하는 소비자 • 출처 : 시사저널(http://www.sisajournal.com)
트윈슈머(twinsumer)	• 쌍둥이를 뜻하는 트윈(twin)과 소비자를 의미하는 컨슈머(consumer)의 합성어로 생각·취미·취향·반응·소비 등이 쌍둥이처럼 유사한 소비자 • 출처 : 중앙일보(https://news.joins.com/article)
앰비슈머(ambisumer)	• 양면성(ambivalent)과 소비자(consumer)의 합성어로 이중잣대를 가진 소비자들로 가치관에 우선 순위에 있는 것에는 돈을 아끼지 않지만 후순위에 있는 것에는 최대한 돈을 아끼는 소비자 • 출처 : 연합인포맥스(http://news.einfomax.co.kr)
크로스오버 쇼퍼 (crossover shopper)	• 온라인과 오프라인을 비롯한 모든 채널을 통해 정보를 수집하고 구매하는 소비자(쇼루머, 역쇼루머, 옴니쇼퍼 모두 포함) • 출처 : 소비라이프뉴스(http://www.sobilife.com)
펀슈머(funsumer)	• 구매나 구매 과정에서 즐거움을 추구하는 소비자 • 출처 : 소비자평가(http://www.iconsumer.or.kr)
모디슈머(modisumer)	• 기존 제품을 자신만의 방식으로 수정(modify)해서 이용하는 소비자 • 출처 : 시사저널(http://www.sisajournal.com)
팬슈머(fansumer)	• Fan(팬)과 consumer(소비자)의 합성어로 직접 투자 및 제조 과정에 참여해 상품이나 브랜드를 키워내는 소비자 • 출처 : 소비자평가(http://www.iconsumer.or.kr)
체리슈머(cherrysumer)	• 체리피커(Cherry-Picker, 케이크 위에 올려진 체리만 빼먹는 사람)에서 비롯된 개념으로 상품이나 서비스를 구매하지 않고 혜택만 누리는 소비자 • 출처 : 뉴스H(http://www.newshyu.com)
체크슈머(checksumer)	• 식품과 화장품 등 섭취하거나 신체에 직접 닿는 상품들의 제품 성분과 원재료를 꼼꼼하게 확인하고 구매하는 소비자 • 출처 : 시사저널(http://www.sisajournal.com)

소비자 행동 연구

소비자의 행동 연구는 소비자가 자신의 욕구 충족을 위해 제품이나 서비스를 언제, 어디서, 어떻게 구매하고, 평가하며, 처분하는지, 또 기업의 마케팅 활동에 어떻게 반응을 나타내는지를 연구한다. 이를 토대로 마케팅 활동에 필요한 정보나 자료를 수집하고 마케팅 전략에 활용한다. 본 절에서는 소비자 행동 연구의 배경과 소비자 행동 연구의 접근 방법에 대해 살펴본다.

1 소비자 행동 연구 배경

소비자의 행동에 대한 연구는 다양한 배경에서 찾아볼 수 있다. 시장 환경의 변화는 물론 소비자 정보의 중요성, 소비자 권리의 강화, 기업의 글로벌 경영 등이 좋은 예이다.

1) 시장 환경 변화

과거의 시장은 공급에 비해 수요가 넘치는 공급자 중심의 시장이었다. 공급자 중심의 시장에서는 기업의 광고 메세지를 일방적으로 소비자에게 전달하는 푸시 마케팅 전략을 사용하여 시장 점유율을 높이는데 마케팅 노력을 기울였다.

하지만 20세기 들어 치열한 고객 유치 및 유지를 위한 수요자 중심의 시장으로 변하였다. 수요자 중심으로의 시장 환경의 변화는 제품이나 서비스 공급업자가 소비자의 필요나 욕구를 사전에 파악하고 그 욕구를 충족시킬 수 있는 제품이나 서비스를 제공하지 못하면 경쟁 시장에서 도태된다는 것을 의미한다.

이러한 환경의 변화로 인해 기업의 경영 활동도 소비자 중심의 마케팅으로 변화할 수밖에 없다. 따라서 마케팅은 기업의 경영 활동에 있어서 선택이 아닌 필수이며, 효과적으로 마케팅 활동을 수행하기 위해서는 소비자 행동의 이해가 전제되어야 한다. 〈사례 1-2〉는 고객의 고정 관념짙은 갈색과 단맛 내지 욕구를 정확히 이해하지 못해 제품 출시 1년만에 시장에서 사라진 콜라와 자동차의 예이다.

사례 1-2

시대를 잘못 만난 마케팅
크리스털 펩시와 나노 자동차의 마케팅 실패

시대를 앞서간 탁월한 제품이라 해도, 소비자들이 받아들이지 않아 시장에서 외면 받고 실패하는 경우도 많다. 한 예로 1993년도 펩시가 선보인 무색콜라 '크리스털 펩시'를 들 수 있다. 시대에 뒤처지는 품질의 제품을 마케팅하여 실패하는 경우도 많이 있다. 한 예로 타타의 '나노 자동차' 사례가 있다.

1993년 펩시가 출시한 무색콜라 '크리스털 펩시'는 제품 자체는 좋았지만 소비자들의 호응을 얻지 못했다. 당시는 지금과는 다르게 건강, 웰빙을 그다지 중요시하던 시기가 아니었다. 또한 개별 고객의 기호에 맞추어 제품이 다양하게 변형되어 출시되는 상황도 흔하지 않았다. 따라서 카페인과 색소를 첨가하지 않은 무색 콜라가 건강에 좋다고 강조하는 마케팅은 콜라의 짙은 갈색과 단맛에 익숙해져 있던 소비자들의 관심을 끌지 못했다. 기존 입맛에 길들여진 소비자들은 크리스탈 펩시가 일반 콜라보다 밍밍한 맛이라며 어색하게 받아들였다. 결국 '크리스털 펩시'는 출시 1년 만에 시장에서 사라지게 되었다.

이와 같이 진정성이 느껴지는 좋은 제품이지만 사람들이 받아들이지 않아서 실패하는 마케팅을 '카산드라 증후군(Cassandra syndrome)'이라고도 부른다. 이는 그리스 로마 신화에서 비롯된 용어로, 분명히 좋은 제품인데도 세상이 알아주지 않아 아무도 설득시킬 수 없는 경우, '카산드라 증후군'에 감염되었다고 얘기한다.

2008년 인도 타타 자동차는 '세계에서 가

출처 : http://news.naver.com/main/read.nhn?-mode=LSD&mid=sec&sid1=103&oid=047&aid=0002052400

출처 : http://hotcountry1035.com/remember-crystal-pepsi-well-its-coming-back/

장 싼 자동차'라는 명성을 얻은 '나노'를 선보였다. 당시 '나노'의 판매가는 10만 루피(약 164만 원)에 불과했다. 하지만 '나노'는 지난 10년 간 소비자들의 선택을 받는 데 실패했고, '나노'로 인해 타타 자동차의 브랜드 이미지도 쇠퇴하게 되었다. 이에 대하여, 글로벌 주식을 연구하는 미국 투자 은행

'제프리스'의 아르야 센 애널리스트는 "나노의 마케팅 실패는 인도 자동차 시장에 대한 기본적인 오해에서 비롯된다"며 "인도에서 자동차는 럭셔리한 제품이라는 인식이 있는데 타타차는 오히려 싸구려 자동차 업체라는 이미지를 안게 된 것"이라고 설명했다.

'나노'를 개발한 '라탄 타타' 회장은 당시 복잡한 길거리에서 오토바이 한 대에 온 가족이 타고 가는 위험한 모습을 보면서, 이들을 위한 저렴한 차를 만들어보자고 결심하여 많은 반대를 무릅쓰고 결국 그 결심을 이뤄냈다. 하지만 '나노'의 판매는 부진했다. 파격적인 가격에도 불구하고 안전을 위협할 정도로 품질이 뒤처졌다는 것도 실패 이유 중 하나이다. '나노'는 원가절감을 위해 차체는 플라스틱으로 만들어졌고, 차량의 바퀴 볼트도 3개 밖에 들어가지 않았다. 또한 에어컨과 에어백을 갖추지 않았고, 최고 속력은 70km밖에 되지 않는 등 품질을 만족시키지 못하였다.

출처 : 소비자평가(2018. 4. 26.)

2) 소비자 정보의 가치 증대

소비자의 욕구 다양화 및 개성화는 기업의 신제품 출현을 가속화시키는 계기가 되었으며 이는 기존 제품의 수명 주기를 단축시키는 결과를 가져왔다. 짧은 제품의 수명 주기는 소비자의 욕구와 필요를 사전에 파악하여 신속하게 제품이나 서비스를 제공해야 한다는 것을 뜻한다.

따라서 기업은 소비자 행동 연구를 통해서 가치 있는 정보를 수집 및 분석해야 한다. 소비자 입장에서 소비자 정보는 복잡한 현대 사회에서 발생 가능한 소비 선택의 불확실성을 최소화시켜 줌으로써 합리적인 소비 행동을 하도록 돕는다. 한편, 기업 입장에서의 소비자 정보는 신제품 아이디어 창출, 제품 개발, 유통 채널 결정, 가격 결정, 판매 촉진 활동을 효과적으로 수행하는 데 활용된다.

하지만 아이러니하게도 소비자나 기업이 맞닥뜨리고 있는 큰 문제점 중의 하나는 소비자나 시장에 대한 정보 과다information overload이다. 소비자나 시장에 대한 정보가 SNS, 웹사이트, 서비스 센터, POS 등 다양한 경로를 통해 쏟아져 나오고 있다. 따라서 정보가 부족해서라기보다 수많은 정보를 어떤 방법으로 처리·분석할 줄 몰라서 혹은 어떤 정보가 가치있는지를 모르는 경우가 많아지고 있다.임일, 2013

3) 소비자 권리의 강화

소비자 권리는 소비자가 향유할 수 있는 기본 권리이다. 소비자의 권리는 세계

각국의 소비자 운동과 소비자 행정의 목표로 이용되고 있다. 소비자 권리의 제정은 기업이 적극적으로 소비자 권리를 보호하기 위한 경영 활동을 수행해야 함을 시사한다.

미국 케네디 대통령은 안전할 권리, 알 권리, 선택할 권리, 보상 받을 권리 등의 4대 소비자 권리를 제시하였다. 경제협력개발기구OECD는 생명 및 건강을 침해당하지 않을 권리, 적정한 표시를 행하게 할 권리, 부당한 거래 조건에 강제당하지 않을 권리, 부당하게 입은 피해로부터 공정하고 신속하게 구제받을 권리, 정보를 신속하게 제공받을 권리 등 소비자 5대 권리를 선언하였다. 국제소비자연맹IOCU은 케네디 대통령이 제시한 4가지 권리에 의사를 반영할 권리, 교육 받을 권리, 쾌적한 환경을 누릴 권리를 추가하여 7대 권리를 선언하였다.

우리나라는 소비자 보호법에 소비자의 7대 권리를 명문화하고 있는데, 국제소비자연맹의 7대 권리 중 쾌적한 환경을 누릴 권리가 제외되고 단체를 조직·활동할 권리를 추가하였다. 특히, 우리나라 소비자 보호법은 소비자의 역할을 강조하고 있다. 소비자는 스스로의 안전과 권익 향상을 위하여 필요한 지식을 습득하고, 자주적이고 성실한 행위를 하며, 합리적인 소비 생활을 위해 적극적인 역할을 해야 한다고 규정하고 있다. 이는 소비자의 권리만 중요한 것이 아니며 여기에 따르는 책임도 중요하다는 의미이다.

4) 글로벌 경영

오늘날 기업은 글로벌 시장을 대상으로 경영 활동을 수행하고 있다. 다시 말해, 전 세계를 하나의 시장으로 보고 통합된 전략을 수립하고 실행한다. 과거에는 각국 소비자의 기호가 매우 상이相異하였으나 인터넷과 같은 IT기술의 확산과 다양한 소비 정보의 취득으로 소비자의 수요나 구매 형태가 점차 동질화되어 가고 있다. 예를 들어, 코카콜라와 펩시콜라가 전 세계적으로 가장 많이 팔리는 청량음료가 되었고 Levi's 청바지는 한국에서도 성공하였다.

이처럼 시장의 범위가 세계 시장으로 확대됨에 따라 기업은 더 많은 고객 정보를 수집하고 더 세밀하게 분석해야 한다. 전 세계 시장을 하나로 볼 때 소비자의 수요나 구매 형태가 점차 동질화되어 가고 있지만 각 세분 시장의 소비자 특성은 문화 등에 따라 다양하기 때문에 마케팅 전략의 성공적 실행을 위해서는 체계적인 소비자 행동을 이해해야 한다.

2 소비자 행동 연구의 접근 방법

소비자 행동 연구는 인간 행동을 다루는 여러 기초 학문을 토대로 하고 있다. 즉, 소비자의 내면 상태를 다루는 심리학, 사회 구성원의 역할과 집단에의 영향력 등을 다루는 사회학, 집단 내에서의 개인 행동을 다루는 사회 심리학, 개인의 구매 행위에 영향을 미치는 문화를 다루는 문학 인류학, 그리고 소비자의 욕구 충족 극대화를 위해 합리적 행동을 다루는 경제학 등 다양한 학문을 바탕으로 하고 있다. 소비자 행동 연구의 접근 방법은 크게 다섯 가지로 구분해 살펴볼 수 있다.

1) 경제학적 접근

초기 소비자 행동 연구는 경제학에 뿌리를 두고 발전해 왔다. 즉, 소비자는 제품에 관한 정보를 충분히 수집하고 이를 기초로 합리적 소비 의사 결정을 하며, 주어진 소득 수준과 제품의 가격을 비교하여 최대의 효용을 얻기 위해 소비 행동을 한다는 가정하에서 소비자 행동을 연구하였다이학식 외, 2007.

하지만 소비자는 제한된 정보와 처리 능력 때문에 효용을 극대화하는 최적의 대안 선택보다 적정한 만족 수준을 제공하는 대안을 선택하는 경우가 많다. 또한, 합리적 행동이 무엇인지 정의하는 데 어려움 있다. 예를 들어, 경제학에서는 관광객이 호텔 기능이 비슷한 중저가 호텔과 5성급 호텔 중 중저가 호텔에 투숙하는 것이 합리적 행동이라 본다. 하지만 어떤 관광객은 자신의 이미지 강화를 위해 중저가 호텔보다는 5성급 호텔에 숙박하는 경우도 있다. 이 경우 5성급 호텔에 숙박하는 관광객의 행동이 비합리적이라 판단하는 데에는 무리가 따른다.

2) 심리 분석적 접근

1950년대 이후 경제학적 접근법이 소비자 행동을 충분히 설명하지 못한다는 비판에 따라 새로운 접근 방법이 요구되었다. 새로운 접근 방법의 대표적인 예가 프로이드Freud의 심리 분석적 접근psychoanalytic appraoch을 바탕으로 전개된 동기 조사이다. 동기 조사는 소비자의 어떠한 심리적 요인이 제품이나 브랜드 선택에 영향을 미치고 소비자 자신에게 어떠한 심리적 의미를 부여하는지를 조사·분석하는 것이다.

이러한 심리적 요인을 분석하기 위하여 표적 집단 면접법FGI : focus group interview 또는 심층 면접법in-depth interview이 주로 사용되었다. 동기 조사를 통해 소비자의 심리적 동기가 제품이나 서비스 구매에 있어서 중요한 결정 요인임이 밝혀졌고, 조사 결과를 바탕으로 촉진 전략을 수립할 수 있게 됨에 따라 학자들과 마케터들로부터 긍정적 평가를 받았다.

3) 다원적 접근

다원적 접근은 1950년대부터 1960년대 후반까지 소비자 행동 연구에 심리학과 사회학의 연구 성과를 접목한 것이다. 심리학을 토대로 이루어진 소비자 행동 연구는 주로 소비자의 개성과 구매 행동 간의 상관 관계에 관심이 많았다. 1960년대 들어 소비자 개성과 구매 행동 간의 연구가 활발히 전개되었으나 이들의 상관 관계가 낮아 소비자의 개성 변수가 소비자의 구매 행동을 충분히 설명하지 못하는 것으로 나타났다. 이에 사이코그래픽스psychographics라는 새로운 방법이 도입되었다. 사이코그래픽스는 개인의 라이프스타일 분석을 위해 주로 사용되며, 소비자의 인구통계적 특성을 동시에 고려하여 소비자 행동을 이해하려는 것이다.

한편, 사회학의 여러 개념들도 소비자 행동 연구에 도입되었다. 사회학은 개인보다 사회 집단 자체의 행동에 초점을 맞추고 있다. 따라서 사회학은 사회 계층, 준거 집단, 가족 등이 소비자 행동(예 가족 구매 의사 결정, 조직 구매 행동 등)에 어떻게 영향을 미치는지에 관심이 많았다.

4) 소비자 정보 처리 접근

1960년대 후반에 들어 심리학이나 경제학 등의 단일 학문으로는 복잡한 소비자 행동을 설명하는 데 많은 어려움에 처하게 되었다. 이에 행동 과학을 바탕으로 소비자 행동 모형을 개발하기 시작하였으며, 대표적으로 Howard와 Sheth 모델, Engel 등의 모델제3절 참조, 그리고 Bettaman의 정보 처리 모델 등이 있다.

소비자 행동을 소비자의 정보 처리 관점에서 설명하는 것을 소비자 정보 처리 모델CIP : consumer information processing model이라고 한다. 정보 처리 모델에서는 소비자를 논리적인 의사 결정자로 보며 의사 결정 과정에 많은 인지적 노력이 투입되는 것으로 가정한다. 따라서 정보 처리 접근은 소비자 의사 결정 과정과 정보 처리 과정에 영향을 미치는 다양한 요인들을 주로 연구 주제로 하였다.

마케팅 전문가들은 심리학에서 다루는 심리적 요인(예 태도, 학습, 동기, 개성),

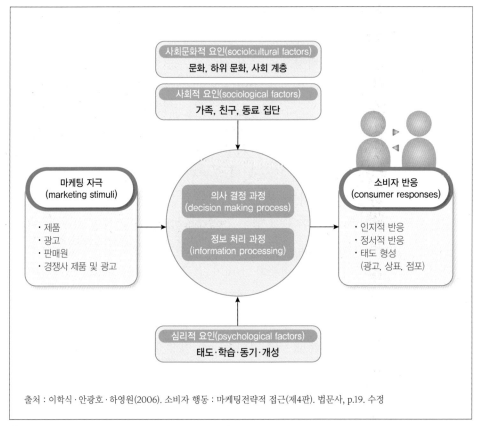

출처 : 이학식·안광호·하영원(2006). 소비자 행동 : 마케팅전략적 접근(제4판). 법문사, p.19. 수정

🧭 **그림 1-5_ 소비자 정보 처리 관점**

문화 인류학에서 다루는 사회 문화적 요인(📖 문화, 하위 문화, 사회 계층), 그리고 사회학에서 다루는 사회적 요인들(📖 가족, 친구, 준거 집단)의 상호 작용에 의해 소비자 행동이 결정되는 것으로 파악하였다. 이러한 요인들을 포괄적으로 고려하여 〈그림 1-5〉와 같이 소비자 정보 처리 모델이 개발되었다.

5) 쾌락적·경험적 접근

1980년대 들어 일부 소비자 행동 연구자들은 마케팅 자극에 대한 소비자 반응을 인지적 관점에서보다는 정서적 관점에서 보아야 한다고 주장하였다. 즉, 소비자 구매 행동은 합리적이고 논리적 사고뿐만 아니라 정서적 동기에 의해서도 이루어진다고 보았다. 쾌락적·경험적 접근에 의하면 소비자는 정서적 동기에서 구매 행동을 하며 소비 과정에서 즐거움이나 판타지와 같은 좋은 느낌을 경험하고자 한다고 가정한다.

🎨 그림 1-6_ 크루즈 여행★

 ★ 크루즈 여행 : 크루즈 여행은 실용적 욕구보다 쾌락적·경험적 욕구를 충족시키기 위한 상징적 가치를 지님

이 관점에서는 제품을 단순히 물리적 속성들의 집합이 아니라 사랑, 긍지, 지위, 기쁨 등을 표현하는 상징물로 본다. 예를 들면, 크루즈 여행그림 1-6, 여가, 취미 활동행글라이더, 공연 예술오페라, 무용 등은 쾌락적·경험적 관점에서 잘 설명될 수 있다.

이 관점은 앞서 설명한 소비자 정보 처리 관점과 배치되지 않는다. 그 이유는 쾌락적·경험적 관점도 의사 결정과 정보 처리 과정을 거치는 것으로 가정하고 있기 때문이다. 두 관점 간의 차이는 구매 동기 및 평가 기준이 다르다는 데 있다. 소비자 정보 처리 관점은 제품의 효용적·실용적 가치 때문에 구매 행동이 일어난다고 보지만 쾌락적·경험적 관점은 제품의 상징적 가치 때문에 구매가 이루어지는 것으로 보고 있다(예 자아 이미지 강화를 위해 명품 구입). 소비자 행동 연구의 접근 방법을 요약하면 〈표 1-2〉와 같다.

💡 표 1-2_ 소비자 행동 연구의 접근 방법 특징 비교

구 분	경제학적 접근	심리 분석적 접근	다원적 접근	정보 처리 접근	쾌락적·경험적 접근
시대	• 1950년대 이전	• 1950년대 중반 ~1960년대 중반	• 1950년대 중반 ~1960년대 중반	• 1960년대 후반 ~1980년대 중반	• 1980년대 후반 이후
학문적 배경	• 경제학	• 심리학 • 심리분석학	• 심리학 • 사회학	• 인지 심리학	• 정서 심리학 • 비교 문화론
특징	• 합리적 구매 행동 • 효용 극대화	• 구매 행동에 있어 구매 동기와 같은 심리적 요인 중요	• 소비자 개성과 구매 행동 간의 상관 관계 • 집단과 구매 행동 간 관계 • 사이코그래픽스	• 의사 결정 과정에 영향을 미치는 심리적, 문화적, 사회적 요인 고려	• 소비자의 경험과 쾌락적 욕구 충족을 위한 구매 행동

소비자 행동 모델

소비자 행동 모델 연구는 1950년대 이후로 활발히 이루어져 왔으며 연구의 주된 목적은 소비자의 구매 과정을 이해하는 것이었다. 연구자들이 제안한 소비자 행동 모델은 주로 유형적인 제품과 관련한 구매 결정을 주로 다루고 있으며, 크게 전통적 모델과 현대적 모델로 대별된다. 최근에는 소셜 미디어 시대의 소비자 행동을 반영하는 덴츠의 SIPS 모델이 개발되었다. 여기서는 전통 및 현대적 소비자 행동 모델, 덴츠電通의 SIPS 모델, 그리고 소비자 행동 모델 연구의 장점과 한계점을 소개한다.

1 전통적 소비자 행동 모델

전통적 모델은 소비자 행동 변수를 순수 심리 이론과 경제 및 사회 이론에 한정시켜 소비자 행동 모델을 구성한 것이다. Kotler는 대표적인 전통적 소비자 행동 모델로서 경제학적 모델, 자극과 반응 모델, 블랙박스 모델, 정신 분석 모델, Veblen의 사회 심리 모델을 들고 있다.

1) 경제학적 모델

Marshall의 경제학적 모델이 대표적이며, 이는 소비자는 합리적이고 효용 극대화를 추구하는 것으로 가정한다. 여기서 합리적인 소비란 소비자가 제품 구매 비용 대비 혜택이 가장 높은 제품을 구매한다는 것을 의미한다. 또한, 이 모델은 소비자는 주어진 예산으로 최대의 효용을 얻도록 제품의 종류와 수량을 결정한다고 가정하고 있다.

경제학적 모델은 현대적 소비자 행동 모델을 이해하는 데에 많은 도움을 주고 있다. 하지만, 현실적으로 소비자들은 항상 완벽한 합리성을 추구하지 않는다는 점이다. 또한, 효용을 극대화하는 최적 대안 대신 적정한 만족의 대안을 선택하는 경우도 있다는 점이다. 가령, 퇴직 기념으로 일반 유람선을 이용하는 대신 자아 존중감과 자신의 이미지를 강화시켜 주는 크루즈 여행을 하는 경우가 이에 해당한다.

2) 자극-반응 모델

자극 - 반응 모델stimulus-response model, S-R model에 의하면 인간은 외부로부터 주어진 자극에 따라서 반응, 즉 행동이 나타난다. 러시아의 생리학자 파블로프Pavlov가 동물 실험을 통하여 조건 반응conditional response★를 주장한 이래 인간도 다른 동물과 마찬가지로 무엇인가 인지하고 배우는 것은 하나의 연상 과정이며, 이 연상 과정에 의해 인간의 반응이 조건화된다고 주장하였다. TV광고에서 맥도널드 햄버거 광고를 보고 먹고 싶다는 충동을 느낀다면 바로 사먹게 되는 인간의 행동이 바로 자극과 반응 모델의 예이다.

하지만, 복잡한 인간의 행동을 설명하기에는 부족하다. 예를 들어, 인간은 서로 다른 자극이 가해지더라도 동일한 반응이 나올 때가 있고 동일한 자극이 가해지더라도 서로 다른 반응이 나오기도 한다. 또한, 행동의 결과에 따른 보상에 의해서도 일어난다.조작적 학습이론

 ★ 조건 반응 : 조건 자극(조건 반응을 유발하는 자극)에 의해 일어나는 반응을 의미한다. 조건 반응은 선천적이지 않고 경험을 통해 습득해야 생기는 것이다.

3) 블랙박스 모델

소비자의 마음속을 외부에서는 알수 없는 것이 블랙박스이고, 소비자 행동을 이해하려면 블랙박스 내의 과정을 규명해야 한다는 것이 블랙박스 모델black box model이다. 즉, 이 모델은 자극(예 제품, 광고)이 직접적으로 반응(예 구매, 호의적 태도)에 영향을 미치지 않고 매개 변수블랙박스의 영향에 의해 반응이 결정된다는 것이다.

인간 행동은 서로 다른 자극이 가해지더라도 같은 반응이 나올 때가 있고 동일한 자극이 가해지더라도 서로 다른 반응이 나오기도 하는데, 제3자가 보아서는 알수가 없는 블랙박스를 거치기 때문이다Loudon & Bitta, 1984. 예를 들면, 맥도널드 불고기 버거 광고를 본 외식 소비자가 꼭 맥도널드 불고기 버거를 선택해야 하는 자극-반응 모델과 달리 개인의 블랙박스(예 동기, 태도, 학습, 지각)를 거치면서 롯데리아나 버거킹의 불고기 버거를 구매할 수 있다는 것이다.

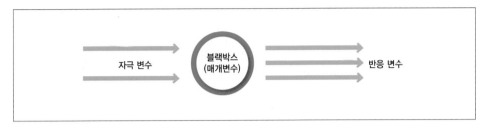

🧭 **그림 1-7_ 블랙박스 모델**

이 모델은 소비자 행동을 설명하기 위한 간단한 모델로서 외부로 표출된 소비자 행동을 설명하고 예측하는 데 유용하다. 하지만 인간의 내면적 측면인 태도, 동기, 학습, 지각 등을 어떻게 이해할 것인가에 대한 설명은 하지 못한다.

4) 정신 분석 모델

1950년대 정신 분석학자들은 소비자의 합리성을 가정으로 한 경제학적 모델과는 대조적으로 소비자의 비합리성심리적 측면을 강조하였다. Freud는 인간 행동은 본능혹은 원초아, Id과 무의식적 동기에 의해 유발된다고 주장하였다. Freud에 따르면 〈그림 1-8〉에서 처럼 인간의 정신 세계는 의식conscious, 전의식preconscious, 그리고 무의식unconscious으로 구성되어 있으며, 의식 세계는 빙산의 일각에 불과하고 나머지 물속에 잠겨있는 무의식 세계가 더 중요하다고 보았다김정탁, 1989. 그 이유는 개인의 성격Id, Ego, Super-ego은 무의식으로부터 기원하기 때문이다.

정신 분석 모델psychoanalytic model은 인간의 표면적인 행동보다도 소비자 내면에 존재하는 정신적, 심리적 동기가 더 중요하다고 보는 관점이다. 기업은 정신 분석 모델을 마케팅 활동에 다양하게 활용하고 있다. 예를 들어, Freud의 원초아(Id)는 광고 소구 형태의 하나인 성적 소구 광고의 사용 근거를 제시해 준다. 즉, 인간의 무의식적 동기 중 중요한 원천인 성욕의 존재와 이의 상징적 표현을 통해 소비자의 주의를 끌 수 있는 소구 전략으로 활용되고 있다. 또한, 이 모델은 소비자가 글이나 말로 표현하지 못하는 무의식의 동기와 욕구를 파악하는 데 심층 면접이나 FGI와 같은 기법을 제안하고 있다.

하지만 다음과 같은 한계점도 지니고 있다. 인간 행동의 동기는 행동 주체인 자신도 완전히 인식하지 못하는 경우가 많아서 정신 분석 모델이 강조하는 인간의 행동 동기를 정확히 이해하기는 어렵다. 또한, 소비자 행동이 무의식적 동기에 의해 이루어진다는 견해이므로 인간의 합리적인 동기와 의사 결정 과정을 과소 평

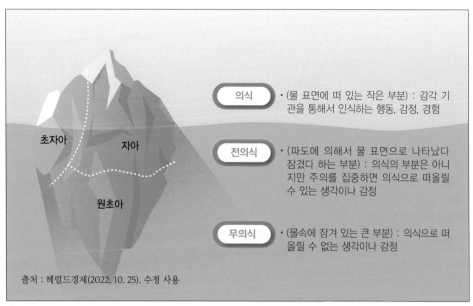

출처 : 헤럴드경제(2022. 10. 25). 수정 사용

그림 1-8_ Freud 정신 세계와 성격 구조

가하고 있다. 그리고 이 모델은 소수의 소비자 집단과의 면접(⑩ 심층 면접, FGI)에 의존하므로 조사 결과에 대한 분석자의 주관적 판단이 많이 개입될 수 있다.

5) 사회 심리 모델

Veblen의 모델이 대표적이다. 이 모델은 소비자를 사회적 동물로 인식하며 소비자 행동은 타인, 준거 집단, 그리고 그가 소속하는 문화권의 관습 등에 의해 많은 영향을 받는 것으로 본다. 이 요소들은 소비자의 심리와 행동에 영향을 미치게 된다. 소비자들은 자신의 소비를 통해 자신의 사회적 지위나 정체성을 나타내고 싶어 한다. 따라서 자신보다 높은 계층이나 부유한 사람들이 선호하는 제품(⑩ 명품)을 구매하려는 경향이 있으며, 이를 통해 자신을 그들과 동등한 수준으로 인식하고자 한다. 이를 베블린 효과Veblen effect라고 한다. 이러한 소비자의 소비 심리 때문에 명품백이나 고급차와 같은 사치품은 경제 불황이나 소득 감소에도 그 수요가 크게 감소하지 않는다.

전통적 소비자 행동 모델은 소비자 행동의 특정 측면에 대해서 그 본질과 특징을 명확하게 설명해 주기 때문에 기업의 마케팅 활동에 많은 도움이 되었다. 기

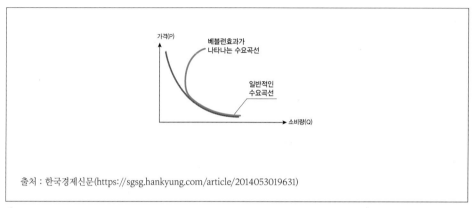

출처 : 한국경제신문(https://sgsg.hankyung.com/article/2014053019631)

그림 1-9_ 베블린 효과 그래프

업의 많은 광고 전략은 이들 전통적 소비자 행동 이론에 기초하고 있는 경우가 많다.

하지만 전통적 소비자 행동 모델은 소비자의 특정 측면에 대한 서술적 이론verbal theory으로서의 특성을 더 많이 지니고 있다. 예를 들면, Marshall의 경제학적 모델, 블랙박스 모델, Veblen의 사회 심리 모델 등이다. 또한, 전통적 소비자 행동 모델들은 소비자 행동이라는 현상을 포괄적으로 묘사하기보다는 인간의 본질과 행동의 특정 측면에 관해 기술하고 있다. 예를 들면, 경제학자들은 소비자를 합리적인 경제적 동물로 인식하지만, 사회 심리 학자들은 소비자를 감성적인 사회적 동물로 인식한다. 이처럼 소비자 본질에 대한 시각의 차이는 소비자 행동에 대한 접근 방법에 영향을 주게 된다.

2 현대적 소비자 행동 모델

현대적 소비자 행동 모델은 행동의 유발 과정을 포괄적으로 설명하기 위해 기호나 도형을 많이 이용하고 있는 것이 특징이다. 전통적 모델과는 달리 경제적, 심리적, 정신 분석적, 사회 심리적 제 측면에서 관련 요인들을 한 모델 속에 유기적으로 연계시키고 있다. 소비자 행동에 영향을 미치는 제 변수들의 본질이나 그들 변수 간의 관계에 대해서는 여러 행동 과학 분야에서 이미 개발된 이론에 기초하고 있으나 행동 변수 간의 상대적 비중은 크게 고려하지 않는다. 대표적으로 Nicosia 모델, Howard와 Seth의 모델, 그리고 EBM 모델이 있다.

1) Nicosia의 소비자 행동 모델

이 모델은 기업 속성, 마케팅 커뮤니케이션, 소비자 속성, 그리고 의사 결정 과정 간 상호 관계를 설명하고 있다. 기업은 광고메시지를 통해 소비자와 의사 소통을 하고 소비자는 구매 반응으로 기업과 의사소통을 한다. 이 모델은 의사 결정 과정을 4개의 영역^{field}으로 분류한다.

영역1은 기업의 메시지로부터 소비자의 태도가 형성되기까지의 과정인데, 2개의 하위영역^{subfield}으로 구성되어 있다. 하위 영역1은 기업의 속성으로 제품 특성, 경쟁 환경, 목표 시장의 특성을 나타내는데, 이는 메시지 노출을 통해 하위 영역2로 투입된다. 하위 영역2는 소비자 속성으로 기업 메시지에 대한 수용을 나타낸다. 영역1의 산출^{output}은 메시지에 대한 소비자의 제품에 대한 태도이며, 이는 영역2의 투입 요소^{input}가 된다.

영역2는 제품과 브랜드를 탐색하고 비교·평가하는 단계이며 구매 동기로 이어진다. 즉, 영역2의 산출은 특정 기업의 브랜드를 구입하려는 동기^{motivation}이다.

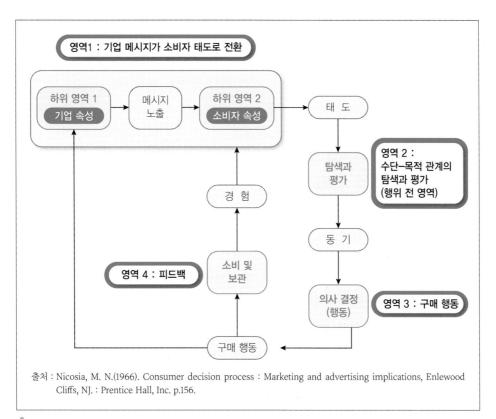

출처 : Nicosia, M. N.(1966). Consumer decision process : Marketing and advertising implications, Enlewood Cliffs, NJ. : Prentice Hall, Inc. p.156.

🧭 **그림 1-10_ Nicosia의 소비자 행동 모델**

영역3은 구매 의사 결정과 구매 동기에 따라 실제 구매하는 단계이다. 영역4는 구매 행동에 대한 피드백인데, 판매 자료 형태로 기업에 대한 피드백과 경험의 형태로 소비자 자신에 대한 피드백이 있다. 제품 혹은 브랜드에 대한 경험은 소비자 자신의 태도 및 기업의 미래 메시지에 영향을 미친다.

이 모델의 장점으로는 복잡하지 않아 이해하기 쉽다는 점이다. 하지만, 소비자의 구매 행동에 영향을 미치는 요소로 기업 속성에 대해서만 언급하고 있다. 또한, 소비자의 태도나 동기 및 경험이 실제로 모델이 제시한 것처럼 연속 관계로 발생하지 않을 수도 있다는 점이다. 그리고 이 모델은 제품에 대해 소비자의 사전 지식 혹은 경험이 없다는 전제로 제시되었다.

2) Howard와 Sheth의 소비자 행동 모델

Howard-Sheth 모델은 투입 요소, 추상적 개념hypothetical constructs, 내생 변수internal variables, 그리고 산출 요소로 구성되어 있다그림 1-11 참조. 투입 요소는 마케터로부터 제공되는 브랜드의 물리적 특성인 실질적 자극(예 품질, 가격, 특이성, 이용도, 서비스), 상징적 자극(예 포장, 디자인, 광고), 사회 환경으로부터 얻어지는 사회 환경적 자극(예 가족, 준거 집단, 사회 계층)으로 구성되어 있다.

이 모델의 중심적 구성 요소는 소비자가 의사 결정을 내릴 때 작용하는 것으로 추정되는 심리적 변수들이다. 연구자는 이 개념들이 모델의 핵심이나 명백히 설명하지 못하고 직접 측정할 수 없는 추상적 개념으로 간주하였다. 즉, 이들은 개인의 내적 상태로서 관찰할 수 없으며 그 변화 역시 산출 변수에서 유추할 수밖에 없으므로 가설적 구성 개념hypothetical constructs이라 칭하였는데, 지각적 구성 개념perceptual constructs과 학습 구성 개념learning constructs으로 구성되어 있다두 가지 구성 개념을 내생 변수로 칭함. 지각적 구성 개념에는 정보 탐색, 자극 모호성, 주의 및 지각적 편견 등이 포함된다. 이는 소비자가 투입 자극과 다른 부분에서 얻어지는 정보를 어떻게 받아들이고 처리하는가에 관련된다. 소비자가 환경에서 받아들인 정보의 의미를 명백히 파악하지 못할 경우 자극 모호성교란이 발생하고, 소비자가 개인의 욕구나 경험에 적합하도록 받아들여진 정보를 왜곡할 경우 지각적 편견이 발생한다. 학습 구성 개념은 구매 상황에서 구매자 동기에서 만족까지의 과정을 나타낸다.

이 모델은 구매를 단순한 산출로 인식하지 않고 주의, 이해, 태도, 의도 및 구매 행동으로 연결되는 5가지 변수를 산출 요소로 포함하고 있다. 산출 요소는 투입

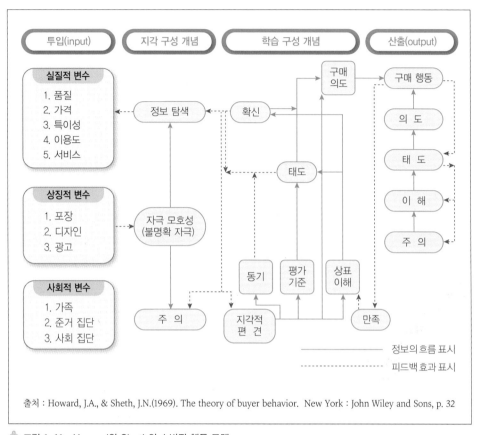

출처 : Howard, J.A., & Sheth, J.N.(1969). The theory of buyer behavior. New York : John Wiley and Sons, p. 32

🧭 **그림 1-11_** Howard와 Sheth의 소비자 행동 모델

요소와 소비자의 내적 상태(예 동기, 태도, 만족)와의 상호 작용의 결과로 나타나는 반응을 말한다. 제품이나 서비스 제공자 관점에서는 제품의 구매가 가장 중요한 반응이겠으나 그와 주의, 태도, 이해, 의도 등의 성향도 나타날 수 있다고 본 것이다.

이 모델은 인간이 적극적으로 환경투입요소으로부터 정보를 탐색하여 구매 의사결정 과정을 진행하는 것으로 보았다. 또한, 처음으로 소비자 행동의 복잡성을 반영하고 이를 이해하려고 시도한 동태적 성격을 지닌 모델이다. 그리고 소비자 행동을 예측하거나 통제하는 데 중요한 속성들이 실증을 충분히 거쳤다는 점이다.

하지만 구매 선택을 결정할 때 사회 계층 등이 언제 영향력이 강해지는가에 대한 답변을 제시하지 못한다. 또한, 개별 구매자의 행위에는 적합하지만 집단 의사결정에는 미흡한 것으로 평가된다. 그리고 많은 변수가 작용하기 때문에 변수 간인과 관계를 명확히 하기 어렵다는 점이다.

3) EBM 소비자 행동 모델

EBM 모델은 1968년 Engel-Kollat-Blackwell 모델EKB이 개발된 이후 여러 차례 수정되었다. 1986년 Engel과 Blackwell은 Miniard 교수와 공동으로 EKB 모델을 5차에 걸쳐 수정하여 오늘날의 Engel-Blackwell-Miniard 모델EBM을 〈그림 1-12〉과 같이 제안하였다.

EBM 모델은 자극 투입, 정보 처리 과정, 의사 결정 과정, 그리고 의사 결정 영향 요인 등 4개 부문으로 구성되어 있다. 자극의 투입은 제품, 상표, 가격, 광고 등 기업의 마케팅 자극뿐만 아니라 기후, 유행, 친구의 구전 등 제반 환경 요인도 포함한다. 정보 처리는 투입된 자극을 소비자가 해석하고 처리하는 과정을 의미하는데 노출, 주의, 이해 및 지각, 수용, 보유의 과정을 거치면서 여과되어 신념, 의도와 동기, 학습, 라이프스타일, 준거 집단, 가족 등과 함께 구매 의사 결정 과정 변수로 연결된다.

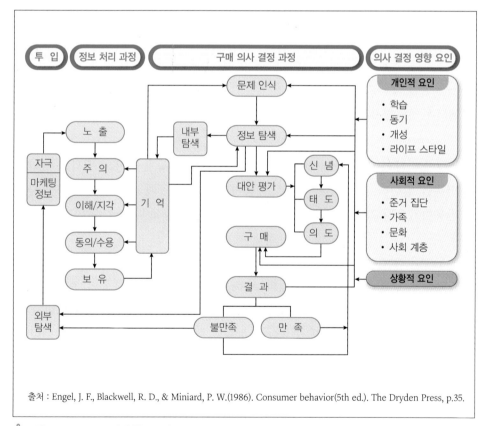

출처 : Engel, J. F., Blackwell, R. D., & Miniard, P. W.(1986). Consumer behavior(5th ed.). The Dryden Press, p.35.

🧭 **그림 1-12_** EBM 소비자 행동 모델

소비자의 구매 의사 결정 과정은 문제^{필요}인식, 정보 탐색, 대안 평가, 구매 그리고 구매 후 평가의 다섯 단계로 구분된다. 구매 결과는 구매 후 만족과 불만족의 평가 과정을 거쳐 다시 피드백이 이루어진다. 의사 결정 영향 요인은 개인적, 사회적, 상황적 요인으로 구성되어 있으며 이들 요인은 구매 의사 결정 과정의 각 단계에 영향을 미친다.

EBM 모델은 소비자의 특정 구매 행동이 어떻게 형성되는가에 초점을 맞춘 일종의 행동 과정 모델behavioral process model이다김소영 외, 2008. 따라서 소비자의 행동이 왜 발생하는가에 초점을 맞춘 타 모델과는 차이가 있다. 이 모델은 여러 연구 분야에서 이미 실증된 변수들의 관계를 통합하여 모델화 했기때문에 소비자 행동에 대한 설명력이 매우 높다. 예를 들어, 이 모델은 Fishbein의 행동 의도 모델의 가설을 적용하여 소비자의 태도와 행동 간의 관계를 구매 의도라는 매개 변수를 사용하여 연결시키고 있다. 또한 신념이 태도에, 태도가 의도에, 의도는 구매 행동에 단계적으로 영향을 준다는 효과 단계 모델의 가설을 적용하여 「신념 → 태도 → 의도 → 행동」 간의 관계를 명확히 하고 있다.

하지만 특정 변수가 언제 다른 변수에 영향을 미치는가와 이런 영향력이 어떻게 발생하고 영향력의 강도는 어느 정도인지 설명하지 못한다. 그리고 소비자 행동의 전체 과정을 정보 투입, 정보 처리, 의사 결정 등으로 세분화하여 개념상 명백하고 설득력이 있으나 실제 소비자 행동에서 이런 과정이 일어나지 않을 수 있다. 또한, 기존의 가정된 변수나 부분적으로 실증된 변수 간의 상호 관계를 재구성한 것이므로 독창성이 부족하다.

③ 덴츠의 SIPS 모델

일본의 광고 회사 덴츠^{電通}는 소셜 미디어★가 전 세계적으로 확산됨에 따라 소비자 행동의 새로운 패러다임을 제시하면서 SIPS 모델을 제시하였다. 〈그림 1-13〉과 같이 소셜 미디어 시대의 소비 행동을 '공감 → 확인 → 참가 → 공유/확산'으로 나타내며 이를 줄여서 'SIPS'라고 부른다.

★ 소셜 미디어 : 트위터나 페이스북 등 사람과 사람 사이의 인맥에 의해 생기는 미디어를 의미한다.

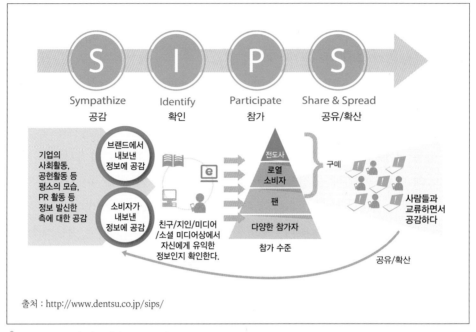

출처 : http://www.dentsu.co.jp/sips/

🧭 **그림 1-13_** 덴츠(電通)의 SIPS 모델

1) 공감하다

매스 마케팅mass marketing은 불특정 다수를 타깃으로 하기 때문에 주의를 끌고 인식되는 것이 중요하다. 임팩트 있는 광고를 만들어서 소비자의 주목을 환기시키지 않으면 쏟아져 나오는 광고 속에 묻혀 버린다. 하지만 소셜 미디어상에서는 주목을 끄는 것이나 기업이 자사의 상품이 좋다고 설득하는 것은 무의미하게 된다. 친구나 지인의 객관적인 추천이 훨씬 믿을 만하기 때문이다. 이를 위해서 공감이 우선이다.

공감에는 2가지 종류가 있는데 그 하나는 브랜드나 기업에서 보낸 정보에 대한 공감이다. 기업 활동이나 사회 공헌 활동, PR 활동public relations 등에 의해서 생기는 기업 이미지나 브랜드에 대한 공감이 이에 해당한다. 또 하나는 정보 그 자체에 대한 공감이다. 즉, 소비자가 만들어낸 정보에 대한 공감이다. 기업이나 브랜드에서 나온 정보를 소비자에게 전달하려면 소셜 미디어상에서 유통 화폐인 공감을 입혀야 한다. 〈사례 1-3〉은 최근 많은 기업들이 인플루언서influencer 마케팅을 적극 활용하고 있는 사례인데, 그 이유는 인플루언서들은 많은 팔로어들과 함께 다양한 정보를 공감하고 확신시키는 데 우수한 능력을 지니고 있기 때문이다.

기업이나 브랜드에 깊이 공감한 소비자는 타인에게 강력히 추천을 하게 된다. 이때 정보 발신원이 되는 소비자는 그 기업 및 브랜드의 팬응원하는 사람, 로열 소비자 서포터, 에반젤리스트전도사가 되어 적극적으로 친구나 지인들에게 그 정보를 퍼뜨리려 한다. 기업의 응원자, 서포터, 전도사가 되도록 만드는 것이 소셜 미디어 시대 커뮤니케이션의 열쇠가 된다.

사례 1-3

"파워 인플루언서 모셔라" 대기업 줄섰다

아모레퍼시픽, 뷰티 인플루언서 이사배와 합작법인 설립
몸값 비싼 스타보다 마케팅 효과 커…기업 잇단 러브콜

아모레퍼시픽이 뷰티 인플루언서 이사배 씨와 협업해 새 브랜드 '투슬래시포'를 지난 2월 론칭한 것이 당시 뷰티 업계에 큰 화제를 불러일으켰다. 기술력, 마케팅 역량 등 모든 분야에서 국내 최고라는 자부심이 강한 아모레퍼시픽이 인플루언서와 합작법인을 설립하면서까지 협업한 것은 처음이기 때문이다. 이 브랜드는 출시 초기 일부 고객이 모든 품목을 싹쓸이하는 일이 벌어졌다.

SNS를 통해 막강한 영향력을 발휘하는 인플루언서는 이제 유통·소비재 업종의 판을 뒤흔드는 '큰손'으로 부상했다. 코로나19 유행을 기점으로 플랫폼 비즈니스가 폭발한 것이 이런 흐름을 가능하게 한 핵심 요인으로 지목된다.

5일 글로벌 마케팅 분석업체 인플루언서 마케팅 허브에 따르면 인플루언서를 활용한 세계 마케팅 시장 규모는 2016년 17억 달러(약 2조 3,000억 원)에서 지난해 164억 달러(약 21조 8,000억 원)로 커졌다. 올해는 211억 달러(약 28조 원)에 달할 것으로 관측된다. 〈중략〉

출처 : 한국경제신문(2023. 6. 5.)

약과·마라…2030 빠져든 '대세 식품' 제조기

유통·필수 소비재 업계에서 인플루언서들이 강력한 영향력을 발휘하는 분야가 식품이다. 코로나19 창궐 후 '집밥' 트렌드가 확산한 게 결정적 계기가 됐다. SNS를 통해 나만의 레시피를 공유하는 게 유행처럼 번졌다. 일부 품목은 파워 인플루언서들 덕분에 '대세'로 굳었다.

대세가 된 약과

약과가 대표적이다. 과거 전통시장에서나 볼 수 있던 약과는 요즘 2030들에게 인기가 높은 디저트 매장이나 편의점에 없어선 안 될 품목이 됐다. 편의점 CU가 지난달 31일 선보인 '브라우니 약과 쿠키'는 초도 물량 10만 개가 출시 사흘 만에 완판됐다. 이 제품은 CU가 지난 3월 말 내놓은 '이웃집 통이 약과' 시리즈의 두 번째 제품이다. 지금까지 120만 개가 팔리는 대박을 터트렸다.

'약과 쿠키' '약과 크로플' 등이 인기를 끌면서 MZ세대(밀레니얼+Z세대) 사이에서는 '약케팅'(약과+티케팅)이라는 신조어까지 등장했을 정도다. 약케팅은 소비자들이 e커머스에서 약과를 사기 위해 '광클'하는 것을

의미한다.

식품업계에선 이런 현상이 62만 구독자를 보유한 인플루언서 '여수언니'가 작년 초 경기 의정부 맛집 장인한과의 약과들을 소개하면서 본격화한 것으로 본다. 7일 구글 트렌드에 따르면 2021년 6월 초 6에 불과하던 약과 검색량은 작년 초 31로 다섯 배로 늘어난 뒤 올해 초엔 100으로 급증했다. 구글 트렌드는 검색량이 가장 많을 때를 100, 가장 적을 때를 0으로 분석한다.

이런 추세를 지켜본 SPC삼립, 신세계푸드 등이 약과를 활용한 디저트 제품을 출시했다. GS25도 지난달 초 자체 약과 브랜드 행운약과를 론칭했다. GS25는 전담 상품기획자(MD) 조직인 약과연구소도 신설했다.

약과 열풍은 일회성으로 끝나지 않을 것이란 게 대체적인 전망이다. 비슷한 궤적을 밟아 대중적 메뉴·양념으로 정착한 선례가 많기 때문이다. 마라탕과 마라샹궈는 2010년대 중반 유튜버 사이에서 '매운맛 챌린지'가 유행하면서 부상했고, 로제소스는 유튜버들이 떡볶이, 찜닭에 첨가한 레시피를 소개한 뒤 프랜차이즈 메뉴 등으로 개발됐다.

"인플루언서 없어선 안 돼"

인플루언서가 식품업계에 미치는 영향력은 펀슈머(상품을 구매할 때 재미를 중요시

약과 매출 증가율
(단위 : %)

4.0 68.7 72.2 542.3

2020년 2021 2022 2023
*2023년은 1~5월 기준   출처 : CU

하는 소비자), 모디슈머(자기 뜻대로 제품을 사용하는 소비자) 트렌드와도 맞닿아 있다. 이에 따라 기업들 사이에선 마케팅뿐 아니라 기획 단계부터 인플루언서들의 의견을 듣는 건 필수적인 절차로 자리 잡았다.

밀키트가 특히 그렇다. 밀키트 전문기업 프레시지는 2021년 파워 인플루언서 박막례 할머니의 도움을 받아 할머니의 레시피를 활용해 비빔국수와 된장국수 밀키트를 연달아 선보였다.

출처 : 한국경제신문(2023. 6. 7.).

▲ 프레시지와 박막례 할머니가 손잡고 선보인 밀키트 제품(출처 : 유튜브 채널 '박막례 할머니')

2) 확인하다

공감을 한다고 해서 바로 참가구매하지는 않는다. 공감한 정보나 상품이 자신의 가치관에 맞는지, 자신에게 유익한지를 검색할 뿐만 아니라 여러 가지 방법을 활용하여 체크한다. 친구나 지인의 의견, 전문가의 말, 전문지, 대중 매체 등 다방면에 걸쳐 체크한다. 그리고 그 정보나 상품이 자신의 가치관에 부합할 뿐만 아니라 유익하다고 확인하고 나서야 비로소 참가하게 된다.

확인 행동은 기능과 가격 등의 객관적이고 상대적인 비교나 검토보다 주관적이고 감정적이기 쉽다. 왜냐하면 SIPS 모델은 소셜 미디어상의 '공감'이라는 주관적이며 감정적인 출발점을 가지고 있기 때문이다. 확인한 결과 부정적이거나 거짓된 내용을 보게 되면 공감을 하고 있던 만큼 반감이 커진다. 따라서 기업이나 상품의 이미지가 훼손될 위험이 내포되어 있다.

소셜 미디어 시대에 기업은 소비자에게 부정적이거나 거짓이 없는 성실한 커뮤니케이션을 해야 한다. 기업은 소비자의 확인을 통과할 수 있는 가치를 제공하기 위해서 브랜드의 개발부터 커뮤니케이션까지 통합적으로 설계하는 것이 중요하다.

3) 참가하다

SIPS 모델에 있어서의 공감 행동이 반드시 구매로 이어져야 하는 것은 아니다. 구매를 하지 않더라도 '괜찮은 걸'하고 생각하거나 '친구한테 알려주자'고 생각하며 가볍게 RT^retweet나 Like^페이스북 '좋아요'버튼을 눌러 친구나 지인에게 알려주어 그들의 구매로 이어질 때도 있다. 이것은 결과적으로 기업의 구매 활동에 참가하는 것이 된다. 단순히 브랜드 사이트나 브랜드에서 만든 애플리케이션을 이용하는 것도 그 행동이 소셜 미디어상에서 공유될 경우, 친구니 지인의 흥미를 일으키게 되어 이것 또한 참가라고 볼 수 있다.

응원자, 서포터, 전도사가 반드시 구매할 필요는 없다. 소셜 미디어상에서 브랜드에 대한 비판을 하거나 응원하는 콘텐츠를 만드는 등 반드시 구매를 하지는 않아도 응원, 서포트, 전도 활동을 할 수 있다. 이렇게 구매를 하지 않는 행동 그리고 구매 활동을 포함하여 SIPS에서는 '참가한다'고 한다. 〈표 1-3〉는 소비자 유형별 소비 활동 내지 행동을 요약한 것이다.

표 1-3_ 소비자 유형별 활동

소비자 유형	소비자 활동 및 행동
에반젤리스트 (전도사)	• 개인적으로 응원 사이트, 커뮤니티, 팬 페이지 등 콘텐츠를 제작한다. • 상품이나 활동을 다른 사람에게 권장한다. • 새로운 사업안/개선안을 제안한다. • 경쟁 회사를 비판하거나 경쟁 회사의 상품을 피한다.
로열 소비자 (서포터)	• 상품을 반복해서 계속 구매한다. • 멤버십에 계속 가입되어 있다. • 블로그나 트위터에서 비난이 쏟아지면 옹호한다. • 기업의 소셜 미디어나 고객 센터에 상품/서비스 개선에 대한 의견을 전한다. • 주식을 산다.
팬(응원자)	• 상품을 구입한다. • 브랜드의 커뮤니티에 참가/등록/게시 활동을 한다. • 상품/기업 활동에 대한 감상을 게시판, 블로그, 소셜 미디어에 올린다. • 브랜드가 관리하는 멤버십 프로그램에 등록한다.
참가자	• 기업의 사이트를 본다. • 애플리케이션을 사용한다. 관련 영상을 본다. • 브랜드에서 내보낸 정보에 공감하고 별 생각 없이 팔로우/RT/Like 버튼을 누른다. • 시제품을 받거나 써본다. • 캠페인에 참가한다.

출처 : http://www.dentsu.co.jp/sips/

4) 공유하다/확산시키다

소셜 미디어는 여러 개의 인맥이 겹치기 쉬운 구조를 가지고 있다. 예를 들어, 개인은 회사, 지역, 대학, 축구, 음식 등에 관련한 다양한 인맥을 가지고 있다. 음식 즐기는 것을 좋아하니까 음식에 대한 정보를 RT하고 음식을 좋아하는 친구들과 공유하려 한다. 그러나 RT는 음식을 좋아하는 사람들에게만 전해지진 않는다. 개인이 소속되어 있는 다른 커뮤니티에도 자동적 혹은 무의식적으로 퍼진다. 이 것이 '확산spread'이다.

확인을 하고 참가한 여러 수준의 소비자는 그 참가 활동과 정보를 친구나 지인에게 소셜 미디어로 공유하려 한다. 그러나 그것은 위에서 말한 바와 같이 확산을 자동적 혹은 무의식적으로 할 때 수반되는 것이다. 가령, 음식을 좋아해서 다른 음식 정보를 확산시키면 축구를 좋아하는 사람들에게서 흥미를 끌지 모른다. 그러나 축구를 좋아하는 사람들은 정보보다는 발신원이자 친구인 당신에게 공감한다. 그 정보는 당신이라는 발신원의 공감을 입고 전파되는 것이다. 그리고 그 공감을 입은 정보는 SIPS의 첫 글자인 S-공감sympathize이다. 축구를 좋아하는 사람들은 '그렇구나' 하고 확인을 하고 자신에게 유익하거나 재미있다고 생각하면 참가 행동을 한다.

이렇게 해서 S → I → P → S가 계속 반복되어 공감을 하는 사람들분모이 확대되면서 정보가 세상에 널리 퍼져서 알려지는 것이다. 분모들이 확대되는 현상이 반복된다는 것이 소셜 미디어 시대 캠페인의 핵심이며 분모를 늘리는 것이 결과적으로 구매를 증대시키게 된다.

4 소비자 행동 모델 연구의 장점과 한계점

소비자 행동 모델은 소비자 행동에 관련된 변수에는 어떠한 것들이 있고, 그들의 특성은 무엇이며, 또 그들 상호 간은 어떠한 관계를 지니고 있는가를 단순화시켜 보여줌으로써 복잡한 소비자 행동을 이해하는 데 도움을 준다. 소비자 행동 모델의 장점은 다음과 같이 네 가지로 요약해 볼 수 있다.함용철·김동훈, 2011

첫째, 복잡한 소비자 행동을 체계적으로 파악하는 데 용이하다. 소비자 행동 모델은 소비자 행동에 영향을 미치는 변수 간의 관계(예 인과 관계) 내지 흐름을 전체적이고 체계적으로 규명해 주기 때문에 복잡하고 다양한 소비자 행동을 파악하기 쉽다.

둘째, 이론 정립에 유용하다. 모델 검증은 이론 정립을 위한 사전 과정이라 볼 수 있다. 모델은 어떤 현상에 대하여 많은 실험과 추가 작업이 필요로 하는 것을 의미하나 이론은 어떤 현상을 객관적으로 검증한 후 그 결과를 체계적으로 나타낸 것이다.

셋째, 소비자 행동을 예측하기 위한 근거를 제공해 준다. 대부분의 소비자 행동 모델은 소비자 행농을 구매 의사 결정 과징(예 욕구 인식-정보 탐색-대안 평가-구매-구매 후 평가)으로 파악하고 사후의 경험이 피드백되는 과정을 포함하고 있다. 즉, 소비자 행동을 순차적인 과정으로 묘사해 주기 때문에 소비자의 미래 행동을 예측하는 데 도움이 된다.

마지막으로, 마케팅 전략 수립에 도움이 된다. 소비자 행동 모델은 구매 의사 결정 과정에 영향을 미치는 소비자의 개인적·심리적 요인(예 태도, 동기, 개성, 가치 등)과 사회 문화적 요인(예 문화, 준거 집단, 사회 계층 등)들을 포함한다. 이 변수들은 마케터가 의사 결정에 필요한 정보 및 시장 세분화의 기준으로 활용된다.

이러한 소비자 행동 모델의 유용성에도 불구하고 몇 가지 한계점을 지니고 있다. 우선 소비자 행동 모델은 의사 결정상 가장 보편적인 요소만을 규명한다. 하지만 소비자 행동은 제품에 따라 상이한 경향이 있다. 둘째, 소비자 행동 모델의 구성 요소는 동일 제품 내에서도 상이할 뿐만 아니라 제품의 사용 용도에 따라서 동일한 중요성을 지니지 않을 수도 있다. 셋째, 동일한 시장 내에서도 개인마다 모델이 다를 수도 있어 일반화하기 곤란하다. 마지막으로, 구매 의사 결정은 관여 정도에 따라 다르게 나타난다. 하지만 이러한 한계점들은 소비자 행동 모델의 유용성을 제약한다기보다 특정 상황에 맞도록 조절되어야 한다는 의미를 지닌다고 보아야 한다.

관광소비자
행동론

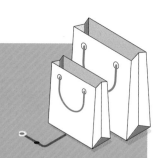

Chapter **02**

관광객 행동의 이해

🎯 **학습목표**

이 장을 학습하고 나면 학생들은 다음의 내용을 이해하게 될 것이다.

1. 관광객 행동의 개념

2. 관광객 행동의 특성

3. 관광객 행동 연구 목적

4. 관광객 행동 연구의 시대별 특성

5. 관광객 행동 연구의 한계점

6. 관광객 행동 모델의 특징

7. 관광객 선택군 모델의 특징

8. 관광객 행동 차원 모델의 특징

관광 소비자가 제품이나 서비스의 마케팅 자극에 노출되면 이를 지각하고, 기억, 평가하면서 호의적인 혹은 비호의적은 태도를 형성하게 된다. 형성된 태도는 행동의 출발점이 된다. 태도 형성의 과정은 직접 관찰할 수 없는 심리 작용이지만 행동은 겉으로 나타난 것으로서, 관광 소비자를 겨냥한 마케팅 전략은 결국 관광객의 구매 행동에 영향을 주는데 궁극적인 목적이 있다.

환대 및 관광 기업이 효과적인 마케팅 전략을 수립하고 실행하기 위해서는 관광 제품이나 서비스의 소비자인 관광객의 행동을 이해해야 한다. 환대 및 관광 기업의 마케팅 전략 수립이든 공공 기관의 관광 정책 수립이든 관광객의 행동 이해가 전제되어야 한다. 이는 관광 기업의 마케팅 전략과 공공 정책의 대상이 관광객이기 때문이다.

관광객 행동의 효과적 이해를 위해서 마케팅이나 소비자 행동 연구 분야에서처럼 관광객 행동 모델에 대한 지속적 연구가 진행되어 왔다. 특히, 구매 의사 결정이나 구매 행동에 있어 일반 소비자와의 차별성은 관광객 행동 연구에 대한 새로운 접근 방법을 필요로 하고 있다. 대부분의 관광객 행동 모델은 Howard와 Sheth, Nicosia, 그리고 Engel 등이 개발한 소비자 행동 모델을 근간으로 하고 있다.

제2장에서는 관광객 행동 연구를 위한 기본 과정으로 관광객 및 관광객 행동의 개념, 관광객 행동의 특징에 대해 우선 살펴본다. 그리고 관광객 행동 연구의 목적과 관광객 행동 연구의 동향과 한계점에 대해 설명한다. 마지막으로 관광 행동에 영향을 미치는 다양한 변수들 간의 관계성을 묘사하는 관광객 행동 모델에 대해 학습한다.

제1절 관광객 행동 개념 및 특성	제2절 관광객 행동 연구	제3절 관광객 행동 모델

• 관광객 개념
• 관광객 행동 개념
• 관광객 행동 특성
	• 관광객 행동 연구 목적
	• 관광객 행동 연구의 시대
	  별 특성
	• 관광객 행동 연구의 동향
	  과 문제점
		• 자극-반응 모델
		• 행동 모델
		• 관광지 선택군 모델
		• 관광객 행동 차원 모델
		• 관광객 행동 모델의 고찰

🧭 그림 2-1_ 제2장 내용 구성

제1절 **관광객 행동 개념 및 특성**

관광 행동 혹은 관광객 행동 연구에 앞서 관광과 관광객의 의미를 살펴보는 것이 중요하다. 비록 다양한 학자와 국제 기구(CII 세계관광기구) 등에 의한 정의가 다르게 표현 되어 왔지만 그 핵심과 본질은 동일하다. 다르게 개념 정의가 이루어진 것은 관광 현상이나 관광객을 연구하는 데 있어 그 목적이 상이하기 때문이다. 본 절에서는 기초적인 관광객 및 관광 행동의 개념과 관광객 행동의 특성을 소개한다.

1 관광객 개념

관광을 하는 사람을 총체적으로 관광자라 칭한다. 이와 유사한 용어인 관광객은 관광을 하는 사람을 대상으로 영업을 하는 관광 사업자가 고객을 가리키는 용어이다. 관광자는 관광 행위의 주체로서 경제적, 사회적, 문화적, 심리적 관점에서 보는 견해이며 관광객은 상품과 서비스를 구매·소비하는 경제 단위로서의 소비자로 보는 견해이다. 한편, 학계에서는 관광의 주체가 사람이므로 관광객보다는 관광자라는 용어를 사용하는 것이 적합하다고 주장한다. 현재 환대 및 관광 분야에서는 큰 구별 없이 동의어로 사용되어 본 교과서에서도 이에 따른다.

관광의 정의는 독일의 슐레른Schëlern, 1911에 의한 정의가 가장 오랜 된 것으로 알려져 있다. 그는 관광을 일정한 지역 또는 타국을 여행하면서 체제하고 다시 일상 생활권으로 되돌아오는 외래객의 유입·체재 및 유출이라고 하는 형태를 취하는 모든 현상이라고 정의하였다. 이러한 정의는 관광을 투입과 산출의 관계를 중심으로 하는 경제적 관점에서 바라본 것이다.

관광객에 대한 개념은 여러 국제 기구에 의해서 다양하게 정의되어 왔다. 국제노동기구ILO, 1937는 관광객을 24시간 또는 그 이상의 기간 동안 거주지가 아닌 다른 나라에 여행을 하는 사람으로 정의하였다. 경제협력개발기구OECD, 1960는 회원국의 통계 방법을 통일하기 위해서 국제 관광객과 일시 방문객으로 분류하였고, 세계관광기구UNWTO는 관광의 역할과 중요성을 강조하면서 방문객visitor, 관광객tourist, 당일 관광객excursionist으로 분류하였다. 여기서 관광객은 국경을 넘어 유입된 방문객이 24시간 이상 체재하며 위락, 휴가, 스포츠, 사업, 친척 방문, 회의 참가, 연수, 종교 등의 목적으로 여행하는 자를 의미한다. 위의 정의를 종합하면, 관광객은 24시간 또는 그 이상의 기간 동안 거주지가 아닌 지역혹은 국가을 비영리 목적으로 여행하는 사람이다.

국제 기구들에 의한 관광객 정의는 통계적 목적을 위한 기술적 정의technical definition에 초점을 두고 있다. 즉, 한 국가를 찾는 방문객의 수를 정확하게 측정하기 위함이다. 따라서 이동과 24시간 체류를 전제로 하며 영리적 목적을 제외한 다른 목적의 이동으로 한정하고 있다. 하지만 관광객을 24시간 이상의 체류자로 정의할 경우 당일 방문객이 제외되는 문제점이 대두하게 된다.

한국관광공사의 관광자 분류 체계도 여러 국제 기구에 의한 분류 체계와 거의 동일하다. 〈그림 2-2〉는 관광 통계에 포함하는 그룹을 관광자와 당일 여행자로 구분한 뒤 관광자를 국내 비거주 외국인, 해외 거주 국민, 그리고 승무원으로 분류하고 있다. 그리고 당일 여행자는 유람선 승객, 당일 방문자, 그리고 승무원을 포함하고 있다.

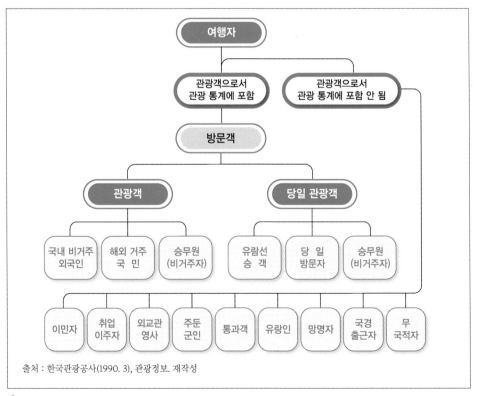

출처 : 한국관광공사(1990. 3), 관광정보. 재작성

🧭 **그림 2-2_** 한국관광공사 관광자 분류 체계도

2 관광객 행동 개념

관광객은 관광 제품이나 서비스를 소비하는 사람이므로 관광 소비자이다. 관광 소비자의 행동은 곧 관광객 행동 혹은 관광 행동이라 할 수 있다. 관광 행동은 관광 행태, 관광객 행동, 여행 행동, 휴가 행동, 관광 소비 행동, 관광 소비자 행동 등 다양한 용어로 사용되고 있다. 본 교과서에서는 문맥에 따라 관광 소비자 행동, 관광객 행동 혹은 관광 행농이란 용어를 같은 의미로 사용한다.

Ogilivie[1985]는 관광객 행동을 거주하지 않을 목적으로 1년 이내 체재하는 자의 행위로, 그리고 Bargerman 등[2002]은 시간의 흐름에 따른 관광객의 특정 행동으로 정의하였다. 한경수[1990]는 개인이 관광에 관련된 일들을 결정하게 되는 심리적, 사회적 과정에서부터 관광 행동을 위한 각종 준비물, 즉 상품 구매의 실질적 과정을 총괄하는 것으로 정의하였다. 안영면[2001]은 관광 사업의 대상이 되는 관광객의 이동, 체재, 레크리에이션 등의 행동을 총칭하여 관광 행동으로 정의하였다.

이러한 정의와 소비자 행동의 정의를 토대로 관광객 행동을 정의해 보면 관광객이 관광을 하기 위해 계획을 세우고, 관광지를 선택하고, 그리고 관광을 행하면서 자신의 욕구를 충족시킬 것으로 기대하는 제품과 서비스를 탐색하고, 구매하고, 사용·평가하는 일련의 실행 행동이라 할 수 있다. 한마디로 관광객 행동은 관광객에 의한 관광 관련 행위의 총합이라고 할 수 있다.

한편, 관광객 행동은 학문 분야에 따라 관심의 대상이 차이가 난다. 예를 들면, 마케팅은 관광객의 구매 의사 결정 행동에 초점을 두며 이에 따른 효과적 마케팅 전략을 수립하고자 한다. 심리학은 관광을 통해 관광객이 얼마나 쾌락적 즐거움

🎈 **표 2-1_ 분야별 관광 행동에 대한 관심**

학문 분야	관광 행동의 주요 관심
마케팅	의사 결정 행동(decision making behavior)
심리학	쾌락 여행(pleasure travel)
지리학	일시적 이동(temporary movements)
사회학	집단 간 사회적 접촉(social contact)
문화학	이질 문화 교환 및 교류(cross-cultural exchange)
환경학	환경 친화적 행동(eco-friendly behavior)

을 경험하느냐에 관심이 있다. 지리학은 관광객의 이동에 초점을 두고 있으며 환경학은 환경의 파괴 없이 최적의 조건에서 관광 행위가 이루어지느냐에 관심이 많다.표 2-2 참조

③ 관광객 행동 특성

관광객의 행동은 관광 서비스 상품의 특성을 반영하고 있기 때문에 일반 소비자의 행동보다 복잡할 수 있다. 뿐만 아니라 기본적으로 무형의 서비스를 주로 구입하며 동시에 이에 관련된 유형의 관광 상품을 구입함으로써 일반 소비자의 상품 구입과는 다른 상황에서 다른 행동을 보이게 된다. 관광객의 행동은 일반 소비자의 행동과 많은 공통점 내지 유사점이 있으나 일곱 가지 측면에서 차별화된 특성을 찾아볼 수 있다.

1) 구매 시점

일반 상품은 구매와 소비 시점 간의 시간적 차이가 비교적 짧다. 그러나 관광 상품은 구매와 소비 시점 간의 시간적 차이가 비교적 길게 나타나는데, 이 기간 동안 세부적인 관광 활동에 대한 계획을 수립하기 때문이다. 또한, 관광 서비스 상품은 사전에 대금을 지불하고 일정 기간이 지난 후 여행 경험을 하는 구조로 이루어져 있다. 따라서 관광 서비스 상품은 구매 후 경험할 때까지 그것을 사전에 경험해 보는 것은 매우 어렵다.

2) 구매 과정

관광객의 활동은 관광지에서의 활동만을 의미하지 않는다. 즉, 관광지에 도착하기 전의 활동, 관광지에서의 활동, 관광지를 떠난 후의 활동을 함께 포함하므로 일반 소비자 행동보다 광범위하고 과정도 복잡하다. 특히, 관광지에서의 구매 관련 활동은 매우 다양하며 복잡하다.

3) 구매 목적

관광은 일상 생활권을 벗어나서 이루어지는 행동이므로 일상 생활권 내에서 이루어지는 일반적인 소비 행동과 구별된다. 일상 생활권에서의 소비 행위는 생활의 안정과 유지가 목적이지만 일상 생활권이 아닌 관광지에서 관광 소비 행위는 신기함이나 즐거움을 위한 쾌락적 소비가 주요한 목적이 된다.

4) 구매 경험과 소유

관광객이 관광을 통해 얻게 되는 경험은 소비자가 일상적인 제품의 구매를 통해서 얻는 경험보다 더 복잡하고 고차원적인 인지 활동을 동반하게 된다. 관광 경험은 다른 참여자들과 관광 공급자 그리고 지역 주민 등과의 상호작용을 주고 받으며 일어나는 복합적인 것으로서 이러한 복합적인 경험이 총체적인 관광 경험의 질을 결정한다Jennings & Weiler, 2005. 〈사례 2-1〉은 관광객이 보다 고차원적인 진지한 여가를 통해 개인의 삶에 대한 열정은 물론 자아 개발과 개성을 발휘할 수 있는 기회를 찾고 있음을 보여주고 있다.

일반 소비자는 무형적인 제품, 즉 법률과 의사 상담과 같은 서비스뿐만 아니라 유형적인 제품(예 집, 자동차, 컴퓨터, 자전거)을 구매하게 된다. 유형적인 제품은 구매 후 소유가 가능하기 때문에 향후 유사한 제품을 재구매할 경우 장단점이나 편익을 쉽게 비교할 수 있게 된다. 하지만 앙코르와트 유적지 관광, 뉴욕의 도시 관광, 브라질 삼바 축제 관광과 같은 경우 직접 소유하는 것은 아무것도 없다. 경험만 소유할 뿐이다. 따라서 과거의 경험이나 구전의 정보가 관광 서비스 재구매에 있어 절대적 영향을 미치게 된다.

'진지한 여가'에도 관심을 기울일 때

〈중략〉일부 개인의 삶 속에는 여가가 중심적인 위치로 들어오고 있다. 서유럽 사람들은 여행을 가기 위해 회사에 사표를 내는 사람도 적지 않다. 물론 노동 시장이 우리보다 유연한 나라이기 때문에 가능한 일이지만, 여가가 삶에서 차지하는 비중이 매우 높다는 말이다.

우리도 자신의 일에 따라 여가가 결정된다는 기존의 생각이 바뀌면서 여가 때문에 사람의 직업이 바뀔 수도 있고, 삶 전체가 변화되는 현상이 목격되기도 한다. 특히 여가에 깊이 빠져 있는 '진지한 여가(Serious Leisure)'일수록 삶의 질과 자아 정체성은 밀접히 연관돼 있다. 세계적인 여가 학자이자 캐나다 캘거리대의 석좌 교수로 재직 중인 로버트 스테빈스(74) 교수는 여가를 '일상적 여가(Casual Leisure)'와 '프로젝트형 여가', '진지한 여가' 세 가지로 구분하면서 '진지한 여가'의 중요성을 강조하고 있다.

일상적 여가, 프로젝트형 여가, 진지한 여가

'일상적 여가'란 즐기기 위해 어떤 특수한 훈련을 받을 필요가 없으면서 직접적이고 내재적인 보상이 따르는, 상대적으로 짧고 즐거운 핵심 활동이다. TV 보기, 낮잠, 섹스, 친구와의 사교적인 대화, 아름다운 경치 감상, 술 마시기 등이다. '프로젝트형 여가'는 자유 시간에 자주는 아니지만 짧은 기간에 어느 정도 복잡하게, 일회적 또는 일시적인 창조적 수행을 말한다. 생일 파티, 결혼식, 환갑 잔치, 박물관 특별 전시 가이드 등이 프로젝트형 여가에 해당한다.

'진지한 여가'는 특수한 기술·지식·경험을 획득하고 표출하는, 충분히 본질적이고 재미있고 참여자가 경력을 쌓아가는, 성취감 있는 체계적인 활동이다. 돈과 시간도 적지 않게 투자해야 하는 경우가 많고, 몰입의 정도가 높다. 또 진지한 여가는 세부적으로 '아마 추어형', '취미활동형', '자원 봉사형' 등 세 가지로 분류된다.

여가에 깊이 빠져 있는 '진지한 여가'라는 용어가 조금 낯설다면 '전문화된 여가' 또는 '레저 마니아' 정도로 이해하면 된다. 접사 카메라를 들고 야생화 탐사를 다니거나 탐조 활동을 하기도 하고, 동남아로 스킨스쿠버 투어를 떠나는 사람, 마라톤, 인라인 스

케이트, 댄스 스포츠, 플라이 낚시, 해외 봉사 활동 등도 진지한 여가에 해당한다. '진지한'과 '여가'가 합쳐진 단어는 언뜻 모순적인 조합 같다. 노는 건데 그냥 놀면 되지, 무슨 진지함이냐는 항변이 나올 수 있다. 하지만 다음 사례들을 보면 여가에서의 진지함에 대해 고개를 끄덕일 것이다.

진지한 여가를 추구하는 자

시내 유명 음식점 대표인 조성일(47) 사장은 아침 일찍부터 전일 매출과 음식 재료 등을 점검한 다음, 여느 때처럼 골프 연습장으로 향한다. 그는 세 차례나 전국 아마추어 골프 대회에서 우승했다. 골프는 단순한 취미를 넘어, 그의 삶이 됐다. 주변 사람들도 그를 '조 프로'라고 부른다. 프로 골퍼들과도 자주 라운딩을 하고, 새로운 골프 클럽이 출시되면 대리점 사장에게서 전화가 온다.

정소희(38·여) 씨는 퇴근 후 책상에 앉아서 라오스 시골 마을의 여름 학교에서 사용할 교재 목록을 작성하고 있다. 올해 벌써 15년째. 무역 관련 업무를 담당하는 그녀는 라오스 여름 학교 참가를 위해 일 년 치 휴가를 7월 한 달에 모두 사용한다. 매년 7월에는 그녀가 회사에 없다는 사실을 회사, 동료 그리고 바이어들까지 모두 알고 있다.

어떤 아마추어 야구 선수가 "우리 수준은 교회 리그 따위와는 비교가 되지 않는다. 프로 구단이 우리를 스카우트했으면 좋겠다"고 말하고, 어떤 아마추어 연기자가 "우리 커뮤니티 극장은 수준 높은 드라마를 원한다. 고교생이나 대학 연극반과는 차원이 다르다. 우리는 연기를 진지하게 생각하고 각자의 파트를 완벽하게 수행하려고 한다"고 말한 데서 '진지한 여가'라는 용어가 1970년대 중반에 생겨났다.

일본에는 은어나 산천어·감성돔 등 특정 한 어종만 잡는 낚시 마니아가 적지 않다. 우리처럼 한 사람이 바다·지수지·계류 낚시 전부를 다 하는 문화와는 다르다. 이들은 한국의 하동 섬진강이나 울진 왕피천으로 은어를 잡으러 원정을 오기도 한다. 어종마다 최고의 고수는 명인(名人)으로 인정받는다. 이들은 물고기가 수질의 척도라는 점에서 환경 보존 운동에도 앞장선다. 일본의 레저 마니아는 한 가지에 미친 듯이 몰두하는 '오타쿠 문화'와 신제품이 출시되면 가장 먼저 구입해 제품 기능을 파악하는 '얼리어답터' 문화와도 연관된다. 〈중략〉

진지한 여가가 제공하는 성취와 보상, 비직업적 열정에 대한 진지함

이들은 모두 '비직업적 열정에 대한 진지함'을 강조한다. 단순히 '좋은 시간'이라고만 말하는 기존의 여가 개념으로부터 분명한 거리를 두고 있다. 이들은 이런 활동 속에서 부수적으로 따라오는 여가 경력을 발견하고, 자아 실현과 성취감 등의 혜택과 보상을 받는다. 실제로 사람들은 일보다는 진지한 여가활동에서 더 강한 정체성을 확인한다. 그래서 일을 할 때는 '도대체 지금 내가 뭘 하고 있는 거지?'라는 생각을 종종 하지만, 진지한 여가를 할 때는 시간이 가는 줄 모른다.

일상적 여가가 제공하는 보상이 유쾌함과 즐거움이라면, 진지한 여가를 통해서는 성취와 보상·자아 실현 등을 얻을 수 있다. 특히 진지한 여가는 장애인에게 자기 존중과 자부심을 줄 수 있고, 공동체 승인과 사회 통합으로 이어질 수 있다는 연구도 있다. 따라서 진지한 여가는 가족 관계, 여가 교육, 은퇴와 실업, 관광, 조직, 공동체 민족, 젠더, 장애, 성인 교육 등과 관련해 많은 연구를 필요로 한다.

스테빈스 교수는 "공부를 하고 일을 하는

것만으로는 자아를 계발하고 개성을 발휘할 수 없다. 진지한 여가를 통해서 자신을 계발하고 나만의 인성을 만들어 가야만 한다. 한국 사회는 여태까지 공부하고 일만 해왔으니 이제는 진지한 여가를 할 때"라면서 "행복의 열쇠인 최적의 여가 라이프스타일을 추구하기 위해서는 진지한 여가를 비롯한 세 가지 형태의 여가를 잘 결합해 자신에게 맞는 최적의 구성을 만들어내 행복 지수를 높여야 한다"고 조언한다.

"진지한 여가 조망이 한국 사회에 어떤 함의를 갖느냐?"는 질문에 그는 "주5일 수업제가 시작됐다. 그런데 학생들이 금요일

오후에 기숙 학원으로 들어가는 등 부작용이 나타났다"면서 "주5일 근무제나 주5일 수업제 등 한 사회의 시간 편성을 바꾸는 변화는 아마추어 여가 활동, 취미 여가 활동, 자원 봉사 여가 활동 등 진지한 여가와 함께 실시돼야만 실효성이 있다는 것을 단적으로 보여주는 사건이다.

물리적인 여가 시간의 확보만으로는 안 된다"고 말했다.

여가 시간이 증대하니 오히려 주말에 다른 일을 해야 하는 '투잡족', '스리잡족'이 늘어나 여가의 양극화가 초래되고 있는 한국 사회가 귀 기울여야 할 말이다.

출처 : 헤럴드경제(2012. 8. 25.)

5) 선택 속성

일반 상품을 구매함에 있어 소비자는 특정 기능 혹은 디자인 등에 초점을 맞추고 있으나 관광 상품을 구매하는 관광객은 매우 다양한 측면을 고려한다. 해외 여행 시 관광객은 질병이나 사고로부터의 신체적 안전, 보고 듣는 지적 경험, 참가에 따른 쾌감, 심리적·정신적 안전 등 다각적인 측면을 동시에 고려한다. 예를 들어, 의료 관광 상품의 선택 속성으로 의료 시설, 의료진의 기술 수준, 진료상의 의사소통, 쇼핑, 관광 명소 방문, 관광지 안전성, 가격 등을 들 수 있다. 물론 이러한 선택 속성이 일반 상품 구매시에도 해당되지만 그 정도의 차이는 관광 서비스 상품보다 상대적으로 약하다.

6) 관여도

관광 상품 구입은 고관여 상황에서 주로 이루어지게 된다. 관여도involvement란 어떤 대상(예 사람, 상황, 제품 등)에 대한 개인적인 중요성 혹은 관심도의 수준을 말하는 것으로 관여 수준은 개인의 특성과 제품 특성에 따라 다르다. 따라서 동일 제품이 같은 사람에게 있어서도 상황에 따라 고관여가 되기도 하고 저관여가 되기도 한다. 관광은 자신의 위신을 나타내기 때문에 지각 위험이 크고 무형의 상품을 구매함으로써 불확실성이 크게 존재한다. 이러한 위험과 불확실성을 줄이기 위해 관여의 정도가 높을 수밖에 없다.

7) 의사 결정 과정

비록 개인의 행동이 이성과 목적에 근거를 두고 일어난다고 해도 관광객의 의사 결정은 일반 소비자의 의사 결정과 몇 가지 점에서 차이가 있다. 우선 소비자 의사 결정 과정은 일반적으로 단일 제품에 대해 주로 일어난다. 관광 상품의 경우 대부분 다양한 관광지 혹은 관광 상품(예 호텔, 이동 수단, 식사 등)에 대한 의사 결정 과정이 복합적으로 그리고 연속적으로 진행된다. 가령, 경주 문화 유적지를 관광한다고 가정하자. 이 경우 구매 단계에 있어서 결정해야 할 요소들은 목적지, 체재 기간, 참여 인원, 교통 수단, 숙박 형태, 식사 메뉴, 여행 경비, 그리고 여행 일자를 결정해야 한다. 이에 따른 정보 수집 활동이 이루어져야 한다. 이와 같이 관광객 의사 결정 과정은 다수의 사항에 대해 의사 결정 과정이 연속적으로 발생한다. 또한 유형적이지도 않고 미리 경험할 수도 없는 관광지를 선택해야 하므로 관광객 구매 의사 결정 과정은 더 복잡하다.

제2절 관광객 행동 연구

관광객의 행동을 이해함에 앞서 우선 관광객과 관광객 행동의 정의를 이해해야한다. 관광 행동은 관광의 정의가 내포하는 활동을 관광객이 이행하기 때문이다.이에 대한 내용은 제1절에서 논의되었다. 관광의 개념과 관광 행동은 상호 관련하여 이해하는 것이 바람직하다. 본 절에서는 관광객 행동 연구 목적, 관광객 행동연구의 시대별 특징, 그리고 관광객 행동 연구의 동향과 문제점에 대해 설명한다.

1 관광객 행동 연구 목적

일반 소비자와 마찬가지로 관광객의 행동 또한 여러 이해 관계자의 입장에서이해해야 한다. 그 이유는 관광객 행동의 이해를 활용하는 주체와 목적이 다르기때문이다. 관광객 행동 연구의 목적은 크게 합리적 관광 소비 활동의 촉진, 관광객일탈 행위 방지, 관광 서비스 마케팅 전략 수립, 국민 복지 향상, 그리고 관광 정책수립을 들 수 있다.

1) 합리적 관광 소비 활동의 촉진

관광객 행동의 이해는 관광객의 합리적 소비 활동을 촉진하는 데 도움이 된다.관광객은 관광 서비스를 구매할 때 자신의 과거 경험은 물론 타인의 경험도 적극적으로 반영한다. 타인의 관광 경험을 바탕으로 관광 코스, 주의할 점, 예상 비용등을 미리 알 수 있어 더 체계적으로 준비할 수 있고 불필요한 소비를 줄일 수 있으므로 합리적 관광 소비 활동을 할 수 있게 된다. 관광 서비스 기업이 관광객에게 서비스에 대한 가격 정보를 제공하는 것도 관광객이 합리적인 소비 활동을 하는 데 도움을 준다.

사례 2-2

발리 당국 "외국인 관광객,
무례한 행동 목격하면 즉시 신고하세요"

인도네시아 발리에서 외국인 관광객들의 추태로 인한 사건·사고가 급증하고 있는데, 현지 당국이 관광객을 위한 행동 규칙을 명시한 에티켓 안내서를 지난 9일 배포하고, 위반하는 외국인을 목격한다면 신고해 달라고 공지했다.

이날 당국은 발리 웅우라라이 국제공항을 통해 입국하는 외국인 관광객에게 행동 규칙이 적힌 에티켓 안내서(해야 할 것과 해서는 안 될 것, Do's and Don't's)를 배포했다. 앙기앗 나삐뚜뿔루 발리 법무 인권부 지청장은 "외국인 여행자가 무례하게 행동하는 것을 목격한다면 즉시 이민국 사무실에 신고해 달라"고 당부했다고 현지 언론이 보도했다. 발리 주지사가 서명한 에티켓 안내문의 내용은 상식적인 내용을 담고 있다.

해서는 안 되는 사항

- 관광객은 기도 목적 외에는 발리 사원 내 신성한 공간에 들어가서는 안 되고, 기도를 위해 입장을 할 때도 반드시 발리 전통 의상을 입을 것
- 신성시되는 나무에 오르지 마시오.
- 신성시되는 장소 주변에서 부적절한 복장으로 사진을 찍지 마시오. 허가되지 않은 신성한 장소나 사원 출입 금지, 신성한 물건·나무 등을 함부로 만지거나 옷을 입지 않은 상태로 함께 사진을 찍어서는 안 된다.
- 함부로 쓰레기를 버리지 마시오.
- 재활용되지 않는 플라스틱 용품은 자제하시오.
- 공공장소에서 부적절한 행위를 하지 마시오.

▲ 발리 주민들의 종교 의식 [데일리인도네시아 자료 사진]

· 불법적인 취업이나 영리 활동을 하지 마시오.
· 마약 등 불법 약품과 문화재 등을 거래하지 마시오.

해야 할 의무 사항
· 신성한 장소나 사원·물건·나무 등을 존중한다.
· 발리 사람의 관습과 전통, 예술, 문화, 종교의식 등을 존중한다.
· 신성한 지역, 관광지, 공공장소, 공연장 등지에서 단정하고 적절한 옷을 착용한다.
· 관광지, 식당, 쇼핑센터, 도로, 공공장소에서 정중한 언행을 한다.
· 관광명소를 방문할 때, 공인된 관광안내원을 동행해야 한다.
· 공인된 은행이나 환전소에서 외환을 환전해서 사용해야 한다.

출처 : 데일리인도네시아(2023. 6. 15.)

· 인도네시아 표준 QR 코드(QRIS)를 사용해 결제해야 한다.
· 차량 운전자는 운전면허증을 소지하고 오토바이 운전자는 헬멧을 쓴다. 음주와 마약을 복용한 후 차량 운전 금지 등 인도네시아 교통법규 준수해야 한다.
· 허가 또는 허용된 숙박시설에서 체류할 수 있다.
 발리 당국에 따르면 올해 들어서만 129명의 외국인이 추방됐으며 1천 명이 넘는 외국인이 교통 법규를 위반해 제재받았다. 최근 외국인 관광객이 발리의 성지로 불리는 아궁산에 나체로 오르다 적발됐고, 신성한 나무로 여겨지는 700년 된 반얀나무에서 누드 사진을 찍은 것이 발각돼 추방됐다. 또 많은 외국인이 헬멧을 쓰지 않고 오토바이를 타고, 관광 비자로 들어와 일을 하다 적발되기도 했다.

2) 관광객의 일탈 행위 방지

관광객 행동의 이해는 관광객의 일탈 행위도 예방할 수 있다. 관광객의 바람직한 행동은 지역 간, 국가 간, 사회 계층 간, 종교 간, 또는 민족 간 갈등을 해소하는 데 크게 이바지한다. 그러나 현지 미풍양속을 저해하거나 관광 자원을 훼손하는 행위는 국가 간의 갈등은 물론 자국의 이미지를 추락시키게 된다사례 2-2 참조. 관광객의 비도덕적 행위는 다른 많은 관광객에게 불쾌감을 주어 관광 소비 활동을 위축시키게 되고 나아가 지역 사회의 관광 산업에 악영향을 미치게 된다.

3) 관광 서비스 마케팅 전략 수립

관광객 행동 이해는 관광 기업의 마케팅 활동에 도움이 된다. 관광 서비스 기업은 관광객의 행동 분석을 통해 마케팅 전략을 수립하고 실행하는 데 있어 몇 가지 유용한 정보를 찾아낼 수 있다. 첫째, 관광 서비스 기업은 관광객 행동 연구를 통해 시장에서 미충족된 관광객의 욕구를 파악해서 새로운 시장에 진출할 기회를 찾을 수 있다. 둘째, 관광 서비스 기업은 관광객의 행동 분석을 통해서 관광객의 유사한 특성별로 시장을 세분화하고, 표적 시장을 신정허는 전략을 더욱 효과적으로 사용할 수 있다. 마지막으로, 관광 서비스 기업은 관광객 행동 분석을 통해 표적 시장의 관광객들에게 효과적인 마케팅 믹스 전략을 펼칠 수 있다. 이러한 마케팅 전략을 수립하기 위해서 각 세분 시장의 인구 통계적 특성, 심리적 특성, 구매 빈도와 구매량과 같은 행동적 특성 등 소비자 관련 정보 수집이 필수적이다.

스타벅스가 국내시장에서 성공적인 마케팅 활동을 전개할 수 있었던 큰 이유는 고객 분석을 통한 고객 감성의 파악이었다김영한 & 임희정, 2003. 이 회사는 표적 시장을 20~30대의 직장인과 대학생으로 잡고 이들의 라이프스타일, 생활 습관, 소비 패턴을 분석하여 이들이 선호하는 서비스와 매장 설비 등을 통해 욕구를 충족시키고 있다.

4) 관광 정책 수립

관광객 행동 연구는 정부에 관광객 권익을 강화하고 보호할 수 있는 관광 정책 수립의 근거를 제공한다. 관광 정책은 관광 시장에서 관광객들에게 영향을 미칠 법규나 조례 제정과 관련이 있다. 예를 들어, 관광 법규의 제정과 개정, 관광객의 불만 및 피해의 구제, 관광 시설의 개발 등 관광 활동의 질적 향상을 위하여 추진되는 활동은 관광객 행동의 연구에 근거를 두고 있다.

5) 국민 복지 향상

관광은 국민의 복지 증진과 같이 사회 전반에 긍정적 영향을 미친다. 오늘날 관광객의 소비 활동은 경제 활동 이상의 의미가 있다. 개별 관광객은 전체 사회 구성원의 일원이므로 개인의 관광에 관한 욕구 충족은 결국 행복한 사회의 밑거름이 된다.

2 관광객 행동 연구의 시대별 특징

관광객 행동 연구의 범위는 관광객 관련 모든 활동이 대상이 되기 때문에 매우 광범위하다. 명확한 기준은 없지만 관광 행동 연구의 동향을 효과적으로 이해하기 위해서는 시대별로 구분해 보는 것이 적절할 것이다. 그 이유는 비록 시간적 차이는 존재하지만 관광 행동의 연구가 일반 소비자 연구와 맥락을 같이할 뿐만

만 아니라 시대적 상황을 반영하기 때문이다.

1) 1900~1940년대

제1차 세계 대전으로 많은 유럽 국가들의 피해가 막대하였다. 이 시대에 유럽 국가들은 국가의 부흥과 발전을 추구하는 데 전력을 다하였으며 어려운 사회적, 경제적 시련을 극복하는 데 관광 산업이 큰 역활을 하였다. 이 시대 관광학 연구 관광 행동 연구 포함는 주로 경영학적 그리고 경제학적 접근 방법의 토대에서 시작되었다. 경영학적 접근 방법은 관광 사업체를 운영하는 데 필요한 계획, 조사, 가격, 광고 등과 같은 경영 활동에 초점을 두어 관광학을 이해하려는 것이다. 경제학적 접근 방법은 관광이 국내 및 세계 경제에 미치는 영향(예 국제 수지, 고용 창출 등) 등에 초점을 맞춘 것이다.

2) 1950~1970년대

이 시대 역시 최대의 사회적 이슈는 경제 복구였다. 이전 시대와 마찬가지로 관광객 행동 연구에 대한 토대는 경영학 및 경제학이었다. 하지만 여러 유럽 선진국들은 국민은 누구나 행복하고 복지를 누려야 함을 강조하면서 복지 국가를 지향하기 시작하였다. 정신적, 신체적, 경제적 소외 계층에 대해 국가의 적극적인 지원 아래 복지 사회가 실현되었으며 복지 생활의 중심에는 관광이 자리잡고 있다. 특히, 관광 소비자의 보호와 지원을 위한 국가 정책 수립의 근간은 바로 관광소비자의 행동에 대한 적극적인 탐색과 이해를 바탕으로 하였다.

3) 1980~1990년대

1950년대 말부터 관광을 사회학적으로 접근하기 시작하였으나 초기의 연구들 (예 Kenebel, 1960, 『근대 관광의 사회적 구조 변화』)은 크게 주목을 받지 못하였다. 관광을 사회학적으로 접근한 이유는 관광은 사회적 활동의 일부분이며 관광객은 관광을 하면서 지역 사회 주민과 상호 작용을 한다는 점이 사회학적 관점과 일치하기 때문이다. 따라서 사회학자들은 관광과 관련하여 사회에 대한 관광의 영향이나 개인과 그룹의 관광 행동에 대하여 연구를 진행하였다. 또한, 지역 사회의 상호 작용 및 지역 경제에 큰 영향을 미치는 관광객의 국가 간 및 지역 간의 이동에 대한 통계의 중요성이 크게 대두되었다.

4) 2000년대 이후

관광 분야에서 이 시기의 화두는 크게 두 가지로 나누어 볼 수 있는데, 첫 번째 이슈가 친환경 내지 지속 가능한 관광이다. 지속 가능한 관광은 1996년 세계여행관광위원회WTTC와 세계관광기구UNWTO, 그리고 지구협의회Earth Council 등의 3개 국제 기구가 공동으로 '여행과 관광 산업에 대한 의제 21'을 채택하면서 비롯되었다. 지속 가능한 관광 개발sustainable tourism development은 관광 자원의 적극적 개발보다는 환경 보호와 자연 보전을 고려한 개발과 활용으로 관광 자원 이용의 지속성을 보장하는 것이다.

또다른 이슈는 전통으로의 회귀 내지 강조이다. 한류나 한옥 체험 등이 좋은 예이다. 우리나라는 아시안 게임, 올림픽, 월드컵, G20 등과 같은 국제 스포츠나 행사를 성공적으로 유치하면서 세계에서 가장 우수하고 경쟁력 있는 것은 '우리 다운 것' 혹은 고유의 '전통'이란 사실을 깨달았다. 미국의 건강 전문지 '헬스Health Magazine'는 2006년 3월에 세계 5대 건강 식품으로 한국의 김치와 스페인의 올리브유, 그리스의 요구르트, 일본의 콩요리, 인도의 렌틸콩을 선정했다. 학문적으로는 환경학과 지리학, 그리고 문화 인류학이 20세기 관광 행동 연구의 중요한 밑거름이 되었다. 시대적 상황과 관광객 행동 연구의 학문적 토대를 요약하면 〈표 2-2〉와 같다.

표 2-2_ 관광객 행동 연구의 시대별 특징

구 분	1900~1940년대	1950~1970년대	1980~1990년대	2000년대 ~
시대적 상황	• 1차 세계 대전으로 사회, 문화, 경제 파괴와 침체	• 전후 경제 복구 • 동서양 냉전 지속 • 유럽 선진 국가의 복지 사회 지향	• 세계 경제 급속 발전 • 세계화, 국제화 가속	• 냉전 시대 종식 • 국제 금융 위기 • 국제 평화와 중동 민주화 • 지역 및 종교적 갈등 심화
관광객 행동 연구의 학문적 토대	• 경영학-관광기업 경영 활동 • 경제학-관광의 경제적 효과	• 경영학-관광 기업 경영 활동 • 경제학-관광의 경제적 효과	• 관광 현상의 사회학적 접근 • 경영, 경제적 접근	• 경영학, 경제학, 사회학, 지리학, 심리학 등 다양한 학문적 접근

관광 산업 특징	• 관광 산업의 경제 발전 기여 인식 대두
	• 관광객 교류 제한적
		• 관광 산업 적극 장려(관광 산업의 경제 발전 중요성 인식)
		• 관광 소비자 보호 정책 수립
			• 관광 산업 지속적 성장
			• 관광 통계 강조
			  – 지역 간 이동
			  – 관광 수입과 지출
				• 관광 산업의 국가 전략 산업으로 인식
				• 지속 가능한 관광 개발
				• 관광의 고유성 강조
				• O2O서비스

③ 관광객 행동 연구의 동향과 문제점

관광 관련 전문 학회지에 게재된 연구 논문들을 분석해 봄으로써 관광객 행동 연구의 문제점과 동향 파악이 어느 정도 가능하다. 2000-2012년 사이 해외 3개 관광 관련 학회지『Annals of Tourism Research』, 『Tourism Management』, 『Journal of Travel Research』에 게재된 관광객 행동에 관한 논문은 383편이었으며, 가장 인기 있는 주제는 관광 동기로 나타났으며 의사 결정, 관광객 태도와 기대, 자아 개념과 성격 등도 주요 연구 주제로 다루어졌다.Cohen et. al., 2013

2012년~2021년 사이 국내 『관광학연구』지에 게재된 관광 행동 연구 52편을 분석한 결과, 구매 행동, 공유 행동, 시민 행동 등 의사 결정과 관련한 연구와 지속 가능성 및 관광 정보와 관련된 연구 순으로 나타났다김지언 외, 2022. 그리고 2011년부터 2020년까지 국내외 관광 분야 두 개의 학술지『관광학연구』 vs 『Tourism Management』에 게재된 총 1,266편 중 598편47.2%이 관광객 행동 분야인 것으로 나타났다김병국, 2022. 주제별 주요 키워드로 관광객의 동기, 경험, 지각된 가치, 태도, 만족도 등이었으며, 국내 연구보다 해외에서는 아웃도어 레크레이션 및 지속 가능한 관광 분야의 연구가 많았다.

관광객 행동 연구 동향에 관한 분석을 토대로 관광객 행동 연구의 한계점을 살펴보면 다음과 같이 다섯 가지로 요약할 수 있다.김병국, 2022; 김지언 외, 2022; Cohen et. al., 2013

첫째, 일반 소비자 행동, 마케팅, 경영학에서 다루어온 이론을 단순히 응용한 연구가 많다는 점이다. 따라서 환대 및 관광 분야에서 실무적 시사점을 제공하는 데 한계가 있다.

둘째, 고객 만족과 고객 충성도 관계와 같은 정형화된 인과 관계 연구가 많다. 인과 관계 연구는 실험적으로 연구될 수 없는 변수들(예 고객 만족)에 대한 연구가 가능하다는 장점이 있다. 하지만 실험 연구에 비해 독립 변수의 통제가 어렵다.

셋째, 일반 소비자 행동, 마케팅, 경영학 연구와의 차별성이 부족하여 연구 결과의 일반화에 한계가 있다. 그 이유는 관광객의 행동이나 의사 결정 과정이 복잡하고 다양한 특성이 있기 때문이다.

넷째, 양적 연구보다 질적 연구나 실험 연구가 부족하다. 관광학의 학문적 발전을 위해 양적 연구에 치우치기보다는 질적 연구와 혼합 연구를 활용한 연구가 필요하다. 혼합 연구 방법은 관광 분야의 다양한 트렌드 및 사회 현상을 설명하고 해석하는 데 유용하다. 또한, 실험적 연구가 초보 단계에 머물러 있다. 실험적 연구의 주목적은 실증 자료를 이용하여 연구의 객관성을 확보한 다음 변수 간의 관계를 정확히 규명하는 데 있다.

　마지막으로, 관광객 행동 혹은 관광객 행동 프로세스를 이해하기 위해 종단적 연구longitudinal study*나 총체적 접근holistic approach의 연구가 미흡하다. 관광객의 행동은 단순히 부분들을 모아 놓는 것만으로 파악하기 어렵다.

 ★ 종단적 연구 : 동일 주제에 대하여 시간 경과에 따른 변화를 조사하는 연구를 의미한다.

제3절　관광객 행동 모델

　관광객 행동 모델에 대한 연구는 소비자 행동 모델처럼 전체 프로세스 관점보다는 의사 결정 과정 부분에 대부분 초점이 맞추어져 있다. 많은 관광학 학자들은 관광객 행동 모델을 관광객 의사 결정 모델, 관광객 구매 의사 결정 모델, 혹은 단순히 의사 결정 모델 등 다양하게 칭하여 왔다. 관광객 행동 모델은 Howard와 Sheth, Nicosia, 그리고 Engel과 그의 동료1993 등이 개발한 소비자 행동 모델을 근간으로 하고 있다. 관광객 행동 모델에 대한 본격적인 논의는 1970년대부터 보는 것이 대체적인 시각이다.

　Sirakay와 Woodside2005는 관광객 행동 모델을 행동 모델과 관광지 선택군 모델 두 가지로 분류하였다. Decrop와 Snelders2004는 시퀀스 모델sequence model, 프로세스 모델process model, 그리고 선택군 모델choice model 등 세 가지 그룹으로 분류하였지만 시퀀스 모델과 프로세스 모델의 분류 기준이 명확하지 않다. 여기서는 Sirakay와 Woodside의 행동 모델과 관광지 선택군 모델, 차원 모델, 그리고 자극-반응 모델을 추가하여 네 가지 그룹으로 분류하여 설명하고자 한다. 관광객　행동 모델의 분류, 연구 초점, 그리고 대표적 학자들을 정리하면 〈표 2-3〉과 같다.

표 2-3_ 관광객 의사 결정 모델

관광객 행동 모델	연구 초점	대표적 연구자
자극-반응모델 (stimulus-response model)	· 주어진 자극에 의한 반응	· Middleton & Clark(1988)
행동 모델 (behavioral model)	· 의사 결정의 순차적 과정 중시 · 의사 결정 과정과 각 과정에 영향을 미치는 다양한 요인 관계 중시	· Wahab, Crampton & Rothfield(1976) · Schmoll(1977) · Bergier(1981) · Mathieson & Wall(1982) · Van Raaij & Francken(1984) · Moutinho(1987)
선택군 모델 (choice set model)	· 기본 가정은 행동 모델과 동일하나 의사 결정시 고려군(consideration set)에서의 제품 대안의 점진적 진행을 강조	· Woodside & Lysonski(1989) · Um & Crompton(1990)
차원 모델 (dimensional model)	· 의사 결정 과정보다는 의사 결정자를 둘러싸고 있는 내부적 요소와 외부적 요소 강조	· Mayo & Jarvis(1981) · Gilbert(1991)

1 자극-반응 모델

관광객의 구매 의사 결정 과정을 설명하기 위해 Middleton과 Clark[2001]는 〈그림 2-3〉과 같이 자극-반응 모델을 제시하였다. 이 모델은 여섯 개 과정으로 구성되어 있으며 구매자 특성과 구매 결정 과정[과정3과 4]을 중심부에 위치시켜 설명하고 있다.

과정1은 투입자극 요소로서 관광 시장에서 구매할 수 있는 관광 상품을 의미한다. 과정2는 커뮤니케이션 채널을 말하는데, 공식 커뮤니케이션 채널[광고, 판매 촉진, 브로슈어, 인적 판매, PR]과 비공식 커뮤니케이션 채널[친구, 가족, 준거 집단] 두 유형을 포함한다. 이 채널들은 구매자 특성과 구매 결정 과정을 나타내는 과정3과 과정4에 영향을 미친다. 과정3에서는 정보와 자극 투입이 일련의 여과[필터] 과정을 거치는데 지각이 구매 결정 과정에서 필터 역할을 한다. 지각은 학습과 경험으로 인한 변화의 결과이기 때문에 동적인 성격을 가지고 있는 것으로 간주한다. 과정4[동기 과정]에서 인구통계학적, 경제적·사회적 위치, 심리적 특성, 태도 등의 네 가지 요소가 관광객의 행동 성향[욕구, 필요, 목표]을 결정한다. 이 네 가지 요소는 동기의 강화 요인 혹은 제약 요인으로 작용할 수 있다. 과정5는 구매반응, 즉 제품, 브랜드, 가격의 선택이 이루

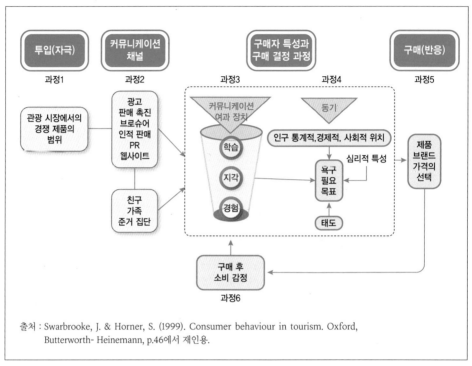

출처 : Swarbrooke, J. & Horner, S. (1999). Consumer behaviour in tourism. Oxford, Butterworth- Heinemann, p.46에서 재인용.

🧭 그림 2-3_ 관광객 구매 행동의 자극-반응 모델

어지는 과정이다. 과정6은 구매 경험을 통해 지각을 변화시키거나 강화하는 구매 후 감정이 생성되는 과정이다.

이 모델은 커뮤니케이션 과정에서 친구와 준거 집단의 역할을 강조하고 있으며, 미래 선택을 위한 구매 후 평가의 영향을 강조하고 있다. 하지만 제품에 대한 만족이 구매 행동에 어떻게 영향을 미치는지 등에 대해 설명은 해주지 못한다.Hodgson, 1991

2 행동 모델

행동 모델은 의사 결정 과정의 순차적 과정과 의사 결정 과정에 영향을 미치는 다양한 요인 관계를 중시한다. Decrop와 Snelders는 전자에 해당하는 모델을 시퀀스 모델 그리고 후자에 해당하는 모델을 프로세스 모델이라 칭하였다. 여기서는 이를 포괄적으로 행동 모델로 표현한다.

1) Schmoll의 프로세스 모델

Schmoll의 프로세스 모델은 의사 결정의 각 과정에 영향을 미치는 다양한 요인 간 관계에 초점을 두고 있다. Schmoll은 Howard와 Sheth 그리고 Nicosia의 소비자 행동 모델을 바탕으로 복잡한 관광 현상을 고려하여 〈그림 2-4〉와 같이 관광 행동 프로세스 모델을 제안하였다.

이 모델은 크게 네 가지 영역의 변수들 간 영향 관계를 묘사하고 있다. 첫째, 여

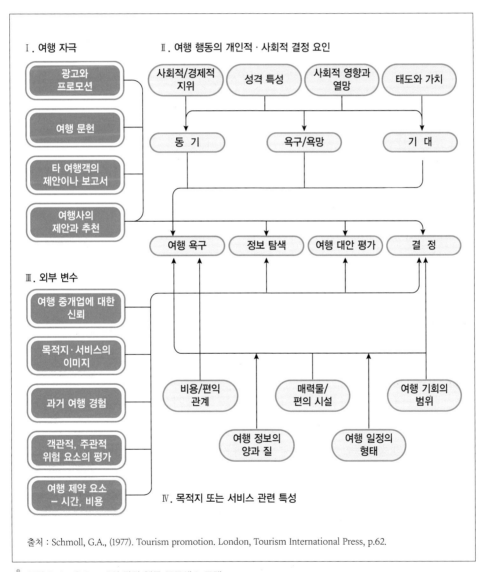

출처 : Schmoll, G.A., (1977). Tourism promotion. London, Tourism International Press, p.62.

🧭 **그림 2-4_** Schmoll의 관광 행동 프로세스 모델

행 자극이다. 여행 자극은 광고나 판촉 활동, 여행 문헌, 타 여행자의 제안, 그리고 여행사 추천 등에 의해 활성화된다. 둘째, 여행 행동의 개인적 그리고 사회적 결정 요인들이다. 이는 개인의 관광 동기, 관광 욕구, 기대에 영향을 미치는 사회 경제적 지위, 성격 특성, 사회적 영향과 열망, 개인적 태도나 가치관 등을 포함한다. 셋째, 여행사에 대한 신뢰, 목적지나 서비스 이미지, 과거 여행 경험, 객관적·주관적 리스크 평가, 여행 제약 요소시간, 비용 등 등을 포함하는 외부 환경 변수들이다. 마지막으로 관광 목적지와 서비스의 특성인데 비용·편익 관계, 여행 정보의 질과 양, 매력물과 편의 시설, 여행지 형태, 여행 기회의 범위 등을 포함한다. 이들 외부 변수들과 관광 목적지 또는 서비스 관련 특성들은 여행 욕구, 정보 탐색, 대안 평가, 그리고 구매 결정 등에 영향을 미친다.

이 모델은 관광객 의사 결정 과정에 영향을 미치는 요소들과 상호 작용 과정을 이해하는 데 도움이 된다. 또한, 타 모델에서 간과하였던 관광 제약 요소들을 언급한 점은 큰 의미가 있다. 하지만 이 모델은 피드백 과정이 묘사되어 있지 않아 모델의 역동성환류이 부족하다.Hudson & Gilbert, 1999

2) 휴가 여행 시퀀스 모델

Van Raaij와 Francken은 선행 연구를 바탕으로 휴가 여행 시퀀스 모델을 제안하였다그림 2-5. 이 모델은 여행 시퀀스를 5단계, 즉 (1) 휴가를 갈 것인가 집에 머물 것인가에 대한 의사 결정, (2) 목적지, 숙박, 이동 수단 등에 대한 정보 획득, (3) 가족 구성원 공동 의사 결정, (4) 휴가 활동, (5) 만족과 불평 불만으로 설명하고 있다.

이 모델은 구매 의사 결정 과정의 영향 요소로서 개인적 요소태도, 야망 등, 사회·인구 통계적 요소나이, 소득, 교육 등, 가구household 관련 요소라이프스타일, 권력 구조, 역할, 의사 결정 스타일를 포함하고 있다. 그리고 이들 요소 간의 상호 작용으로 휴가 여행 시퀀스혹은 의사 결정 과정가 만들어진다고 보았다. 특히, 여행 유무에 대한 결정(1)은 주로 가구의 재량 소득, 가족 생애 주기, 휴가용 내구재(예 캐러밴, 보트 등) 소유, 가족 라이프스타일 및 가치관 등에 의해 영향을 받는다.

이 모델의 주요 특징은 관광객 구매 의사 결정 과정에 가족 영향력을 강조한다. 하지만 개인의 결정을 과소 평가하고, 일부 변수들(예 기대, 소망, 가치, 저축, 재산 등)은 구체성이 부족하다Sirakaya & Woodside, 2005. 또한, 의사 결정에 중요한 역할을 하는 성격이나 동기 같은 심리적 변수를 간과하고 있다.Decrop, 2006

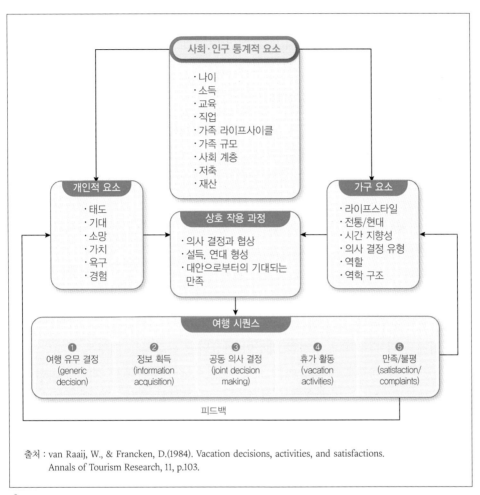

출처 : van Raaij, W., & Francken, D.(1984). Vacation decisions, activities, and satisfactions.
Annals of Tourism Research, 11, p.103.

그림 2-5_ 휴가 여행 시퀀스 모델

3 관광지 선택군 모델

관광객 의사 결정 과정에서 관광 목적지의 선택이 가장 중요한 부분 중의 하나
이다. 그 이유는 대부분의 의사 결정이 관광 목적지가 선택된 후 일어나기 때문이
다. 가족 휴가 여행의 경우 해당 가족은 우선 관광지를 선택하게 된다. 그리고 교
통 수단, 숙박 장소 및 형태, 관광지에서의 관광 활동 등에 관한 의사 결정을 한다.

선택군 모델의 기본 가정은 일반 소비자 행동의 모델과 동일하나 의사 결정 시
고려 상표군에서의 제품 대안의 점진적 진행을 강조한다는 점이 다르다. 즉, 관광
객이 관광지를 선택할 때에는 여러 대상지를 후보군으로 정해 두고 시간이 지남

에 따라 점차 후보 대상지 숫자를 줄여 가는 모델이다. 대표적으로 Woodside와 Lysonski 모델과 Um과 Crompton 모델이 있다.ecrop, 2006

1) Woodside와 Lysonski 모델

이 모델은 관광지 선택 과정을 8개의 변수와 9개의 관계로 묘사하고 있다. 〈그림 2-6〉처럼 관광 목적지 인식destination awareness은 마케팅 변수화살표 1와 관광객 변수화살표 2의 영향을 받고 있으며, 네 가지 관광 목적지군으로 구성되어 있다. 네 가지 관광지군은 ① 관광지를 최종 선택할 때 기억하는 고려 관광지군consideration set, ② 관광객의 기억 속에는 있지만 최종 구매 시점에서 떠오르지 않는 비상기 관광지군inert set, ③ 이용할 수는 없지만 인식하는 관광지군unavailable/awareness set, 그리고 ④ 의도적으로 고려 관광지군에서 제외된 비관련 관광지군inept set이다.

관광 목적지 인식은 감정적 연상긍정적 혹은 부정적 감정과 함께 관광지 선호도에 영향을 미치게 된다화살표 5와 6. 부정적 감정이 연상되는 관광지는 대부분 비관련 관광지군inept set에 속해있는 것들이다. 관광지 선호도는 좋아하는 것부터 싫어하는 것까지 태도의 강도를 기반으로 순위 형태로 나타난다. 이는 방문 의도에 영향을 미치며, 방문 의도는 상황 변수와 함께 최종 목적지 선택에 영향을 미친다.

이 모델은 개인이 고려하고 있는 관광지군이나 선택한 관광지군에 대해 긍정적 감정이 있어야 한다는 점과 최종 관광지로 선택되려면 고려 관광지군consideration set에 포함되어야 함을 강조하고 있다. 예를 들어, 지역 관광 개발의 경우, 잠재 관광객에게 고려 관광지군에 포함될 수 있을 만큼 관광지가 매력적으로 개발되어야 함은 물론 잠재 관광객의 긍정적 감정을 끌어낼 수 있어야 함을 암시한다. 또한, 높은 선호도 순위의 관광지일수록 잠재 관광객은 그곳을 방문할 확률이 높다는 것을 시사한다.

이 모델의 한계점으로는 세 가지를 들 수 있다. 첫째, 모델을 구성하는 일부 구성 요소와 관계를 적절하게 설명하지 못하고(예 화살표 3), 상황 변수에 대한 설명도 미흡하다. 예를 들어, 시간이나 날씨와 같은 상황적인 변수들에 의해 특정 관광지가 선택될 수도 있고 그렇지 않을 수도 있다. 둘째, 실증적 연구에서 적은 수의 표본을 이용하였을 뿐만 아니라 대표성이 부족한 학생 표본을 이용하였다는 점에서도 한계가 있다. 마지막으로, 실제 방문 의도가 바로 관광으로 연결되지 않을 수도 있다는 점이다.

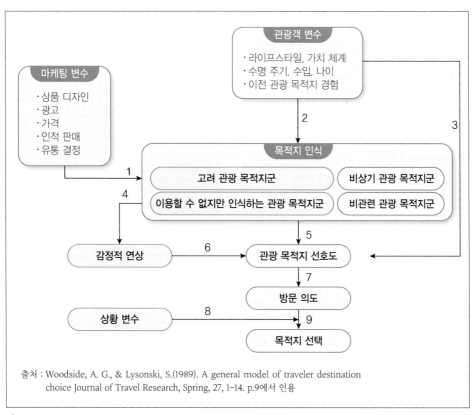

출처 : Woodside, A. G., & Lysonski, S.(1989). A general model of traveler destination choice Journal of Travel Research, Spring, 27, 1~14. p.9에서 인용

🧭 **그림 2-6_** Woodside와 Lysonski 관광지 선택 모델

2) Um과 Crompton의 모델

이 모델은 다섯 가지 과정이 3개의 인지적 구성 개념cognitive constructs을 통해 최종 관광 목적지로 진화되어 가는 과정을 묘사하고 있다그림 2-7 참조. 다섯 가지 과정은 ❶ 수동적 정보 수집이나 우연한 학습을 통해 인지한 관광지군awareness set 내에 있는 관광 목적지 속성에 대한 주관적 신념 형성, ❷ 상황적 제약 요인을 고려한 관광 목적지 선택 과정의 시작, ❸ 인지 관광지군awareness set에서 환기 혹은 상기 관광지군으로의 진화evolution of evoked set, ❹ 능동적 정보 탐색을 통해 환기 관광지군evoked set 내 각 대안의 목적지 속성에 대한 주관적 신념 형성, ❺ 관광 목적지 선택 등이다. 그리고 3가지 인지적 구성 개념은 인지 관광지군awareness set, 환기 관광지군evoked set, 그리고 관광 목적지travel destination이다.

외적 투입 요소는 잠재 관광객에게 노출되는 마케팅 커뮤니케이션을 의미하는 유의미한 자극관광 목적지의 물리적 자극, 상징적 자극관광 업계 홍보자료, 그리고 사회적 자극

타인의 관광 경험으로 분류된다. 내적 투입 요소는 잠재 관광객의 사회·심리적 요소로서 성격, 동기, 가치, 라이프스타일, 태도 등을 포함한다.

인지적 구성 개념은 외적 투입 요소와 내적 투입 요소를 인지 관광시군과 환기 관광지군으로 통합하는 역할을 한다. 인지 관광지군은 잠재 관광객이 이전에 방문했거나 알고 있는 관광지를 포함한다.

환기 관광지군에는 잠재 관광객이 스스로 기억하는 관광지로시 최종 목적지를 선택할 때 대안으로 고려할 수 있는 모든 관광 목적지가 포함된다. 이 단계에서는 상황적 제약 요인들이 고려된다.

이 모델은 앞서 언급한 행동 모델보다 실용적인 것으로 평가받고 있다Sirakaya & Woodside, 2005. 예를 들면, 관광 목적지 결정에 있어 상황적 제약 요소를 함께 고려하였다. 관광 목적지 선택에는 여러 상황이 발생할 수 있다. 하지만 내적 투입 요소로서 개인 감정이나 관광 목적지 선택 시 공동 의사 결정 등을 고려하지 않았다는 한계점이 있다.

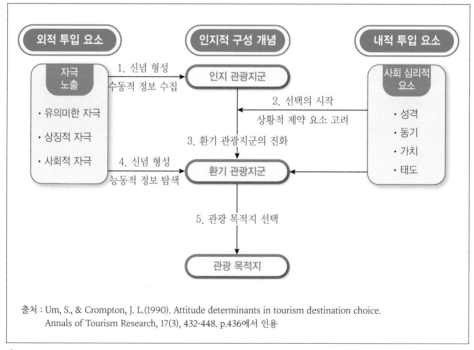

출처 : Um, S., & Crompton, J. L.(1990). Attitude determinants in tourism destination choice. Annals of Tourism Research, 17(3), 432-448. p.436에서 인용

🧭 그림 2-7_ 관광의 선택 프로세스 모델

4 관광객 행동 차원 모델

행동 차원 모델은 의사 결정의 순차적 과정을 제시하기보다는 의사 결정자를 둘러싸고 있는 내외적·환경적 요소를 설명하는 데 초점을 두고 있다. 모델에서 개인의 의사 결정 과정은 묘사하지 않고 의사 결정 과정에 영향을 미치는 요인을 중심으로 설명하고 있지만, 의사 결정 과정은 기본적 과정문제인식 → 정보 탐색 → 대안 평가 → 구매 결정 → 구매 후 평가을 전제하고 있는 것으로 이해할 필요가 있다. 대표적 모델로서 Mayo와 Jarvis 모델1981이 있다.

Mayo와 Jarvis는 〈그림 2-8〉과 같이 의사 결정 과정에의 영향을 두 가지 차원, 즉 내부적 요소와 외부적 요소로 묘사하고 있다. 이 모델에서 의사 결정자는 의사 결정 과정의 중심에 있으며 이에 영향을 미치는 내부적 요소는 지각, 동기, 학습, 성격, 태도 등이 있다. 그리고 외부적 요소는 가족, 사회 계층, 준거 집단, 그리고 문화와 하위 문화를 포함하고 있다.

이 모델은 관광객 의사 결정에 영향을 미치는 내·외부적 요인을 한 공간 내에서 그 위치를 설명해 주고 있다. 하지만 다양한 변수들의 상호 작용(예 피드백)과 인과 관계 등은 제시하지 못하고 있다.

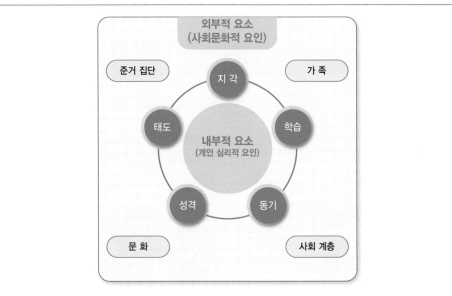

출처 : Mayo, E. & Jarvis, L. (1981). The psychology of leisure travel. Boston : CBI Publishing.

🧭 **그림 2-8_** Mayo와 Jarvis 관광객 의사 결정 모델

5 관광객 행동 모델의 고찰

관광객 행동 모델관광객 의사 결정 모델들은 내부적혹은 개인·심리적 요인뿐만 아니라 외부적사회적·문화적 요인에 의해 결정된다는 것을 공통적으로 보여주고 있다. 또한, 관광객 행동 차원 모델을 제외한 나머지 모델들은 변수 간의 복잡한 관계를 간결한 흐름으로 묘사하고 있다.

하지만 전반적으로 관광객 행동 모델들은 나음과 같이 몇 가지 한계점을 지니고 있다. 첫째, 대부분의 관광객 행동 모델들은 이론적 혹은 질적 연구에서 제시된 모델들로서 실증적으로 검증되지 않았다. 따라서 이러한 모델들이 실제 구매 상황에서 얼마나 잘 적용될지 구체적인 증거가 부족하다.Swarbrooke & Horner, 2007

둘째, 대부분의 관광객 행동 모델들이 북미, 호주, 그리고 유럽의 학자들에 의해 개발되었다. 즉, 아시아 관광 시장을 바탕으로 제시된 관광객 행동 모델은 매우 부족하다. 이들 시장 간의 관광객 행동은 개인적 특성이나 사회적·문화적 요인들에 의해 차이가 존재할 수 있다.

마지막으로, 관광객 행동 모델들은 관광객들이 이성적인 의사 결정을 가진다고 가정하고 있다. 하지만 의사 결정과 행동들 사이에는 다양한 감정적인 요인들이 서로 영향을 주고받고 하기 때문에 관광객 행동이 이성적으로만 일어나지 않을 수 있다.Woodside & MacDonald, 1994

관광소비자
행동론

관·광·소·비·자·행·동·론

PART
2

정보 처리 과정과
구매 의사 결정 과정

Chapter 03

관광객 정보 처리 과정

🎯 **학습목표**

이 장을 학습하고 나면 학생들은 다음의 내용을 이해하게 될 것이다.

1. 정보 처리 과정

2. 감각 자극별 특성

3. 노출의 개념과 유형

4. 식역의 의미

5. 주의의 개념과 유형

6. 지각적 조직화의 원리

7. 지각적 해석

8. 기억의 개념 및 기억 시스템

9. 정보 처리 과정별 마케팅 전략

정보 처리 과정은 개인이 자극에 노출되고, 노출된 자극에 주의를 기울이며, 자극 내의 정보를 해석하고, 정보를 기억하는 과정을 말한다. 정보 처리 결과는 의사 결정에 바로 영향을 미치거나 혹은 기억에 저장되어 나중에 관련 의사 결정에 영향을 미칠 수 있다. 소비자가 구매 의사 결정을 하기 위해서 필요한 정보를 수집, 분석, 해석, 그리고 기억하는 역할을 담당하는 핵심적인 주체는 소비자의 태도이다.

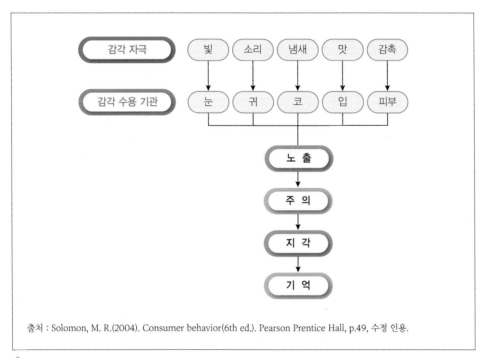

출처 : Solomon, M. R.(2004). Consumer behavior(6th ed.). Pearson Prentice Hall, p.49, 수정 인용.

◎ 그림 3-1_ 정보 처리 과정

◎ 그림 3-2_ 제3장 요약도

기업은 광고, 제품의 포장, 판매원 등의 수단을 통해 소비자들에게 정보를 제공하는데, 가능하면 표적 소비자가 그 정보에 노출되고, 주의를 기울이며, 긍정적으로 해석하고, 오랫동안 기억하며, 필요할 때 적절히 인출할 수 있기를 바란다. 〈그림 3-1〉과 같이 정보 처리 과정은 노출, 주의, 지각, 기억 등 4단계로 구분된다. 본 장에서는 이들 개념을 정의하고 이를 활용한 마케팅 전략을 살펴보고자 한다.

제1절 자극과 노출

소비자는 자극에 노출되어야만 정보 처리 행동을 시작하게 된다. 자극이 시각적으로 혹은 후각적으로 노출되어도 주의를 끌지 못하면 소비자의 행동 반응을 일으키기 어렵다. 본 절에서는 정보 처리 과정의 시발점이 되는 자극과 노출의 의미, 노출의 유형, 그리고 식역에 대해 살펴본다.

1 자극

자극이란 사람을 둘러싸고 있는 환경 요소로서 개인의 반응에 영향을 줄 수 있는 물리적, 시각적, 구두적 커뮤니케이션이다. 자극은 빛, 소리, 냄새, 맛, 감촉 등의 형태로 개인의 행동에 영향을 미치게 된다. 이러한 외부 자극은 각각 눈, 귀, 코, 입, 피부 등의 감각 수용 기관을 통해 우리 몸속으로 유입된다그림 3-1 참조. 감각 sense이란 인간이 신체의 외부와 내부 환경의 변화와 상황을 감지하는 능력을 말하는데, 다섯 가지 감각, 즉 오감각이 있다. 오감각은 시각눈으로 보고, 청각귀로 듣고, 후각코로 냄새를 맡고, 미각혀로 맛을 보고, 그리고 촉각피부로 느끼고을 말한다.

1) 시각

기업의 광고, 포장, 점포, 직원 유니폼 디자인 등은 시각적 요소에 많이 의존한다. 시각적 요소에서 가장 중요한 것이 색상, 크기, 스타일이다. 오늘날 색상은 중

🔦 **표 3-1_** 감각별 소비자 구매 의존도

감 각	시 각	청 각	촉 각	후 각	미 각
의존도	87%	7%	3%	2%	1%

출처 : 이코노믹 리뷰(2011. 12. 6). "대박 매출 색깔을 찾아라" 기업들 컬러 마케팅 '열공'

요한 의미를 갖고 있기 때문에 컬러 마케팅이 많은 관심을 끌고 있다. 일반적으로 소비자가 감각에 의존해 제품을 구매할 때 시각이 전체 오감각 가운데 90%에 육박할 정도로 비중이 높다표 3-1 참조. 미국 컬러 리서치 연구소에 따르면, 시각 중 색상컬러의 비중이 60%에 이른다.

2) 청각

소리는 사람의 느낌과 행동에 영향을 미친다. 기업은 고객의 긴장을 완화해주고 감성을 자극하기 위해 다양한 유형의 음악을 적극적으로 활용하고 있다. 기업은 업종과 브랜드, 상품의 특성, 고객층 등을 다양하게 고려해 음악의 장르, 템포를 선택하고 있다. 미국의 Milliman1986의 연구에 의하면, 음악이 느릴수록 사람들은 시간도 천천히 간다고 생각해 매장에 머무는 시간이 길어진다고 했다. 이를 바탕으로 백화점은 시간대별, 계절별로 다른 템포의 음악을 내보낸다. 또한, 음악은 브랜드 인식을 유지해 주고 무드mood를 유발하는 것으로 알려져 있다.Tom, 1990

3) 후각

냄새는 감정을 자극할 수 있고 고요한 느낌도 유발할 수 있다. 또 기억을 회상시키거나 스트레스를 완화시킬 수 있다. 꽃향기나 초콜릿 향기에 노출된 소비자와 꽃이나 초콜릿 광고를 본 소비자는 해당 제품의 정보를 처리하는 데 보다 많은 시간을 보내고 각 상품 범주 내에 있는 다른 대안을 시험 구매해 보려는 가능성이 더 높은 것으로 알려져 있다.Mitchell, Kahn, & Knasko, 1995

4) 미각

미각맛 또한 소비자가 브랜드를 지각하고 선택하는 데 중요한 역할을 한다. 미각을 활용한 전략은 주로 외식 기업이 활용하고 있다. 기업이 맛에 대한 문제를 더욱 부각시키는 것은 색깔이 없기 때문이다. 미각은 색color이라는 시각적 단서를

💡 표 3-2_ 색채별 미각

미각(맛)	색 채
단맛	빨강. 주황. 갈색 등의 난색 계통의 색
매운맛	빨강. 주황. 겨자색
쓴맛	짙은 밤색, 적보라. 파랑 계통의 색
신맛	노랑이나 여두
짠맛	회색. 흰색 계통의 색
달콤한 맛	분홍 계통의 색

출처 : 색채용어사전

통하여 의미를 해석하는 경향색채 미각: color taste라고 함이 있으며 온도에 따라서 민감도가 달라질 수 있다.표 3-2 참조

5) 촉각

촉각은 압력, 통증, 따뜻함, 차가움과 같이 피부로 느끼는 것으로 개인의 행동에 영향을 미친다. 촉각은 섬유, 의복, 카펫, 가구 등의 제품 품질을 좌우한다. 촉각은 시각과 달리 소비자가 직접 체험하고 느끼는 것이므로 제품에 대한 평가나 태도를 확실하게 할 수 있는 수단이기 때문이다. 예를 들어, 소비자는 과일을 고를 때 직접 만져 보아야 안심이 되고 옷을 고를 때도 직접 만져 보거나 입어보아야 품질에 대해 확신을 하게 된다.

② 노출

노출exposure은 개인에게 자극이 투입되어 오감각 중 어떤 것을 활성화시키는 현상을 말한다. 자극에의 노출 현상이 발생해야만 정보 처리 행동은 시작이 된다. 따라서 제품이나 서비스 제공자가 제공하는 정보가 아무리 유용한 것이라 하더라도 소비자에게 노출되지 못하면 그 정보는 소멸되고 만다. 노출에는 의도적 노출, 우연적 노출, 그리고 선택적 노출이 있다.

1) 의도적 노출

소비자가 문제욕구 미충족 해결을 위해 자신을 어떤 자극(예 마케팅 정보)에 의도적으로 노출시키는 것을 말한다. 토산품과 같은 관광 상품을 구매하려고 하는 사람이 신문이나 잡지 등의 광고 중에서 특정 광고를 의도적으로 찾아보거나 인터넷이나 잡지 등에서 토산품에 대한 정보를 탐색할 때 의도적으로 해당 자극에 노출되게 된다. 따라서 기업은 관광 소비자가 문제 해결을 위한 정보를 탐색할 때 적절한 정보를 적시에 제공해야 한다.

2) 우연적 노출

소비자가 의도하지 않은 상태에서 어떤 자극에 노출되는 것을 말한다. 예를 들어, 이동 중에 고속도로 주변에 있는 지역 대표 관광 상품을 위한 광고를 보게 되는 것이 우연적 노출에 해당한다. 또한 마트나 기타 쇼핑 공간에서 판매원의 외침이나 권유, 구매 시점 전시물POP 광고 등이 여기에 해당한다. 마케터는 표적 시장 소비자가 주로 이용하는 매체를 이용함으로써 소비자의 우연적 노출 정도를 높일수 있다.

3) 선택적 노출

소비자가 필요하고 관심이 있는 자극에만 노출시키는 것을 말한다. 대부분의 소비자는 단골 음식점만 방문하고, 좋아하는 TV프로그램만 선별적으로 시청하며, 원하지 않는 광고가 방영되는 동안은 채널을 변경하는 경향zapping이라고 한다이 있다. 따라서 단골 음식점에서 취급하지 않는 제품에 대해서는 거의 노출될 기회가 없게 된다.

③ 식역

식역threshold이란 어떤 자극이 주어졌을 때 이를 감지하고 식별할 수 있는 생리적 한계를 의미한다. 다시 말해, 식역은 감각의 의식과 무의식의 경계이다. 이에는 절대 식역, 차이 식역, 그리고 잠재 의식적 지각식하 지각이 있다.

1) 절대 식역

절대 식역absolute threshold이란 개인이 감지할 수 있는 최소한의 자극 수준을 말한다. 즉, 여행객이 모여 있는 호텔 로비에서 휴대 전화 벨소리 음량이 0에서부터 점점 커질 때 음량이 얼마까지 올라가야 소리를 알아챌 수 있는가이다. 여행객이 그 벨소리를 감지할 수 있는 최소한의 음량이 절대 식역이다. 시각에서는 맑은 날 밤에 50km 떨어진 곳의 촛불이, 그리고 촉각에서는 1cm 높이에서 뺨 위로 떨어진 벌의 날개의 무게를 느끼는 것이 최소한의 자극이다. 〈표 3-3〉은 Galanter가 정리한 절대적 식역 수준이다.

절대 식역은 개인의 특성이나 상황에 따라 차이가 있다. 청력이 좋지 않은 사람이라도 소음이 많은 곳에서는 절대 식역 수준이 더 높아지는데, 그 이유는 더 집중하기 때문이다. 또한, 일정한 자극이 지속되면 그 자극에 익숙해지고 감각이 둔해져 더 이상 그 자극에 반응하지 않게 된다. 이는 그 자극에 대한 절대 식역 수준이 시간이 변화함에 따라 높아진 결과라 볼 수 있다.

2) 차이 식역

차이 식역differential threshold이란 두 자극 사이에서 차이를 감지하는 최소 차이를 말한다. 변화 감지 가능 한계치JND: Just Noticeable Difference : 차이를 지각하는 데 필요한 최소한의 변화량라고도 한다. 앞서 설명했듯이 호텔 로비에서 감지할 수 있는 최소한의 음량은 절대 식역이며 들리던 벨소리가 좀 더 커졌다고 느끼는 음량이 차이 식역이다.

표 3-3_ 감각별 절대 식역 수준

감 각	절대적 식역
시 각	맑은 날 밤 50km 떨어진 곳의 촛불
청 각	조용한 가운데 6m 거리에서 손목 시계의 소리
미 각	8리터의 물에 녹아 있는 설탕 한 숟가락의 단맛
후 각	3개의 방이 있는 아파트 안의 향수 한 방울 향기
촉 각	1cm 높이에서 뺨 위로 떨어뜨린 벌의 날개 무게

출처 : Galanter, E. (1962). Contemporary psychophysics, In New Directions in Psychology, eds., R. Brown et al., Holt, New York : Rinehart, Winston.

3) 잠재 의식적 지각

잠재 의식적 혹은 식역하 지각subliminal perception이란 자극의 정도가 미약하여 절대 식역 수준에 미치지 못하더라도 소비자가 그 자극을 무의식 중에 지각하는 것을 말한다. 순간적으로 투사되는 시각적 자극이나 스쳐 지나가는 청각적 자극 등은 통상적인 지각 활동에 의해서는 쉽게 식별되지 않는다.

이의 영향에 대해서는 상반된 견해를 주장하는 학자들이 많지만 무의식속에서 사람들이 지각한다는 사실에 대부분 동의하고 있다. Vicary[1957]는 45,000명의 영화 관람객을 대상으로 6주 동안 영화 스크린에 "Eat Popcorn and Drink Coca Cola"라는 자막을 매 5초마다 1/3,000초 동안 노출시키는 실험을 하였다. 실험 결과 팝콘 판매량은 57.5%, 코카콜라 판매량은 18.1% 증가한 것으로 나타났다.[Advertising Age, 1957]

4 자극과 마케팅 전략

마케터들은 소비자의 오감각을 자극하기 위해 오감 마케팅을 활발히 펼치고 있다. 제품이나 서비스 구매 의사 결정 과정에 있어 오감은 빼놓을 수 없는 요소이기 때문이다. 여기서는 오감각을 이용한 마케팅 전략과 식역을 활용한 마케팅 전략을 살펴본다.

1) 컬러 마케팅

컬러 마케팅은 시각적 요소인 색상을 이용한 마케팅이다사례 3-1 참조. 소비자가 긍정하고 선호하는 컬러는 구매 욕구를 높이고 브랜드의 이미지를 구축하는 데 효과적인 것으로 알려져 있다. 그 이유는 소비자가 어떤 상품이나 서비스를 구매할 때 발생하는 오감의 영향력 중에서 시각이 87%로 가장 높기 때문이다표 3-1 참조. 빨강, 주황, 밝은 노랑, 그리고 선명한 녹색은 식욕을 자극하는 색인 반면, 파란색, 보라색, 연두색, 겨자색, 회색 계열색은 식욕을 반감시키는 효과가 있는 것으로 알려져 있다. 예를 들면, 콜라와 빨간색, 스프라이트와 초록색, 환타와 노란색 등은 컬러를 적극 활용한 마케팅 사례이다. 한편, 동아오츠가 포카리스웨트는 식욕을 저하시킨다는 파란색을 중심 색상으로 사용하여 컬러 마케팅의 성공 사례를 만들었다. 포카리스웨트는 소비자의 식욕 자극보다는 수분 보충과 시원한 청량감과 같은 기능성을 강조하여 소비자의 인식을 바꾸는 데 성공하였다.

 사례 3-1

컬러 마케팅, 마음을 찬란하게 물들이다

우리는 특정 색상을 보면 각자의 기억을 떠올리게 된다. 필자 같은 경우는 황토색을 보면 작년에 밟은 그랜드캐년의 땅이 생

각나고, 청록색을 보면 어렸을 적 집에 있던 학이 새겨진 청자가 떠올라 노스텔지아를 자극한다. 이처럼 색상에는 각자의 수많은 이야기가 존재한다. 같은 색상을 볼지라도 사람들은 각기 다른 연상을 하는 것이다. 그런데 사람들의 연상 사이에도 공통되는 연상이 존재한다. 사람들은 빨간색을 보면 크리스마스를 떠올리고 코카콜라를 떠올린다.

초록색을 보면 자연, 안정, 혹은 스타벅스를 떠올리며, 노란색을 보면 활기, 그리고 한국인이라면 카카오톡을 떠올린다. 자본주의와 마케팅이 발전해가는 사회에서는 이 컬러의 상징성이 점점 짙어진다.

컬러 마케팅의 정의는 색상으로 소비자의 구매 욕구를 자극시키는 마케팅 기법이다. 컬러 마케팅은 컬러를 이용하여 소비자의 감성과 소비심리를 자극하고 이를 구매로 이어지게 한다는 점에서 굉장히 매력적이라고 할 수 있다. 감성의 시대라 불리우는 21

▲ 컬러를 브랜드 아이덴티티로 가장 잘 사용한 브랜드 1위~10위

세기에서 컬러는 고부가가치의 무기가 아닐 수 없다.

기업 차원에서 컬러 마케팅의 시작은 1920년 미국 파커(Parker)에서 내놓은 빨간색 만년필로 볼 수 있다. 당시 여성용 만년필은 남성용보다 조금 더 가늘었을 뿐 색상의 차이는 없었다. 그런데 파커 사에서 여성들의 감성을 자극하기 위해 빨간색 만년필을 생산해내면서 이 회사는 여성용 만년필 시장을 석권하게 된다.

한국에서 색의 중요성이 급속히 증가하기 시작한 때는 1980년대 컬러 텔레비전이 가정에 도입되면서부터이다. 사람들은 그 후 컬러가 입혀진 정보를 접하면서 시각문화를 형성하기 시작하였다.

미국의 컬러 컨설턴트 캐시 라만쿠사 (Cathy Lamancusa)는 '소비자가 제품에 대해 가지는 첫인상의 60%는 컬러에 의해 결정된다'고 주장한다. 또한 최근의 한 조사에 의하면 응답자의 86%가 특정 컬러를 생각하면 떠오르는 브랜드가 있다고 주장하였다.

브랜드들이 내세우는 대표 컬러들의 역할은 해당 기업 또는 제품 브랜드를 떠올리게 한다. 또한 브랜드들만의 고유의 컬러는 그 기업의 철학을 반영하는 것으로 인식된다. 브랜드 색상은 우리가 생각하는 것보다 훨씬 더 복잡한 절차와 기준을 통해 선정된다. 먼저 색상의 물리적 특성을 고려하여야 한다. 예를 들면 각 색상들은 발랄함, 차분함, 긴장감, 역동성 등의 특성을 가지고 있는데 대부분의 기업들은 두드러지고 역동적인 색상을 선호한다.

또한 색상이 사람들에게 주는 느낌과 인식을 반드시 고려해야 한다. 컬러 테라피라는 것이 있다. 이는 색채의 전달을 통해 심리를 진단하고 치료하는 기법인데, 마케팅에서도 같은 원리를 이용한다. 보통 초록색은 안정감을 주는 진정 효과를 지니며 빨간색은 흥분과 불안감을 불러일으킨다. 이러한 색상들의 고유한 특성에 과학적으로 접근하는 과정이 필요하다.

다문화 사회, 혹은 국제 시장으로의 진출을 꾀한다면 문화권에 따라 달라지는 색상

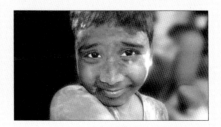

에 대한 연상 작용도 고려해보아야 한다. 문화권마다 색상이 주는 의미가 각기 다르게 나타날 수 있다. 중국인들은 빨간색에 열광하며 우리나라에서는 조의를 표할 때 하얀 국화꽃을 전달하듯이 문화권마다 다른 색상의 의미를 통달해야 한다. 이 외에도 시장에서의 색상 트렌드에 대해 파악하고 색상이 주변 환경, 제품들과도 조화를 잘 이룰 수 있는지도 고려해보아야 한다.

그렇다면 컬러 마케팅에서 주로 사용되는 주요 다섯가지 색상에 대해서 알아보자.

먼저 빨간색은 강렬함의 상징이다. 스포츠 업계에서는 강렬한 이미지를 위해 빨간색을 많이 사용하는 것을 알 수가 있다. 또한 빨간색은 식욕을 자극하는 색상으로도 인식되어 외식업계 또는 식품업계에서 자주 사용된다. 코카콜라는 제품의 특성상 상대적으로 겨울에 매출이 줄어들게 되는데, 크리스마스를 연상시키는 빨간색과 산타클로스를 메인 테마로 잡아 겨울에 잃을 수 있는 소비자들을 끌어 모으는 역할 또한 하였다.

다음으로 녹색을 살펴보자. 녹색은 최근 웰빙과 자연친화주의, 삶의 질 등이 강조되면서 그 사용 빈도와 기업 내 선호도가 높아지고 있다. 또한 녹색은 안정감과 인간에게 있어서 시각적 편안함, 심신의 피로를 풀어주는 색으로 알려져 있어 소비자들에게 부드럽게 다가갈 수 있도록 돕는 색상이다. 녹색을 대표적으로 사용하는 기업으로

스타벅스를 꼽을 수 있다. 스타벅스는 본래 커피 색상을 브랜드 컬러로 사용하였지만, 환경을 생각하는 기업 이미지로 만들기 위해 녹색으로 바꾸었다. 또한 네이버의 녹색은 어느 쪽에도 치우치지 않는 공정하고 깨끗한 포털 사이트를 만들겠다는 의미로 녹색을 채택하였다.

파란색은 차가움과 우울함을 상징하는 컬러였으나, 최근 IT 등 하이테크 산업에서 많이 사용하는 색상이다. 파란색은 이성적이고 미래 지향적인 특성이 있기 때문이다. 삼성전자는 혁신적인 느낌을 주기 위해 이처럼 파란색을 사용한다. 여성들이라면 티파니 블루를 모두 알 것이다. 컬러 마케팅의 대표적인 성공 사례라고 할 수 있는데, 색상만으로도 기업을 연상시키게 하는 강력함을 가지고 있다. 티파니 블루는 신비함과 성스러운 느낌으로 주얼리 브랜드의 이미지를 잘 살려준다.

네 번째로 보라색은 신비로움과 고귀함, 예술성, 희소적 가치를 상징하며 많은 프리미엄 패션 브랜드들이 럭셔리한 이미지를 위해 사용하고 있다. 고대부터 보라색의 염료는 잘 만들어내기 어려운 것으로 귀족이나 왕족의 색상의 인식이 강했다. 안나수이는 보라색을 사용하여 고품격의 이미지를 강조하며 뚜렷한 브랜드 이미지를 구축시켰다.

마지막으로 검정색은 밤과 어두움의 상징으로 세련됨과 모던함, 도시적인 이미지를 가지고 이다. 검정색은 시대에 따른 유행도 비교적 덜 타는 색상이기 때문에 많은 기업들이 사용한다. 대표적으로 샤넬은 고급스럽고 깔끔한 이미지, 모던함을 살렸으며 흰색을 같이 사용함으로서 검정색과 흰색의 대비, 조화 효과를 잘 이용하였다. 〈중략〉. 또한 '신라면 블랙'은 검정색을 내세워 적극적인 고급 이미지 메이킹을 한 사례이다. 기존의 라면에서 탈피해 좀 더 질 좋은 라면이라는 의미를 넣기 위해 블랙을 사용하였다.

이 외에 멀티 컬러 브랜딩이라고 해서 두 가지 이상의 색상을 사용하는 마케팅 기법도 있다. 기존에 애플은 한 입 베어 문 사과 로고에 6가지 색상을 쌓아 창조적인 기업 이미지를 사용하였다. 또한 구글도 여러 가지 색상을 'GOOGLE'이라는 알파벳에 각각 다르게 입혀 자유로운 이미지를 살렸으며, 또한 기업의 다른 사업으로의 진출 가능성도 열어놓는다. 〈중략〉

출처 : 아트인사이트(2015. 11. 24.)

2) 음악 마케팅

고객의 감성 요소를 자극하는 음악 마케팅 혹은 음향 마케팅은 1920년대 후반 호텔 로비나 사무실 등에서 조용한 분위기나 쾌적한 분위기 조성을 위해 사용한 배경 음악에서 근원을 찾을 수 있다. 1980년대 말부터 백화점이나 패스트 푸드점 등에서 시간대별로 음악을 달리하여 고객의 구매 심리를 자극하였다. 고객이 적은 시간에는 느린 음악으로 그리고 고객이 많은 시간에는 경쾌한 음악으로 판매 신장을 이루고 있다사례 3-2 참조. 한 연구 결과에 따르면, 카페에서 식사할 때나 음료수를 마실 때 배경 음악의 템포가 늦은 경우보다 빠른 경우에 고객의 식사나 음료수를 마시는 속도가 빨라지는 것으로 나타났다Herrington & Capella, 1996. 또한, 음악은 브랜드를 연상시키는 데도 효과적이다. 맥도널드는 가수 Justin Timberlake를 기용해 'I'm loving it'을 그리고 펩시콜라는 Britney Spears와 Beyoncé를 기용해 'We will rock you'라는 슬로건을 내세워 해당 음악을 들으면 곧바로 브랜드를 연상하게 하였다.

 사례 3-2

안단테 … 알레그로, 때론 포르테 … 매장 음악 마케팅의 비밀은?

인간의 영혼을 달래고 어루만지는 음악의 힘은 첨단 디지털 시대에도 여전히 유효하다. 아니 더 큰 위력을 발휘한다. 감성을 자극해 기분을 바꿔주고 좋은 분위기를 조성하는 데 이보다 더 좋은 무기가 있을까 싶을 정도다. 음악은 인간의 행동 양식을 조정하는 능력까지 갖고 있다. 그래서 음악은 소비자 행동을 좌우하는 마케팅의 훌륭한 수단이 되고 있다. 우리가 자주 찾는 매장의 음악을 떠올려 보면 그 이유를 짐작할 수 있다.

패스트 푸드점에서는 빠른 비트의 최신 유행 음악을 들려준다. 의자도 좁고 딱딱한 소재로 만든 것들이다. 여기에는 테이블 회전율을 높이기 위한 치밀한 의도가 깔려 있다. 반면 병·의원에는 사람의 마음을 편안하게 해주는 클래식이나 뉴에이지 풍의 음악이 흘러나온다.

마케팅 전문가들은 "적절한 음악은 소비자의 구매 욕구를 자극하고, 매장에 머무는 시간을 조절해 결국 전체 매출을 높인다는 연구 결과들이 많다"고 했다. 우리가 매장에 가면 듣는 음악, 그 음악에는 소비자를 쥐락펴락 하려는 의도가 숨어 있다. 그 비밀의 커튼을 들춰봤다.

백화점의 시간대별 음악 전략

대구 대백 프라자 10층에는 방송실이 있다. 이곳에는 장아름(29), 박지후(28), 조미화(22)씨 등 3명의 여성이 대백 프라자점과 본점의 음악 방송을 맡고 있다. 학창 시절부터 방송반 생활을 했던 전문 DJ(디스크자키) 수준으로 목소리까지 낭랑하고 편안하다. 이들에게 매장 음악의 비밀을 물었다. 돌아온 대답은 '어떤 시간대에 어떤 고객이 오느냐에 따라 그 취향을 맞추고 있다는 것'. 고객 중심, 서비스 정신으로 무장한 백화점 직원다운 대답이다. 구체적인 설명을 요구했다. 오전 시간대에는 중년 여성들을 고려한 클래식 음악을 들려준다. 이유는 간단하다. 구매력이 있는 주부들이 여유롭고 편안한 마음으로 쇼핑을 즐기라는 의미이다.

그렇지만 오후부터는 조금씩 달라진다. 대백 프라자의 경우 경쾌한 음악으로 옮겨가면서 재즈 팝이나 최신 대중 가요도 들려준다. 씨스타, 포미닛, 아이유 등 아이돌 그룹의 노래도 내보낸다. 특히 젊음의 거리 동성로에 있는 본점의 경우에는 젊은 고객들로 붐비는 오후에는 대중가요 중심의 경쾌한 음악을 튼다. 오후 5시가 지날 무렵이면 음악이 또 바뀐다. 이루마, 베토벤 등 피아노 연주곡 등을 내보내 고객들에게 하루를 리듬감 있게 마무리하는 기분이 들도록 한다. 〈중략〉

음악이 생명인 커피 전문점

대구 동성로 한복판에 자리한 커피 전문점 다빈치 본점. 이곳에는 분위기 있는 재즈풍의 노래가 흘러나오고 있었다. 고객들은 조용히 얘기를 나누거나 책을 읽으면서 커피 한잔의 여유를 즐기고 있었다. 박미영 다빈치 전략 개발팀 주임이 매장 음악에 대해 설명을 해줬다. 다소 의외였던 사실 하나는 대중가요를 거의 들려주지 않는다는 점이었다. 이유는 조용히 책을 읽고 있는 고객이나, 사랑을 속삭이는 커플 등에게 음악이 방해가 되지 않도록 하기 위해서란다. 박 주임은 오전에는 주로 여유롭고 편안한 음악 위주. 오후 또는 피크 타임에는 경쾌한 재즈 팝 음악 위주로 편성한다고 했다. 단 크리스마스 등 이색 시즌에는 캐럴 위주의 음악을 들려주기도 한다. 그리고 커피 전문점 등 공공 장소는 음원에 대한 저작권료 때문에 매장당 1만~2만 원 상당의 별도

▲ 커피와 음악은 불가분의 관계. 커피 전문점 다빈치에는 주로 잔잔한 재즈풍의 음악이 흘러나온다.

85

경비를 지출하고 있음도 알려줬다.

이곳에서 나오는 음악들은 이렇다. 보사 노바풍의 음악으로 모니크 케수스의 'You and I both', 크리스 댈란노의 'True Colors' 등과 스윙 재즈류의 음악인 버드 파웰 트리오의 'Celia', 듀크 엘링턴의 'Tea for two' 등이다. 이와 함께 브렌치팝과 R&B 소울 등의 음악들도 선사한다.

시, OST(영화음악) 등 다양한 장르에서 선곡한다.

평균 8, 9곡 정도를 내보낸다고 한다. 낮 시간이기에 밝고 상쾌한 느낌의 곡 위주로 선택하고 있으며, 너무 시끄러운 곡은 고객 응대에 방해가 될 수 있기 때문에 피하고 있다. 월말에는 음악이 전략적으로 달라진다. 20일부터 월말까지는 공과금 마감일 등으로 인해 점포가 혼잡한 경우가 많다. 이런 경우에는 발라드 같은 조용한 음악을 들려준다. 〈중략〉

은행에도 매일 음악 방송 흘러

대구은행은 파랑새 방송국을 운영한다. 파랑새 방송국은 매일 낮 12시부터 오후 1시까지 모든 영업점에 '파랑새 음악 여행'이라는 대고객 방송을 진행하고 있다. 매일 주제를 달리한 생활 정보와 전화 사기 예방 안내 등을 한다. 음악은 인기 가요, 팝, 클래

출처 : 매일신문(2012. 5. 26.)

3) 향기 마케팅

후각은 다른 어떤 감각보다 인간의 감정, 기억, 그리고 행동을 자극하며 가장 오랫동안 기억에 남는다. Sense of Smell Institute의 연구에 의하면, 향기는 1년이 지난 후에도 65% 이상 사람의 기억 속에 남는다고 한다유승철, 2017. 향기는 소비자에게 브랜드에 대한 호의적인 이미지를 심어주는 데 큰 도움이 된다. 공간이나 제품에서 나오는 좋은 향기는 소비자들을 감각적으로 더욱 만족하게 해 경험과 제품에 대한 좋은 인상을 만들어낸다. 예를 들어, 싱가포르 항공사는 유명 향수업체와 협력하여 '스테판 플로리안 워터스Stefan Floridian Waters'라 불리는 매력적인 향기를 직접 기획, 제작해 소비자들에게 기내의 독특한 향기에 대한 좋은 추억을 제공하였다신병철, 2013. 스타벅스는 아메리칸 항공사와 함께 비행기 탑승이 시작되기 전에 미리 기내에서 커피를 내려 커피향이 기내 곳곳에 퍼지도록 하였다. 승객들에게 자연스럽게 커피향을 맡도록 유도함으로써 스타벅스와 아메리칸 항공사의 브랜드 이미지를 제고하였다사례 3-3 참조.

사례 3-3

향기에 취해 지갑 여는 소비자들…향기 마케팅의 세계

호텔·서점 이어 건설사도 시그니처 향 개발 …
브랜드 각인시키고 구매까지 '일거양득'

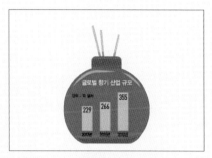

▲ 자료 : 보스턴컨설팅그룹·신한금융투자
※ 2019년은 추정치

〈중략〉 후각은 어떤 향기를 맡았을 때 그에 동반하는 기억과 감정까지 같이 불러올 수 있는 유일한 감각기관으로, 인간의 오감 가운데 기억에 가장 큰 영향을 미친다. 실제로 후각은 다른 감각과 달리 뇌의 기억과 감정을 주관하는 대뇌변연계와 직접 연결돼 있다. 이 때문에 인간 감정의 75%는 후각에 좌우된다. 좋은 향기의 효과는 좋은 기억을 각인하는 것에만 그치지 않는다. 매장에서 나는 좋은 향기는 긍정적인 감정을 유발함으로써 고객의 구매욕을 상승시키는 것은 물론이고 재방문율을 높이는 효과도 낼 수 있다.

향기 마케팅의 고전으로 일컬어지는 곳은 싱가포르항공이다. 싱가포르항공은 1990년대 향수 전문 회사에 의뢰해 '스테판 플로리디안 워터스'라는 시그니처 향을 개발했다. 승무원이 이 향수를 뿌리고 고객을 응대

하고 고객에게 제공하는 뜨거운 물수건에도 향수를 뿌려 그 향기를 맡으면 싱가포르항공과 함께한 여행에 대한 좋은 추억이 생각나도록 했다. 그 결과 2013년 비즈니스 인사이더가 선정한 세계 항공사 순위에서 싱가포르항공이 1위를 차지하기도 했다.

향(香)으로 기억되는 브랜드

〈중략〉 스타벅스는 매장에 퍼진 커피 향을 해치지 않기 위해 다양한 노력을 기울이는데 대표적으로 자극적인 향을 최대한 배제하는 것이다. 이 때문에 스타벅스 직원들은 향수를 포함해 향기가 있는 로션 등을 사용할 수 없다. 베이커리 메뉴도 커피 향을 방해하지 않도록 냄새가 자극적이지 않으면서 커피와 잘 어울리는 베이글·스콘·머

▲ 스타벅스 리버사이드 팔당 DTR점 전경/스타벅스 코리아 제공

▲ 교보문고의 '더 센트 오브 페이지(책향)' 디퓨저
/교보문고 제공

핀·샌드위치 등으로 구성돼 있다. 매장에서 판매하는 대표 상품인 커피에 집중할 수 있도록 향을 마케팅 수단으로 활용하는 것이다.

던킨은 사람들이 커피 맛뿐만 아니라 냄새도 좋아한다는 점에 착안해 기발한 '향기라디오' 마케팅을 선보였다. 2011년 시내버스에서 던킨의 라디오 광고가 흘러나오면 해당 버스에 설치된 방향제에서 던킨의 커피 향기가 분사되도록 했다. 이 캠페인이 진행된 3개월 동안 매장 방문객이 16% 늘었고 커피 판매도 29% 증가했다. 결과적으로 이 캠페인에 노출된 사람들이 커피를 떠올릴 때 던킨 브랜드를 연상하는 효과까지 거뒀다. 음악과 커피 향을 결합한 향기 마케팅으로 2012년 칸 국제광고제에서 동상을 수상했다. 〈중략〉

디퓨저로 집에서도 느끼는 호텔의 품격

향기 마케팅을 가장 적극적으로 도입하고 있는 곳은 호텔업계다. 더플라자·웨스틴조선·레스케이프·롯데호텔 등 특급 호텔들은 이미 자체 시그니처 향을 만든 데 이어 디퓨저·룸 스프레이 등 자체 상표(PB) 상품으로 제작해 고객에 판매도 하고 있다.

한화호텔앤드리조트가 운영하는 더플라자는 '럭셔리 부티크 호텔'이라는 콘셉트에 맞춰 2010년부터 시그니처 향을 통해 향기 마케팅을 펴 왔다. 2016년부터 시그니처

출처 : 한국경제신문(2020. 7. 21.)

향인 유칼립투스 향을 베이스로 만든 'P컬렉션 디퓨저'를 출시했다. 〈중략〉

롯데호텔은 시그니엘 호텔과 롯데호텔 제주에서 각각 시그니처 향을 개발해 사용하고 있다. 시그니엘 호텔의 디퓨저 '워크 인 더 우드'는 브랜드 이미지 구축을 위해 개발한 향이지만 구매를 원하는 고객이 많아 상품화한 사례. 시그니엘 디퓨저는 은은한 나무 향과 청량한 과실 향, 향긋한 꽃향기가 어우러진 독특하고 고급스러운 향이다.

▲ 더플라자 호텔의 'P컬렉션' 디퓨저
/한화호텔앤드리조트 제공

▲ 시그니엘 서울의 '워크 인 더 우드' 디퓨저
/롯데호텔 제공

향기 마케팅의 강점

- 매일 느끼는 사람의 수많은 감정 가운데 75%는 후각에서 시작
- 보고 듣고 만지면서 기억하는 것보다 향기를 맡으면서 기억하는 것이 100배 효과적
- 후각은 다른 감각보다 약 1만 배 정도 민감. 시각과 후각이 결합되면 훨씬 강력한 효과를 발휘
- 향기와 배경 음악이 적절한 조화를 이루면 쇼핑 경험에 대한 소비자의 긍정적인 평가가 증가
- 좋은 향기를 맡으면 40% 이상 기분 전환 효과
- 시각에 의한 기억 확률은 4개월 후 40%인 반면 후각에 의한 기억 확률은 1년 후에도 60%를 상회

향기 마케팅의 효과

- 향기가 있는 쇼핑 센터를 방문한 소비자는 주변인에게 추천하는 경향이 높다.
- 미국 슈퍼마켓에 베이크드 브래드 향을 적용했더니 베이커리 섹션 매출이 3배 이상 증가했다.
- 나이키 연구 결과에 따르면 향기가 있는 공간에서는 10~20% 고가임에도 불구하고 구매 의향률이 84%로 높아졌다.
- 캐나다 몬트리올의 복합 쇼핑몰에서 향기 적용 시 충동구매 성향을 가진 쇼핑객의 지출이 약 14% 증가했다.
- 향기에 노출되면 실제 쇼핑 시간보다 26% 적게 인지하며 3배나 많은 쇼핑 공간을 방문한다.
- 명품 브랜드가 고객 감성 만족을 위해 매장에 향을 연출한 결과 재방문률이 높아졌다.
- 사람들에게 사진만 보여줬을 때와 향만 맡게 했을 때 기억의 차이를 연구한 결과 향만 맡게 했을 때 훨씬 더 잘 기억했다.

출처 : 센트온

4) 미각 마케팅

미각 마케팅은 소비자가 맛을 느낄 수 있도록 하는 마케팅이다. 대표적인 사례가 대형 마트의 시식 코너이다. 시식 코너는 소비자의 미각과 체험을 접목시켜 추억이나 즐거움, 재미를 선사하는 마케팅 전략이다. 시식 코너는 오전 11시~오후 1시 사이 그리고 오후 4시부터 폐점 전까지 고객들의 배고픈 시간에 시식 및 시음을 집중 배치하여 미각과 후각을 동시에 자극하여 구매를 유도한다.

미각은 시각과 상상을 자극하기도 한다. 인터넷 음악 사이트 '멜론'은 소비자의 미각적 상상을 브랜드 이름으로 사용하고 있는데, 멜론이라는 과일의 신선함시각과 달콤한 맛미각은 젊은 세대의 음악 서비스를 상징하고 있다. 미각 마케팅은 고객에게 친근감을 향상시켜 준다. 가령, 다양하고 맛있는 음료나 과일을 준비해 식사 대기 중인 고객에게 나누어 주면 고객의 대기 심리 시간을 줄여줄 뿐만 아니라 친근감을 느끼게 해 준다. 〈사례 3-4〉는 인공 지능을 활용한 미각 마케팅으로 소비자를 공략하고 있는 일본 식품 업계 사례이다.

사례 3-4

뇌파로 맛 진단 … 日, 최첨단 미각 마케팅

▲ 출사이제리아의 뇌파 측정 모습
[사진=닛케이MJ신문]

이젠 '미각'도 '인공지능' 시대다. 일본 식품업계가 인공지능을 활용한 미각 마케팅으로 소비자를 공략하고 있다.

한국농수산식품유통공사(at) 도쿄 지사에 따르면 최근 일본의 식품 제조업체에서 인공지능(AI)을 활용한 상품 개발을 시작했다. 인공지능을 가진 미각 센서가 단맛·짠맛·신맛·쓴맛·감칠맛을 수치화해, 맛의 균형을 시각화한다. 이 같은 방식을 활용한 신상품 개발과 제품 리뉴얼이 일본 식품 제조업체의 새로운 마케팅의 일환으로 떠올랐다.

나마차

일본의 편의점과 마트에서 판매 중인 나마차(生茶)는 인공지능을 활용해 높은 판매고를 올리고 있는 대표적인 상품이다. 2000년 판매를 시작한 녹차 음료로, 일본인들의

꾸준한 사랑을 받은 나마차는 올 3월 말 리뉴얼 상품을 출시, 2개월 만에 500만 케이스를 판매했다. 지난해 리뉴얼 당시와 판매량과 비교하면 약 90% 증가한 수치다.

또한 대형 패밀리 레스토랑 체인점 '사이제리아'는 뇌파를 측정해 질리지 않는 맛을 추구하는 음식들로 인기가 높다. 뇌파를 조사해 사람들이 무의식적으로 맛있다고 느끼는 맛을 데이터로 축적, 지난해부터 드레싱이나 소스의 맛을 정한다. 음식을 먹었을 때 느끼는 희로애락을 측정하고 '특정 맛에 특화되지 않고 무난하게 조화된 맛'의 개발을 목표로 하고 있다.

한국농수산식품유통공사(at) 관계자는 "일본은 계절 한정 상품의 출시부터 패키지와 맛의 리뉴얼까지 상품 변화의 속도가 상당히 빠르다"며 "현재 국내에서도 한국산 히트 상품 창출을 위해 여러 노력을 하고 있으나 한국인과 일본인은 미각은 물론 시장의 변화 속도가 다르기 때문에 각 국가에 맞는 마케팅 노력이 더욱 필요하다"고 강조했다.

출처 : 헤럴드경제신문(2016. 10. 7.)

5) 촉각 마케팅

촉각의 영향에 관한 연구는 상대적으로 미흡하지만 소매점이나 레스토랑 등의 서비스 분야에서 마케팅에 적극 활용하고 있다. 촉각을 이용한 대표적 마케팅 사례는 샘플sample을 활용한 방법이다. 광고만으로는 제품이 전달하는 느낌을 확인하기 어렵다. 의류의 경우 매장 판매원이 고객에게 직접 옷을 만져보게 권유하거나 직접 입어보게 하여 구매 욕구를 자극하는 것 또한 촉각 마케팅의 한 예이다사례 3-5 참조. 한 연구 결과에 따르면, 레스토랑 직원과 접촉한 손님은 더 많은 팁tip을 주었고, 슈퍼마켓에서 고객과 가볍게 접촉하는 식료품 판매원은 손님으로 하여금 새로운 스낵 제품을 더 구매하도록 하고, 또 브랜드 쿠폰을 상품으로 더 바꾸는 데 영향을 미치는 것으로 나타났다.Hornik, 1992

 사례 3-5

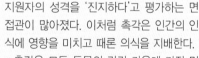

만지면 중독된다 ⋯ 촉각 마케팅의 힘

21세기 비즈니스 성공 변수로

같은 사람이라도 차가운 커피를 들고 있을 때와 따뜻한 커피를 손에 쥐고 있을 때 타인에 대한 평가가 달라진다. 무거운 클립보드에 입사 지원자의 서류를 끼워주면 가벼운 클립 보드에 꽂아서 전달했을 때보다

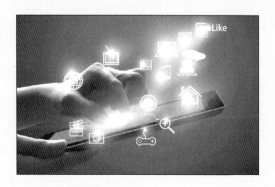

지원자의 성격을 '진지하다'고 평가하는 면접관이 많아졌다. 이처럼 촉각은 인간의 인식에 영향을 미치고 때론 의식을 지배한다.

촉각은 모든 동물의 감각 가운데 가장 먼저 발달한다. 그래서 촉각은 '감각의 어머니'로 불린다. 그러나 지금까지 많은 기업들은 시각이나 청각적 자극만 활용해 제품 경쟁력을 강화하는 데 주력했다. 상대적으로 촉각에 대해서는 관심을 덜 가졌다. 고영건 고려대 심리학과 교수는 "20세기가 시청각의 시대였다면 21세기는 촉각(터치)의 시대"라고 규정했다. 이제는 기업들이 촉각을 외면한 채 비즈니스에서 성공을 거두기 어렵다는 지적이다.

뉴발란스, 테디베어, 할리데이비슨의 공통점

거친 남성을 상징하는 오토바이 '할리데이비슨', 젊고 세련된 감각의 신발 '뉴발란스', 아이들이 좋아하는 곰인형 '테디베어'에는 한 가지 공통점이 있다. 세 브랜드 모두 인간의 오감 중 주로 '촉각'을 공략해 성공을 이뤄냈다.

할리데이비슨은 독특하면서도 요란한 배기음과 남성적 외형 등으로 오토바이 시장의 최강자 중 하나로 군림하고 있다. 고영건 교수는 "할리데이비슨이 진짜로 소비자를 끌어당기는 이유는 바로 특유의 진동에 있다"고 설명했다. 고 교수에 따르면 할리데이비슨의 시동을 걸면 엔진이 차대에서 2~3cm 움직이는 것을 관찰할 수 있다. 이는 여성에 비해 상대적으로 촉감이 둔한 남성들에게 강한 자극을 주면서 '중독성'을 유발한다는 것이다.

1982년 처음 출시된 '뉴발란스 990'은 발의 움직임에 지지대 역할을 해주고 발목 꺾임 현상을 막아주는 기능을 러닝화 최초로 도입했다. 특히 발바닥 부위의 촉각 정보와 다리 근육의 움직임이 유기적 연관성을 갖는다는 원리를 활용해 소비자들이 신발을 신을 때 편안한 촉감을 느끼도록 유도했다. 뉴발란스는 현재까지도 미국 내 생산을 지속하며 많은 고객들의 사랑을 받고 있다.

부드러운 촉감의 테디베어는 오직 '촉각' 그 자체로 승부한 제품이다. 특히 어린이들뿐만 아니라 남녀노소 누구나 사랑하게 된 건 제2차 세계대전 이후 전쟁의 상처에 신음하는 사람들을 치유해 주는 심리적 장난감 역할을 했기 때문이다.

만지기만 해도 애착이 커진다

촉각 자극의 효과는 의외로 크다. 한 연구팀은 대학 도서관에서 사서가 사람들에게 책을 대출해주며 눈치 못 채게 살짝 신체 접촉을 하도록 했다. 그랬더니 대출 받은 학생들은 사서가 웃고 있었다고 생각했다. 하지만 실제 사서는 무표정한 얼굴을 하고 있었다. 가벼운 신체 접촉이 상대에 대한 우호적 평가를 가져온다는 사실을 알 수 있다. 식당에서는 웨이트리스가 손님들의 손이나 어깨를 눈치 채지 않는 수준에서 가볍게 만질 때 더 많은 팁을 받는 것으로 조사됐다. 신체 접촉은 언어나 감정적 접촉에 비해 10배 이상 강한 힘을 발휘한다는 게 학계의 중론이다.

한 실험에서는 소비자들에게 머그컵의 가격을 매기도록 했다. 머그컵을 만지게 한 그룹과 눈으로만 보도록 한 그룹으로 나눴는데, 머그컵을 직접 만져본 이들이 더 높은 가격을 매겼다. 이는 자신이 보유한 물건에 더 큰 애착을 갖는 '보유 효과' 때문에 나타난 현상이다. 사람은 자신이 소유한 물건의 가치를 더 높게 평가한다. 그런데 법적 소유권이 없는 상황이지만 단순히 접촉하기만 해도 해당 제품을 보유했다는 무의식이 발생해 더 높게 가치를 평가한다는 점을 이 실험이 입증했다. 대형 마트 등에서 제품 포장지에 구멍을 뚫어 소비자들이 직접 만져볼 수 있도록 유도하는 것도 이런 효과를 노린 마케팅 기법이다.

'촉각 비즈니스'의 무한한 기회

촉각의 중요성을 꿰뚫어 본 많은 기업들은 큰 성공을 거뒀지만 다른 기업에도 여전히 엄청난 기회가 있다는 게 전문가들의 전망이다.

특히 전 세계적인 고령화 추세는 '촉각 비즈니스'의 지평을 더욱 넓히고 있다. 고영건 교수는 "노인은 어린 아이와 같은 수준으로 '터치에 대한 욕구'를 가지고 있다"며 "이를 활용한 다양한 제품과 서비스를 제공하는 기업들에 큰 기회가 열려 있다"고 조언

했다. 노인들에게 마사지를 해주면 심신의 기능이 개선되고 심지어 치매도 호전된다는 연구 결과가 있다. 심리적 안정을 제공하는 서비스를 넘어 실제 치료가 가능한 부분에까지 촉각 비즈니스가 발전해갈 수 있다. 또 촉각을 통해서만 느낄 수 있는 '성적 쾌감'의 구조를 분석해 다양한 산업에 활용하면 '해피 비즈니스' 시장도 만들어낼 수 있다는

출처 : 동아비즈니스 리뷰(2013. 9. 15.)

게 고 교수의 전망이다.

여준상 동국대 교수는 "앞으로는 촉각을 다른 감각과 함께 활용하는 '감각 상호 작용 효과'를 활용할 수 있다"며 "청각을 공략하는 오디오 제품의 버튼 촉감을 연구 개발한 '뱅앤올룹슨'이 바로 대표적인 '감각 상호 작용 효과'의 성공 사례"라고 강조했다.

최근 LG전자의 휘센 에어컨 광고 역시 좋은 사례다. 여 교수에 따르면, 기존 에어컨 광고는 시원한 촉각적 상상을 오직 시각에 의지해서만 보여줬지만 최근 휘센 광고에서는 만년설에 둘러싸인 호수에서 불어오는 바람 소리를 들려줌으로써 청각과 시각 모두를 활용해 '촉각'을 공략하는 방법을 썼다. 촉각은 제품이나 서비스 자체의 경쟁력 강화에 필수적인 요소일 뿐만 아니라 마케팅 차원에서도 새로운 기회를 열어주고 있다.

6) 식역과 마케팅

절대 식역은 감각 기관이 자극을 감지할 수 있는 최소한의 자극 수준혹은 강도으로서 초기 자극을 감지하는 것과 관련된 개념이다. 이는 마케터가 제품이나 서비스를 디자인할 때나 포장지를 디자인할 때 혹은 진열할 때 소비자가 차별성을 감지할 수 있도록 절대적 식역을 초과하는 자극을 제시해야 한다는 것을 시사한다. 또한, 마케터가 동일한 광고 메시지를 사용할 때 일정한 휴식 기간을 두고 반복하는 것이 오랜 기간 지속적으로 하는 것보다 효과적임을 시사한다. 그 이유는 지속되는 일정한 자극에 대해 소비자의 절대 식역 수준이 높아지기 때문이다.

두 개의 자극이 지각적으로 구분될 수 있는 최소한의 차이를 의미하는 차이 식역 또한 마케터에게 유용한 정보를 제공한다. 이는 소비자가 어떤 대상에 대해 변화를 감지하려면 변화 정도가 상당한 수준이 되어야 함을 시사한다. 예를 들면, 제품이나 서비스의 가격을 인하하거나 용량크기을 증가시킬 때 소비자가 기존 제품이나 서비스와의 차이를 감지할 수 있도록 자극 변화의 크기를 차이 식역 이상으

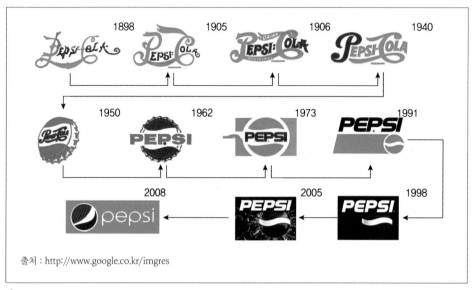

출처 : http://www.google.co.kr/imgres

🧭 그림 3-3_ 펩시 로고 변천사

로 해야 한다. 하지만, 가격을 인상하거나 용량크기을 감소시킬 때는 소비자가 이러한 변화를 감지하지 못하도록 차이 식역의 크기보다 작은 폭으로 가격을 인상하고 용량을 축소해야 한다. 소비자가 가격 인상과 용량 축소에 대해 적응을 한 후에 다시 차이 식역의 범위 내에서 가격을 인상하거나 용량을 줄여야 수요 감소를 방지 할 수 있다. 예를 들어, 펩시 콜라는 1940년대 이전에는 차이 식역 수준 이하로 로고 변화를 주어 소비자로 하여금 자연스럽게 동일 브랜드라는 것을 인식하도록 유도하였다그림 3-3 참조. 하지만 1950년대에는 차이 식역 수준 이상으로 변화를 주어 변화하는 회사 이미지를 강조하고 있다.

제2절 주 의

소비자는 자신이 노출된 모든 자극에 주의를 기울이지 않고 주의라는 정보 처리 단계를 통하여 특정 자극(⑩ 마케팅 자극)에 대해서만 정보 처리 능력을 집중하게 된다. 하지만, 우선 순위가 낮은 정보 혹은 자극이 유입될 경우 이를 무시하게 된다. 관광 목적지에서 한 관광객이 자연의 아름다움을 감상하고 있는데 주변 동료가 무슨 이야기를 해도 잘 모르는 경우가 이에 해당된다. 본 절에서는 주의의 개념, 주의의 유형, 그리고 주의의 마케팅 시사점에 대해 살펴본다.

1 주의의 개념

주의attention란 특정 자극에 정보 처리 능력을 집중시키는 것을 말한다. 개인 의 정보 처리 능력에는 한계가 있기 때문에 노출되는 자극 모두에 주의를 기울이 지 못하며 선택된 특정 자극에만 집중하게 된다. 따라서 호텔이나 레스토랑 같은 환대 기업이 제공한 자극이나 정보가 고객에게 비록 노출되었다 하더라도 주의를 끌지 못한다면 그 자극이나 정보는 아무런 의미를 갖지 못하고 그대로 소멸되고 만다. 처음에는 제품이나 상표 또는 정보의 일부만을 제공하다가 점진적으로 정 보를 확대하면서 시리즈 형식으로 광고를 내보내는 티저 광고teaser advertising는 소비자의 호기심을 자극하여 주의를 끌기 위해 많이 이용되는 광고 방식의 한 예 이다. 〈그림 3-4〉는 성적 호기심을 유발시켜 소비자의 주의를 끌게 한 자동차 회 사의 광고이다.

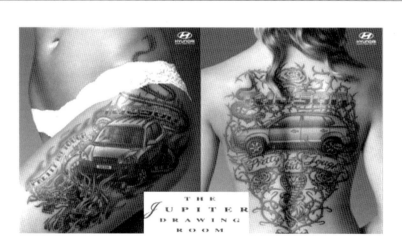

출처 : http://www.google.co.kr/imgreas

🧭 그림 3-4_ 주의를 끄는 현대자동차 투싼 광고

2 주의의 유형

소비자는 자극에 노출되면 주의를 기울인다. 주의는 비자발적 주의와 자발적 주의로 구분된다. 이에 대한 내용은 아래와 같다.

1) 비자발적 주의

외부 자극에 무의식적으로 관심을 보이는 현상을 말한다. 이를 테면, 테마파크 내의 사파리 월드에서 동물을 관찰하고 있다가 갑자기 롤러코스트에서 사람들의 비명소리가 한꺼번에 터지면 사람들은 무의식중에 그쪽으로 시선을 주게 되는데, 이와 같은 비자발적인 관심 표출 현상을 비자발적 주의라고 한다. 소비자의 비자발적 주의도 마케터들에게는 매우 중요한 의미를 지닌다. 그 이유는 자사 상품 혹은 광고에 대해 관심이 없는 소비자의 주의도 끌어와야 하기 때문이다.

2) 자발적 주의

개인적 관련성이 높은 정보를 탐색하는 과정에서 특정 정보에 주의를 기울이는 경우를 말한다. 소비자는 쇼핑이나 구매에 필요한 정보를 얻기 위하여 의도적으로 정보에 노출을 시도하고 노출된 정보를 주의 깊게 관찰하게 되는데, 이와 같은 목적 지향적 주의 현상을 계획적 주의 혹은 자발적 주의라 한다. 주의는 선택적 특성을 지니고 있다. 인간은 끊임없이 주어지는 수많은 자극 가운데 특정한 자극에만 선택적으로 주의를 집중시키는데 이를 선택적 주의selective attention라고 한다. 선택적 주의는 자발적 주의의 한 형태이다.

3 주의와 마케팅 전략

소비자는 오감각을 통해 들어오는 모든 자극에 주의를 기울이지 않는다. 그 이유는 소비자 개인의 특성과 자극 자체의 특성이 다양하기 때문이다. 개인적 특성에는 욕구 및 감정 상태 그리고 적응이 있고, 자극 특성에는 자극의 크기, 색상, 위치 등이 있다. 개인 및 자극의 특성을 중심으로 마케팅 전략의 시사점을 살펴보면 다음과 같다.

1) 개인적 특성과 마케팅 전략

(1) 욕구

욕구need는 어떤 결핍 혹은 결함 상태를 의미하는데 생리적 욕구뿐만 아니라 정보나 지식 등에 대한 욕구도 포함된다. 개인은 자신의 욕구와 관련이 있는 자극에 대해서는 즉각적인 관심을 보이고 주의를 기울이지만 그렇지 않은 자극에 대해서는 무관심하게 된다. 예를 들면, 늦은 저녁 햄버거, 라면, 치킨 등의 광고를 하는 이유는 늦은 시간에는 누구나 공복을 느끼고 밤참에 대한 욕구가 강해 TV 시청자 혹은 라디오 청취자의 주의가 쉽게 집중되기 때문이다. 대상 청정원은 2021년 인기 웹소설 '하렘의 남자들' 광고를 패러디하여 야식 HMRHome Meal Replacement : 가정 간편식 브랜드인 '야식이야(夜)'의 광고 캠페인을 실시하여 큰 인기를 얻었다.그림 3-5 참조

(2) 감정 상태

사람들은 기분이 좋을 때 긍정적 정보에 많은 주의를 기울이지만 기분이 좋지 않을 때는 부정적 정보에 주목한다Peter & Olson, 1994. 그러므로 기분이 좋을 때 쇼핑을 하면 제품의 긍정적인 속성이나 혜택에 주목하고 구매에 대한 긍정적인 이유를 생각하지만, 반대의 경우에는 부정적인 면에 주목하고 구매하지 않을 이유를 찾게 된다. 따라서 마케터들은 소비자의 정, 행복, 유머, 만족감과 같은 긍정적 감정을 강조한다.

출처 : 식품음료신문(2021. 1. 18.), 재인용

🧭 그림 3-5_ '야식이야-야식의 남자들' 광고

출처 : THE PR News(2013. 1. 8.)

🧭 **그림 3-6_** 오리온 초코파이 광고 시리즈

오리온 초코파이는 온정 소구warm appeal를 통해 소비자의 감정을 자극하여 상품에 관한 관심이나 구매 행동을 유발하는 데 성공하였다그림 3-6 참조. 온정 소구란 현대의 고도화된 산업 사회에서 가족의 개념이 붕괴하면서 핵가족화되고 개인들은 점점 이기적으로 변해 가는 사회에서 가족 간 그리고 형제간의 우애와 친구와의 우정, 사랑 등을 매개체로 하여 광고를 하는 것이다최안자, 2010. 마케터들은 고객의 감정을 긍정적으로 혹은 호의적으로 형성하도록 하기 위해 음악이나 향기 마케팅도 적극적으로 활용하고 있다.

(3) 적응

적응adaptation이란 동일한 자극에 반복적으로 노출되는 경우 그 자극에 주목하지 않는 현상을 말한다. 동일한 제품을 반복적으로 광고하는 경우, 광고 실행을 조금씩 다르게 함으로써 소비자의 적응을 감소시킬 수 있다. 즉, 핵심 메시지는 그대로 사용하더라도 모델 등을 달리하거나 드라마와 같이 스토리를 이용함으로써 표적 소비자의 주의를 유발할 수 있다. 호텔 인테리어 장식이나 외식 기업의 메뉴 변화 등은 고객에게 참신성을 불어 넣어 적응 현상을 감소시킨다. 위에서 설명한 오리온 초코파이는 시리즈 광고로 동일 제품에 대해 다른 주제를 연속적으로 광고함으로써 소비자의 적응은 줄이고 제품 이미지는 부각시킨 성공적 사례이다.

2) 자극의 특성과 마케팅 전략

(1) 자극의 크기

　자극상표, 광고 등의 크기가 클수록 소비자의 주의와 관심을 더 많이 끌 수 있다. 이 때 크기 요인은 광고물의 상대적 크기, 즉 지면에 대비한 광고물의 크기가 중요한 요소이다. 광고의 크기가 네 배 증가하면 주의는 두 배 증가한다는 연구 결과가 이를 뒷받침해 주고 있다Homer, 1995. 동일 크기의 광고일 경우 큰 페이지에 실린 것보다는 작은 크기의 페이지에 실린 것이 더 많은 주의를 끌 수 있다.

(2) 자극 색상

　자극의 색상도 주의에 많은 영향을 미친다. 포스터의 색상이나 진열대에 놓여 있는 제품의 포장 및 표찰의 색상 등은 소비자의 주의를 끄는 데 중요한 역할을 한다. 주의를 집중시키는 데 있어 흑백 광고보다 컬러 광고가 더 효과적이라는 사실은 이미 입증되었다. 신문 광고에 있어서 컬러 광고가 흑백 광고에 비해 약 41%의 매출 증대를 가져오는 것으로 나타났다임종원 등, 1997. 요즈음에는 전체적으로는 흑백 광고이면서 상품이나 중요한 요소들만을 컬러로 제작하는 부분 컬러 광고도 자주 볼 수 있다.

(3) 위치

　신문이나 잡지와 같은 인쇄 매체에서 광고가 게재된 위치나 광고 내의 메시지 배열은 소비자의 주의에 영향을 준다. 신문 광고의 경우 1면에 그리고 잡지 광고의 경우 앞에 위치하는 것이 가장 많은 주의를 유발하는 것으로 알려져 있다. Nielsen2019의 조사에 따르면, 신문 독자의 82%와 잡지 독자의 80%가 출판물의 광고를 신뢰한다고 응답하였다. 그리고 신문 독자의 79%와 잡지 독자의 75%는 광고를 본 후 해당 기업의 홈페이지 방문, 구매, 업체 연락 등과 같은 행동을 취한 것으로 나타났다.

제3절 지 각

주의의 다음 단계는 지각perception이다. 지각이란 감각 수용 기관을 통해 들어온 자극을 주관적 기준으로 선택하고 조직화하고 해석하여 의미를 부여하는 과정을 의미한다. 지각 과정은 유입된 정보의 내용을 조직화하는 지각적 조직화와 그 정보의 의미를 해석하는 지각적 해석으로 분류할 수 있다. 어떤 제품의 광고를 보고 난 후 그 제품에 대한 평가가 다른 이유는 소비자 간에 지각적 조직화와 지각적 해석이 다르기 때문이다. 이하에서는 지각적 조직화와 지각적 해석, 지각적 오류, 지각 영향 요인, 그리고 지각을 위한 마케팅 시사점을 설명한다.

1 지각적 조직화

20세기 초 독일에서 시작된 Gestalt 심리학에 따르면, 사람들은 하나의 현상을 구성하는 요소들을 각각 분리해서 지각한 후 이를 종합하는 것이 아니라 전체 whole를 하나의 현상으로 지각한 후 전체에 대해서 의미를 부여한다는 것이다. 전체는 단순히 부분의 합계가 아닌 그 이상의 의미를 지니기 때문에 사람들은 어떤 현상을 지각할 때 전체를 대상으로 지각한다.

지각적 조직화perceptual organization란 유입된 자극정보를 의미있는 전체로 조직화하여 그 전체에 의미를 부여하는 것을 말한다. 지각적 조직화 원리는 사물을 가급적 단순하고, 완전하게, 그리고 의미있게 지각하길 원한다는 것을 기초로 하고 있다. 그림과 배경, 집단화, 그리고 완결성의 원리 등이 그 예이다.

1) 그림과 배경의 원리

그림과 배경의 원리는 한 대상을 볼 때 그림 요소figure와 배경 요소ground로 조직화하려는 경향을 말한다. 즉, 사람들은 지각 대상물즉, 자극요인을 주변 상황과 관련하여 지각하게 되는데, 이 경우 지각의 직접 대상인 자극은 그림을 형성하고 주변 상황은 배경의 역할을 담당하게 된다.

그러나 자극이 애매모호할 때에는 무엇이 지각 대상인 그림이고 무엇이 배경인

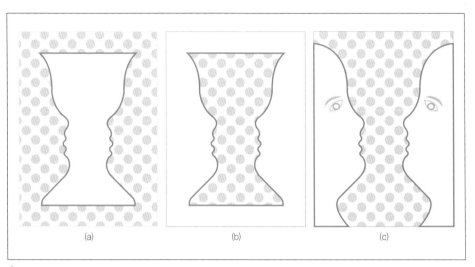

🧭 **그림 3-7_ 그림과 배경(Rubin's cup)**

지 혼란이 초래되어 〈그림-배경〉의 반전 현상이 나타나기도 한다. 〈그림 3-7〉에서 개인에 따라서는 배경에 화병이 있는 것으로 볼 수도 있고 배경에 두 사람이 마주보고 있는 얼굴의 옆모습으로 볼 수도 있다. 따라서 자극이 (a)보다는 (b)와 (c)처럼 보다 명확하게 주어질 때 실체에 근접한 지각 구성을 기대할 수 있다.

소비자는 마케팅 자극제품 또는 상표 등을 주변 상황과 관련하여 지각하기 때문에 광고를 할 때 이 점을 유의하여야 한다. 광고 모델이 그림즉, 직접 자극 대상이 되고 제품 또는 제품 설명이 오히려 배경이 되어버릴 가능성이 있다. 실제로 소비자는 광고의 모델이나 영상 화면 또는 배경 음악은 기억하지만 정작 제품이나 브랜드 이름은 기억하지 못하는 경우가 많다.

2) 집단화의 원리

집단화란 분리된 자극정보을 개별 단위로 보는 것이 아니라 하나의 묶음chunk으로 지각하는 경향을 말한다. 즉, 근접한 것끼리, 유사한 것끼리, 그리고 연속적인 것끼리 묶어서 지각하려는 경향을 말한다. Gestalt 심리학자들은 이를 근접성 원리, 유사성 원리, 그리고 연속성의 원리로 구분하여 설명하고 있다.

① 근접성

지리적으로 근접해 있는 것이나 시간적으로 근접해서 발생한 것들에 대해서는 상호 관련시켜 지각하는 경향을 말한다. 〈그림 3-8〉의 첫 번째 그림에서 소비자는 가로로 지각하는 것보다 세로로 지각하는 경향이 높다. 자극이 서로 근접해 있기 때문이다. 미국의 코카콜라 회사는 뉴스 시간대에는 광고를 하지 않는다. 그 이유는 혹시라도 나쁜 뉴스 다음일반적으로 뉴스는 미담(美談)보다는 비판적인 시사성 뉴스가 많기 때문에에 광고가 나가면 제품 이미지에 좋지 않은 영향을 미칠 가능성이 있기 때문이라는 것이다.김소영 외, 2008

② 유사성

유사성 혹은 동류화란 자극 요소들 중 유사한 것들은 같은 집단에 속하거나 상호 밀접히 관련되어 있는 것으로 지각되는 경향을 말한다. 가운데 있는 그림에서처럼 같은 모양이 한 집단으로서 동일 집단인 것으로 보이는데 이는 외형적으로 유사하면 동질적인 것으로 지각되기 때문이다.

③ 연속성

자극의 요소들을 분리하여 개별적으로 지각하지 않고 연속적으로 지각하는 경향을 말한다. 〈그림 3-8〉에서 대부분의 사람들은 7개의 원이 열세로로서보다는 오

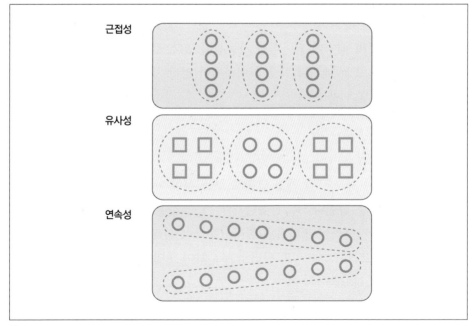

🧭 그림 3-8_ 집단화의 원리

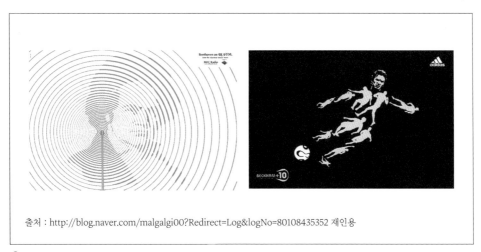

출처 : http://blog.naver.com/malgalgi00?Redirect=Log&logNo=80108435352 재인용

그림 3-9_ 완결성의 원리

른쪽혹은 왼쪽 지향의 원들로 지각하는 경향이 강하다.

3) 완결성의 원리

지각 대상이 불안전한 형태로 주어지면 어떤 형태로든 완결시켜 지각하려는 경향을 말한다. 〈그림 3-9〉에서 굵게 표시된 부분들도 있고 원형으로 퍼져나가는 파형들도 보인다. 하지만 전체적으로 베토벤 얼굴을 지각하게 된다. 마케터는 이런 완결성의 원리를 많이 이용한다. 그 이유는 불완전한 자극이 완전한 자극에 비해 소비자의 관심과 흥미를 보다 많이 유발시킬 뿐만 아니라 소비자의 기억도가 더 높기 때문이다. 오른쪽 그림은 완결성의 원리를 이용한 아디다스 광고이다.

2 지각적 해석

소비자가 자극의 요소들을 조직화하게 되면 그 자극을 해석하게 되는데 이러한 과정을 지각적 해석perceptual interpretation이라고 한다. 일반적으로 자극의 조직화가 자극의 지각적 해석보다 먼저 일어나지만 거의 동시에 이루어지기 때문에 그것을 구분하는 것은 쉽지 않다. 지각적 해석에는 지각적 범주화와 지각적 추론의 두 가지 기본 원리가 적용된다.

1) 지각적 범주화

지각적 범주화perceptual categorization는 자극을 기억 속에 가지고 있던 기존 스키마와 관련지어서 자신의 방식으로 이해하는 것을 말한다. 스키마schema란 어떤 대상에 대한 정보 및 지식들의 집합 또는 네트워크를 의미한다Peter & Olson, 1987. 즉, 어떤 자극을 접했을 때 그것을 소비자 자신이 가지고 있던 스키마에 따라 분류하여 이해하는 것이 지각적 범주화이다. 지각적 범주화는 여러 자극을 조직화하고 식별할 수 있도록 복잡한 주변 세계를 단순화하는 기능을 한다. 〈그림 3-10〉은 세계 최대 테마파크 월트 디즈디 회사의 디즈니랜드를 지각적 범주화로 도식화한 것이다.

2) 지각적 추론

지각적 추론perceptual inference은 어떤 자극을 평가할 때 자극 자체를 가지고 평가하기보다는 다른 단서들을 가지고 추론하는 것이다. 소비자는 제품, 점포, 광

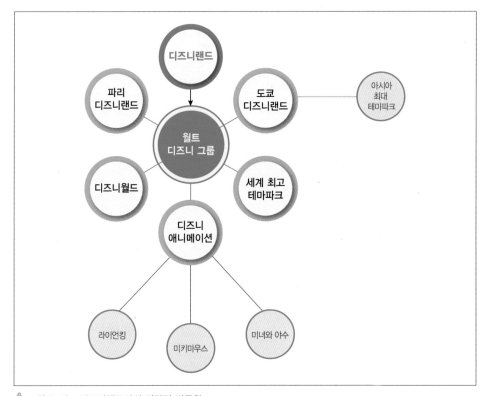

🧭 그림 3-10_ 디즈니랜드사의 지각적 범주화

고 등을 평가할 때 흔히 지각적 추론을 하게 된다. 예를 들어, 제품의 실질적 가치나 혜택이 그렇게 크지 않지만 가격이 비싸고 브랜드의 명성이 높다는 이유로 그것이 고급품으로 지각하는 경우를 흔히 볼 수 있다. 소비자는 제품이나 서비스의 보증 기간이나 제조 국가 등을 품질에 관한 추론적 단서로 활용하기도 한다. 즉, 보증 기간이 길수록 품질이 좋기 때문에 보증 기간을 길게 하고, 그리고 한국에서 생산된 제품의 품질이 동남아시아에서 생산된 것보다 우수하다고 생각하는 것이다.

3) 지각적 오류

지각 오류는 외부 환경으로부터의 자극이나 정보를 잘못 판단하거나 해석하는 것을 의미한다. 〈그림 3-11〉에서 a, b, c의 사각형은 실제 정사각형이지만 모두 왜곡되어 보인다. 그림 a와 b의 원을 제거하면 사각형은 정사각형 그대로 보인다. 지각적 오류의 원인으로는 선택적 지각, 고정 관념, 후광 효과현혹 효과 등 3가지로 분류해 볼 수 있다.

첫째, 선택적 지각selective perception에 의한 오류왜곡이다. 어떤 사건이나 외부 상황을 객관적으로 판단하지 않고 자신에게 필요한 자극정보나 경험에 근거하여 인지하는 오류이다. 심리학 용어인 칵테일 파티 효과cocktail party effect가 선택적 지각을 잘 설명해 주고 있다. 칵테일 파티 효과란 파티의 참석자들이 시끄러운 주변 소음이 있는 방에 있음에도 내가 필요한 단어내 이름, 내 관심사 등들은 선택적으로 잘 들리는 현상을 말한다Cherry, 1953. 평소에는 관심을 두지 않았던 제품이나 서

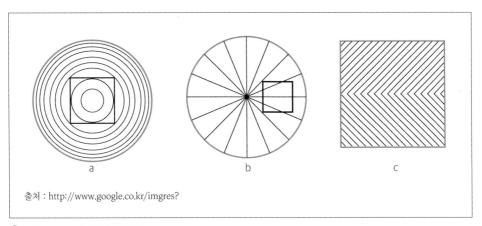

출처 : http://www.google.co.kr/imgres?

🧭 **그림 3-11_** 지각적 오류 현상

비스인데 큰 폭의 할인이나 가격 인하를 하게 되면 갑자기 관심이 생기는데, 이는 큰 폭의 가격 할인이나 인하 정보만 크게 부각되어 유입되기 때문이다. 또한, 소비자가 자신이 좋아하는 회사의 브랜드 광고에는 집중하면서 타사 제품 광고는 별로라고 폄하하는 것도 선택적 지각에 의한 오류의 한 예이다.

둘째, 고정 관념stereotype에 의한 오류이다. 고정 관념은 타인에 대한 평가가 그가 속한 집단의 특성에 근거하여 이루어지는 것을 말한다. 소비자들은 제품의 원산지 국가 또는 생산 국가에 대한 고정 관념을 가지고 있다. 예를 들어, 스위스는 시계나 유가공품, 독일은 자동차나 맥주, 프랑스는 와인이나 패션, 아일랜드는 위스키 등으로 유명한 나라라고 판단하는 것이다. 소비자들의 고정 관념은 제품 평가에도 적용되는 경우가 많다. 주로 선진국에서 생산된 제품에 대해서는 호의적인 평가를 하지만 후진국에서 생산된 것에 대해서는 비호의적인 평가를 하는 경향이 강하다.

마지막으로, 후광 효과halo effect로 인한 지각 오류이다. 이는 사물이나 사람의 한 면만 보고 전체를 그러리라 판단하는 지각 오류이다. 소비자가 어떤 제품이나 서비스를 선호하면 그 제품·서비스의 개별 속성에 대한 평가에 영향을 미치게 되는데, 이러한 지각적 오류왜곡가 후광 효과이다Holbrok, 1983. 이는 소비자가 제품·서비스에 대해 잘 알지 못하거나 사용 경험이 없을 때 주로 나타난다. 후광 효과로 인한 지각적 오류는 요즘 인기가 많은 스타 마케팅 혹은 인플루언서 마케팅 사례에서 찾아볼 수 있다. 소비자가 잘 알지 못하는 브랜드임에도 불구하고 유명 연예인이나 인플루언서가 사용했다는 것만으로 소비자들은 특정 제품·서비스를 구매하게 된다. 하지만, 유명 연예인이나 인플루언서의 후기에 지나치게 의존하면 후광 효과에 속아 소비자의 불만이 생겨날 수 있다.

3 지각과 마케팅 전략

마케터들은 현재 소비자나 잠재 소비자의 생각을 이해하려 노력한다. 소비자의 생각, 즉 마음속에 있는 지각은 항상 변한다. 소비자의 지각을 이해하지 못하면 마케팅은 실패하게 된다. 여기서는 지각을 이용한 대표적 마케팅으로서 선도자 마케팅, 지각도와 마케팅, 지각적 위험과 마케팅에 대해 살펴본다.

1) 선도자 마케팅

마케팅에 있어서 중요한 것은 소비자의 지각 속에 가장 먼저 자리 잡는 것이다. 이것이 마케팅의 선도자 법칙leader's law이다. 이는 경쟁사보다 더 좋은 제품을 가지고 소비자를 설득시키는 것보다 그 소비자의 지각 속에 가장 먼저 자리 잡는 것이 쉽다는 의미이다김훈철, 2010. 시장에서 소비자의 지각 속에 기억되는 최초의 브랜드는 쉽게 찾아 볼 수 있는데, 소주라면 '참이슬', 김치 냉장고라면 '딤채', 복사기라면 '제록스Xerox 등이 그 예이다.사례 3-6 참조

 사례 3-6

1등은 바뀌지만 '1호'는 영원하다

김치 냉장고 '딤채' 섬유유연제 '피죤' … 1호 제품이자 1등 브랜드로 각광

'1호'는 영원하다. 모든 것을 다 잊어도 첫 번째 만큼은 기억하는 게 인간의 본능이다. 이는 사람이건 기업이건 또는 제품이건 마찬가지다. 특히 1호 제품은 최초 브랜드로서 소비자들의 사랑을 듬뿍 받기 마련이다. '마케팅'의 기본 원칙 중 첫 번째가 선도자(先導者)의 법칙인 것도 이 때문이다. 국내 시장의 '블루오션'으로 평가받고 있는 1호 제품의 탄생 배경과 성공 스토리를 살펴봤다. 〈중략〉

'me too 전략'으론 생존 불투명

그야말로 혁신 없이는 생존하기 힘든 시대다. 이미 형성돼 있는 시장에 적당히 끼어드는 미투(me too) 전략으론 살아남기 쉽지 않다. 첫 번째로 시장에 출시되는 제품. 이를테면 1호 제품으로 승부를 걸어야 할

때라는 얘기다. 첫 번째는 늘 뇌리에 각인되기 마련이기 때문이다. 시장도 마찬가지다. 1호 제품은 1등 브랜드로 발돋움할 가능성이 많다. 물론 여러 전제 조건이 있지만 통상적으로 그렇다. 한마디로 'The first is best'라는 것이다."〈중략〉. 마케팅 지침서로 불리는 알 리스&잭 트라우트의 저서 ≪마케팅 불변의 법칙≫에서도 선도자(先導者)의 법칙을 22개 법칙 중 첫 번째로 거론하고 있다.

제습제 시장의 사례를 살펴보자. '물먹는 하마'가 대히트를 친 이후 한동안 제습업계엔 동물 시리즈가 유행처럼 번졌다. '물 먹는 메기' '물 먹는 코뿔소' 등 유사 제품이 난립했던 것. 하지만 '물 먹는 하마'는 무려 90% 이상의 시장 점유율을 유지하면서 시장을 선도해 나갔다. 이유는 별다른 게 아니다. 하마라는 최초 브랜드의 위력을 메기와 코뿔소가 뛰어넘지 못했기 때문이다. '물 먹는 하마'와 비슷한 예는 적지 않다. 매일유

업의 끼페라떼·샘표식품의 샘표간장·LG생활건강의 '죽염'치약·신동방의 해표·위니아만도의 딤채·국순당의 백세주·웅진코웨이의 정수기 등은 유사 제품들의 추격을 보란 듯이 따돌린 1호 제품이자 1등 브랜드다. 또한 무(無)의 시장에서 유(有)의 시장을 개척한 시례들이기도 하다.

이들은 어떻게 1호 제품을 시판할 수 있었던 것일까. 방법은 과연 무엇일까. 현대카드 추성엽 신판마케팅팀 과장은 의외의 답변을 한다. "'1호 제품'을 출시하는 것은 때론 간단하고 때론 너무도 쉽다. 시장에 없는 것을 찾아내 상품으로 연결시키면 끝이다. 경쟁사의 약점을 혁신적으로 보완해도 '1호 제품'이 탄생할 수 있다. 게시판에 짤막하게 기록돼 있는 고객의 소리들이 아이디어가 되는 경우도 종종 있다." 〈중략〉

샘표식품도 최초의 간장 제품 샘표간장의 성공으로 반석 위에 오른 기업이다. 샘표간장이 출시된 것은 50년대 중반의 일이다. 당시만 해도 간장을 전문적으로 출시하는 기업이 전혀 없었다. 영세업체가 한정적으로 판매하거나 집에서 담가먹는 게 전부였다. 〈중략〉. 샘표간장이 처음 만들어졌던 50년대엔 대부분 일본인들이 경영하던 것이었다. 그것도 소규모 생산 시설들만 남아 있었다. 설비라고 해봤자 20석(3.6kl)들이 간장통 10개 정도였다. 샘표라는 상표를 달고 간장을 팔자 소비자들이 주목하기 시작했다. 특히 주부들에게 꽤 인기가 높았다. 아마도 담가먹는 줄만 알았던 간장이 제품으로 출시됐기 때문이었던 것으로 보인다.

샘표간장은 국내 출시 이후 1등자리를 놓치지 않고 있다. 시장조사분석기관 AC Nielson에 따르면 샘표간장의 시장점유율은 지난해 10월 현재 48%이다. 연간 판매액은 700억대를 꾸준히 유지하고 있다. 샘표간장에 대해 "명실상부한 1호 제품이자 1등 브랜드라고 평가하는 것도 이 때문이다.

국내 최초 시장개척 1호 브랜드 브랜드			
제품분류	브랜드	회사	핵심 성공요인
표백제	옥시크린	옥시(주)	국내 최초 시장 진입
기피음료	카페라떼	매일유업(주)	국내 최초 시장 진입
식용유	해표	(주)신동방	국내 최초 시장 진입
간장	샘표간장	샘표식품(주)	국내 최초 브랜드 도입
김치냉장고	딤채	위니아만도(주)	국내 최초 시장 개척
섬유유연제	피죤	피죤(주)	국내 최초 시장 진입
자양강장제	박카스	동아제약(주)	국내 최초 시장 진입
할인점	이마트	신세계이마트(주)	국내 최초 할인점 출점
정수기	웅진코웨이	웅진코웨이	국내 최초 시장 진입
곡물음료	아침햇살	웅진식품(주)	국내 최초 시장 개척
참치캔	동원참치	(주)동원F&B	국내 최초 시장 진입
치약	죽염	LG생활건강(주)	국내 최초 한방 치약 시장 개척
곡주	백세주	(주)국순당	전통 곡주시장 브랜드화

적절한 네이밍·마케팅 필수불가결

하지만 여기엔 반드시 짚고 넘어가야 할 대목이 있다. 1호 제품이라고 해서 무조건 1등 브랜드가 된다고 생각하면 큰 오산이다. 제 아무리 1호 제품이라고 해도 소비자의 마음을 사로잡지 못하면 실패작으로 전락하기 일쑤다. 샘표식품의 샘표간장·㈜피죤의 피죤·매일유업의 까페라떼·위니아만도의 딤채 등은 1호 제품이자 소비자의 마음과 통(通)한 제품들이다. 그래서 1등 브랜드로 거듭난 것이다.〈중략〉. 1호 제품이 1등 브랜드로 발돋움하기 위해선 두 가지 무기가 필요하다고 입을 모은다. 하나는 제품 콘셉트와 어울리는 네이밍(naming)이고 다른 하나는 효율적인 마케팅이다.

네이밍 하나 때문에 1호 제품의 위상이 일순간에 꺾여 버린 두 가지 예를 들어보자. 애경이 지난 89년 출시한 하나로샴푸는 겸용샴푸(샴푸 + 린스)의 대표격이다.〈중략〉. 흥미로운 대목은 하나로샴푸가 '1호 제품'이 아니라는 점이다. LG생활건강 랑데부샴푸·태평양의 투웨이샴푸 보다 무려 1년6개월여 늦게 시장에 시판된 후발주자다. 냉정하게 말하면 유사 제품에 불과하다. 그러나 하나로샴푸는 단숨에 업계 1위로 뛰어오르는 등 겸용 샴푸 시장을 발칵 뒤집어놓았다. 이유는 너무도 간단했다. 하나로라는 네이밍의 파괴력 때문이었다. 샴푸와 린스를 '하나로' 결합한 제품의 콘셉트와 네이밍이 절묘하게 어우러졌던 것이다.〈중략〉

겸용 샴푸라는 용어에 익숙하지 않았던 소비자들은 그제서야 겸용 샴푸의 본 의미를 깨달았고 하나로샴푸를 구입하기 시작했다. LG생활건강과 태평양 샴푸의 질이 떨어져서 애경의 하나로샴푸에게 밀린 것이 절대 아니다. 네이밍 싸움에서 패배한 결과다. 이는 훌륭한 1호 제품이라고 해도 적절치 않은 네이밍을 선택하면 1등 브랜드로 올라설 수 없음을 잘 보여준다.

이와 비슷한 사례는 남양유업의 니어워터와 롯데칠성음료의 '부족한 물 2%'이다. 현재 1등 브랜드로 각광받고 있는 '부족한 물 2%'는 사실 후발주자이자 유사 제품이다. 남양유업의 니어워터가 원조다. 그러나 물과 비슷한 기능성 음료라는 특징을 부각시킨 '부족한 물 2%'는 '니어워터'의 아성을

단번에 무너뜨렸다. 이 역시도 1호 제품이 네이밍 싸움에 밀려 고개를 숙인 대표적 사례라고 할 수 있다.

신규 제품 출시 위한 도전 정신 필요

1호 제품을 1등 브랜드로 만드는 또 다른 무기는 효율적인 '마케팅'이다. 마케팅 전문가들은 1등 브랜드는 고객의 니즈(needs) 때문이 아니라 마케팅에 의해 창출된다고 주장한다.〈중략〉. 실제 마케팅의 성공으로 1호 제품이 1등 브랜드로 발돋움한 사례는 적지 않다. 그 단적인 예는 위니아만도의 딤채다. 사실 위니아만도가 김치냉장고 딤채를 전격 출시했을 때 이를 주목하는 사람은 거의 없었다. 경쟁업체조차 거들떠보지 않았다. 큰 냉장고를 사면 그만인데 과연 누가 김치냉장고를 따로 구입하겠느냐는 게 이유였다. 얼핏 보면 1호 김치냉장고 딤채는 사장될 위기였다. 그러나 딤채는 날개 돋친 듯 팔려 나갔다. 게다가 김치냉장고의 '붐'까지 조성하는 데 성공했다.〈중략〉

위니아만도는 철저하게 주부들을 이용한 '구전 홍보 전략'으로 딤채를 알렸다. 주부들의 입을 통해 딤채의 효과를 알리는 데 주력했던 것이다. 위니아만도 마케팅팀 오창현 사원은 "딤채의 출시 전, 초기 완제품에 대한 100명의 주부 평가단을 모집해 딤채 초기 모델을 6개월간 무료 사용 후 구매 의사가 있는 주부를 대상으로 반값에 구매할 수 있는 권리를 줬다"면서 "6개월 후 100명의 평가단 전원이 딤채 구매를 결정했고 이후 서서히 입소문을 타기 시작했다"고 말했다.〈중략〉. 결국 김치냉장고 1호 제품이라는 브랜드 우수성과 구전을 이용한 마케팅 전략이 딤채 신화를 창조해낸 셈이다. 딤채는 현재 11년 연속 김치냉장고 시장점유율 1위를 기록하는 등 승승장구를 이어가고 있다.〈중략〉

국순당이 야심차게 출시한 전통주 1호 제품 백세주도 공격 마케팅 전략으로 1등 브랜드에 우뚝 선 사례다. 국순당은 백세주의 시판 초기 외곽 지역 업소를 손수 찾아다니며 게릴라 마케팅을 펼쳤다. 업소별 차림표·메뉴판을 제공하는 맞춤형 마케팅도 함께 진행했다. 결과는 대성공이었다. 백세주는 단숨에 전통주 시장을 장악했고 1등 브랜드로 자리매김하는 데 성공했다. 백세주는 현재 전통주 시장의 절대 강자로 평가받고 있다. 시장점유율은 무려 60%를 육박한다. 〈중략〉. 1호 제품은 이제 선택 사항이 아닌 필수 사항이라고 해도 과언이 아니다. 차별화된 제품을 시판하지 못하면 살아남기 힘든 상황이기 때문이다.

그런 의미에서 KTF 조 본부장의 조언은 귀 기울일 만하다. "'1호 제품'의 시판은 '1등 브랜드'를 만드는 지름길이라고 할 수 있다. 하지만 인내와 용기가 필요하다. 게다가 효율적인 마케팅과 적절한 네이밍을 위해 각고의 노력을 기울여야 한다. 때문에 기존 시장에 숟가락 하나 얹는 격인 '미투 전략'으로 연명하는 기업이 승가하고 있다. 기본만 챙기겠다는 심산인 듯하다.

그러나 이 같은 방법은 결코 옳지 않다. 1호 제품을 개발하기 위한 노력을 게을리하면 시장에서 도태되거나 아예 사라질 가능성이 그만큼 높다. 지금은 새로운 영역을 개척하고자 하는 '프론티어 정신'을 담금질할 때다."

출처 : 한겨레신문(2007. 1. 12.)

2) 지각도와 마케팅

지각도perceptual map는 서로 관련이 있는 대상 또는 브랜드들이 시장에서 차지하는 위치이다. 위치 선정의 근거는 각 브랜드혹은 상호의 유사점과 차이점에 대한 소비자들의 지각에서 나온다. 지각도는 다양한 종류의 상품을 두 개 또는 그 이상의 차원으로 어떻게 지각하는가에 대해 그림으로 표현함으로써 제품이나 서비스에 대해 소비자가 갖는 이미지가 어떤 것인지를 쉽게 파악하는 데 도움을 주고 이미지 변화를 어떻게 할 것인지에 대한 시사점도 제공한다.

〈그림 3-12〉는 가격과 서비스 속성의 명확한 관련성을 보여 준다. 높은 수준의 서비스를 제공하는 호텔은 비교적 비싼 가격을 받는데 좌상에서 우하로 이어진 막대 모양은 이러한 관계를 의미한다. 호텔의 위치를 보면 최고 그룹에는 4성급 Regency 호텔이 5성급의 Grand 호텔과 함께 있다. 중간 그룹에는 Palace 호텔이 다른 4개 호텔과 같이 있다. 나머지 3개 호텔은 별도의 그룹을 형성한다. 이 지도를 통해서 Palace 호텔은 서비스 수준에 비해 더 많은 요금을 받고 있다는 사실을 알 수가 있다.

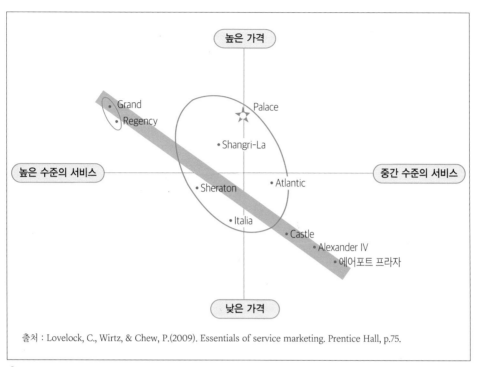

출처 : Lovelock, C., Wirtz, & Chew, P.(2009). Essentials of service marketing. Prentice Hall, p.75.

🧭 **그림 3-12_** Belleville's 비즈니스 호텔 지각도

3) 지각된 위험과 마케팅

지각된 위험perceived risk은 특정 제품이나 서비스 구매 시 기대에 미치지 못할 가능성에 의한 불확실성에서 오는 인지된 위험을 말한다. 이러한 지각된 위험은 선택된 대안에 대해 확신하지 못한 데서 오는 불안감으로 구매 의사 결정에 큰 영향을 미치게 된다. 지각된 위험은 기능적 위험, 재정적 위험, 시간적 위험, 신체적 위험, 사회적 위험, 그리고 심리적 위험 등 여섯 가지 유형으로 구분된다.표 3-4 참조

기능적 위험performance risk은 제품이나 서비스의 품질이 기능적으로 기대되는 만큼의 효과를 내지 못하는 위험, 재정적 위험financial risk은 예상 밖의 비용 지출에 대한 위험, 시간적 위험time loss risk은 소비 행동(예 정보 탐색, 구매, 의사 결정 등)과 관련하여 소요되는 시간에 대한 위험, 신체적 위험physical risk은 제품이나 서비스가 자신의 신체적 안전이나 건강에 가해질 수 있는 위험, 사회적 위험social risk은 제품의 선택이 준거 집단의 기준과 부합되지 않을 때의 위험, 그리고 심리적 위험psychological risk은 구매한 제품이 자신의 자아 이미지와 일치하지 않거나 개인적 공포감을 지각하는 위험을 말한다. 〈그림 3-13〉은 아시아나 항공

표 3-4_ 서비스 구매와 사용에서의 지각된 위험

위험의 종류	고객의 관심 내용
기능적 위험 (불만족스러운 결과)	• 낯선 레스토랑에서 식사하면 음식 맛은 괜찮을까? • 해외 여행 시 이 신용 카드로 구매하려고 할 때 가능할까?
재정적 위험 (재정적 손실, 예상 밖의 비용)	• 온라인 구매를 하면 내 신용을 도난당하지 않을까? • 휴가를 갔다가 예상 밖의 비용이 더 들까?
시간적 위험 (시간 낭비, 지연의 결과)	• 전시회 관람을 위해 줄을 서야 할까? • 식당의 서비스가 느려서 오후 회의에 늦지 않을까?
신체적 위험 (소유물에 대한 손해나 개인적 부상)	• 이 리조트에서 스키를 타면 부상을 입지 않을까? • 휴가 때 외국으로 여행 갔다가 아프면 어쩌지?
사회적 위험 (타인의 생각과의 불일치)	• 내가 저렴한 모텔에 묵었던 사실을 친구들이 알면 나를 어떻게 생각할까? • 내 친척들은 가족 재회 저녁 식사를 위한 이 식당을 좋아할까?
심리적 위험 (자신의 이미지 부합 유무나 개인적 공포)	• 친환경을 옹호하면서 호텔 투숙 시 샴푸나 비누를 많이 사용하면 괜찮을까? • 이 항공기가 충돌하지 않을 거라는 보장이 있는가?

출처 : Lovelock, C., Wirtz, & Chew, P.(2009). Essentials of service marketing. Prentice Hall, p.37 수정 정리

이 비행의 안전성을 강조하여 고객의 지각된 위험 감소를 강조한 광고이다.

지각된 위험을 감소시키기 위해 소비자 자신은 물론 기업도 적절한 전략을 수립해야 한다. 예를 들면, 소비자는 가족이나 친구, 동료와 같이 믿을 만한 사람으로부터 정보를 얻는다든지 구매 후기에 대해서 인터넷을 통해 알아봄으로써 지각된 위험을 감소시킬 수 있다.

한편, 기업은 소비자에게 무료 체험의 기회를 제공하거나 고객에게 특정 제품이나 서비스에 대한 가치나 설명을 제공해 주는 광고를 함으로써 지각된 위험을 감소시킬 수 있다. 지각된 위험을 줄이기 위해 소비자 자신이 취할 수 전략과 기업이 실행할 수 있는 전략을 요약해 보면 〈표 3-5〉와 같다.

그이가 출장을 갔다

비가 많이 온다

난 걱정하지 않는다

아시아나를 탔기 때문이다

아시아나항공

출처 : http://adcollege.or.kr

그림 3-13_ 아시아나 항공의 안전성 강조 광고

표 3-5_ 지각된 위험 감소 전략

소비자 측면	기업 측면
• 가족, 친구, 동료와 같이 믿을 만한 사람으로부터 정보를 얻는다. • 서비스 비교와 구매 후기에 대해서 인터넷을 통해 알아 본다. • 좋은 평판을 가진 기업에 의존한다. • 품질 보증서에 대해 알아본다. • 구매 전 서비스의 여러 가지 측면을 확인해 본다. • 서비스에 대해 많이 아는 직원에게 경쟁 서비스에 대한 자문을 구한다.	• 무료 체험의 기회를 제공한다. • 고객에게 특정 제품이나 서비스에 대한 가치나 설명을 제공해 주는 광고를 한다. • 자격증(예 요리사) 혹은 성공 사례를 전시한다. • 구매 전 미래의 고객에게 서비스 기관을 방문하도록 장려한다. • 환불 제도(예 여행사)와 보증 제도를 포함한다. • 주문 과정의 진행 상황을 고객이 인터넷에서 확인 할 수 있도록 정보를 제공한다(예 레스토랑 예약 확인, 택배 기업). • 일관된 증거를 고객에게 제공한다(예 미소, 청결한 유니폼 및 실내 환경 유지).

출처 : Lovelock, C., Wirtz, & Chew, P.(2009). Essentials of service marketing. Prentice Hall. 교과서 내용을 정리하였음.

4) 이미지 마케팅

이미지는 특정 브랜드에 대한 인상 혹은 지각의 총합이다. 이미지가 중요한 이유는 브랜드가 소비자에게 제공하는 경험이 이미지에 반영되어 있기 때문이다. 따라서 브랜드에 대한 긍정적 이미지는 소비자의 구매 의사 결정에 영향을 미치게 된다. 이미지는 이성적 요소제품 성능이나 기술, 감성적인 요소친근감, 세련, 젊음, 그리고 도덕적 요소불우 이웃 돕기, 장학 사업, 환경 사업들에 의해서 영향을 받는다.

이미지 마케팅의 성공 사례로 숙박 공유 기업 에어비앤비Airbnb를 들 수 있다. 에어비앤비는 색다른 여행을 원하는 관광객의 욕구를 파악하여 '여행은 살아 보는 거야'라는 컨셉으로 이미지 마케팅을 하고 있다blog.adobe.com/ko. 에어비앤비는 현지인처럼 생활해 보는 것이 진정한 여행이라면서 '현지인 집'에서의 경험을 강조하였다. 이러한 이미지 덕분에 관광자들은 에어비앤비가 자신이 찾던 특별한 여행 경험을 제공해줄 수 있을 것이라는 믿음이 생기게 되는 것이다.

기 억

　기억은 정보를 습득하고 습득한 정보를 저장하기 위해 의식적 노력을 하고 필요시 인출하는 과정을 말한다. 인출 정보를 사용하기 위해서는 의식적 노력 없이 자동적으로 이루어지기도 하고 능동적인 노력을 해야 하는 경우도 있다. 치열한 경쟁 환경에서 자사 브랜드가 경쟁 브랜드보다 기억에 오래 남도록 마케팅 노력을 기울여야 한다. 본 절에서는 기억 구조와 기억을 이용한 마케팅 시사점에 대해 살펴본다.

1 기억 구조

　개인의 경험과 학습 또는 정보 처리의 결과는 기억 속에 저장되며 저장된 지식과 정보는 개인의 신념, 태도, 행동 등에 영향을 미친다. 개인의 기억 구조는 감각 기억, 단기 기억, 장기 기억으로 구조화되어 있다.

1) 감각 기억

　감각 기억이란 감각 기관을 통해 현실 세계의 자극이 본래 모습 그대로 잠시 보존되는 것을 말한다. 감각 기억 시스템은 수용 능력이 매우 커서 눈, 코, 입 등 감각 기관을 통해 많은 자극을 감지하고 기억할 수 있다. 즉, 수용력이 매우 높다. 그러나 기억의 지속 시간이 매우 짧아 불과 몇 분의 1초 밖에 안 된다. 따라서 감각 기억에 저장된 자극 메시지는 지각적 해석을 위해 인지 시스템으로 이내 이전되지 않으면 곧 소멸되어 버린다.

2) 단기 기억

　단기 기억이란 1단계의 지각적 처리를 거친 정보가 단기 기억고 속에 보유된 상태를 말한다. 일단 감지된 정보들이 기억하기 좋은 형태로 분류되어 보다 완벽한 처리를 위해 일시적으로 저장되어 있는 상태를 말한다. 단기 기억은 약 15~30초

간 유지되는 임시 저장소이므로 반복적으로 주의를 기울이지 않으면 자극은 기억에서 사라져 버린다.

따라서 기억하기에 용이한 특성을 지니고 있지 않은 정보는 단기 기억고에 쉽게 저장되기 어렵다. 또한, 단기 기억에 저장된 정보는 반복 연습되거나 반복해서 학습되지 않는 한 이내 망각되기가 쉽다. 예를 들면, 상표명이나 전화 번호 등을 몇 번 마음속에서 되풀이해 외워두지 않으면 이내 잊어버리는 것과 같은 원리이다.

3) 장기 기억

장기 기억이란 지각된 정보가 인지 체계 속에 완전히 수용되어 지속적인 지식이나 정보로서 저장되는 상태를 말한다. 장기 기억고 수용 능력은 거의 제한이 없으며 기간도 상대적으로 매우 긴 편이다. 특히, 지각된 정보가 개인의 욕구 충족이나 목표 달성에 지원적 성격을 가지거나, 기존의 신념이나 가치 체계와 일치하거나 강도 높은 경험이 수반된 경우에는 장기 기억고 속에 쉽게 저장될 가능성이 매우 높다. 장기 기억의 정보는 소멸되지 않는다. EBM 소비자 행동 모델제4장, 그림 4-1 참조에서 소비자는 어느 시점에서든지 문제 인식을 하면 자연스럽게 내적 정보 탐색을 하게 된다. 이때 정보는 장기 기억으로부터 회상되는 것이다.

② 기억과 마케팅 전략

기억과 관련된 마케팅 전략의 핵심은 소비자로 하여금 오랫동안 특정 브랜드를 기억하도록 하는 것이다. 기억을 촉진시키기 위한 전략으로는 시각화 방법(예 그림, 구체적 정보 제공), 기억 증대 방법(예 단어 리듬 이용, 어구 반복 등), 음악의 사용, 반복 광고 등을 들 수 있다. 〈사례 3-7〉에서와 같이 소비자의 눈길을 끄는 독특한 브랜드명을 만드는 것도 기억을 활용한 하나의 전략이다.

사례 3-7

특이한 브랜드명이 고객의 눈길 끈다

소비자들에게 쉽게 각인시키기 위한 다양한 외식 업체의 브랜드명이 눈에 띄고 있다. 과거 외식 업체는 신당동 떡볶이, 의정부 부대찌개와 같이 취급하는 음식이나 지명을 이용한 간판들이 많았다. 하지만 최근에는 다양한 프랜차이즈가 생겨나면서 각 브랜드들은 소비자들이 쉽게 기억할 수 있는 브랜드명을 통한 마케팅 활동을 진행하고 있다.

특히 호기심을 자극하거나 유머 코드를 적극 활용한 브랜드명은 항상 인기를 얻고 있다.

치킨브랜드 '오빠닭'의 경우 '오븐에 빠진 닭'의 축약어이지만 '오빠'와 '닭'이라는 두 단어의 합성어 같은 느낌으로 다가가 소비자들에게 쉽게 각인시킬 수 있었다.

놀부NBG의 경우 누구에게나 사랑받는 흥부 대신 놀부라는 캐릭터를 사용함으로써 소비자들의 호기심을 자극했다. 놀부NBG 관계자는 "놀부가 흥부에 비해 이미지가 강하고 욕심이 많아 밥상도 푸짐하다는 의미에서 놀부를 상호로 택했다"고 말한다.

삼각 김밥 & 규동 전문점 '오니기리와 이규동'도 브랜드명에 취급하는 메뉴가 명시되어 있다. 이는 일본식 삼각 김밥 '오니기리'와 덮밥을 의미하는 '이규동'을 그대로 나열한 브랜드명으로 일본어를 모르는 국내 소비자들에게는 신선하게 다가간다. 또한 대부분 간결한 브랜드명을 선정하는 것과는 반대로 8글자의 다소 긴 브랜드명을 이용하는 것이 특이하다. 때문에 호기심에 방문하는 고객들도 있을 정도이다.

브랜드 네이밍은 매출에도 영향을 미친다. 2011 '효과적인 네이밍 브랜드 랭킹'에서 11위를 차지하며 외식 업체 중 최고 순위를 기록한 '굽네치킨'의 경우도 BBQ를 위협하는 치킨 브랜드로 떠오르고 있다. '굽네치킨'은 조리법을 그대로 브랜드명에 삽입하는 방식을 사용했다.

프랜차이즈 브랜드명은 맛보다 먼저 소비자들에게 다가가기 때문에 매우 중요한 성공 포인트이다. 특히 외식 업체의 경우 프랜차이즈 중 가장 높은 비율을 차지하고 있기 때문에 브랜드 네이밍을 통한 마케팅의 중요도가 높아지고 있다.

출처 : 한국경제신문(2012. 4. 9.)

관광소비자
행동론

Chapter 04

관광객 구매 의사 결정

🎯 학습목표

이 장을 학습하고 나면 학생들은 다음의 내용을 이해하게 될 것이다.

1. 구매 의사 결정 과정 개념
-----
2. 욕구 인식 유형 및 유발 요인
-----
3. 정보 탐색의 유형별 장단점
-----
4. 대안 평가 기준 선정
-----
5. 보완적 대안 평가의 장점
-----
6. 비보완적 대안 평가의 유형
-----
7. 구매 행동 영향 요인
-----
8. 구매 후 평가의 제 이론
-----
9. 구매 의사 결정 과정별 마케팅 전략

구매 의사 결정 과정이란 구매에 관련된 의사 결정을 효과적으로 내리기 위해서 따라야 되는 과정을 의미한다. 〈그림 4-1〉의 EBM 소비자 행동 모델에서 점선의 박스로 표시된 부분이다.

구매 의사 결정 과정의 첫 번째 단계는 결정해야 되는 문제혹은 욕구나 상황의 인식이다. 두 번째는 정보 수집 및 분석 단계로 의사 결정자는 문제가 생긴 원인이나 문제 해결의 가능한 방법에 대한 정보를 수집하여 분석한다. 셋째 단계는 수집된 정보를 기초로 대안을 확인하고 평가하는 단계로 예상되는 결과를 서로 비교하고 장단점을 주의 깊게 고려하는 단계이다. 네 번째 단계는 최종 대안을 선택하는 단계이다. 제시된 여러 대안 중에서 최적 대안을 선택하는 단계로서 구매 단계를 의미한다. 마지막으로 구매 후 평가 단계이다. 구매 결과에 대한 만족 혹은 불만족을 평가하는 과정이다.

이 장에서는 개인의 의사 결정 과정에 중점을 두고 이 다섯 단계에 대해서 살펴

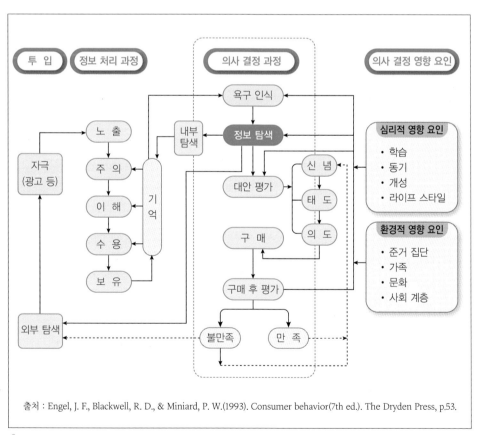

출처 : Engel, J. F., Blackwell, R. D., & Miniard, P. W.(1993). Consumer behavior(7th ed.). The Dryden Press, p.53.

그림 4-1_ EBM 소비자 행동 모델

제1절 욕구 인식	제2절 정보 탐색	제3절 대안 평가	제4절 구매	제5절 구매 후 평가
·욕구 인식 개념 ·욕구 인식 유형 ·욕구 인식 유발 요인 ·욕구 인식과 마케팅 전략	·정보 탐색 개념 ·정보 탐색 유형 ·정보 원천 ·정보 탐색과 마케팅 전략	·평가 기준 특성 ·대안 평가 방식 ·대안 평가와 마케팅 전략	·관광 경험 ·구매 행동 영향 요인 ·구매 행동과 마케팅 전략	·구매 후 평가 이론 ·구매 후 행동과 마케팅 전략

🧭 **그림 4-2_** 제4장 요약도

보고자 한다. 구체적으로 각 단계별 특징과 영향 요인을 살펴보고 이와 관련한 마케팅 시사점을 제시한다.

제1절　욕구 인식

구매 의사 결정 과정은 소비자가 욕구 또는 문제를 인식함으로써 시작된다. 소비자는 특정 문제에 대해 자신의 실제 상태와 바람직한 상태 간의 차이를 지각하게 되면 이를 충족시키고자 하는 욕구를 가지게 된다. 본 절에서는 욕구 인식의 개념, 욕구 인식 유형, 욕구 인식 유발 요인, 그리고 욕구 인식에 대한 마케팅 시사점에 대해 살펴본다.

1 욕구 인식 개념

욕구 인식need recognition 혹은 문제 인식problem recognition은 관광자가 관광 욕구를 인지하고 이것을 관광 목적지, 호텔, 레스토랑, 테마파크 등의 선택과 행동을 통하여 해결하고자 하는 욕구이다. 관광 소비자는 자신이 기대하는 이상적인

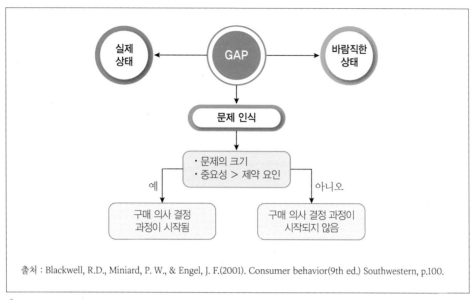

출처 : Blackwell, R.D., Miniard, P. W., & Engel, J. F.(2001). Consumer behavior(9th ed.) Southwestern, p.100.

🧭 그림 4-3_ 욕구 인식 과정

상황(예 배고프지 않음)과 실제 상황(예 배고픔)과의 사이에 차이가 있음을 지각할 때 욕구를 인식하게 된다. 따라서 특정 관광 상품에 대하여 선택을 하기 전에 관광객이 먼저 관광 상품의 구매를 하겠다는 욕구 혹은 문제를 인식해야 한다.

〈그림 4-3〉에서와 같이 관광 욕구를 인식한다고 해서 반드시 구매 의사 결정의 다음 단계정보 탐색로 이어지는 것은 아니다. 일반적으로 두 상태 간의 지각된 차이가 별로 중요하지 않을 때, 두 상태 간의 지각된 차이가 크더라도 문제를 해결할 수 있는 시간적, 경제적, 환경적 제반 여건이 갖추어져 있지 않을 때는 욕구를 인식한다 하더라도 실제로 더 이상의 구매 결정 행동은 일어나지 않는다.

2 욕구 인식 유형

관광 소비자가 인식하고 있는 문제의 성격에 따라 의사 결정 과정의 진행에 많은 차이가 발생한다. 그 이유는 문제의 성격에 따라 의사 결정에 투입될 시간과 노력에 차이가 있기 때문이다. 문제 해결의 긴급성 여부와 문제 발생의 예상 여부를 기준으로 욕구문제 인식을 네 가지 유형으로 나눌 수 있다표 4-1 참조. 여기서 문제 해결의 긴급성이란 의사 결정을 하기 위한 할애 가능한 시간을 의미한다.

💡 표 4-1_ 문제 인식의 유형

문제 발생의 예상	문제 해결의 긴급성	
	즉시 해결이 필요	즉시 해결이 필요하지 않음
문제 발생이 예상됨	일상적(routine) 문제	계획적(planning) 문제
문제 발생이 예상되지 않음	긴급적(emergency) 문제	진화적 혹은 점증적(evolving) 문제

출처 : Hawkins, D. I., Coney, K. A., & Best, R. J.(1980). Consumer behavior. Dallas : Business Publications, Inc., p.390.

일상적 문제란 실제 상태와 바람직한 상태 간의 차이가 발생할 것이 예상되고 문제가 발생하면 즉각적 해결이 요구되는 문제이다. 가정에서 일상적으로 구매하는 편의품이나 식료품에 대한 욕구가 이에 속한다. 이들은 소모되면 즉시 구매되어야 하기 때문이다.

계획적 문제란 문제의 발생은 예상되나 즉각적인 해결이 필요하지 않은 문제를 말한다. 문제는 인식되지만 시간적 여유가 있기 때문에 충분한 정보 수집을 통하여 신중한 의사 결정을 할 수 있다. 가령, 다가오는 여름 휴가 기간에 친구와 해외 배낭 여행의 욕구 등이 이에 해당될 수 있다.

긴급적 문제는 전혀 예기치 않았던 문제로서 즉각적인 해결이 요구되는 문제이다. 예컨대, 여행 도중 여권을 분실하여 긴급히 신규 여권을 재발급 받아야하는 경우가 이에 해당한다. 24시간 편의점이나 ATM 자동 지급기 등은 소비자의 긴급한 욕구를 충족시키기 위한 것이다.

마지막으로, 진화적 문제는 문제 발생도 예상되지 않고 즉각적인 해결도 필요하지 않는 문제를 말한다. 여기에서 말하는 예상 여부는 구체적인 발생 시기와 내용을 상당한 기간 동안 예기하지 못했음을 의미한다. 가령, 오지 탐험의 경우 초기에는 극소수의 관광자들에게만 알려져 있다. SNS 등을 통해 점차 인기가 높아지면서 그곳을 탐험해 보고 싶은 욕구가 생기는 경우가 이에 해당한다.

③ 욕구 인식 유발 요인

욕구 인식 유발 요인은 내적 요인과 외적 요인으로 구분된다. 내적 요인은 소비자 자신이 스스로 욕구문제를 인식하는 것으로 배고픔이나 갈증과 같은 생리적 욕구의 발생이나 상황적 변화에 따른 욕구의 발생이 이에 해당한다. 외적 요인은 외부에서 주어지는 자극 때문에 문제를 인식하게 되는 경우를 말하며 가족과 기업의 마케팅광고이 있다.

1) 내적 요인

(1) 생리적 욕구

생리적 욕구는 의식주, 성, 수면 등과 관련된 인간의 기본적 욕구를 말한다. 인간의 행동은 의식적이든 무의식적이든 어떤 욕구를 충족하기 위해 일어난다. 개인의 잠재 욕구가 어느 순간 활성화되었을 때 이를 충족하려는 내적 성향이 욕구 인식을 유발하게 된다. 배가 고픈 사람은 식욕이 활성화됨으로써 어떤 음식을 먹을 것인가에 대한 문제를 인식하게 된다. 따라서 욕구를 자극하고 활성화시키는 요인은 욕구 인식을 유발시키는 일차적인 동인으로 작용한다.

(2) 상황 변화

현 상태에 불만족을 초래하는 상황이 발생하면 소비자는 욕구를 인식하게 된다. 예를 들면, 사용하고 있는 물건이 소모되거나 재고가 불충분할 경우, 사용하고 있는 제품이 자주 고장나거나 성능이 좋지 않을 경우, 유행의 변화에 맞지 않는 상품을 가지고 있는 경우, 재정 상태가 좋아지는 경우 등이다. 예컨대, 현재 사용하고 있는 스킨스쿠버 장비가 문제가 없음에도 불구하고 재정 상황이 양호해지면 유명 브랜드의 신제품 구매를 고려해 보게 된다.

2) 외적 요인

(1) 가족

가족 구성원의 조언이나 충고는 문제 인식을 야기하는 계기가 된다. 가령, 평소 해외 여행에 불안감을 가지고 있던 동생이 해외 배낭 여행을 다녀온 경험이 있는 형이나 누나로부터 여행에 대한 조언을 받고서 동생도 해외 배낭 여행에 도전하는 경우가 이에 해당한다. 가족 구성원의 물리적 변화(예 타 지역으로 이사, 거주 환경 변화)도 문제 인식(예 가구 교체)의 야기에 중요한 변수로 작용할 수 있다.

(2) 마케팅 요인

소비사의 문제 인식을 유발하기 위해 마케터들은 다양한 전략을 이용한다. 마케터는 신제품을 출시하거나 기존 제품의 개선점을 동시에 제기하는 광고를 통해서 문제를 유발할 수 있다. 또한, 제품의 새로운 특징적 혜택을 강조함으로써 그 특징을 갖지 않는 다른 경쟁 제품의 문제점을 인지하게 하여 관심을 유발할 수도 있다.

4 욕구 인식과 마케팅 전략

마케터는 표적 시장의 소비자에게 자신의 제품에 대해 욕구를 인식하도록 하여야 한다. 하지만 마케팅 자극은 다른 요인들에 비해 소비자의 욕구 인식을 유발하는 데 비교적 효과가 적은 편이다. 왜냐하면 소비자는 관심이 없는 광고 메시지에 주의를 기울이지 않는 경향이 있기 때문이다. 소비자는 욕구 인식을 하고 난 후에야 그와 관련된 광고 메시지에 관심을 보이는 경향이 있다. 따라서 욕구 인식을 유발하기 위한 광고 및 판촉 활동은 상당히 고도의 기술을 요구한다.

마케터는 소비자 스스로가 욕구를 인식하도록 줄곧 기다릴 수만은 없기 때문에 마케팅 자극을 이용하여 욕구를 인식시켜 구매 활동을 유발해야 한다. 예를 들면, 시각적인 광고, 구매 시점 광고POP, 유머나 숫자 이용 등의 전략을 통해서 소비 욕구를 유발하고 있다.사례 4-1 참조

식음료업계, 숫자 마케팅으로
브랜드 강점 단번에 알린다

식음료업계에서 숫자 마케팅이 다시 주목받고 있다. 2000년대 인기를 끈 숫자 마케팅은 소비자들의 호기심을 자극하며 세븐일레븐, 배스킨라빈스31 등 여러 브랜드를 히트시켰고, 이후로도 널리 사용돼 왔다.

몇 년 전부터 줄임말 혹은 긴 문장을 사용한 제품명이 인기를 끌었다면 최근 숫자를 활용한 제품명이 선보이고 있다. 과거와 다른점은 더욱 직관적이고 알기 쉽게 해 이름만 봐도 누구나 제품의 특징과 의미를 짐작 할 수 있도록 했다는 것이다. 소비자 또한 그간 경험한 독특한 제품명으로 숫자 표현을 보다 빠르고 익숙하게 받아들여 인기몰이 중이다. 이에 식음료업계는 커피전문점을 비롯해 유제품, 시리얼바 등 다양한 제품에 숫자를 적극 활용하고 있으며 이를 통해 브랜드나 제품의 특성을 나타내 인지도를 높이고 있다.

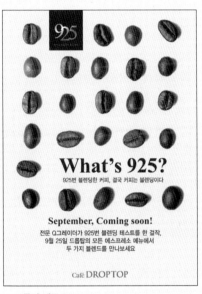

▲ 드롭탑 제공

카페 드롭탑, 원두에 대한 열정 담은 '925 블렌드'

스페셜티 커피전문점 카페 드롭탑은 커피 수준을 한 단계 더 높인 스페셜티 커피 '925 블렌드를' 오는 9월 25일 정식으로 선보였다. 드롭탑은 세계인의 입맛을 사로잡을 수 있는 원두를 찾기 위해 925번의 실험을 거쳐 925 블렌드를 완성시켰다. 또한 출시 기념으로 이름인 925를 활용해 다양한 이벤트를 진행하며 숫자 마케팅을 적극적으로 활용했다. 드롭탑의 '925 블렌드'는 풍부한 단맛과 깊은 향의 '925 블랙'과 진한 풍

미와 산미를 살린 '925 레드' 2종으로 출시돼 소비자의 선택권을 확대했다.〈중략〉

GS25, 중의적 표현으로 재미 더한 '유어스 1바우유'

GS25는 '유어스1바우유'를 출시했다. 1바우유는 '1등이 되고 싶은 바나나 우유'의 줄임말이다. 이름처럼 1등 바나나 우유라는 콘셉트로 개발돼 원유 함유량을 86%로 구성하며 기존 바나맛 우유 대비 품질을 높여 용량 대비 저렴한 1300원으로 가격을 책정했다. GS25는 1바우유를 출시하면서 상품 네이밍에 특히 공을 들였다고 밝

히머 제품 개발 콘셉트를 직관적으로 나타내는 동시에 재미 요소까지 가미한 유어스1 바우유를 상품명으로 최종 선정했다.

남양유업, 브랜드 설립 연도와 복고풍 동시에 잡은 '1964 백미당'

난양유업은 디저트 카페 1964 백미당 역시 이름에 숫자를 사용했다. 백미당(百味當)은 '일 백가지만큼이나 다양한 맛을 만들어 건강하고 즐거운 식문화를 공유하는 브랜드'라는 의미를 담고 있다. 또한 브랜드명 앞에 모회사인 남양유업이 설립된 연도, 1964를 붙여 브랜드의 전통성과 역사성을 보여주며 소비자들에게 신뢰감을 주었다. 한편 백미당은 최근 중국 상해 1호점을 열며 중국 시장에 진출해 큰 인기를 얻고 있다.

하이트진로음료, 무알코올 트렌드를 제품명에 그대로 '하이트제로0.00'

하이트진로음료의 무알코올 음료인 '하이트제로0.00' 역시 이름에 숫자를 사용했다. 하이트제로0.00은 하이트진로음료가 맥아풍미의 무알코올 음료로, 이름의 0.00은 음료에 들어있는 알코올 함량인 0.00%를 상

징한다. 하이트제로 0.00은 2012년 국내 최초의 무알코올 음료로 출시돼 국내 대표 무알코올 음료로 자리잡아 올 하반기 리뉴얼을 앞두고 있다.

씨알푸드, 친구처럼 든든한 영양간식 '79콘 시리얼바'

씨알푸드의 '79콘시리얼바'는 1회 제공량에 79칼로리의 다이어트 시리얼바다. 제품명의 '79'에는 제품의 칼로리를 직관적으로 보여줌과 동시에 '친구'와 비슷한 발음으로 친근한 느낌을 전하고자 했다. 튀기지 않고 구워서 옥수수의 맛을 살린 데다 아몬드, 크랜베리, 호박씨, 블루베리 등이 어우러져 고소한 맛을 낸다.

이외에도 패션업계에서 태그호이어가 손흥민 선수의 백넘버 7을 활용해 '손흥민 리미티드 에디션'의 이벤트를 진행하는가 하면, 빈폴이 브랜드 론칭 연도인 1989를 기념해 '1989 리미티드 에디션'을 선보인 바 있다.

뷰티 업계에서는 디올 뷰티가 다양함을 상징하는 숫자 '999'를 사용해 '디올 999 레드 립스틱'을 출시하는 등 다양한 분야에서 숫자 마케팅이 활발히 진행되고 있다.

출처 : 남도일보(2019. 10. 8.)

제2절 정보 탐색

　정보란 욕구를 해결하기 위한 필요 정보를 의미한다. 정보 탐색은 제품이나 서비스의 구매 이전에 주로 행해지지만 관광 소비자의 경우는 다르게 나타날 수 있는데, 그 이유는 관광객 행동은 관광지를 선택한 후 또 다른 선택을 계속해야 하기 때문이다. 이하에서는 정보 탐색의 의미, 정보 탐색의 유형, 정보의 원천, 그리고 정보 탐색과 마케팅 전략에 대해 살펴본다.

1 정보 탐색 개념

　정보 탐색이란 문제를 해결하기 위해 제품, 서비스, 점포 또는 구매에 관하여 필요한 지식을 얻으려는 의도적인 행동을 말한다. 관광자든 일반 소비자든 정보 탐색의 목적은 의사 결정 과정에서 보다 만족스러운 결정을 내리기 위함이다. 구매에 관한 문제를 인식하게 되면 만족스러운 구매 결정을 하기 위해 충분한 양의 정보 탐색이 필요하다.

　그러나 항상 많은 양의 정보를 적극적으로 탐색하는 것은 아니다. 정보 탐색 행동은 여러 요인의 영향을 받아 다양한 행태로 나타난다. 상황에 따라 적극적일 수도 있고, 소극적일 수도 있으며, 전혀 외적 정보 탐색을 하지 않을 수도 있다. 그러나 정보 탐색을 어느 정도 그리고 어떻게 하느냐에 따라 구매 의사 결정의 결과는 상당한 차이가 있다.

2 정보 탐색 유형

　〈그림 4-4〉에서 보는 바와 같이 욕구가 인식되면 개인의 기억 속에 저장된 정보를 먼저 검토하는 내부내적 탐색 과정이 활성화된다. 이때 떠오르는 브랜드군을 환기 브랜드군evoked set이라 하고 이것과 관련하여 정보가 충분하지 않다고 판단되었을 때 외부외적 탐색을 하게 된다. 외부 탐색을 할 경우 새로이 추가되는 브

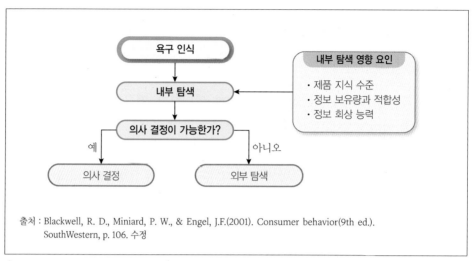

출처 : Blackwell, R. D., Miniard, P. W., & Engel, J.F.(2001). Consumer behavior(9th ed.). SouthWestern, p. 106. 수정

🧭 **그림 4-4_** 정보 탐색 모형

랜드들과 환기 브랜드를 더해서 그중에서 구매를 고려하게 되는데, 이를 고려 브랜드군consideration set이라 한다.

1) 내부 탐색

내부 탐색은 관광 소비자의 기억 속에 저장된 지식이나 경험에 의존하는 정보 탐색 활동을 말한다. 일상적인 경우에는 주로 내부 탐색만으로 구매 의사 결정이 이루어진다. 신중한 구매 결정을 하기 위해 외부 탐색을 하는 경우에도 소비자는 내부 탐색에 의존하는 경향이 있다. 내부 탐색의 영향 요인으로는 제품에 대한 지식 수준, 정보 보유량과 적합성, 그리고 정보 회상 능력이 있다.김소영 외, 2008

2) 외부 탐색

내부 탐색만으로 정보가 충분하지 않을 때 외부 탐색을 하게 된다. 외부 탐색이란 주변(예 광고, 판매원, 친구 등)으로부터 새로운 정보를 탐색하는 활동을 말한다. 개인의 특성이나 상황에 따라 정보를 탐색하는 정도에는 차이가 있다. 전문지를 구해 본다거나, 여행사를 직접 방문하면서 상담원들과 상담을 한다거나, 온라인을 통해 상품이나 가격 정보를 탐색하거나, 혹은 대중 매체의 광고만 간단히 살펴보는 관광 소비자도 있다. 외부 정보 탐색 활동에 영향을 미치는 요인으로는 제품 특성, 개인 특성, 그리고 상황적 특성이 있다.Engle 외, 1993

(1) 제품 특성

제품의 성격에 따라 소비자의 정보 탐색 수준은 달라진다. 예를 들면, 해외 여행, 골프 용품, 주택, 승용차와 같은 고가품을 구매할 경우 소비자의 외부 탐색 수준은 높아진다. 그 이유는 지각 위험이 커 소비자의 구매 관여도가 높고 그리고 구매 빈도가 높지 않아 최근의 구매 경험이 거의 없기 때문이다. 또한, 사용 기간이 긴 제품이므로 총체적인 혜택이 훨씬 클 것으로 기대하기 때문이다. 의류(예 등산복, 수영복 등) 또는 보석 및 장신구와 같은 선매품shopping goods의 경우 소비자의 외부 탐색 활동은 적극적이다. 선매품은 사회적 가시성이 높고 자아 개념을 표현하는 제품이기 때문에 브랜드를 결정하기 위하여 많은 정보를 탐색하게 된다.

(2) 개인적 특성

정보의 외부 탐색 활동과 관련되는 개인적 특성을 살펴보면 다음과 같다. 첫째, 다양한 브랜드에 대하여 구매 경험이나 지식이 풍부한 소비자는 외부 정보 탐색에 대한 의존도가 낮다. 과거 경험을 통해 축적한 지식을 구매 결정에 활용할 수 있기 때문이다. 둘째, 현재 사용하고 있는 브랜드에 만족할수록 정보 탐색을 적게 하는 경향이 있다. 이는 만족한 브랜드를 재구매할 가능성이 높다는 것을 시사한다. 마지막으로, 쇼핑을 즐기고, 호기심이 많고, 정보의 민감도가 높고, 그리고 잡지 또는 신문의 구독 수준이 높은 소비자가 정보 탐색 활동을 활발히 하는 것으로 알려져 있다.

(3) 상황적 특성

정보의 외부 탐색 활동은 구매 상황 및 환경 요인에 의해서도 많은 영향을 받는다. 소비자의 욕구가 긴급하여 정보 탐색을 위해 사용할 수 있는 시간이 적을 때, 많은 고객으로 인해 매장이 혼잡할 때, 그리고 자신이 사용할 제품일 때는 외부 탐색 활동이 감소한다. 하지만, 매장 내 쇼핑 분위기가 쾌적할수록, 고려 대상이 되는 매장의 거리가 가까울수록, 그리고 제품이 선물용일 때는 소비자의 외부 탐색 활동이 증가한다.

3 정보 원천

구매 의사 결정 시 소비자가 얻을 수 있는 정보 원천은 개인적 정보 원천, 기업이 제공하는 정보 원천, 그리고 중립적 정보 원천 세 가지가 있다. 일반적으로 의사 결정 단계의 초기에는 기업 제공 원천을 많이 이용하나 후기에는 개인적 원천을 많이 이용하는 경향이 있다.

1) 개인적 정보 원천

개인적 정보 원천이란 가족, 친지, 친구, 이웃, 직장 동료 등 주변 사람들로부터 얻는 정보를 말한다. 이들을 통한 구전 광고는 설득력이 강하고 효과가 매우 크다. 왜냐하면 개인의 경험에 기초한 정보는 사실적이고 신뢰성이 높기 때문이다. 특히, 환대 서비스 산업에서의 개인적 정보 원천은 매우 중요하다. 가령, 보령 머드 축제 경험이나 강원도 화천 산천어 축제 등에서의 경험을 대중 매체를 이용한 광고를 통해서는 사실적으로 그리고 객관적으로 표현하기 매우 어렵다.

2) 기업 제공 정보 원천

기업 제공 정보 원천에는 직원과 광고가 있다. 소비자는 서비스 제공자로부터 사용 방법이나 품질 평가에 전문적인 지식이나 기술에 대해 도움을 얻을 수 있다. 서비스 제공자와의 커뮤니케이션은 효과적으로 정보 획득을 기대할 수 있으나 정보의 신빙성이 낮을 수 있다는 단점도 있다. 기업의 광고를 통해서도 소비자는 정보를 획득한다. 포장, 라벨, 전시, 포스터, 가격표 등도 정보 원천으로서 중요한 역할을 수행한다.

3) 중립적 정보 원천

중립적 정보 원천은 방송국, 언론 기관, 정부 기관, 소비자 단체 등에서 제공하는 정보를 의미한다. 소비자의 경제적, 사회적 성숙과 더불어 이 정보원의 중요성이 한층 높아지고 있다. 이 정보원은 비교적 공정하고 신빙성이 높다는 장점이 있으나 정보를 얻는 데 시간과 노력이 필요하고 정보를 이해하는 데 높은 수준의 지적 능력이 필요하다는 단점이 있다. 또한, 중립적 정보 원천으로 전문가의 조언이 있

표 4-2_ 정보 원천별 장단점

정보 원천	장 점	단 점
개인적 정보 원천	• 자주 이용 가능한 많은 정보가 존재한다. • 정보 이용 비용이 낮다. • 정보를 얻는 데 시간과 비용이 적게 든다.	• 편견이 개입될 가능성이 크다. • 필요한 정보 모두가 제공되지 않는다. • 전문성이 부족하고 주관적인 경우가 많다.
기업 제공 정보 원천	• 여러 곳에서 다양한 정보를 쉽게 얻을 수 있다. • 소비자의 욕구에 맞추어 정보가 제공될 수 있다. • 정보 이용 비용이 낮다.	• 정보가 과장되거나 구매를 부추기는 경향이 있다. • 신뢰성이 낮고 모든 정보를 제공하지 않는다. • 소비자가 스스로 탐색해야만 얻을 수 있다.
중립적 정보 원천	• 편견이 없는 정보이다. • 사실에 근거한 정보이다. • 공정하고 신뢰성이 높다.	• 정보를 얻는 데 시간과 비용이 많이 든다. • 정보의 최신성이 결여되어 있다. • 정보를 해석하는 데 지적 기술이 필요하다.

다. 예컨대 의약품의 경우 의사의 권고나 식료품의 경우 영양사의 조언 등은 정보로서 중요한 역할을 수행한다. 정보 원천별 장단점을 요약하면 〈표 4-2〉와 같다.

4 정보 탐색과 마케팅 전략

지금까지 정보 탐색의 개념, 정보 유형, 그리고 정보 탐색 영향 요인 등에 대해 살펴보았다. 이와 관련하여 마케팅 시사점을 살펴보면 세 가지로 요약할 수 있다.

1) 상기 브랜드군과 고려 브랜드군

소비자는 브랜드를 알고 그것을 긍정적으로 평가할 때 구매 결정을 하므로 기업은 우선 자신의 브랜드가 소비자의 상기 브랜드군에 포함될 수 있도록 노력해야 한다. 상기환기 브랜드군 혹은 상표군evoked set이란 소비자가 내부 탐색을 할 때 기존에 알고 있던 브랜드상표들 중 회상되는 일부 브랜드군을 의미한다그림 4-5 참조. 예컨대, 도보 여행을 계획할 때 제주도 올레길, 지리산 둘레길, 서울 남산 둘레길, 북한산 둘레길 등 몇 개의 브랜드군만을 떠올릴 수 있다. 그리 중요하지 않은 의사 결정이거나 상기 브랜드군 속에 바로 구매할 정도로 만족스러운 브랜드가 있다면 곧바로 구매를 하겠지만 그렇지 않은 경우 외부 탐색으로 이어지게 된다.

고려 브랜드군은 상기 브랜드군과 외부 탐색 과정을 통해 새로이 추가되는 브

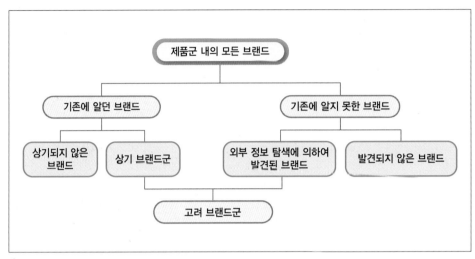

◎ 그림 4-5_ 상기 브랜드군과 고려 브랜드군

랜드군을 합친 것을 말한다. 소비자는 고려 브랜드군에서 한 브랜드를 선택하게 된다. 예를 들어, 인터넷과 주변 사람들로부터 얻은 정보를 통해 새롭게 강화도 올레길, 울산 둘레길, 대구 올레길 등 타 브랜드도 있음을 알게 된다. 마케터는 최소한 소비자가 쉽게 그 제품을 상기할 수 있거나 또는 고려 브랜드군 속에 포함이 되어야 구매로 연결되므로 여기에 포함되도록 충분한 정보를 제공해야 한다.

시장에서 1등 상품은 대부분 소비자가 쉽게 기억해 내는 상기 브랜드군에 속해 있다. 하지만 2등 상품을 가진 기업의 입장에서 보면 자사의 브랜드가 1등으로는 어렵지만(예 상기 브랜드군에 포함) 마케팅 자극 등을 통해 소비자가 기억해 내는 고려 상표군의 자리라도 확보하는 마케팅 전략이 효과를 보고 있는데 그 좋은 사례들이 Avis나 대한생명이다사례 4-2 참조. '2등이라 더 열심히 한다'는 Avis의 광고는 생각의 전환으로 소비자에게 강력한 인상을 심어주었다.

2) 매체 믹스

관광 소비자는 하나의 정보 매체에만 배타적으로 의존하지 않는다. 특정 매체에만 의존하지 않고 여러 매체를 효율적으로 활용하는 것이 커뮤니케이션 효과를 높일 수 있다. 이를 위해 오늘날 기업들은 IMCIntegrated marketing communication: 통합 마케팅 커뮤니케이션 전략을 구사하고 있다. 즉, 광고, 판매 촉진, 홍보 pop 광고, 이벤트 등과 같은 커뮤니케이션 수단들을 각각의 마케팅 활동으로 진행하는 것이 아니라 모든 마케팅 활동을 일관성 있게 통합적으로 커뮤니케이션하는 마케팅 전략을 지향하고 있다. 여기서 통합이란 소비자에게 전달하고자 하는 메시지와 인식시키고자 하는 이미지의 통합을 말한다. IMC 성공 사례로 미국 맥도날드의 'I'm lovin' it' 광고를 들 수 있다. 이는 맥도날드 대표 슬로건으로 전 세계 100여개 이상의 국가에서 동시에 동일한 광고를 통해 브랜드를 홍보하였다. 그 결과 맥도날드는 '엄마와 아이를 위한 음식'의 이미지에서 벗어나 '젊고 세련된' 이미지를 구축하게 되었다.

출처 : 사례뉴스(http://www.casenews.co.kr).
에서 재인용

🧭 그림 4-6_ 맥도날드 I'm lovin' it 슬로건

 사례 4-2

가장 센 놈과 붙어 이기려는 '2등 전략' 광고

젊은이들 사이에 인기 있는 개그콘서트에서 박성광이란 개그맨이 유행시켰던 말이 있다. "1등만 기억하는 더러운 세상~". 이 유행어처럼 모든 기업은 소비자들로부터 기억되고 싶은 1등을 꿈꾼다. 1등과 2등의 차이는 하늘과 땅 차이만큼 크기 때문이다. 검색 엔진 포털의 경우 1등 기업의 시장점유율은 일반적으로 70%를 넘는다. 그 나머지 시장점유율을 놓고 수 십개 업체들이 치열한 생존 싸움을 벌이고 있다. 그래서 많은 기업들이 너도나도 스스로를

▲ 세계 최초로 2등 전략 광고를 내보낸 미국 렌터카 회사 AVIS의 광고 카피

1등이라고 주장한다. 그래야 소비자들에게 어필할 수 있고, 마케팅 측면에서도 유리한 점이 많기 때문이다.

그런데 스스로를 2등이라고 밝히고 광고를 하는 기업들이 있다. 이른바 2등 기업 마케팅 전략이다. 세계에서 처음으로 2등 기업이라고 주장하는 광고를 낸 기업은 미국의 렌터카 회사 AVIS다. AVIS는 1962년 "우리는 렌터카업계에서 2등입니다. 그래서 더 열심히 합니다"라는 카피를 앞세운 광고를 대대적으로 일반에 선보였다.

▲ 우리는 2등입니다를 밝히면서 더 열심히 하겠다고 호소한 AVIS의 광고 카피

당시 렌터카업계 부동의 1위는 Hertz였다. 나머지 업체들이 고만고만한 시장점유율을 형성하고 있던 상황에서 적자에 허덕이던 AVIS가 스스로를 2등이라고 밝히는 파격적인 광고를 내보낸 것이다. 재미있는 것은 이 광고가 처음 나갔을 때 AVIS는 업계 2위가 아니었다는 점이다. 소비자 입장에서는 2등임을 자처한 AVIS 광고가 무척 신선했을 터이고, 동시에 머리 속에 Hertz 다음의 기업은 AVIS라는 이미지가 각인되었을 것이다. Hertz 입장에서도 자신들을 1등이라고 추켜세웠으니 기분 나빴을 리 없는 광고였고, 다른 경쟁업체들 입장에선 "사실 우리가 2등이다"라고 반박하기도 우스운 상황이 되고 말았다. AVIS의 이 같은 2등 전략 광고는 나오자마자 업계에서 큰 화제가 되었다. 〈중략〉. 2011년 현재 전 세계 시장점유율은 알라모, 엔터프라이즈, 내셔널 등의 회사를 이끄는 엔터프라이즈 홀딩스가 98만 대의 렌터카로 압도적 1위이고, Hertz가 32만 대로 2위, AVIS는 28만 대로 3위를 차지하고 있는 것으로 나타났다. 참고로 AVIS의 2등 광고 시리즈는

▲ 2등 소주임을 밝힌 대선주조의 인쇄 매체 광고

2012년까지 50년을 이어져왔고, 지금은 더 이상 2등 광고 기법을 사용하지 않고 있다.

AVIS의 2등 광고가 효력을 발휘하자 이를 패러디한 유사 광고들이 잇따랐다. 〈중략〉. 대표적인 것이 대한생명의 2등 광고이다. 삼성생명이 보험업계 부동의 1위를 고수하고 있는 가운데 대한생명이 스스로를 2등이라고 밝힌 이 광고 역시 AVIS의 광고에서 착안한 것으로 화제가 되었다. 그 뒤를 이어 대선주조의 "우리는 2등입니다"라는 소주 광고가 선을 보였고, 오뚜기 진라면은 배우 차승원을 모델로 "이렇게 맛있으면 언젠가는 1등이 되지 않겠어"라는 카피로 라면업계 1위인 농심 신라면을 직접 겨냥하기도 했다. 또 팬택은 배우 이병헌을 모델로 앞세워 베가 제품을 선전하면서 "17년간 한번도 1등인 적이 없었다"는 광고카피를 선보여 눈길을 끌었다.

하지만 2등 광고 전략이 항상 성공하는 것은 아니다. 사실 2등 기업이 1등 기업을 추월한 사례는 전 세계적으로도 손에 꼽을 만큼 드문 일이다. 그럼에도 2등 기업 광고가 끊임없이 나오는 것은 1등 기업을 직접 겨냥하지 않고서는 바위처럼 단단하게 고착된 시장점유율 구조를 깨부수기 어렵기 때문이다. 1등 기업과 직접 제품을 비교하는 비교 광고를 시도하는 것도 결국은 시장점유율을 어떻게든 흔들어보겠다는 기업들의 마케팅 전략이다. "세간의 주목을 받고 싶으면 가장 센 놈을 골라 싸우라"는 속언이 광고업계에서도 그대로 통용되고 있는 셈이다. 물론 효과가 있을지의 여부는 별개의 일이지만 말이다.

출처 : 뉴스투데이(2015. 7. 13.)

3) 소비자 정보 탐색 지원

시간의 가치를 높게 평가하는 소비자에 대해서는 정보 탐색 및 제품 구매를 쉽게 할 수 있도록 해 주는 마케팅 전략이 필요하다. 예를 들어, 중국계 유명 호텔 체인인 샹그릴라는 2016년부터 모든 호텔과 리조트에 VR 전용 비디오를 제작하여 고객들이 예약 전에 호텔 내외부의 분위기와 크기 등에 대해 경험을 할 수 있게 하고 있다. 모바일 기기 및 VR · AR 기술을 활용한 관광 정보 제공과 간접 체험이 호기심 유발을 통해 새로운 고객을 끌어들이고 있다. 이외에도 소비자에게 무료 샘플을 제공함으로써 제품의 특징을 알릴 수 있다. 또한, 포장지나 제품 설명서도 때로는 중요한 정보 원천으로 이용될 수 있다.

제3절 | 대안 평가

대안을 평가하기 위해서는 제품이나 브랜드가 지니고 있는 중요 속성의 평가 요소를 선정해야 된다. 평가 요소는 하나일 수도 있고 그 이상일 수도 있다. 평가 요소가 두 개 또는 그 이상일 때 각 요소에 부여하는 중요도의 비중은 각각 다를 수 있다. 평가 요소를 기준으로 소비자는 자신이 원하는 평가 방식으로 대안들을 평가하게 된다. 본 절에서는 평가 기준 특성, 대안 평가 방식, 그리고 대안 평가와 마케팅 전략에 대해 살펴본다.

1 대안 평가 기준의 특성

대안 평가 기준이란 소비자가 여러 브랜드 또는 제품의 효용을 비교·평가하기 위하여 사용하는 기준으로서 흔히 제품 속성의 형태로 표시된다. 비즈니스 호텔의 경우, 일반적인 평가 기준은 가격, 브랜드 명성, 비즈니스 센터, 도심에서의 접근성 등이 될 것이다. 평가 기준은 다음과 같이 다섯 가지의 특성이 있다.

1) 평가 기준은 구매 목적 혹은 동기를 반영한다

소비자는 혜택이나 효용을 중심으로 제품이나 서비스를 평가하기 때문에 평가 기준은 개인에 따라 그 목적이 동일하지 않다. 레스토랑에서 친한 친구들을 만나 식사를 한다면 품질보다는 가격에 보다 비중을 두어 평가 기준을 선정하겠지만, 비즈니스 관계로 식사를 할 경우는 레스토랑의 분위기나 서비스 품질을 더 중요시 할 것이다.

2) 평가 기준의 수는 제품에 따라 다양하다

평가 기준의 수는 상대적으로 고관여 제품일 경우 많은데, 가장 많이 사용되는 것으로는 가격과 브랜드 명성을 들 수 있다. 소비자는 특정 제품에 대하여 그 정도면 지급해도 좋다고 생각하는 허용 가격 범위가 있는데, 이것이 실제 가격을 평가하는 데 있어 준거 가격의 역할을 수행한다. 허용 가격의 범위는 과거의 구매 경험, 제품 원가에 대한 지각, 그리고 대체 상품의 가격 등에 영향을 받는다. 브랜드의 명성은 제품의 품질 수준을 객관적으로 판단할 수 있게 해주고 구매에 대한 지각된 위험을 감소시켜 주기 때문에 평가 기준으로 많이 이용된다.

3) 평가 기준은 상황에 따라 다르다

소비자가 처한 상황(예 시간과 장소의 제약, 제품 사용 용도 등)에 따라 다른 평가 기준이 사용된다. 예를 들어, 해외 비즈니스 여행을 급히 떠나려 할 경우, 비싼 비행기 좌석이나 호텔 룸을 예약할 수밖에 없다. 이 경우 가격보다는 좌석과 호텔 룸의 예약이 가능한지가 더 중요한 평가 기준이 된다.

4) 평가 기준의 상대적 중요도는 상이하다

평가 기준의 상대적 중요성은 제품 또는 개인에 따라 다르다. 일반적으로 다수의 평가 기준을 중요하게 여기더라도 그 중 한두 개가 결정적 평가 기준으로서 작용한다. 즉, 평가 기준이 다수이더라도 그 중요성은 서로 다를 수 있다. 평가 기준의 중요도는 제품의 성격, 소비자 특성, 상황에 따라 변화할 수 있다. 하지만 가장 중요한 평가 기준이라고 해서 반드시 결정적 평가 기준이 되는 것은 아니다.

5) 평가 기준은 객관적일 수도 있고 주관적일 수도 있다.

이는 선택할 제품이나 서비스 속성의 중요도를 소비자가 어떻게 인지하느냐에 따라 달라진다는 의미이다. 카지노에서 여러 명이 블랙잭blackjack 게임에 참여하고 있을 때 소음이 발생할 수 있는데 소음에 대해 각 고객이 느끼는 정도는 다를 수 있다. 소음은 객관적으로 측정 가능한 평가 기준이나 게임 참여자가 주관적으로 지각하는 소음 정도는 게임에 많은 영향을 미칠 수 있다. 또한, 해외 여행을 위해 항공사를 결정할 때 항공 요금과 같은 객관적 요소를 중시하여 구매 결정을 하기도 하고 자신이 속한 사회 계층을 반영하는 이미지와 같은 주관적 기준을 바탕으로 구매 결정을 하기도 한다.

2 대안 평가 방식

대안 평가 방식에는 휴리스틱 방식, 보완적혹은 보상적 결정 방식, 그리고 비보완적 결정 방식이 있다. 고관여 상태에 있을 때 그리고 교육 수준이 높을 때 보완적 대안 평가를 하는 경향이 높다Rothschild, 1979. 하지만 소비자가 고관여 상태에 있을지라도 상표 대안의 수가 많을 경우는 순차적 제거식 혹은 결합식 등의 비보완적 대안 평가 방식을 취하게 된다.Payne, 1976

1) 휴리스틱 방식

휴리스틱heuristic 방식이란 의사 결정자가 객관적인 판단 기준보다는 주관적인 경험이나 직관 등을 바탕으로 대안을 평가하는 방식이다. 소비자는 구매 결정을 할 때 시간을 줄이고 인지적 노력을 최소화하기 위해 간단한 결정 규칙을 사용하게 된다. 즉, 소비자 자신의 직감이나 경험을 토대로 '~이면 ~하다'라는 식으로 단순한 규칙으로 대안을 평가하는 방식이다. 예를 들면, '호텔룸 가격이 비싸면 품질이 좋다', '가격을 자주 할인하는 여행사의 상품은 가치가 떨어진다', 혹은 'A회사에서 제공하는 서비스이니까 믿을 만하다'라고 하는 방식이다.

휴리스틱 방식은 대안 평가 시 많은 요인을 고려하지 않기 때문에 신속하게 결정할 수 있다는 장점이 있다. 하지만 마음속에 가장 쉽게 떠오르는 직관을 기준으로 평가하므로 판단 오류나 판단 편향bias을 유발할 수 있다.

2) 보완적 결정 방식

보완적 결정 방식compensatory decision rules은 어떤 속성의 약점이 다른 속성의 강점에 의해 보완보상된다는 전제하에 대안을 평가하는 방법이다. 이 방식은 먼저 각 속성의 중요도에 따라 가중치를 부여하고 브랜드 속성에 대한 소비자의 신념에 이 가중치를 곱하여 브랜드별로 전체 점수를 산정한 후 점수가 가장 큰 대안을 선택한다. 이 방식의 장점은 모든 대안에 대하여 각 평가 기준의 값이 함께 감안되므로 치밀하게 의사 결정이 진행된다는 점이다. 하지만 시간이 많이 소요되고 대안의 수나 평가 기준의 수가 많을 때는 사용하기 불편하다.

〈표 4-3〉에서 속성별 중요도를 호텔 위치 40%, 가격 30%, 서비스 품질 20%, 주차 시설 10%라고 가정하면, 각 브랜드 속성에 대한 점수와 중요도를 곱해서 가장 높은 점수를 받게 되는 브랜드가 선택된다. 이 경우 호텔 브랜드 D가 5.5점으로 가장 높아 선택된다.

💡 표 4-3_ 보완적 대안 평가 방식 예

속 성 (평가 기준)	중 요 도	호텔 브랜드			
		A	B	C	D
위 치	40%	4	6	6	5
가 격	30%	5	4	6	7
서비스 품질	20%	5	3	1	6
주차 시설	10%	4	5	2	2

A호텔 평가 : 4(.4) + 5(.3) + 5(.2) + 4(.1)=4.5
B호텔 평가 : 6(.4) + 4(.3) + 3(.2) + 5(.1)=4.7
C호텔 평가 : 6(.4) + 6(.3) + 1(.2) + 2(.1)=4.6
D호텔 평가 : 5(.4) + 7(.3) + 6(.2) + 2(.1)=5.5

* 주 : 각 속성에 대해 호텔별로 7점 척도로 측정(1 = 매우 불만족, 7 = 매우 만족)

3) 비보완적 결정 방식

비보완적 결정 방식noncompensatory decision rules은 제품이나 브랜드가 지니고 있는 어떤 한 속성의 약점이 다른 속성의 강점에 의해서 보완될 수 없다는 전제하에 대안 결정을 하는 방식이다. 이는 결정을 빠르고 쉽게 할 수 있다는 장점이 있으나 보완적 방식에 비해 비합리적인 선택을 할 수 있다는 단점이 있다Hoggarth, 1987. 비보완적 결정 방식은 평가 방법에 따라 사전 편집식, 순차적 제거식, 그리고 결합식으로 구분된다.

(1) 사전 편집식 방식

사전 편집식 방식lexicographic rule은 가장 중요하게 여기는 제품 혹은 서비스 속성에서 가장 우수하다고 평가되는 브랜드를 선택하는 방법이다. 즉, 브랜드 속성들이 중요도에 따라 차별화되고 그런 다음 가장 중요하다고 생각되는 속성에서 가장 높은 점수를 얻은 브랜드가 선택된다. 그러나 가장 중요한 속성에서 하나 이상의 브랜드가 똑같이 우수하다고 평가되는 경우에는 두 번째로 중요한 속성을 기준으로 다시 우수한 브랜드를 선택하게 된다. 이 방식은 적은 노력으로 많은 대안들을 평가하여 최종 의사 결정에 도달할 수 있는 것이 장점이다. 하지만 아주 작은 차이에도 의사 결정이 종결될 수 있다.

〈표 4-4〉에서 처럼 관광객은 호텔의 위치 속성을 가장 중요하게 여기고 있으며 B브랜드와 C브랜드가 똑같이 우수하다. 따라서 두 번째로 중요하게 여기는 가격에서 B브랜드와 C브랜드를 다시 비교한 후 가격에서 더 우수한 C브랜드가 선택된다. 이 결정 방식에서는 브랜드 속성의 중요도가 가장 중요한 역할을 수행하게 된다. 따라서 속성에 대한 중요도의 순서가 바뀌면 선택 대안도 달라진다.

표 4-4_ 사전 편집식 방식에 의한 호텔 선택의 예

속 성 (평가기준)	중요도	호텔 브랜드			
		A	B	C	D
위 치	1	4	6	6	5
가 격	2	5	4	6	7
서비스 품질	3	5	3	1	6
주차 시설	4	4	5	2	2

* 주 : 각 속성에 대해 호텔별로 7점 척도로 측정(1 = 매우 불만족, 7 = 매우 만족)

(2) 순차적 제거 방식

순차적 제거 방식sequential elimination rule은 중요한 속성에서부터 순차적으로 설정된 허용 수준과 비교하여 제외되지 않고 마지막까지 남은 브랜드를 선택한다. 〈표 4-5〉에서 위치 속성의 허용 수준이 6점이라고 가정하면 이 수준에 미달되는 A와 D 브랜드가 제외된다. 두 번째로 중요한 속성인 가격의 허용 수준이 5점이라면 남은 호텔 B와 C 중 B 브랜드가 다시 제외되고 C 브랜드만 남게 된다. 두 번째 속성까지의 비교에서 브랜드 결정이 가능해졌기 때문에 세 번째와 네 번째 속성의 비교는 필요하지 않게 된다.

이 방식은 사전 편집식 방식처럼 적은 노력으로 많은 대안을 평가하여 의사 결정할 수 있다. 또한, 사전 편집식을 사용할 때 가장 중요한 속성에서 아주 작은 차이에 의해서 의사 결정이 종결되는 단점을 극복할 수 있다. 하지만 사전 편집식보다 많은 노력과 시간이 소요된다.

💡 **표 4-5_** 순차적 제거 방식에 의한 호텔 선택의 예

속 성 (평가 기준)	최저 허용 수준	호텔 브랜드			
		A	B	C	D
위 치	6	4	6	6	5
가 격	5	5	4	6	7
서비스 품질	3	5	3	1	6
주차 시설	3	4	5	2	2

* 주 : 각 속성에 대해 호텔별로 7점 척도로 측정(1=매우 불만족, 7=매우 만족)

(3) 결합식 방식

결합식 방식conjunctive rule은 모든 속성에 대한 최소한의 허용 수준을 동일하게 설정한다. 그런 다음 어느 한 속성에서라도 허용 수준에 미달되는 브랜드가 있으면 고려 대상에서 제외한다. 이는 여러 속성면에서 아무리 우수한 브랜드라 하더라도 특정 속성에서 결정적인 흠을 가지고 있다면 그 브랜드는 구매 대상이 될 수 없음을 의미한다. 이 방식은 모든 평가 기준에 대하여 함께 최소 허용 수준을 만족시켜야 하며, 대안의 수가 많아 모든 평가 기준에서 큰 약점이 없는 대안만을 추출하고자 할 때 유용하다.

〈표 4-5〉에서 속성별 허용 수준을 각 4점이라고 가정한다면 A 브랜드는 허용 수준에 미달되는 속성이 하나도 없으므로 최종 고려 대상의 후보 브랜드가 된다. B 브랜드는 서비스 품질, C 브랜드는 서비스 품질과 주차 시설, D 브랜드는 주차 시설이 허용 수준에 미달되므로 모두 제외된다. 이 결정 방식에 의하면 A 브랜드가 선택된다.

③ 대안 평가와 마케팅 전략

소비자는 신뢰할 만한 정보의 탐색을 통해 브랜드 속성에 대해 정확하게 지각하려고 노력한다. 이러한 노력과 더불어 마케터는 자사 상품의 강점과 약점은 무엇이며 소비자가 어떻게 지각하고 있는지를 파악해야 한다. 이러한 정보는 소비자의 대안 평가 결과를 통해 얻어질 수 있다. 그리고 소비자는 특정 브랜드나 제품에 대한 대안 평가 시 자신의 신념에 큰 영향을 받는다. 마케터들은 이를 마케팅 전략에 적절히 활용할 수 있다.

1) 휴리스틱 평가와 마케팅 전략

휴리스틱 평가 방식은 간단한 규칙이나 원칙을 기반으로 한 평가 방법이다. 관광 산업에서 휴리스틱 평가 방식을 활용한 대표적 사례로 온라인 리뷰 및 평점 기반 마케팅을 들 수 있다. 호텔, 외식, 크루즈, 항공 등 관광 산업에서 고객 리뷰와 평점은 잠재 관광객이 구매 결정을 할 때 많이 참고한다. 리뷰와 평점은 잠재 관광객에게 다음과 같이 휴리스틱을 제공한다. 첫째, 리뷰 평점이 높으면 좋은 서비스라고 판단한다. 둘째, 많은 사람이 이용하고 리뷰를 남겼다면 신뢰할 만하다고 판단한다. 트립어드바이저TripAdvisor와 같은 플랫폼에서 리뷰와 평점을 강조하여 마케팅하는 이유가 여기에 있다.그림 4-7 참조

또한, 관광 상품이나 서비스에 '베스트 셀러', '인기 상품', '추천'과 같은 태그 tag를 붙이는 것은 잠재 고객들이 쉽게 선택할 수 있도록 돕는 휴리스틱이다. 예를 들어, '베스트 셀러' 태그는 다른 사람들이 많이 선택한 것이므로 믿을 만하고 '추천 상품' 태그는 검증된 좋은 선택이라고 판단하는 데 도움을 준다. 이에 국내외 여행사 웹사이트에서는 특정 투어 패키지에 '추천' 또는 '인기 상품' 태그를 붙여 적극적으로 마케팅하고 있다. SNS에서 유명 여행 블로거나 유튜버가 특정 여

출처 : 트립어드바이저(tripadvisor.co.kr/UserReview)

🧭 **그림 4-7_** 트립어드바이저 리뷰 작성 메뉴

행지나 호텔을 추천하는 콘텐츠를 마케팅에 활용하는 것 또한 잠재 관광객에게 휴리스틱을 제공해 준다.

2) 보완적 대안 평가와 마케팅 전략

보완적 대안 평가 방식은 제품 속성을 종합적으로 고려하여 의사 결정을 하는 방법이다. 즉, 제품이나 서비스의 장점들을 강조하여 소비자들이 종합적으로 더 나은 가치를 인식할 수 있도록 돕는 방향으로 접근하는 방식이다. 따라서 관광 서비스 제공자들은 관광객들에게 다양한 선택지를 제시하면서 각각의 선택지들이 서로 보완하는 방식으로 마케팅하는 전략이 필요하다. 이를 통해 관광객들은 하나의 관광지에 국한되지 않고 여러 관광지의 장점을 고려할 수 있게 된다.

보완적 대안 평가 방식을 통해 관광객들에게 더 풍부하고 다면적인 경험을 제공하여 마케팅 효과를 극대화하고 있는 사례들은 쉽게 찾아볼 수 있다. 대표적으로 유럽의 유레일 패스와 같은 패키지 여행을 들 수 있다그림 4-8 참조. 유레일 패스 Eurail Pass는 유럽 국가들을 여행할 수 있는 철도 패스인데, 하나의 패스를 구매하면 여러 나라를 편리하게 여행할 수 있어 관광객들이 유럽의 다양한 문화를 경

출처 : 유레일 홈페이지(https://www.eurail.com/ko)

🧭 **그림 4-8_** 유레일 패스 상품 소개

출처 : 하나투어 홈페이지(https://fnd.hanatour.com/)

🧭 **그림 4-9_** 시드니 어트랙션 패스 상품 소개

험할 수 있다. 이는 개별 국가가 제공하는 관광 경험이 상호 보완적임을 강조하며 단일 국가 여행보다 더 풍부한 경험을 제공하고 있다. 호주 시드니는 여러 관광 명소를 하나로 묶은 '시드니 어트랙션 패스Sydney Attraction Pass'를 판매하고 있다그림 4-9 참조. 오페라 하우스, 타롱가 동물원, 시드니 타워, SEA LIFE 시드니 아쿠아리움 등 다양한 명소를 한 패스로 방문할 수 있다. 각 명소는 서로 다른 매력을 가지고 있어서 '시드니 어트랙션 패스'를 통해 관광객은 시드니의 다양한 면모를 경험할 수 있게 된다.

3) 비보완적 대안 평가와 마케팅 전략

비보완적 방식은 특정 기준을 충족하지 못하는 제품이나 서비스는 배제되는 방식이다. 이를 고려한 마케팅 전략에서는 핵심 속성을 명확히 강조하고, 필수 기준을 충족하는 제품이나 서비스를 개발하며, 소비자들에게 그 기준을 충족한다는 점을 전달하는 것이 중요하다. 즉, 소비자들이 중요하게 여기는 한 가지 속성을 충족시키는 것만으로도 특정 여행지나 관광 상품이 선택될 가능성을 높일 수 있다.

제품이나 서비스의 핵심 속성을 효과적으로 전달하여 소비자에게 강한 인상을

출처: 클럽메드(https://www.clubmed.co.kr)

그림 4-10_ 클럽메드-카니

출처 : 연합뉴스(2020. 6. 30.). 재인용

그림 4-11_ 성 베드로 대성당

남긴 마케팅 사례는 다양하다. 인구 55만 명의 3배나 많은 관광객22년 167만 명을 유치하는 몰디브Maldives는 럭셔리한 리조트(예 Club Med)와 프라이빗한 환경을 강조하는 마케팅을 펼치고 있다그림 4-10 참조. 관광객이 관광지를 선택할 때 고급스러운 경험과 사생활 보호를 중요한 선택 기준으로 하는 경향이 점점 많아지고 있다. 이에 몰디브는 이러한 속성을 중요시하는 관광객들에게 고급스러운 개인 수영장, 프라이빗 비치, 고급 스파 등을 어필하고 있다.

바티칸 시국Status Civitatis Vaticanæ은 풍부한 역사와 문화 유산을 강조하는 마케팅을 강조한다. 그 이유는 관광객들이 여행지를 선택할 때 역사적 가치와 문화적 경험을 중요한 선택 기준으로 하기 때문이다. 바티칸은 성 베드로 대성당그림 4-11 참조, 시스티나 성당, 바티칸 박물관 등 세계적인 문화 유산을 중심으로 마케팅하여 역사와 문화를 중시하는 여행자들에게 매력적인 선택지라는 것을 어필하고 있다.

관광객의 구매 행동과 일반 소비자의 행동과는 차이가 있다. 일반 소비자는 대체로 구매와 동시에 제품과 서비스를 소비하거나 경험하게 된다. 하지만 관광 상품의 경우는 구매하는 시점과 소비 혹은 경험하는 시점 간의 시간적 차이가 상당히 존재한다. 일주일 전에 스키장 예약을 하고 스키장을 이용하는 경우가 이에 해당한다. 본 절에서는 관광 경험, 구매 행동 영향 요인, 그리고 구매 행동과 마케팅 전략에 대해 살펴본다.

1 관광 경험

경험experience이란 직접 활동에 참여하여 실제로 겪는 과정에서 얻은 지식이나 기능을 뜻한다Stermberg, 1997. 이러한 경험혹은 체험은 추억을 만들고, 감성을 자극하며, 감정을 풍성하게 하는 역할을 한다. 관광객의 구매는 관광 경험의 구매를 의미한다. 관광 경험은 관광객이 서비스 제공자나 관광 대상과 직·간접적으로 접촉하여 갖게 되는 내적·주관적인 반응을 의미한다.Meyer & Schwager, 2007

Pine과 Gilmore1998는 경험을 4가지 영역, 즉 교육적 경험, 엔터테인먼트 경험, 심미적 경험, 현실 도피적 경험으로 구분하였다그림 4-12 참조. 수평축은 능동적 참여와 수동적 참여를 의미하며, 수직축은 흡수와 몰입을 의미한다. 여기서 흡수는 경험자가 상황이나 대상에 일정한 거리를 유지하는 것을 말하며, 몰입은 그 거리가 줄어들어 근접함을 의미한다.Mehmetoglu & Engen, 2011

1) 엔터테인먼트 경험entertainment experience

엔터테인먼트혹은 오락적 경험은 수동적 참여를 통한 경험으로써 관광지에서 지역 문화의 공연 참관이나 감상 등이 좋은 예이다. 관광객이 문화 예술 공연이 제공되는 공연 환경에 영향을 주지 않으면서 감각 기관을 통해 소극적으로 문화 예술을 흡수하는 것이다Hosany & Witham, 2009. 즉, 관광객이 관광지에서 물리적 참여를 하는 것이 아니라 그 경험에 반응하고 있는 것이다. 관광 쇼핑도 엔터테인먼트

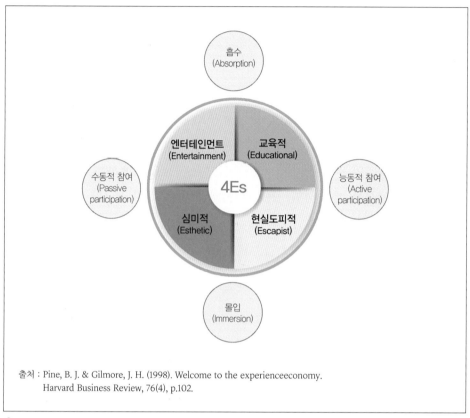

출처 : Pine, B. J. & Gilmore, J. H. (1998). Welcome to the experienceeconomy.
Harvard Business Review, 76(4), p.102.

🧭 **그림 4-12_ 경험의 네 가지 영역**

경험을 제공하는데, 쇼핑하는 동안 관광객은 매장에서 제공하는 행사나 공연을
수동적으로 경험하기 때문이다.Babin et al., 1994

2) 교육적 경험educational experience

교육적 경험은 새로운 것을 배우려고 능동적으로 참여하나 낮은 수준의 몰입흡
수을 통해 얻는 경험이다. 예를 들어, 백화점, 슈퍼마켓, 호텔, 대리점 등에서 소비
자를 위해 판매되는 제품을 활용한 요리법과 준비 과정을 설명하는 것이 이에 해
당한다Schmitt, 2003. 문화 해설사의 문화 유적지에 대한 지식이나 관광 서비스
제공자의 관광 상품에 대한 지식은 관광객이 문화 유적지나 관광 상품에 대해 배
우고 교육적 경험의 가치를 높이는 데 중요한 역할을 한다Weitz & Bradford, 1999.
타국에서 관광객을 만나 사귀는 것도 넓은 의미에서 교육적 경험에 해당한다.Ho-
sany & Witham, 2009

3) 심미적 경험esthetic experience

심미적 경험은 물리적 환경에 대해 수동적으로 경험하는 것이다. 관광 측면에서 보면 둘레길을 산책하거나 역사적 장소를 방문하는 것은 능동적인 활동이 없이 수동적으로 감상하는 것으로서 심미적 경험에 해당한다Jurowski, 2009. 관광객이 쇼핑을 위해 방문하는 백화점에 전시된 조각품, 백화점 로고, 그리고 기타 물리적 환경을 감상하는 것도 심미적 경험에 해당한다.Hosany & Witham, 200

4) 현실 도피적 경험escapist experience

현실 도피적 경험은 관광지에서 자신의 일상을 잊은 상태에서 관광지에 온전히 몰입된 경험을 의미한다. Universal Studios의 오락용 시뮬레이터가 현실 도피적 경험의 한 예이다Pine & Gilmore, 1998. 문화 예술의 경우, 공연을 보거나 다른 사람의 연극을 지켜보는 소극적인 역할이 아닌 실제 공연에 영향을 미치는 연기자가 되는 것이다. 골프나 캠핑, 카지노 이용, 채팅룸 등과 같이 경험의 결과에 미치는 영향이 큰 경우가 이에 해당한다.Hosany & Witham, 2009

미국의 Disneyland와 Las Vegas 카지노는 네 가지 차원의 경험을 모두 제공한다Yuan & Wu, 2008. Disneyland는 디즈니 영화와 관련한 다양한 테마의 공연이나 이벤트를 통해 공연을 감상할 수 있는 기회를 제공하고 있으며, 첨단 오락용 시설을 통해 현실 도피적 경험을 제공해 준다. 또한, 시설 자체가 디자인 측면에서 심미적 경험을 제공해 줄 정도로 디즈니랜드는 어린이에게 상상력을 키워주며 동물과 자연 역사를 즐기면서 배울 수 있는 곳이다. Las Vegas의 Luxor Hotel, Paris Hotel, 그리고 New York New York Hotel 등카지노를 겸하고 있음은 세계적인 문화 유산이나 도시의 상징물을 모방하여 만든 랜드마크적인 건축물을 통해 심미적 경험과 교육적 경험을 제공해 주며, 테마 공연장이나 테마 식당에서 현실 도피적 경험과 엔터테인먼트 경험을 즐길 수 있게 해 준다.

② 구매 행동 영향 요인

특정 브랜드를 구매하는 이유를 소비자의 태도나 의도만으로 충분히 설명할 수 없다. 그 이유는 구매 행동에 상황적 요인이 개입하기 때문이다. 상황 요인이란 개

인의 내적 요인 이외의 것을 말하는 것으로 마케팅 주체가 통제할 수 있는 요인
도 있지만 그렇지 못한 요인들도 매우 많다. 여기서는 Belk[1974]가 주장한 내용 중
심으로 물리적 환경, 사회적 환경, 구매 동기, 대금 시급, 그리고 구매 시간과 구매
시기에 대해 살펴본다.

1) 물리적 환경

호텔이나 레스토랑의 위치, 색상, 향기, 조명, 온도 등이 이에 포함된다. 이를 테
면, 레스토랑 고객이 식사하는 데 있어 실내 온도가 춥다든가, 너무 덥다든가, 조
명의 밝기가 너무 희미해 식사하는 데 불편하다든가 하는 물리적 환경은 고객의
감정긍정 혹은 부정에 직접 영향을 미쳐 결국 구매 행동에 영향을 미치게 된다.

2) 사회적 환경

구매 행동에 영향을 미치는 인적 요소로서 타인의 존재 여부와 타인의 특성이
나 역할이 이에 해당된다. 예를 들어, 구매 시 동행인(예 친구, 부모, 판매원 등)이
있는지, 그 동행인이 누구인지, 자신의 동행인은 아니지만 다른 고객이 있는지 등
에 의해서도 구매 행동은 영향을 받을 수 있다. 특급 호텔 레스토랑에서 식사하는
고객은 주변의 타인을 의식하여 품격에 어울리는 복장을 하게 되고 또한 행동을
조심하게 된다. 또한, 타인과의 상호 작용도 사회적 환경에 포함된다. 가령, 뉴질
랜드 밀포드 트레킹 코스에 대해 친구와 대화를 하거나 해당 관광청 직원에게 질
문을 하는 행위가 이에 해당된다.

3) 구매 동기

구매 동기에 따라 구매 행동은 달라진다. 해외 여행에서 관광 소비자 자신을 위
해 제품을 구매한다면 자신의 의도대로 구매할 가능성이 높다. 하지만 가족, 친구,
직장 상사 등을 위해 선물용으로 구매하는 경우라면 전혀 다른 브랜드를 구매할
수 있다.

4) 대금 지급 방법

제품이나 서비스 구매 시 현금을 지급할 수도 있고 신용 카드를 사용할 수도 있

다. 또 일시불로 구매할 수도 있고 할부로 구매할 수도 있다. 특히, 고가의 여행 패키지 상품을 구매할 때에 대금 지급 방법에 대한 의사 결정은 매우 중요하다. 어떤 방법으로 결재하느냐에 따라 구매 시기나 구매 장소도 영향을 받게 되기 때문이다.

5) 구매 시간과 구매 시기

구매하는 데 충분한 시간 여유가 있는지 여하에 따라서도 구매 행동은 많은 영향을 받는다. 예컨대, 갑작스럽게 국제 컨퍼런스 참석은 비행기 좌석 예약이나 호텔 예약에 큰 영향을 미칠 수 있다. 언제 구매할 것인가에 대해서도 신중한 결정이 필요한데 구매 시기에 따라 할인 혜택을 받을 수도 있기 때문이다. 가격 할인이나 경품 등은 소비자의 충동 구매를 유발시킨다.

③ 구매 행동과 마케팅 전략

상황적 요인은 소비자의 구매 행동에 많은 영향을 미친다. 이는 마케팅 전략 수립이 적절하게 이루어져야 한다는 것을 시사하고 있다. 이하에서는 구매에 영향을 미치는 상황적 요인을 중심으로 마케팅 시사점을 설명한다.이학식 외, 2007

첫째, 상황에 따라 제품이나 서비스 속성의 중요도가 어떻게 달라지는지 조사하여 상황에 따라 서로 다른 제품 속성을 강조하는 마케팅 전략이 필요하다. 가령, 즉석 식품의 중요한 속성은 편의성이기 때문에 식사 시간이 부족한 점심이나 아침에 더 중요한 속성으로 부각된다. 하지만 저녁에는 가족이 모여 함께 식사를 주로 하므로 가족 건강에 유익함이라는 속성을 강조하는 것이 중요할 것이다. 또 다른 예로서 비수기인 여름에 스키장들이 기업의 연수 장소로 시설과 서비스를 판매하는 것도 이에 해당한다.

둘째, 소비 상황에 대한 이해는 시장 세분화에 유용하다. 예를 들어, 패밀리 레스토랑은 어린이 돌잔치나 백일 잔치 시장, 고등학교나 대학교 동문회나 친목회 등 단체 시장 등

으로 시장 세분화할 수 있다.

셋째, 라이프스타일 변화가 제품 소비 상황에 미치는 영향을 추적하여 신제품 개발에 활용할 수 있다. 예를 들어, 신발 제조 회사의 경우 현대인의 건강 관심 트렌드를 이용하여 등산화, 조깅화, 사이클화 등으로 시장을 확대하고 있다.

마지막으로, 소비의 상황을 적절히 표현함으로써 소비자의 구매 행동을 촉진할 수 있다. 예를 들면, 5박 6일의 래프팅 여행 상품을 광고함에 있어 고객은 래프팅의 안전에 많은 관심을 가지게 마련이다. 여행사는 '사고율 고직 1%', '사고율 불과 1%', '사고율 겨우 1%' 등으로 표현할 수도 있고, '99% 안전'이라고도 표현할 수 있다. 래프팅의 안전함을 강하게 부각시키는 것이 구매 결정에 더 확신을 줄 수 있다.

제5절 | 구매 후 평가

환대 및 관광 산업에서의 고객 만족은 상당히 높은 수준이 유지되어야 고객 충성도가 생기게 된다. 고객 만족과 충성도 관계는 산업에 따라 상이하게 나타나는데 레스토랑의 고객 충성도는 타 서비스 산업(예 은행, 항공사, 카드사)보다 더 고객 만족 수준이 높아야 형성된다. 그 이유는 경쟁이 치열하기 때문이다. 따라서 구매 후 평가는 중요한 의미를 지닌다. 여기서는 구매 후 평가 이론과 구매 후 행동 및 마케팅 전략에 대해 살펴본다.

1 구매 후 평가 이론

소비자는 제품이나 서비스를 구매한 후 평가를 통해 재구매 여부에 적극 활용한다. 구매 후 평가와 관련한 대표적 이론으로는 기대-성과 불일치 이론, 귀인 이론, 그리고 구매 후 부조화 이론이 있다. 이에 대한 설명은 다음과 같다.

1) 기대-성과 불일치 이론

기대-성과 불일치 이론expectancy-performance disconfirmation은 만족·불만족의 형성 과정을 설명하는 대표적 이론이다Oliver, 1980. 만족·불만족에 영향을 미치는 요인은 기대와 성과 간의 차이, 지각된 제품 성과, 그리고 기대 등 세 가지가 있다. 여기서 지각된 성과는 제품 성과에 대한 소비자의 지각을 의미한다.

첫째, 사전 기대와 지각된 제품 성과 간의 차이이다. 이러한 차이에 대한 평가 결과는 단순 일치, 긍정적 불일치, 그리고 부정적 불일치 세 가지 형태로 나타난다. 단순 일치는 지각된 성과와 기대가 동일한 것이고, 긍정적 불일치는 지각된 성과가 기대보다 높은 것이고, 부정적 불일치는 지각된 성과가 기대보다 낮은 상태를 말한다그림 4-13 참조. 따라서 긍정적 불일치 수준이 높을수록 더 만족하고, 부정적 불일치가 높을수록 불만족하게 된다.

둘째, 지각된 성과이다. 제품 성과는 주관적 판단이므로 동일 제품에 대한 지각은 소비자마다 다르게 나타날 수 있다. 그림에서 보듯이 지각된 성과는 기대와의 일치·불일치를 통해 만족·불만족에 간접적으로 영향을 미칠 수도 있고 만족·불만족에 직접적으로 영향을 미칠 수 있다.

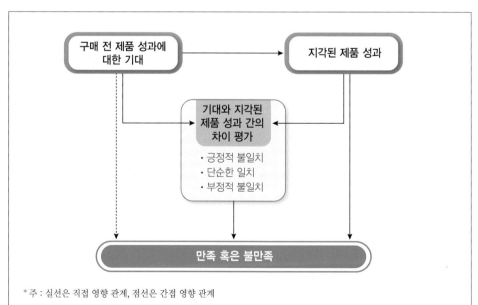

* 주 : 실선은 직접 영향 관계, 점선은 간접 영향 관계

출처 : Oliver, R. L.(1980). A cognitive model of the antecedents and consequences of satisfaction decision. Journal of Marketing Research, 17(Nov), pp.460-469. 수정후 재작성

그림 4-13_ 기대-성과 불일치 모형

마지막으로, 사전 기대이다. 기대는 제품이나 서비스의 구매 이전에 예상하는 제품 성과 수준을 말한다. 제품 성과에 대한 기대 수준은 개인의 과거 경험, 유사한 타 제품에 대한 경험, 기업의 마케팅, 그리고 개인 특성으로부터 영향을 받는다. Oliver는 기대-성과 모델을 제시하면서 기대는 만족에 직접적으로 正(+)의 영향을 미친다고 하였다. 하지만 추후 많은 연구에서 기대는 지각된 성과와 일치·불일치를 통해 만족에 간접적인 영향을 미치는 것으로 나타났다.

2) 귀인 이론

귀인 이론attribution theory은 제품의 성과가 기대에 미치지 못했을 때 원인을 찾는 과정을 설명한 이론이다. 소비자는 구매 후 자신의 행동을 정당화시킬 수 있는 이유를 탐색하고 그것에 의해 자신의 구매 후 태도를 형성 또는 변경한다. 구매한 제품이 기대를 충족시키지 못했을 때 그 이유를 분석하고 책임 소재를 가리기 위해 다음 세 가지 기준을 이용한다.Mizerskiet 외, 1979

① 안정성 : 제품 실패의 원인이 우연적(확률적)인 것인가, 일반적(안정적)인 것인가?

② 책임 소재 : 제품 실패의 이유가 마케팅 담당자 책임인가, 판매점 책임인가, 소비자 자신의 책임인가?

③ 통제성 : 제품 실패의 원인은 통제될 수 있는 것인가, 그렇지 않으면 전혀 통제될 수 없는 것이었는가?

이상의 기준에 준해 제품 실패의 원인이 그 제품의 안정적인 속성에 있지 않고 불량품의 비고의적인 사용 등과 같은 지극히 우연적인 데 있다고 소비자가 지각하면 그 브랜드에 대한 긍정적이었던 태도는 크게 변화하지 않는다. 그러나 소비자가 제품 실패의 이유를 매우 안정적인 것이라고 지각하면 동종 제품을 재구매하더라도 또 다시 불만족할 것으로 기대하기 때문에 그 제품에 대한 태도는 구매 후 부정적인 태도로 바뀔 가능성이 높다.

3) 구매 후 부조화 이론

일반적으로 소비자는 구매 결정 시 두 개 이상의 대안 중 한 가지를 선택하게 된다. 소비자는 구매 이후 만족 혹은 불만족을 지각하기 이전에 대안 선택이 옳았는지 그렇지 않았는지에 대한 불안감을 느낄 수 있다. 구매 이후 소비자가 느끼는 심리적 불편함psychological discomfort을 구매 후 부조화postpurchase dissonance 라고 한다.

구매 후 부조화 개념은 Festinger[1957]가 주장한 인지 부조화cognitive disso-nance의 한 유형이다. 구매 후 부조화가 발생하는 이유는 구매 결정 때 선택한 대 안이 선택하지 않은 대안보다 상대적 단점 혹은 장점이 있기 때문이다. 부조화는 바람직하지 않으므로 부조화를 느낀 소비자는 다음과 같이 해소 혹은 감소시키려 고 노력한다.[이학식 외, 2007]

❶ 자신이 선택한 대안의 장점을 의식적으로 강화시키고 단점을 의식적으로 약 화시킨다.

❷ 자신이 선택하지 않은 대안의 장점을 약화시키고 단점을 의식적으로 강화시 킨다.

❸ 자신의 선택을 지지하는 정보를 탐색하고 반박하는 정보를 회피한다.

❹ 의사 결정 자체를 그리 중요치 않은 것으로 생각한다.

② 구매 후 행동과 마케팅 전략

아무리 고객 서비스를 잘하고 있어도 마케터가 알지 못하는 부분이 있게 마련 이므로 소비자의 불평을 장려하여 불평에 귀 기울이는 노력이 필요하다. 고객 의 불평 처리에 대한 만족도가 높으면 서비스 제공 업체에 대한 신뢰도가 높아지 고 재방문이나 재구매 혹은 구전이나 타인에게 추천할 의도가 높아지게 된다. 여 기서는 인지 부조화 감소화와 브랜드 충성도를 활용한 마케팅 전략에 대해 살펴 본다.

1) 인지 부조화와 마케팅 전략

기업은 소비자가 제품이나 서비스를 구매한 후의 부조화를 줄이기 위해 자사 의 성과를 지속적으로 홍보한다. 즉, 소비자의 선택이 옳았다는 것을 지지해 줌으 로써 그리고 자사 브랜드 광고를 강화함으로써 소비자의 인지 부조화를 해소시켜 준다[그림 4-14]. 롯데리아는 국가고객만족도NCSI 평가에서 10년 연속으로 1위를 차 지 하였다는 광고를 통해 소비자의 선택이 옳았다는 것을 강하게 어필하고 있다.

출처 : 뉴시스1(2020. 11. 20.) 재인용

그림 4-14_ 롯데리아 국가고객만족도 1위 수상 광고

2) 브랜드 충성도와 마케팅 전략

충성 고객이란 특정 브랜드만을 지지하는 성향을 가진 고객을 의미한다. 충성 고객은 자신이 지지하는 브랜드의 제품만을 구매하며, 주변에 추천하기도 하며, 제품의 가격 인상에도 민감하게 반응하지 않으며, 구매를 위해 많은 시간과 돈을 소비하는 특징이 있다. 오늘날 제품과 서비스의 변별력이 낮은 상황에서 브랜드가 살아남기 위해서는 충성 고객을 확보하는 것이 무엇보다 중요해지고 있다.

고객의 충성도를 높이기 위해서는 기존 거래 데이터로만 측정해 결과를 분석했던 고객 관계 관리Customer Relation Management, CRM를 보완해 고객과의 모든 접점에서 고객이 긍정적인 경험을 느끼도록 관리하는 고객 경험 관리Customer Experience Management, CEM가 필요하다. Starbucks는 Coffee를 마시는 즐거운 경험을 제공했기 때문에 높은 프리미엄 가격에도 지속적으로 성장하고 있다.

관광소비자
행동론

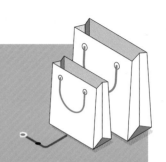

Chapter 05

관여도

소비자 행동 연구는 정보 처리 과정, 구매 의사 결정 과정, 그리고 내·외부적 영향 요인을 주로 다룬다. 관여도는 개인적, 즉 내부적 영향 요인에 가장 큰 영향을 미친다. 제품에 대한 소비자의 관여도를 활용한 대표적 마케팅이 오늘날 널리 알려진 이슈 마케팅이다.

관여도의 개념은 사회 심리학 및 마케팅 문헌에서 상당한 관심을 불러 일으켰다. 많은 연구를 통해 관여도가 구매 노력이나 태도, 광고 평가 등 개인의 구매 행동에 다양한 영향을 미치고 있음이 입증되었다. 관여도 개념의 적용은 주로 정보 처리 과정이나 의사 결정과 관련되어 연구되어 왔으나 최근에는 소비자 만족·불만족이나 귀인 과정으로 넓어지는 추세에 있다.

특히, 의사 결정에 있어 관여도는 매우 중요한 역할을 한다. 어떤 제품이나 서비스의 선택에 있어서는 많은 관심을 기울이거나 정보 탐색에 많은 시간을 투입하는 반면, 다른 유형의 제품이나 서비스를 구입할 때에는 여러 대안들 간의 차이에 대한 깊은 고민 없이 신속하게 결정을 내리기도 한다. 또한 같은 유형의 제품군이라 하더라도 구매 목적에 따라 사전 정보 탐색 시간에도 차이가 생길 수도 있다.

이처럼 구매 의사 결정 과정에 차이가 생기는 것을 설명해 줄 수 있는 것이 바로 관여의 개념이다. 관여도는 정보 탐색, 구매 의사 결정 과정, 태도 형성 등에 걸쳐 큰 영향을 미친다. 제5장에서는 개인의 의사 결정과 구매 행동에 중요한 역할을 하는 관여도에 대해 살펴본다. 우선 관여도의 개념과 구매 행동에 미치는 영향을 이해한다. 또한, 관여도에 대한 측정 방법을 살펴보고 마지막으로 관여도에 따른 다양한 마케팅 전략을 소개하고자 한다.

제1절 관여도 개념과 결정 요인	제2절 관여도와 구매 행동	제3절 관여도 측정	제4절 관여도와 마케팅 전략
· 관여도 개념 · 관여도 유형 · 관여도 결정 요인	· 관여도와 구매 의사 결정 유형 · 브랜드 차이와 관여도 수준에 따른 구매 행동	· Laurent와 Kapferer의 측정 방법 · Zaichkowsky의 측정 방법 · 두 척도의 공통점과 차이점 · 수단—목적 사슬 모델	· 고관여 소비자에 대한 마케팅 전략 · 저관여 소비자에 대한 마케팅 전략 · 수단—목적 사슬 모델을 활용한 마케팅 전략

그림 5-1_ 제5장 요약도

제1절   관여도 개념과 결정 요인

개인에게 있어서 관여의 정도는 개인, 대상 그리고 상황에 따라 달라진다. 그러므로 관여도는 개인, 대상 및 상황의 함수 관계로 표현된다. 본 절에서는 관여도의 개념, 관여도의 유형, 그리고 관여도 결정 요인을 설명한다.

1 관여도 개념

관여도의 개념을 마케팅에 처음으로 도입한 학자는 Krugman[1965]이다. 그는 사람들이 광고에 노출되었을 때 자신과 광고 메시지와의 연결 횟수, 즉 1분 동안 메시지에서 오는 자극과 자신을 의도적으로 연결시켜 생각하는 빈도 또는 개인적인 관련 빈도로 관여의 개념을 정의하였다. Engel과 Blackwell[1982]은 구매 또는 구매 의사 결정과 관련한 개인적 중요성 또는 관련성으로 정의하였다. Petty 등[1983]은 어떤 대상, 이유, 상황 등에 대하여 일어나는 개인적인 관련성 내지는 개인이 갖는 중요도와 문제 해결을 위한 노력의 정도로 정의하였다. 이를 종합해 보면, 관여도는 주어진 상황에서 특정 대상에 대한 개인의 중요성이나 관련성의 지각 정도로 정의된다.

관여도는 상대적인 개념이다. 예를 들면, 텐트, 침낭, 매트 등과 같은 캠핑 용품의 구매가 캠핑 애호가들에게 있어서는 관여도가 높을 수밖에 없다. 하지만 야외 생활의 불편함 때문에 캠핑을 그다지 좋아하지 않는 소비자에게 있어서는 낮은 관여도가 나타나게 된다.

2 관여도 유형

관여를 고관여와 저관여로만 나누면 의사 결정 상황에서 일어나는 관여와 평소에 지속적으로 나타나는 관여 사이에 차이가 없는 것으로 보게 된다. 따라서 평소에도 제품에 관여되어 있는 소비자의 행동을 설명하기 어렵다. 그러므로 지속적 관여도와 상황적 관여도, 인지적 관여도와 감정적혹은 정서적 관여도, 그리고 고관여도와 저관여도로 구분하여 살펴볼 필요가 있다.

1) 지속적 관여도와 상황적 관여도

지속적 관여란 특정 제품 혹은 브랜드에 대하여 오랜 시간 지속적인 관심을 나타내는 것을 의미한다. 지속적 관여는 제품이 개인의 욕구와 가치에 관련된 정도에 따라 결정되는 장기적인 관심이므로 특정한 구매나 사용 목표가 없을 때에도 존재한다. 따라서 지속적 관여는 지각되는 위험과는 상관없이 그리고 구매 계획과 상관없이 지속적으로 일어난다. 평소 음악에 관심이 많은 사람은 DVD를 모으고, 콘서트를 다니며, 가수의 팬클럽을 구성하기도 한다. 따라서 마케터는 소비자의 특성이나 매체 습성 등을 파악해서 마케팅을 해야 한다. 〈사례 5-1〉은 장기간 고객으로부터 관심을 받아왔고 앞으로도 지속적 고객 욕구를 충족시키기 위한 제과업계의 리뉴얼 전략을 소개하고 있다.

사례 5-1

신제품 모험 대신 '리뉴얼 전략'

'홈런볼 까망베르 치즈맛'(해태제과), '빼빼로 스키니'(롯데제과), '다이제토스트'(오리온)…. 최근 국내 주요 제과 업체들이 잇달아 내놓은 신상품에는 공통점이 있다. 바로 기존 히트 상품을 리뉴얼한 제품이란 것. 과자 시장이 수년간 정체된 가운데 새 제품에 개발비를 쏟아붓고 리스크를 안는 것보다는 기존 제품을 보완해 시장을 지키는 것이 훨씬 효율적이라는 판단 때문이다.

불황으로 어려움을 겪고 있는 식품 기업들 사이에서 이처럼 기존 '장수(長壽) 제품'의 포장을 바꾸거나 새로운 맛을 첨가해 출시하는 리뉴얼 전략이 확산되고 있다. 기업 입장에선 위험도를 낮출 수 있는 데다 소비

자의 반응도 좋아 이 같은 분위기는 쉽게 바뀌지 않을 것으로 보인다.

일화는 최근 국내 탄산수 시장 점유율 1위 제품인 '초정탄산수'의 용기와 패키지, 제품 엠블럼을 3년 만에 젊고 세련된 디자인으로 대대적으로 바꿨다. 국내 탄산수 시장이 매년 30% 안팎으로 성장하며 경쟁이 치열해지자 장수 상품의 오래된 이미지를 보다 고급스럽고 세련되게 바꿔 브랜드 위

일화
'초정탄산수'

해태제과 '홈런볼'

농심
'꿀꽈배기'

현대약품
'미에로화이바'

들이 봇물을 이루고 있다. 농심은 최근 1973년 출시된 이후 꾸준한 매출을 올리고 있는 장수 스테디 셀러 과자 '꿀꽈배기'에 사과 맛을 가미한 리뉴얼 제품을 선보였다. 기존 스테디 브랜드의 리인업을 강화해 젊은층을 적극적으로 공략하겠다는 전략이다. 크라운·해태제과도 지난해 말 '홈런볼' '쿠크다스' 등에 새로운 맛을 첨가해 '홈런볼 까망베르 치즈맛' '쿠크다스 스퀘어 치즈' 등의 리뉴얼 제품을 선보여 좋은 반응을 얻고 있다.

치를 다질 필요성이 커진 것. 2001년 처음 출시된 초정탄산수는 일화 식음료 부문에서 매출 60억 원 규모로 '맥콜' 다음으로 매출 비중이 큰 효자 상품이다. 리뉴얼과 함께 13년 만에 처음으로 '초정탄산수 라임'이라는 리뉴얼 신제품도 선보였다.

출시 25주년을 맞은 현대약품의 간판 제품인 식이섬유 음료 '미에로화이바' 역시 최근 젊은 느낌을 강조한 새로운 패키지 디자인과 리뉴얼 신제품을 선보였다. 단일 브랜드로 200억 원 매출을 올리는 효자 상품이지만, 오래된 브랜드인 만큼 주요 타깃인 젊은 소비자층을 공략하기 위해서는 보다 밝고 발랄한 이미지의 변화가 필요하다는 판단이 작용했다. 패키지 리뉴얼과 함께 자몽향이 첨가된 저열량의 '미에로화이바 레드'도 선보였다. 새로운 맛의 미에로화이바가 출시된 건 2009년 이후 처음이다.

제과업계에서도 완전히 새로운 맛의 신제품보다는 간판 장수 제품들을 리뉴얼한 제품

이처럼 식품업체들이 기존 히트 상품의 패키지 디자인을 전면적으로 바꾸거나 새로운 맛을 추가해 라인업을 강화하는 리뉴얼에 치중하는 것은 이미 검증된 제품을 바탕으로 안전하게 새로운 소비자층을 확보하기 위해서다. 성공 가능성이 불확실한 새 상품에 무작정 투자하기보다 기존 인기 브랜드를 강화하는 것이 훨씬 위험 부담을 줄이면서 효과가 크다는 판단이 작용한 것. 실제로 일화 초정탄산수의 경우 리뉴얼 패키지를 선보이고 지난 한 달간 매출이 작년 같은 기간보다 190%나 늘었다.

불황일수록 새로운 제품보다는 친숙한 제품이 인기를 끄는 경향이 강한 것도 한 요인이다. 식품업계 한 관계자는 "장수 제품 리뉴얼의 경우 개발 부담은 덜하면서 성공 확률은 높다"며 "소비자들에게 이미 인증받은 검증된 제품의 디자인, 맛 등을 조금씩 바꿔서 시장을 공략하려는 불황기의 자구책"이라고 말했다.

출처 : 동아일보(2014. 5. 14.)

🧭 **그림 5-2_ 상황적 관여도 예**

상황적 관여는 소비자가 특별한 목적을 달성하기 위해 제품이나 서비스에 대해서 갖는 일시적인 관심을 의미한다Bloch, 1981. 예를 들면, 신혼 부부가 해외 여행지에서 입을 커플티를 구매하는 경우나 고장난 자전거를 대체하는 경우처럼 제품의 사용이 특별한 상황 때문에 중요해지거나 제품의 구매가 임박했을 때 제품에 대해서 갖는 관여를 의미한다. 구매 당시에는 여러 가지 이유로 인해 관여 수준이 높았다가 일단 구매가 끝난 다음에는 그 관심도가 급격히 줄어든다. 따라서 상황적 관여는 목적이 달성되면 더 이상 필요가 없기 때문에 소멸된다. 〈그림 5-2〉는 평상시 구매할 수 있는 빼빼로좌 제품과 빼빼로 데이에 연인에게 선물할 빼빼로우이다. 이와 같이 마케터는 예쁜 포장의 변화로 소비자의 관여도를 일시적으로 높일 수 있다.

2) 인지적 관여도와 감정적 관여도

Park과 Young1983은 관여 수준과 관여 유형이 상표에 대한 태도 형성에 미치는 영향을 조사한 연구에서 관여를 인지적 관여와 감정적혹은 정서적 관여로 구분하였다. 인지적 관여는 소비자가 실용적 동기에 의해 제품 편익이나 구입 비용에 관심을 가지고 제품의 기능적 성능에 흥미를 갖는 것을 말한다. 예를 들면, 관광객이 제주도 여행을 위해 여행용 가방을 구매할 때 발생하는 관여가 이에 해당한다. 인지적 관여에 해당하는 제품의 경우 신문이나 잡지 등의 인쇄 매체에 제품의 기능이나 특징 등을 제시하는 광고가 효과적인 것으로 알려져 있다.

감정적 관여는 소비자가 제품 사용을 통해 자부심 또는 자아 개념을 증가시키고 자신의 이미지를 다른 사람에게 표현하는 데 흥미를 갖는 것을 말한다. 관광 소비자가 특정 브랜드를 선택할 때 얻을 수 있는 즐거움과 관련된 경험 부분이 중시되면 감정적 관여가 증가된다. 예를 들어, 어느 유명 배우가 그 제품을 가지고 있어서 나도 그 제품을 갖고 싶다든가, 그 제품을 소유하면 성공한 사람으로 보일 것 같은 그런 관점에서 그 제품에 관심을 갖는 것이다. 고가 제품 중 상징성이 강한 보석이나 의류가 이에 해당된다.

3) 고관여도와 저관여도

고관여 제품은 대체로 고가격이고 장기간 사용하므로 잘못 구매하면 손실이 큰 제품이다. 따라서 소비자는 고관여 제품을 구매할 때 관련 정보를 적극적으로 탐색·평가하고, 브랜드 간 차이를 살펴보고, 그리고 광고에 주의를 기울인다. 그러므로 크루즈 여행과 같은 고관여 제품은 소비자들의 정보 탐색 욕구를 충족시켜 주는 광고나 신뢰감을 주는 입소문 마케팅이 효과적이다.

저관여 제품은 가격이 저렴하고 소비자가 잘못 의사 결정을 하더라도 부담과 위험성이 크지 않은 제품들이다. 그러므로 소비자는 저관여 제품 구매 시 정보 처리에 수동적이며, 브랜드 간의 차이에 별로 관심이 없으며, 광고에도 그다지 주의를 기울이지 않는다. 식료품이나 세제 용품 등과 같은 저관여 제품의 경우는 제품 이미지가 구매에 영향을 끼치기 때문에 반복 광고나 스타 마케팅을 통해 소비자들의 관심을 유발하고 쉽게 기억할 수 있도록 하는 것이 효과적이다. 빙그레와 매일유업은 슈퍼콘 아이스크림과 상하치즈 광고를 서울 시내 버스에 수개월간 게재

출처 : 한국경제신문(2018. 11. 6.) 재인용

🎯 그림 5-3_ 저관여 상품 광고 사례

하여 저관여 상품의 반복 광고 효과를 극대화시켜 소비자들이 반복 구매 습관을
갖도록 하는 데 성공하였다.그림 5-3 참조

3 관여도 결정 요인

관여도는 개인의 구매 의사 결정에 있어 매우 중요하다. 그렇다면 관여도에 영
향을 미치는 요인에는 어떤 것들이 있을까? 관여도를 결정하는 요인으로는 개인
적 요인, 제품 요인, 그리고 상황적 요인이 있다. 이 요인들이 관여도를 결정하며,
관여도는 정보 처리 과정과 구매 의사 결정 과정에 영향을 미치게 된다.그림 5-4 참조

1) 개인적 요인

특정 제품이나 서비스에 대한 관여도는 개인마다 다르다. 즉, 동일 제품이라도
개인의 욕구, 목표, 가치관, 이미지 등에 따라 관여도 수준이 다르다. 가령, 농촌
관광을 선호하는 관광객, 환경을 중요시하는 관광객, 건강 민감도가 높아 유기농
채소를 선호하는 관광객 등 개인적 요인에 따라 관심도의 수준이 다르다. 보통 소

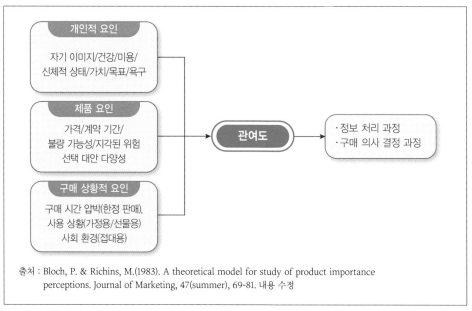

출처 : Bloch, P. & Richins, M.(1983). A theoretical model for study of product importance
perceptions. Journal of Marketing, 47(summer), 69-81. 내용 수정

🧭 그림 5-4_ 관여도 결정 요인

득이 높을수록 고가 제품에 대해 관여도가 높아지며, 가격 차이에 대해서는 상대적으로 관심이 적어진다. 사회 활동을 왕성하게 하는 사람은 다양한 제품에 대한 관여도가 높은 경향이 있다.

2) 제품 요인

소비자는 자신이 중요하게 생각하는 욕구를 충족시키는 제품, 상징적 가치를 부여하는 제품, 그리고 지각된 위험이 큰 제품에 높은 관여도를 나타낸다.Block & Richins, 1983. 예를 들어, 일 년에 한 번 해외 여행을 갈 경우 큰 비용과 시간이 소비되므로 특정 여행 상품을 결정하는 데 깊은 관심을 가질 수밖에 없다. 해외 여행은 개인의 미지로의 탐험 욕구를 충족시키고, 상징적 의미를 지니며, 예기치 않은 결과에 대한 불안감이나 불쾌감의 위험, 즉 지각된 위험이 큰 제품이다.

3) 구매 상황적 요인

구매 상황은 실질적인 구매가 행해지는 동안에 작용하는 변수들을 반영한다. 즉, 제품 탐색의 시간이나 구매 시에 가족이나 친구가 같이 있는가에 따라 상황적 관여의 수준이 달라진다. 예컨대, 손님 접대를 위해 와인을 구매하고자 할 경우 자신이 대접하려는 와인을 보고 상대방이 자신을 어떻게 생각할까 신경을 많이 쓰게 되므로 와인 선택에 대한 관여도가 높아지게 된다. 대체로 구매 상황에서는 관여도가 크게 증대하지만 구매 후에는 차차 줄어들게 된다. 또한, 구매 상황 시 시간적으로 촉박할 때 관여 수준은 대체로 낮게 나타난다.

제2절 **관여도와 구매 행동**

구매 행동은 제품의 성격 및 제품에 대한 소비자의 관여도에 따라 다양한 양상을 보인다. 즉, 고관여와 저관여의 차이에 따라 구매 의사 결정 과정에 있어 상이한 행동을 예상할 수 있다. 본 절에서는 관여도 수준에 따른 의사 결정과 브랜드 차이에 따른 관여도 수준별 구매 행동 등에 대해 학습한다.

1 관여도와 구매 의사 결정 유형

관여도 수준에 따라 구매 의사 결정은 다양한 유형으로 나타날 수 있다. 여기에서는 관여도와 정보 탐색 수준에 의한 의사 결정 유형 3가지와 관여도와 제품 특성에 의한 의사 결정 유형을 살펴보기로 한다.

1) 관여도와 정보 탐색 수준에 의한 의사 결정

관여도와 정보 탐색에 대한 노력의 정도에 따라 습관적혹은 일상적 의사 결정routinized problem solving, 제한적 의사 결정limited problem solving, 포괄적 혹은 확장적 의사 결정extended problem solving의 3가지로 구분할 수 있다. 이러한 유형별 의사 결정에 있어서 일부 과정은 생략되기도 한다.

(1) 습관적 의사 결정

습관적 의사 결정은 새로운 정보의 필요성을 인식하지 못하고 제품을 구매하는 유형이므로 실제로 특별한 의사 결정을 포함하지 않는다. 〈그림 5-5〉에서와 같이 욕구를 인식하면 내적 탐색을 진행하여 상표를 구매하게 된다. 하지만 선호하는 해결안이 기대에 미치지 못하는 경우에만 대안적 해결안상표에 대한 평가가 이루어진다.

또한, 정보 탐색이 거의 일어나지 않으며 대안 평가가 크게 중요시되지 않는다. 습관적 의사 결정은 구매에 대한 관여도가 매우 낮은 경우에 일어나며 반복적 구매 행동을 유발한다. 뿐만 아니라 구매 후 행동에 있어 인지 부조화가 거의 발생하지 않는다.

(2) 제한적 의사 결정

제한적 의사 결정은 습관적 의사 결정과 포괄적포괄 의사 결정의 중간 형태이다. 일반적으로 제한적 의사 결정은 제품에 대한 몰입이 높지 않고 제품 차별화와 의사 결정의 시간적 압박이 클 때 발생하는데, 정보 탐색은 제한된 범위 내에서 외부 탐색을 시도한다. 제한적 의사 결정을 행하는 소비자는 구매에 관련된 위험을 최소한의 수준으로 인식하며, 이 유형에 속하는 제품들은 소비자의 자아 이미지와 상관 관계가 다소 낮은 것들이다.

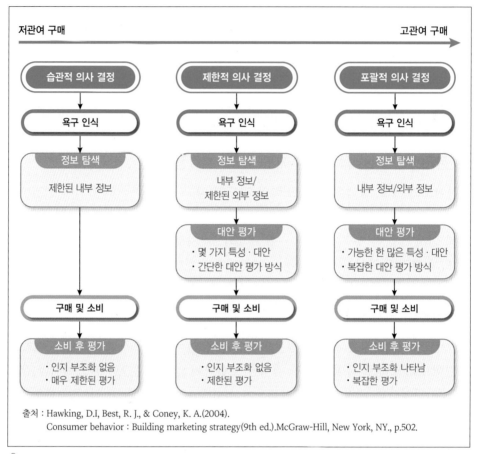

출처 : Hawking, D.I, Best, R. J., & Coney, K. A.(2004).
　　　Consumer behavior : Building marketing strategy(9th ed.).McGraw-Hill, New York, NY., p.502.

🧭 **그림 5-5_ 관여도에 따른 구매 의사 결정 유형**

　예를 들면, 관광 소비자가 관광 토산품 상점에 머무는 동안 진열된 특정 상품만 보고 기억에 저장된 정보 이상의 정보 탐색을 하지 않고 그 제품을 선택하는 경우이다. 또한, 어떤 소비자는 이용 가능한 인스턴트 커피 중 가장 값싼 상표를 구매한다는 결정 규칙을 가질 수 있다. 이 결정 규칙을 가진 소비자는 커피가 소진되어 가면문제를 인식하면 다음 방문에서 단순히 커피의 가격만을 비교하여 가장 값이 싼 상표를 선택할 가능성이 높다.

(3) 포괄적 의사 결정

　포괄적 혹은 확장적 의사 결정은 고관여 수준에서 볼 수 있는 의사 결정의 형태이다. 욕구가 인식되면 제품 선택에 대한 내외적인 정보를 탐색한 후 이에 대한 대안의 평가가 수반된다. 구매가 이루어진 후에는 구매 행동의 적합성에 대한 철저한 구매 평가가 이루어진다. 일반적으로 구매 의사 결정의 5단계욕구 인식 → 정보 탐색 → 대안 평가 → 구매 → 구매 후 평가를 밟게 되는데, 주로 고가격 제품, 성능 위험이 있는 제품, 전문품, 자아와 관련된 제품 등에 관한 구매 의사 결정이 이에 속한다.

하지만 구매 의사 결정에서 이러한 복잡성에 도달하는 의사 결정은 많지 않다. 집이나 개인용 컴퓨터 또는 해외 여행 같은 제품은 포괄적 의사 결정 과정을 통해 구매되는 경우가 많다. 지각된 위험이 크고 자아 이미지와 관련한 제품이나 서비스 구매 의사 결정이므로 소비 후 인지 부조화가 종종 발생한다.

2) 관여도와 제품 특성에 의한 의사 결정

구매 의사 결정은 관여도 수준고관여 vs 저관여과 제품의 특성감성적 vs 이성적에 따라 분류될 수 있다. 제품 구매 시 제품의 성능이나 용도를 따지는 것은 이성적 측면이며 디자인이나 느낌을 따지는 것은 감성적 측면이다. Vaughn[1980]은 관여도 수준과 제품 특성을 기준으로 4가지 의사 결정 유형을 FCB 그리드Foote, Cone & Belding*로 제시하였다표 5-1 참조. FCB 그리드는 소비자의 구매 행동별 광고 전략을 잘 설명해 주고 있다.

A 영역의 제품은 잘못 선택하면 손실이 큰 고관여 제품이다. A 영역의 의사 결정은 인지Cognitive → 감정Affective → 행동Behavior의 과정으로 진행된다. 다시 말해, 소비자가 제품이나 서비스를 잘 알고 있고, 그로 인해 좋아하고, 결국 구매 행동으로 이어진다는 것이다. 이 영역에 속하는 제품을 위한 광고 전략은 광고 자체에 대한 호감도보다 제품의 물리적 속성이나 편익을 명확하게 전달하는 것이 중요하다.

B 영역에 속한 제품들은 실용적이고 습관적으로 구매되는 저관여 제품들이다. 한번 잘못 구매하더라도 크게 손해를 보지 않으므로 소비자는 신제품이 나오면 한번 사보기도 한다. 이 영역에서의 의사 결정은 먼저 제품을 구매하고Behavior, 제품을 사용해 본 후 그 제품에 대해 알게 되고Cognitive, 그리고 긍정적 감정Affective이 쌓이는 과정으로 진행된다. 이 영역의 제품들에 대해서 소비자의 관여도는 낮아서 많거나 어려운 정보에 대해서는 주의를 잘 기울이지 않는다. 따라서 쉽

★ 미국 광고 대행사

💡 표 5-1_ FCB 그리드의 특성

구 분		제품의 특성	
		이성적 제품	감성적 제품
관여도 수준	고관여	[A 영역] • 소비자 유형 : 합리성과 정보를 중시하는 소비자 • 의사 결정 모형 : 인지 → 감정 → 행동 • 제품군 : 자동차, 가구, 주택 • 광고 전략 : 구체적 정보 제공	[C 영역] • 소비자 유형 : 감정을 중시하고 느끼는 소비자 • 의사 결정 모형 : 감정 → 인지 → 행동 • 제품군 : 보석, 향수, 고급 시계 • 광고 전략 : 브랜드 이미지 강조
	저관여	[B 영역] • 소비자 유형 : 습관적으로 구매(행동)하는 소비자 • 의사 결정 모형 : 행동 → 인지 → 감정 • 제품군 : 식료품, 생활 용품 • 광고 전략 : 반복 광고	[D 영역] • 소비자 유형 : 즉각 반응을 보이는 자기 만족형 소비자 • 의사 결정 모형 : 행동 → 감정 → 인지 • 제품군 : 담배, 주류(맥주), 과자 • 광고 전략 : 흥미나 주의 유발

출처 : Vaughn, R. (1980). How advertising works: a planning model. Journal of Advertising Research, 20(5), p.30.

게 이해할 수 있는 한 두 가지의 편익을 반복 광고를 통해 브랜드 친숙도를 높이는 것이 중요하다.그림 5-3 참조

C 영역의 제품은 소비자가 제품의 기능적인 가치보다는 감정적인 가치를 더 고려하는 고관여 제품이다. 이 영역의 제품에 대한 의사 결정은 구매자가 먼저 제품 좋아하고Affective, 그 제품에 대해 정보를 통해 더 잘 알게 되어Cognitive, 결국 주문Behavior하게 되는 과정을 거치게 된다. 그러므로 제품의 기능적인 속성에 대한 정보 전달보다 소비자의 감정을 자극하기 위해 브랜드 이미지를 강조하는 광고가 효과적이다.

D 영역의 제품은 감성 제품이면서 저관여 제품이다. 충동 구매가 대표적 사례이다. 의사 결정은 먼저 제품을 구매하고Behavior, 구매 경험에 대해 긍정적 혹은 부정적인 느낌을 받은 다음에Affective, 제품에 대해 알게 되는Cognitive 과정으로 진행된다. 이 영역의 소비자는 제품을 소비하면서 감각적인 만족을 추구하며 구매 시 기분에 좌우된다. 따라서 흥미나 주의를 유발하는 광고가 효과적이다.

2 브랜드 차이와 관여도 수준에 따른 구매 행동

브랜드 선택에 있어서 반복 구매는 매우 중요하다. 그러나 반복 구매는 관여도의 수준에 따라 상이한 차이가 있다. 고관여 상황에서 특정 브랜드를 반복적으로 구매한다면 그 브랜드에 대한 충성도가 있기 때문일 것이나, 저관여 상황에서의 이러한 반복적 구매는 관성적 혹은 타성적 구매일 것이다. 아셀Assel은 이러한 관여도와 브랜드 간 차이에 따라 네 가지 구매 행동 유형을 제시하였다.그림 5-6 참조

1) 복잡한 구매 행동

소비자가 높은 관여를 보이고 각 상표 간 뚜렷한 차이점이 있는 제품을 구매할 경우의 구매 행동의사 결정은 일반적으로 복잡한 모습을 띠게 된다complex buying behavior. 소비자는 제품의 가격이 비교적 높고 상표 간의 차이가 크며, 일상적으로 빈번히 구매하는 제품이 아닌 소비자 자신에게 매우 중요한 제품을 구매할 때 높은 관여를 보인다. 복잡한 구매 행동을 요구하는 구매 시 소비자들은 제품 구매를 위해 우선 많은 것을 알아야 한다. 즉, 제품에 대한 지식을 가지고 있어야 한다. 그러고 나서

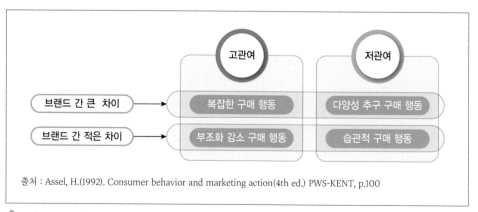

출처 : Assel, H.(1992). Consumer behavior and marketing action(4th ed.) PWS-KENT, p.100

💮 그림 5-6_ 브랜드 차이와 관여도 수준에 따른 구매 행동 유형

지식에 근거하여 그 제품에 대해 주관적인 신념인지을 갖게 되고, 그 다음으로 그 제품을 좋아하거나 싫어하는 태도를 형성한다. 마지막으로 가장 합리적이라고 생각하는 구매 대안을 선택하는 학습 과정행동을 거치게 된다.

2) 부조화 감소 구매 행동

부조화 감소 구매 행동dissonance-reducing buying behavior은 구매하는 제품에 대하여 비교적 관여도가 높고, 제품의 가격이 비싸고, 평소에 자주 구매하는 제품이 아니면서 구매 후 결과에 대하여 위험 부담이 있는 경우 그리고 각 상표 간 차이가 미미할 때 일어난다. 자녀의 해외 문화 유적지 탐방 여행 상품을 구입하는 경우가 그 좋은 예가 될 수 있다. 해외 문화 유적지 탐방은 일반적으로 고가품이며 소비자 자신은 물론 자녀들에게 매우 중요한 제품이기 때문에 구매 시 높은 관여를 가지고 구매 의사 결정을 하게 된다. 이때 지각되는 상표들은 차이가 미미하기 때문에 비슷한 가격대의 제품은 상표 간 차이가 거의 없다고 인식하게 된다. 상표의 차이를 판단할 수 있는 내용이 적을 경우 소비자는 유용한 정보를 얻기 위하여 여행사를 찾지만 구매는 비교적 빨리 이루어진다.

3) 다양성 추구 구매 행동

구매하는 제품에 대하여 비교적 저관여 상태이며 각 상표 간 차이가 뚜렷한 경우에 소비자는 다양성 추구 구매를 하게 된다variety-seeking buying behavior. 다양성을 추구하는 구매자는 빈번한 상표 전환을 하게 된다. 예를 들어, 햄버거 구매자는 일단 제품에 대한 다양한 평가 없이 '롯데리아' 같은 햄버거 상표를 선택하고 그것을 소비하는 동안 그 상품에 대한 평가를 한다. 그러나 그다음에 또다시 햄버거를 구매할 경우 '버거킹' 같은 다른 상표를 선택하게 되는데, 이때 소비자는 단지 이전에 구매했던 것과 다른 상표를 사보겠다는 생각만으로 타 상표를 구매한다. 이와 같이 다양성 추구 구매에 있어서 상표 전환은 기존 상표에 대한 불만족 때문이라기보다는 다양성을 추구하기 위하여 일어나게 된다.

4) 습관적 구매 행동

습관적 구매habitual/inertia buying behavior는 제품에 대하여 소비자가 비교적 낮은 관여도를 보이며 상표 간 차이가 미미할 경우에 일어난다. 가령, 오렌지 주스를 구매하는 경우 소비자는 마트에 가서 상표에 대한 특별한 인식 없이 손에 잡히는 한 상표를 선택할 수 있다. 이때 소비자가 만약 같은 상표를 지속적으로 구매하게 된다면 이는 높은 상표 충성도 때문이 아니라 습관적인 구매로 볼 수 있다.

습관적 구매 소비자는 고관여 상황에서 일반적으로 거치는「신념-태도-행동」의 과정을 거치지 않는다. 또한 상표에 대하여 그다지 많은 정보를 얻으려 노력하지 않으며, 상표 간 특성의 차이도 평가하지 않으며, 어떤 상표를 구매할 것인가에 대하여 그다지 신중하게 고려하지 않는다. TV나 잡지를 정보 획득의 매체로서 적극적으로 활용하지 않는다. 어떤 상표에 대하여 강한 신념을 가지고 선택하는 것이 아니라 그 상표가 친숙하다는 이유로 선택하게 되는 것이 보통이다.

제3절 관여도 측정

구매 행동을 보다 정확히 이해하기 위해서는 관여도를 측정할 수 있어야 한다. 관여도의 측정은 마케팅 활용 측면에서 매우 중요하다. 관여도 측정은 로렌트Laurent와 캐퍼러Kapferer의 방법과 자이코프스키Zaichkowsky PIIPersonal Involvement Inventory 방법이 널리 활용되고 있다. 여기서는 또한 소비자의 가치나 관여도 수준을 파악해 볼 수 있는 수단-목적 사슬 모델에 대해서도 설명한다.

1 Laurent와 Kapferer의 측정 방법

이들은 한 제품에 대한 관여도가 높아지는 이유는 여러 가지가 있으므로 단일차원으로 측정하는 것은 부적절하다고 주장하면서 관여도 측정 도구 Consumer Involvement ProfileCIP을 개발하였다. CIP는 부정적 결과의 중요성, 잘못 선택할 가능성, 쾌락적 가치, 상징적 가치 등 4가지 차원으로 구성되어 있다. 관여도 측정의 네 가지 차원과 각 차원을 측정할 수 있는 질문의 예는 〈표 5-2〉와 같다. 각 항목들을 응답자에게 제시하고 응답자의 동의 정도를 각 차원의 관여도로 측정한 후 합계 점수를 응답자의 관여도로 계산한다.

🏮 **표 5-2_** Laurent와 Kapferer 관여도 측정 방법

관여도 차원		의미 및 질문 내용
인지적 관여도	부정적 결과의 중요성	• 의미 : 제품 선택의 부정적 결과에 대한 지각 • 질문 내용 : 그 제품을 구매할 때 실수하면 큰 문제가 된다.
	잘못 선택할 가능성	• 의미 : 잘못 선택할 확률에 대한 개인의 지각 • 질문 내용 : 그 제품을 구매할 때 잘못 선택할 가능성은 매우 높다.
감정적 관여도	쾌락적 가치	• 의미 : 제품의 구매와 소비로 인한 쾌락적 가치 • 질문 내용 : 그 제품의 구매는 내게 큰 즐거움을 준다.
	상징적 가치	• 의미 : 제품의 구매와 사용이 자기 개념을 나타내는 정도 • 질문 내용 : 선택한 그 제품을 보면 그 사람의 품격을 알 수 있다.

출처 : Laurent, G. & Kapferer, J. (1985). Measuring consumer involvement profiles. Journal of Marketing Research, 22, 41-53.

CIP는 관여도를 여러 측면으로 측정하기 때문에 소비자가 어떤 차원에서 특정 제품에 높거나 낮게 관여되는지를 알 수 있다. 연구 결과에 따라 어떤 차원에서 높은지 또는 낮은지에 따라 소비자 행동의 변화를 추정할 수 있다. 〈표 5-3〉은 주부 대상으로 14개의 제품을 이용하여 관여도를 측정한 결과이다. 구매하는 상품

🏮 **표 5-3_** Laurent와 Kapferer 관여도 측정 예

구 분	부정적 결과의 지각된 중요성	잘못 선택할 가능성	쾌락적 가치	상징적 가치
부인 정장	121	112	147	181
브래지어	117	115	106	130
세탁기	118	109	106	111
TV	112	100	122	95
진공청소기	110	112	70	78
다리미	103	95	72	76
샴페인	109	120	125	125
기 름	89	97	65	92
요구르트	86	83	106	78
초콜릿	80	89	123	75
샴 푸	96	103	90	81
치 약	95	95	94	105
세숫비누	82	90	114	118
세 제	79	82	56	63

출처 : Laurent, G. & Kapferer, J. (1985). Measuring consumer involvement profiles. Journal of Marketing Research, 22, p.45.

＊ 평균값 = 100

이나 서비스의 종류에 따라 중요하게 여기는 관여의 차원이 다르다. 진공 청소기는 부정적 결과의 중요성과 잘못 구입할 가능성에 있어서는 상당히 높으나, 쾌락적 가치나 상징적 가치에서는 매우 낮은 것으로 나타났다.

② Zaichkowsky의 측정 방법

Zaichkowsky1985에 의해 개발된 PIIPersonal Involvement Inventory는 Laurent와 Kapferer의 방법과는 달리 제품의 중요성 차원만을 측정하였다. Zaichkowsky는 관여도를 개인의 내재된 욕구, 가치, 관심에 근거한 사물에 대한 지각된 관련성으로 정의하였다. 이러한 정의를 반영하여 관여도를 '중요한-중요하지 않은', '관심 있는-관심이 없는' 등과 같이 의미 차별화 척도semantic differential scale 20개 항목으로 측정하였다.

관여도를 PII로 측정한 경우 개인별 점수는 20~140(20×1~20×7)의 분포로 나타난다. 숫자 20에 가까울수록 저관여 소비자로, 140에 가까울수록 고관여 소비

표 5-4_ Zaichkowsky의 관여도 개정 측정 항목

나에게 [평가되는 대상]은		
중요하다	⋯⋯⋯⋯⋯⋯	중요하지 않다*
지루하다	⋯⋯⋯⋯⋯⋯	흥미 있다
적절하다	⋯⋯⋯⋯⋯⋯	적절하지 않다*
흥분된다	⋯⋯⋯⋯⋯⋯	흥분되지 않는다*
의미가 없다	⋯⋯⋯⋯⋯⋯	의미가 있다
마음에 든다	⋯⋯⋯⋯⋯⋯	마음에 들지 않는다*
매력적이다	⋯⋯⋯⋯⋯⋯	평범하다
가치 없다	⋯⋯⋯⋯⋯⋯	가치 있다
관련이 있다	⋯⋯⋯⋯⋯⋯	관련이 없다*
필요하지 않다	⋯⋯⋯⋯⋯⋯	필요하다

* *표시는 점수가 역수로 계산됨(reverse coding)

출처 : Zaichkowsky, J. L.(1994). The personal involvement inventory : Reduction, revision, and application to advertising. Journal of Advertising, 23(4), 59-70.

자로 분류된다. Zaichkowsky가 PII를 이용하여 15개의 제품을 조사한 결과, 가장 고관여 제품은 자동차였으며 인스턴트 커피와 시리얼이 가장 저관여 품목으로 나타났다.

초기의 관여도 측정은 유형 제품에 대한 것이 대부분이었으나 이후의 연구에서 PII 척도가 서비스 상품에 대해서도 적용 가능하다는 것이 밝혀졌다. Zaichkowsky는 1994년 관여도 측정 항목을 10개 항목으로 축소 발표하였다.표 5-4 참조

③ 두 척도의 공통점과 차이점

두 척도의 공통점은 두 가지로 요약할 수 있다. 첫째, 관광 및 환대 산업 분야에서 주로 여행 목적지의 선택 행동과 레저 활동으로 인한 태도와 재방문 의도 관련 연구에 많이 적용되었다. 하지만, 관여도에 관한 직접 연구보다는 다양한 내·외생 변수 간에 매개 효과mediation effect 또는 조절 효과moderating effect의 역할에 초점을 두었다.최상묵, 2019

둘째, 관여도 관련 많은 연구가 제품 중심product dominant logic의 관점에서 개발된 관여도 측정 도구가 사용되었다. 비록 제품 중심의 PII 척도가 서비스 상품에도 적용 가능하다는 것이 밝혀졌으나Zaichkowsky, 1994, 관광 서비스와 같은 무형성과 이질성을 가진 서비스 중심주의service dominant logic의 관점을 충분히 반영하는 데는 한계가 있다.최상문, 2019

한편, 두 척도의 차이점은 세 가지로 요약해 볼 수 있다. 첫째, CIP 척도는 다차원으로 그리고 PII 척도는 단일 차원으로 관여도를 측정한다. CIP는 관여도 자체보다는 관여도에 선행하는 요인을 중요하게 본 측면이 강하다. 따라서 관여도에 선행하는 흥미, 즐거움, 상징, 위험성, 위험의 중요성 등이 포함된다. 반면에 PII는 관여도 그 자체를 포함하여 측정한다. 관여도 관련 연구에서 널리 응용되고 있는 것은 PII 척도이다. 둘째, PII는 20개 항목으로 측정하기 때문에 측정 도구의 타당성과 신뢰성이 높다황용철·김동훈, 2011. 셋째, CIP는 네 가지 차원으로 구성되어 있어 다양한 측면에서 관여도를 측정할 수 있다.황용철·김동훈, 2011

④ 수단-목적 사슬 모델

1) 모델 개요

수단-목적 사슬means-end chain에 의하면 소비자들은 어떤 제품의 이용 상황에서 그 제품의 물리적 속성보다는 그 속성을 통해 얻을 수 있는 결과와 가치를 더 중요하게 고려하여 구매 결정을 한다는 것이다Rokeach, 1973. 즉, 소비자는 제품의 속성attributes이라는 수단means을 통해 결과consequence라는 목적end을 달성하고, 이러한 결과는 다시 가치value라는 목적을 달성하는 수단으로 삼는 과정을 수단-목적 사슬이라는 계층적 구조로 설명한 것이다. 따라서 속성은 어떤 결과를 달성하는 것에 하나의 수단적인 역할을 하므로 속성은 그 자체로서 특별한 의미를 갖는 것이 아니다. 하지만 속성은 소비자에게 주는 긍정적 혹은 부정적인 결과와 그러한 결과가 연결된 상위 단계의 삶의 가치 때문에 중요한 의미를 지닌다.

이 모델의 구성 요소는 제품이 갖는 속성, 그 제품을 소비함으로써 소비자가 얻게 되는 바람직한 혹은 바람직하지 않은 결과, 그리고 소비자가 추구하는 삶의 가치 등 3단계로 구성되어 있다그림 5-7 참조. 가장 낮은 단계인 속성은 구체적 속성과 추상적 속성으로 구분된다. 구체적 속성은 제품의 색상, 크기, 무게 등과 같이 물리적 단위로 측정 가능한 속성을 말하며, 추상적 속성은 구체적 속성에서 추론된 것으로 강한 맛, 좋은 냄새, 부드러운 향기, 상품 스타일 등과 같이 주관적인 성격을 가진다.Peter & Olson, 2002

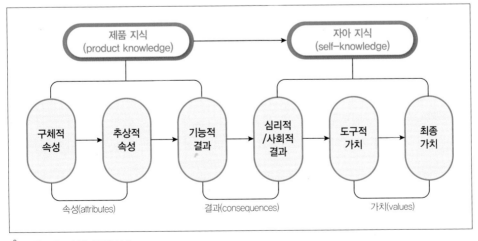

⚙ 그림 5-7_ 수단-목적 사슬

추상적 속성보다 높은 차원이 결과consequences, 즉 혜택이다. 결과는 기능적 결과와 심리적 결과로 구분된다. 전자는 제품을 사용함으로써 표면적으로 드러나는 결과(예 체중 감량, 절약, 편리함 등)를 의미하며, 후자는 제품 사용을 통해 얻게 되는 만족감, 소속감, 좋은 느낌 등이 해당한다Peter & Olson, 2002. 결과는 긍정적 측면도 있지만 부정적 측면도 있다.

마지막으로 가장 높은 추상성을 갖는 가치는 성공, 행복, 안전 등과 같이 개인이 삶에서 추구하는 궁극적인 목적을 의미한다. 가치는 도구적 가치와 최종궁극적 가치로 구분된다. 도구적 가치instrumental value는 타인에게 어떻게 보이는 것과 관련되는 것(예 존경받음, 부러움)으로 외재적 성격을 그리고 최종적 가치terminal value는 소비자 자신을 어떻게 보느냐와 관계된 것(예 자긍심, 성취감, 보람)으로 내재적 성격을 띤다.Peter & Olson, 2002

2) 수단-목적 사슬의 연구 방법

소비의 가치 체계속성-결과-가치를 도출하기 위한 조사 기법은 래더링laddering이라는 질적 연구 기법이다Reynolds & Gutman, 1988. 래더링은 수단-목적 사슬 모델에서 말하는 제품 속성-결과-가치와의 관계를 밝히는 방법으로 주로 심층 면접 기법을 사용한다. 즉, 레더링은 연속적인 질문을 통해 개인의 가치까지 이끌게 하는 기억의 연결망을 찾고자 하는 것이다.

질문을 통해 소비자가 특정 제품군에서 중요하게 생각하는 제품의 속성을 우선 파악한다. 중요하게 지각하는 제품 속성들이 밝혀지면 래더링 기법을 이용하여 인터뷰를 이어 나가는데, 무엇이 왜 중요한지를 밝히기 위한 질문과 대답을 연속적으로 주고받으면서 구체적인 제품 속성으로부터 시작하여 추상화 정도가 차츰 높아지는 방향으로 제품 속성과 연관된 다양한 개념들이 단계적으로 도출될 수 있도록 진행한다. 인터뷰 중에는 긍정적 혹은 부정적 속성이나 결과에 대한 상위 개념에 접근하기 위해 〈표 5-5〉와 같은 질문을 사용할 수 있다Reynolds, Dethloff, & Westberg, 2001. 인터뷰 질문은 제품 속성들로부터 시작하여 그것과 궁극적으로 연결된 추상적 가치의 개념을 응답자가 더 이상 제시하지 못하는 단계에서 종료된다.

〈그림 5-8〉은 제주 올레 관광지 속성, 도보 관광객 편익, 그리고 지각된 가치 간의 관계를 레더를 바탕으로 작성한 것이다. 각 계층 사이의 직접 관계의 횟수박스안 숫자는 직접적인 관련성 정도와 빈도를 나타낸다. 가령, 자연 경관이라는 속성을 중

표 5-5_ 긍정적 혹은 부정적 속성이나 결과에 관한 질문

긍정적 속성이나 결과에 관한 질문 예시	부정적 속성이나 결과에 관한 질문 예시
• 왜 그것이 당신에게 중요합니까?	• 왜 그것이 부정적입니까?
• 그것이 당신에게 어떤 도움이 됩니까?	• 그것이 무엇이 문제가 됩니까?
• 그것으로부터 무엇을 얻게 됩니까?	• 그것이 당신에게 어떤 점에서 방해가 됩니까?
• 왜 그것을 원합니까?	• 그것으로부터 잃게 되는 것은 무엇입니까?
• 그것의 결과로 어떤 일이 생깁니까?	• 그것의 결과로 어떤 부정적인 감정을 느낍니까?
• 그것으로 인해 어떤 감정을 느낍니까?	

요시하는 관광객들 중 '스트레스 해소와 일상 탈피'라는 편익으로 직접 연관시켜 대답한 응답자는 41명이며, '스트레스 해소와 일상 탈피'라는 편익을 얻은 관광객들 중 최종 가치인 '행복감'과 직접 연결하여 응답한 사람은 31명이다.

이 모델은 소비자의 욕구를 전달하기 위한 제품 속성을 더욱 잘 이해할 수 있고, 소비자들에게 잠재적인 속성을 보여줌으로써 제품을 개선하고 마케팅 커뮤

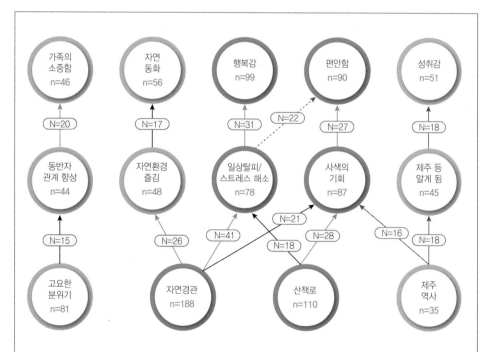

출처 : 김인신·조민호(2011). 제주 올레 관광지 속성, 도보 관광객 편익, 그리고 지각된 가치 간 관계 분석-수간-목적 사슬 이론 적용, 관광연구논총, 23(2), p.145. 일부 인과관계 이용의 편이를 위해 수정하였음.

* 선의 굵기는 연결 관계의 강약을 나타내며 원의 크기는 속성, 편익, 가치의 상대적 중요도를 나타냄.

그림 5-8_ 계층적 가치 지도 예

니케이션 전략을 수립하는 데 도움을 줄 수 있다Bech-Larsen & Nielsen, 1999. 하지만 이 모델은 소비자의 마음속에 몇 단계의 추상성 수준을 나타내고 있다는 가정을 하고 있다는 점과 추상성 수준을 결정하는 데 있어 객관적 근거가 부족하다Nisbett & Wilson, 1977. 또한, 인터뷰 과정에 많은 노력과 비용이 소비된다.

제4절 관여도와 마케팅 전략

기업이 제공하는 제품이나 서비스는 관여 수준과 밀접한 관계가 있다. 관여도가 제품, 마케팅, 구매 상황 그리고 소비자의 특성에 따라 달라지기 때문에 마케팅 전략도 상이하게 적용해야 한다. 여기서는 고관여도 소비자에 대한 마케팅 전략과 저관여도 소비자에 대한 마케팅 전략을 구분해 설명한다. 그리고 수단-목적 사슬 모델을 활용한 마케팅 전략도 살펴본다.

1 고관여 소비자에 대한 마케팅 전략

마케터는 대체로 소비자의 고관여 의사 결정에 집중하는 경향이 있다. 그 이유는 마케터 자신이 생산한 제품이나 서비스에 크게 기여했기 때문에 소비자는 마케터가 제공하는 제품이나 서비스에 크게 관여할 것으로 가정하기 때문이다. 소비자는 상표를 평가하는 데 인지적 과정을 이용하고 있다고 가정할 때 마케터는 소비자를 이해하고 영향을 미치기가 용이하다. 여기서는 고관여 소비자에 대한 제품 차별화, 광고, 포지셔닝, 그리고 브랜드 충성도 네 가지 마케팅 전략을 소개한다.

1) 제품 차별화 전략

고관여 소비자는 일반적으로 상표 간 차이에 높은 관심을 가지고 있으며, 제품이나 서비스를 평가하는 데 상당한 노력을 투입한다. 따라서 마케터는 자사 상표의 장점을 전달하여 소비자의 만족을 극대화하고 자신의 제품을 이용한 소비자가 의견 선도자가 되도록 해야 한다. 그러나 지각된 차별화를 느끼지 못하는 소비자에게는 구매 후 확신을 갖도록 서비스 프로그램을 강화시켜 주어야 한다. 이때에는 상표 간 차이를 느끼지 못하므로 단순한 정보 전달 광고는 별로 중요하지 않을 수 있다.

2) 광고 전략

고관여 소비자에 대한 광고는 인지도를 높이는 것으로 충분하지 않다. 그러므로 반복 광고가 중요한 것이 아니라 메시지 내용에 초점을 맞춘 설득적 광고로 접근해야 한다. 즉, 관여도가 높은 제품일수록 광고할 때 신뢰성 있는 정보나 콘텐츠 전달 방식이 필요하다. 예를 들면, 건강 보조 식품 같은 경우 전문가 추천 광고를 들 수 있다.

3) 포지셔닝 전략

제품이나 서비스의 지각된 차별화가 크면 자사 상표의 이점을 부각시켜 소비자의 욕구를 충족시켜 주는 제품 포지셔닝 전략이 중요하다. 고관여 소비자는 이익 극대화를 추구하기 때문에 이미 알려진 소비자의 욕구뿐만 아니라 아직 알려지지 않은 욕구를 찾아내어 포지셔닝 전략을 전개해야 한다. 〈사례 5-2〉는 올 인클루시브All-inclusive 프리미엄 서비스를 도입하여 고급화로 포지셔닝한 클럽메드 리조트 예이다. 올 인클루시브는 리조트 안에서 모든 걸 제공하는 서비스, 즉 왕복 항공권, 공항-리조트 간 교통편, 객실, 뷔페 요리와 코스 요리, 스낵, 오픈 바에서 제공되는 각종 음료와 주류, 스포츠 및 엑티비티와 수준별 모든 강습 등을 포함한다.

'휴양 수영·설경 스키'… 사업 규모 2조 9천억 달성한 글로벌 리조트 기업의 전략

전년 대비 사업 규모 '17% 성장' 클럽메드
동남아 휴양 지역 매출 전년 대비 102%↑
아시아 스노 휴가 인기…일본·스위스 順

▲ 클럽메드 빈탄의 플라잉 요가 / 사진 = 클럽메드

프리미엄 올-인클루시브 리조트 클럽메드가 지난해 호성적을 올렸다고 신고했다. 클럽메드가 발표한 사업 보고서에 따르면 클럽메드의 지난해 사업 규모는 19억 8,100만 유로(약 2조 8,000억 원)로 집계됐다. 이는 전년 대비 17% 가량 증가한 것으로, 코로나 이전인 2019년 동기 대비 16% 증가한 수치로 의미가 크다. 영업 이익률 또한 9.5% 상승했다.

특히 한국인이 가장 많이 찾는 휴양지인 동남아시아 지역의 사업 규모는 전년 대비 102%나 급증했으며, 2019년 동기 대비 약 6% 성장한 것으로 나타났다.

클럽메드는 이러한 성과에 대해 크게 두 가지 점에 주목했다. 지속적인 프리미엄 리조트 오픈을 통한 고급화 전략 및 비즈니스 모델 최적화와 지난해 일본 홋카이도에 성공적으로 오픈한 스키 리조트 '키로로 그랜드(Kiroro Grand)'가 긍정적인 영향을 끼쳤다는 분석이다.

클럽메드가 발표한 '2023 아시아 스노 리포트'에 따르면 겨울 스포츠의 즐거움과 설경의 매력으로 특히 아시아 지역에서 '스노 휴가(Snow Holiday)'의 인기가 급증하는 추세다. 아시아 여행자에게 가장 인기 있는 스노 휴가의 목적지로는 일본이 1위를 차지했으며, 이어서 스위스, 캐나다, 중국, 한국, 프랑스, 미국, 이탈리아가 순위에 올랐다.

이번 겨울 시즌, 일본 홋카이도에 위치한

▲ 클럽메드

브 휴가 시장을 선도하는 탁월한 성과를 보여주고 있다"며 "지난해 신규 론칭한 브랜드 캠페인 'THAT'S L'ESPRIT LIBRE'의 신념에 따라 투숙객들이 일상의 걱정과 부담에서 벗어나 현재의 순간을 온전히 누릴 수 있도록 노력하고 있다"고 밝혔다. 이어 "환경보호 및 로컬 문화를 지키는 지속 가능한 정책 'Happy to Care' 유지에도 힘쓸 것"이라고 덧붙였다.

클럽메드 스키 리조트 4곳을 예약한 한국인의 수도 총 6600명을 넘어섰다. 클럽메드를 선택한 이유로는 '스키 장비 렌탈부터 수준별 스키 강습, 슬로프 이용권까지 스키를 타는 과정에 필요한 모든 요소가 포함된 편리한 프리미엄 올-인클루시브 서비스이기 때문'이라는 응답이 80%로 가장 많았다.

레이첼 하딩(Rachael Harding) 클럽메드 아시아태평양 CEO는 "클럽메드는 특히 스키 리조트 분야에서 프리미엄 올-인클루시

클럽메드는 2025년 말레이시아 코타키나발루에 '클럽메드 보르네오(Club Med Borneo)', 브라질 남부에 '클럽메드 그라마도(Club Med Gramado)를 순차적으로 오픈을 앞두고 있다. 이어 2026년에는 클럽메드 최초로 사파리 모험과 바다를 동시에 경험할 수 있는 '클럽메드 사우스 아프리카 비치 앤 사파리(South Africa Beach & Safari)' 리조트를 선보일 계획이다.

출처 : 매일경제신문(2024. 3. 17.)

4) 브랜드 충성도 전략

고관여 소비자가 구매한 브랜드에 대해 만족하면 호의적인 태도를 형성하여 동일 브랜드를 반복 구매하게 되는데 이를 브랜드 충성도brand loyalty라고 한다. 충성도는 마음에서 우러나서 특정 브랜드를 좋아하고 이용할 때 형성된다. 브랜드 충성도는 마케터의 최종 목표인데, 특히 고관여 상황이나 고관여 소비자에게 형성된 브랜드 충성도는 매우 강하며 충성도의 지속성이 길다.

하지만 브랜드 충성도를 단순히 반복 구매로 볼 수 없다. 고객이 기업과의 계약에 의해 한 브랜드의 반복 사용에 묶여 있을 수도 있고, 또한 다른 선택의 대안이 없어서 그냥 한 브랜드를 계속 사용하는 경우도 있기 때문이다. 이러한 경우를 가假 충성도spurious loyalty라고 한다. 고객이 해당 제품이 진정 좋아서가 아니라 어

쩔 수 없이 계속 사용하게 되는 상황이기 때문이다. 기업이 계약 등의 관계로 고객이 다른 브랜드로 쉽게 옮겨 갈 수 없도록 전환 장벽switching barrier을 쌓아서 형성한 브랜드 충성도는 사상누각이다.

2 저관여 소비자에 대한 마케팅 전략

실제로 복잡하고 포괄적 의사 결정을 사용하여 브랜드를 결정하는 경우는 많지 않다. 오히려 저관여 의사 결정이 더 보편적으로 일어나고 있다. 저관여 의사 결정이 많다고 가정하는 이유는 소비자가 복잡하게 사고하지 않고 행동할 수 있다고 가정하기 때문이다. 여기서는 저관여 소비자에 대한 광고, 가격, 유통, 판매 촉진, 그리고 고관여 상황으로 전환 등 다섯 가지 마케팅 전략에 대해 살펴본다.

1) 광고 전략

저관여 소비자에 대한 광고의 역할은 반복 노출을 통하여 인지도와 친숙성을 높이는 것이다Huston & Rothschild, 1978. 저관여 소비자는 메시지 내용에 대하여 거

의 차이를 느끼지 못하기 때문에 반복 광고는 판매에 중요한 영향을 미칠 수 있다. 광고에 관심이 없을 뿐만 아니라 주의도 기울이지 않기 때문에 메시지 내용은 한두 가지의 중요한 사항만을 강조하여 설득적인 시도를 하는 것이 바람직하다. 따라서 일단 한 번 써 보도록 유도하는 것이 중요하다. 식품 매장에서의 시식 코너가 좋은 예이다.

2) 가격 전략

저관여 소비자는 상표 비교를 거의 하지 않기 때문에 가격을 기준으로 상표를 선택하는 경향이 있으므로 가격 할인을 통하여 자사 상표를 선택하도록 자극하는 방법이 좋다. 이는 저관여 소비자가 가격 민감도와 상관 관계가 높다는 가정하에

서 성립된다. 물론 경쟁 회사들도 이와 같은 전략을 똑같이 전개한다면 단순히 이윤을 감소시키는 결과를 초래할 수도 있으며 소비자를 더욱 저관여시킬 수 있다.

3) 유통 전략

저관여 소비자는 상표 탐색을 위한 노력을 거의 하지 않기 때문에 광범위한 유통망이 중요한 역할을 담당한다. 만약 상점 내에서 선호하는 상표가 없다면 다른 상표를 선택할 가능성이 높으므로 유통망을 확장시켜 다른 상표로 전환이 이루어지지 않도록 해야 한다. 패스트 푸드의 체인화가 그 좋은 사례이다.

4) 판매 촉진 전략

저관여하에서 한 번으로 끝나는 촉진 유인책은 효과적이지 못할 수 있는데, 그 이유는 쉽게 다른 상표로 전환될 가능성이 있기 때문이다Rothschild & Gadis, 1981. 〈사례 5-3〉과 같이 충성도가 비교적 낮은 음료 제품일 경우 품질과 가격 대비 혜택(⑩ 건강)를 강조함으로써 판매를 촉진시킬 수 있다.

또다른 판매 촉진 전략으로 사은품 제공이나 제품 진열 기법을 이용할 수 있다. 사은품 증정은 고객의 비계획적 구매를 유도하는 데 상당한 효과가 있다. 제품의 효과적인 진열은 구매 시점 광고POP로서 중요한 역할을 수행한다. 저관여 제품의 효과적인 진열 장소로는 통로 끝이나 눈에 잘 띄는 곳이다.

후발 브랜드일 경우 마케터는 관여도를 높이는 전략이 효과적일 수 있는데, 그 좋은 예가 이슈 마케팅이다. 대표적인 사례가 펩시콜라의 '블라인드 테스트' 마케팅 전략이다. 길에서 브랜드를 가린 두 개의 콜라 컵을 보여주고 소비자들에게 마시게 한 후, '어떤 제품이 맛있는가'를 물었을 때 사람들이 '펩시콜라 쪽이 더 맛있다'고 하는 장면을 보여준다. 이것은 기존의 코카콜라를 습관적으로 구매하는 소비자에게 '실제로 맛을 보면 펩시콜라가 더 좋다'는 이미지를 심어주는 것으로 공격적인 길거리 이슈 마케팅을 통해서 펩시가 콜라 시장에 성공적으로 진입한 사례이다.

5) 고관여 상황으로 전환

보통 음료수는 상황에 따라 깊은 고민 없이 선택하는 대표적 저관여 제품이다. 그러나 소비자 자신의 건강이나 미용 등과 관련되면 고관여가 된다. 좋은 예로서 한국

사례 5-3

주스도 '강남 스타일'~ 강남 아줌마들 덕에
10배 비싼 착즙 주스 '불티'

압구정 현대 백화점 지하 식품관에 위치한 주스 진열대에는 50여 가지가 넘는 국내외 주스 브랜드가 입점해 있다. 그중 최근 들어 물건을 채우기가 무섭게 팔려나가는 코너는 착즙 주스 진열장 제품들이다. 착즙 주스란 가열하여 얻어낸 농축액을 물에 희석하거나 휘발된 맛과 향을 살리기 위해 첨가물을 넣는 일반 농축 주스와 달리 생과일만을 짜서 담아 과채 본연의 영양 성분을 그대로 가지고 있는 주스다. 착즙 주스는 불과 얼마 전까지만 해도 고급 호텔이나 카페, 백화점 신선 코너에서 구매할 수 있었다. 최근 본격적으로 제품화되자마자 인기몰이 중이다.

먼저 강남권 백화점이나 마트에서 주부들 사이에 입소문이 나면서 인기를 모았다. 한 백화점 관계자는 몸에 좋은 건강한 식재료에 대한 남다른 정보력을 갖춘 강남 주부들 사이에 착즙 주스가 유독 인기가 높아 일명 '강남주스'로 통한다고 귀띔했다.

CJ제일제당 쁘띠첼, 국내 최초 착즙 주스 '스퀴즈 오렌지' 출시하며 강남주스 안착

올해 6월 국내 최초로 착즙 주스 제품인 '쁘띠첼 스퀴즈 오렌지'를 출시한 바 있는 CJ제일제당의 매출 조사에 따르면(2012년 8월 8일 기준) 강남권 주요 백화점 2곳의 매출이 강북권 주요 백화점 2곳에 대비하여 약 8배 정도 높게 나타났다.

강남에서도 최신 트렌드에 가장 민감한 압구정 현대 백화점과 신세계 강남점에서는 1주일 평균 4,500개, 이마트 역삼점과 양재점의 경우 평균 400개를 웃돌 정도로 판매량이 현저히 높다.

쁘띠첼 스퀴즈 오렌지는 국내 가공식품 업계 최초로 선보인 '생착즙 오렌지주스'다. 생오렌지 본연의 향, 맛, 식감을 그대로 즐길 수 있다. 물 한 방울 넣지 않고 생오렌지 3개만을 짜서 담았으며, 일체의 첨가물을 섞지 않았다.

가열 살균 과정을 거치는 기존 농축액 희석 주스와 달리 초고압 살균 방식을 적용해 유통기한은 15일로 짧다. 또한 당도 12 브릭스 이상의 오렌지를 자체 설립한 착즙 공장 착즙기로 짜낸다. 스퀴즈 오렌지는 백화점과 대형 마트, 편의점, 커피 전문점 등에 입점한 상태다.

착즙 주스 열풍! 분당, 청담에 착즙 주스 카페테리아, 착즙 주스바 등장

착즙 주스의 인기는 제품 매출을 넘어 새로운 식문화 공간까지 만들어내고 있다. 집에서 직접 주스를 착즙해 먹는 사람들이 늘면서 착즙기 '휴롬'은 올해 연 매출을 작년 대비 2배 가까이 증가한 3000억 원으로 전망하고 있을 정도다. 이런 추세에 힘입어 휴롬은 21일에 경기도의 강남으로 불리는 분당에 '휴롬팜'이라는 착즙 주스 카페테리아를 오픈했다.

또한 지난 7월 청담동에 오픈한 신세계의 프리미엄 푸드마켓인 'SSG 푸드마켓'은 착즙 주스의 트렌드를 반영해 지난달 초 착즙 주스바인 '마이분 주스바'를 오픈했다. 신선한 과일과 채소를 즉석에서 직접 갈아 판매하는 공간이다.

소비자들 조금 비싸도 더 건강에 좋은 프리미엄 제품 찾는 경향

착즙 주스 한 병의 가격은 최소 3,500원에서 최대 14,000원으로 일반 주스 대비 2배에서 많게는 10배까지 높다. 이런 높은 가격에도 불구하고 이마트에서 보고한 2012 상반기 음료부분 매출 보고에 따르면 전반적인 주스 매출은 감소했으나 스퀴즈 오렌지와 같은 비가열 주스 부분은 성장

출처 : 매일경제(2012. 8. 17.)

했다.

불황 속에서 한잔의 음료조차 품질과 가격 대비 메리트를 꼼꼼히 따져 소비하는 경향이 뚜렷해졌기 때문으로 분석된다. 유정민 CJ제일제당 쁘띠첼 브랜드 매니저는 "트렌드에 민감하고 건강에 관심이 많은 강남권 주부들 사이에 '강남주스'로 입소문 난 덕분에 현재 강남권에서의 매출이 월등히 높은 편이다"며 "2030대가 주로 가는 커피숍을 중심으로 꾸준히 소비가 확산되고 있다"고 전했다.

유 매니저는 "음료는 본래 소비자 충성도가 비교적 낮은 제품에 속하지만 한번 착즙 주스를 마셔 본 소비자는 신선함과 건강한 맛에 반해 착즙 주스를 다시 찾는다"며 "착즙 주스의 인기는 이제 시작일 것이다"라고 전망했다.

야쿠르트는 하루야채를 출시하면서 건강과 미용이란 고관여 제품과 연결한 마케팅 메시지를 전달하여 성공적으로 시장에 진입하였다. 또다른 예로서 풀무원은 바른 먹거리를 표방하면서 양질의 콩을 사용한 두부와 농약 대신 친환경으로 재배한 콩나물을 시장에 출시하였다. 이 회사는 기존 제품의 위험도를 상황적으로 부각시키면서 동시에 소비자의 건강을 환기시켜 관여도를 증가시켰다.그림 5-9 참조

한국야쿠르트 하루야채	풀무원 콩나물

출처 : 한국야쿠르트 홈페이지	출처 : 밥상머리뉴스(2018. 2. 22.)에서 재인용

🎯 그림 5-9_ 고관여 상황으로 전환한 광고 사례

③ 수단-목적 사슬 모델을 활용한 마케팅 전략

　수단-목적 사슬은 관여도를 이해하는데 유용한 개념이다. 수단-목적 사슬의 관점에서 볼 때, 제품에 대한 관여도는 제품에 관한 지식이 소비자가 추구하는 가치와 목적에 얼마나 관련되어 있는지를 나타낸다. 따라서 제품 속성이 결과나 가치와 밀접하게 관련된다고 생각하는 소비자는 그 제품에 대해 높은 관여도를 느끼게 된다. 하지만 제품의 구체적 속성에만 관련이 있다고 생각하는 소비자는 제품에 대한 관여도가 낮다. 따라서 마케터는 수단-목적 사슬 분석을 통해 소비자의 목적과 핵심 가치를 파악하고 이를 제품 속성에 반영해 소비자에게 전달하는 것이 중요하다.

　버거킹은 '우린 빅맥과 정말 비슷하지만, 훨씬 더 크죠.', '빅맥도 비슷해요. 하지만 우린 불에 구워요.' 등과 같이 구체적 제품의 속성을 강조하는 광고를 한 적이 있다blog.naver.com/sejeongpark7/221468414798.. 오늘날 소비자에게는 음식이 건강에 얼마 도움이 되는가가 가장 중요한 선택 기준이 되고 있다. 이에 버거킹은 '결정을 내려주세요!! 어느 것이 더 맛있고, 신선한가요? 빅맥인가요? 와퍼인가요?'라는 광고를 선보였다. 버거킹의 이 광고는 제품의 속성이 아닌 소비자가 건강한 삶을 추구하는 가치를 강조한 광고이다.

관광소비자
행동론

관·광·소·비·자·행·동·론

PART
3

- - - - - - - - - - - - - - - - -

구매 의사 결정의
내부 영향 요인

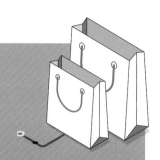

Chapter 06

태도와 관광 행동

🎯 **학습목표**

이 장을 학습하고 나면 학생들은 다음의 내용을 이해하게 될 것이다.

1. 단일 차원의 태도 개념

2. 다차원적 태도 개념

3. 태도 형성의 영향 요인

4. 태도의 특성

5. 태도 이해의 중요성

6. 태도의 기능과 예측 모델

7. 태도와 구매 행동 관계

8. Fishbein의 다속성 태도 모델

9. 다속성 태도 모델의 한계점

10. 태도 모델 및 이론과 마케팅 전략

구매 의사 결정 과정에 영향을 미치는 요인은 내부 요인과 외부 요인으로 구분된다. 외부 요인은 가족, 준거 집단, 사회 계층, 그리고 문화를 포함한다. 내부 요인은 태도, 학습, 동기, 성격, 라이프스타일 등을 포함한다. 여기서는 내부 요인인 태도에 대해 살펴본다. 태도는 소비자 행동 연구에 있어서 가장 중요한 개념으로 다루어져 왔다. 마케터들은 소비자의 제품과 상표에 대한 태도를 연구하는 데 많은 비용을 지불하고 있다. 또한, 광고, 판매 촉진, 그리고 다른 형태의 설득을 통하여 호의적인 태도를 형성하고 이들이 구매 행동에 어떠한 영향을 미치는지 비용과 시간을 할애하고 있다.

태도가 행동에 영향을 미치는 요인이라는 사실은 인정하고 있지만 태도와 행동 간의 일관성에 대해서는 여전히 논란이 일고 있다. 연구자들은 소비자는 제품이나 상표에 대한 태도가 호의적이면 호의적일수록 그 제품이나 상표를 구매·사용할 가능성은 높아진다는 가정을 믿고 또 이 가정하에서 행동하고 있다고 가정한다.

태도 연구의 목적은 특정 대상(⑩ 제품, 서비스, 브랜드 등)에 대해 소비자의 태도를 변화시켜 그 대상을 구매하도록 하는 데 있다. 그러나 태도는 관찰이 불가능하므로 태도로 인해 야기되는 행동을 통해 태도를 유추하게 된다. 따라서 마케터들은 자사 제품이나 브랜드에 대해 소비자로 하여금 호의적인 태도를 형성하도록 하기 위하여 적절한 마케팅 전략을 수립해야 한다. 여기서는 태도의 개념과 구조, 태도의 기능과 예측 모델, 태도와 구매 행동, 그리고 태도 형성과 마케팅 시사점에 대해 살펴본다.

그림 6-1_ 제6장 요약도

제1절 ## 태도의 구조와 특성

태도가 중요한 것은 소비자의 구매 행동에 가장 큰 영향을 미치는 요인 중의 하나이기 때문이다. 결과적으로 마케터는 태도를 변화시키려고 하기 전에 태도를 왜 갖게 되는지 아는 것이 도움이 된다. 본 절에서는 태도의 개념, 태도의 구성 요소, 그리고 태도의 특성에 대해 살펴본다.

1 태도 개념

태도는 라틴어의 'aptus'적합성, 알맞음에서 유래된 것으로 자세 또는 신체적 모양을 의미한다. 개인이 취하는 신체적인 자세 혹은 태도에 따라 사람이 다음에 취할 행동이 무엇일지 추측할 수 있다Mackenzie & Spreng, 1992. 태도는 17세기 후반부터 사회 과학 연구의 대상으로 고려되기 시작했으나 당시는 주로 행동을 설명할 수 있는 매개 요소로서 취급하였다.

가장 널리 인용되는 태도의 정의는 Fishbein과 Ajen[1975]에 의한 것이다. 그들은 태도를 어떠한 대상에 대해 일관적으로 호의적 또는 비호의적으로 반응하게 하는 학습된 선유 경향learned predisposition★이라 정의하였다. Thurston[1931]은 특정 자극에 대한 부정적 혹은 긍정적 감정과 느낌의 크기로 그리고 Bem[1970]은 어떤 대상에 대한 긍정적 혹은 부정적 감정으로 정의하였다. 그리고 Petty와 Cacioppo[1987]는 어떤 대상에 대해 가지고 있는 일반적 평가로 정의하였다.

다시 말해, 태도는 어떤 대상에 대해 긍정적 혹은 부정적 평가라 할 수 있다. 가령, 서울 시내 A 레스토랑에서의 식사는 매우 좋았다고 한다면 이 레스토랑에 대해 긍정적인 평가를 가지고 있다고 볼 수 있고, 이는 긍정적 태도가 형성되고 있다고 할 수 있다. 〈사례 6-1〉은 소비자가 자신의 호감도를 향상시키기 위해 많이 노력하고 있으며, 이를 충족시키기 위한 호텔 업계의 마케팅 사례를 소개하고 있다.

 ★ Learned predisposition(선유경향) : 소비자가 어떤 대상에 대해서 특정한 방법으로 지각하거나 행동하도록 하는 특성이다.

사례 6-1

'금남의 벽' 허물고 외모 가꾸기 열중

그루밍족, 호텔 스파에 빠지다
술·담배로 손상된 피부 회복 등 스파·피부 관리 전문 숍 프로그램
'2030 남성' 신소비층 부상
"관리받는 남성 비율 25%까지 급증"

꾸미는 남자, 이른바 그루밍(Grooming)족이 최근 특별한 장소를 찾고 있다. 영원한 '금남의 구역'으로 남을 것 같던 호텔 스파나 피부 관리 전문 숍을 찾아 자신을 가꾸는 데 투자를 아끼지 않는 그루밍족이 늘고 있다. 남성 뷰티 시장은 해마다 8% 이상의 가파른 성장세를 보이고 있다. 특히 여성 전용 스파업계에는 남성을 위한 장소가 잇따라 생기고 있다. 스파는 피부 관리실과 같은 개념으로 마사지, 스킨 케어, 피부 경락 외에 특별한 관리를 받을 수 있는 곳이다.

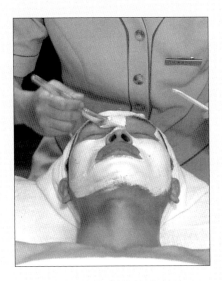

스파의 대중화(공급)와 그루밍족의 확산(수요)이 맞아떨어지면서 2030 남성들이 스파업계의 신소비층으로 떠오르고 있다. 남성만을 위한 스파 패키지나 케어 서비스, 상품 등이 개발돼 관심을 모으고 있다.

지난해 강남 논현동에 오픈한 오셀라스는 남성 전용 관리 프로그램으로 그루밍족의 지갑을 열게 한 곳이다. 스파에코, 스파인 뉴욕 등 스파 숍들이 다양한 남성 전용 스킨·보디 케어 프로그램을 출시한 적이 있다. 남성 전용 피부 관리 프로그램은 여드름 피부, 칙칙한 피부색, 담배나 술로 인해 손상된 피부 회복 등 남성 피부의 문제점을 해결해준다.

스파업계의 한 관계자는 "피부 관리를 받는 남성 비율이 과거 한 자릿수에서 25%까지 급증했다"며 "호감 가는 인상을 가꾸기 위해 스파를 찾는 남성들이 많다. 자기 관리에 대한 시간이 상대적으로 늘며 남성 이용률이 높아졌다"고 말했다.

그루밍족 마케팅은 호텔업계가 가장 적극적이다. 파크 하얏트 서울은 남성 뷰티 브랜드 랩 시리즈와 손잡고 남성 피부 관리를 하는 '파크 클럽 맨스 케어 트리트먼트'를 2월부터 석 달간 선보인다. 남성 스파 고객을 대상으로 하는 이 프로그램은 피부 타입에 맞는 관리를 제공한다. 랩 시리즈는 이 프로그램을 위해 최고가 라인인 '맥스 LS' 제품을 주로 사용한다. 남성의 피지, 모공 관리, 피부 톤을 맑고 화사하게 해주는 퓨리파잉(Purifying) 트리트먼트, 피부 깊숙이 수분과 영양을 공급해 주는 하이드레이팅(Hydrating) 트리트먼트, 주름을 완화시키고 탄력 있는 피부로 가꾸는 리쥬비네이팅 (Rejuvenating) 트리트먼트로 나눈다.

더 리버사이드 호텔은 지난해 9월부터 국내 호텔 최초로 최대 규모의 남성 전용 스파 시설인 '더메디스파'를 열었다. 3,966 ㎡ 규모로 지어진 이 시설은 치유를 목적으로 관리를 돕는다. 한의사가 상주하면서 혈압, 체지방 등의 무료 건강 진단을 돕고 컨설팅 서비스를 제공하고 있다.

출처 : 주간한국(2012. 1. 23).

2 태도의 구성 요소

태도의 개념화는 세 가지 차원과 단일 차원의 견해로 나누어 볼 수 있다. 태도를 세 가지 차원으로 이해하는 관점을 구조적 접근법이라고 하고, 단일 차원으로 이해하는 관점을 개념적 접근법이라 한다. 여기서는 이에 대한 내용뿐만 아니라 태도의 ABC 모델에 대한 내용도 소개한다.

1) 구조적 접근법

구조적 접근structural approach으로 보는 관점은 태도를 다차원으로 해석한 것이다. 즉, 태도는 개인의 인지적, 감정적, 행동적 측면에서 어떤 대상물에 대하여 감지하고 반응할 준비가 되어 있는 정신적·심리적 상태를 말한다. 이 접근법은 태도의 개념을 확대 해석한 것으로 1950년대 후반까지 주류를 이루었다. 이 견해에 따르면 태도는 〈그림 6-2〉와 같이 세 가지 요소로 구성된다.

(1) 인지적 요소

태도의 인지적 요소cognitive component는 어떤 대상에 대한 개인의 주관적 지식이나 신념을 말한다. 예를 들어, 소비자는 'Sanka는 인스턴트 커피이다, 카페인이 없다, 향기가 진하다, 물에 잘 녹는다' 등 태도 대상의 각 속성에 대한 신념자신

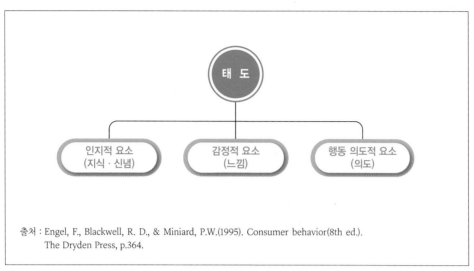

출처 : Engel, F., Blackwell, R. D., & Miniard, P.W.(1995). Consumer behavior(8th ed.).
The Dryden Press, p.364.

그림 6-2_ 태도의 세 가지 하위 차원

의 주관적 판단을 갖고 있다. 이러한 신념은 소비자가 그 태도 대상에 대해 '믿는 바'이다. 따라서 옳을 수도 있고 틀릴 수도 있다.

(2) 감정적 요소

태도의 감정적 요소affective component는 어떤 대상에 대해 개인이 가지고 있는 감정이나 느낌 혹은 전반적인 평가를 의미한다. 즉, 특정 대상물에 대해 가지는 호의적호감 또는 비호의적비감, 긍정적 또는 부정적인 느낌을 말한다. 예를 들어, '제주도는 따뜻하고 이국적인 분위기가 나서 좋아한다'와 같은 표현이 이에 해당한다. 사람들은 반복되는 일상으로부터 탈피하여 새로운 장소에 가서 새로운 경험을 하고 싶어 하는 욕구가 있기 때문에 이국적인 정취와 색다른 문화를 제공하는 관광지를 선택하게 된다. 관광객은 관광지의 물리적 특성보다는 관광지에서의 경험적 가치로부터 기쁨, 행복, 즐거움, 신기성 등의 감정을 얻기 위해 관광을 떠난다고 볼 수 있다.Uzzell, 1987

(3) 행동 의도적 요소

행동 의도적 요소conative component는 어떤 대상과 관련하여 특정한 행위나 방법으로 행동할 가능성이나 의도 혹은 경향을 의미한다. 따라서 소비자가 제품에 대한 구매 여부, 구매 의도, 추천 의도를 포함하는 개념이다. 가령, '다가오는 여름휴가를 가족과 함께 디즈니월드를 방문하려고 한다'와 '나는 제주도를 꼭 여행하고 싶다'는 의도적 요소이다.

이러한 태도의 요소들은 다양한 상호 삭용을 일으키며, 태도 대상에 대한 성향이나 관여도 수준에 따라 이 요소들의 발생 순서가 다르게 나타날 수 있다. 이러한 현상을 설명한 것이 ABC 모델Affect, Behavior, Cognition이다. 세부적으로 〈그림 6-3〉과 같이 세 가지 모델로 분류된다.

그림 ⓐ(감정 → 행동 → 신념)는 감정적 충동으로 구매 행동이 일어나고 차후 신념이 형성되는 것으로 쾌락적 소비에 기초한 태도 형성이다. 예를 들어, 갈승을 해소하기 위해 코카콜라를 구입했는데 갈증이 말끔히 해소되어 코카콜라에 대한 신념이 차후 형성되는 것이다. 이러한 태도 형성은 제품의 포장 디자인, 광고, 브랜드 네임과 같은 자극 등에 의해 크게 영향을 받을 수 있다고 가정한다.

그림 ⓑ(신념 → 행동 → 감정)는 일정 신념에 의해 구매 행동이 일어나며 그 결과로서 감정이 형성된다고 본 것이다. 이는 태도가 제품 구매 후 그 제품에 대해 좋거나 나쁜 경험에 의해 강화되는 행동적 학습을 통해 일어나는 것과 같다. 행동주의적 학습 과정에 기초하여 태도가 형성되는 경우로서, 이는 일반적 신념을 바

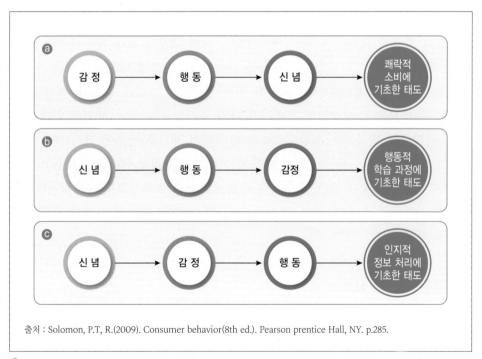

출처 : Solomon, P.T, R.(2009). Consumer behavior(8th ed.). Pearson prentice Hall, NY. p.285.

🧭 그림 6-3_ 태도의 ABC 모델

탕으로 바로 구매 행동으로 이어지므로 저관여 상품에 대한 구매에서 주로 일어난다. 예를 들면, 코카콜라가 갈증 해소에 도움이 된다는 일반적인 신념하에서 구매 행동을 하며 그 후에 코카콜라에 대한 호의적인 감정이 나타나는 것이다.

그림 ⓒ(신념 → 감정 → 행동)는 인지적인 정보 처리에 기초하여 감정이 형성되고 구매 행동으로 이어지는 태도를 나타낸 것이다. 소비자는 어떤 제품의 속성에 관한 지식신념을 모음으로써 그 제품에 대해 신념을 형성하고, 이들 신념을 평가하고, 그 제품에 대해 느낌affect : 감정을 형성하게 되는데 좋은 느낌을 가지게 되면 구매 행동으로 이어지게 되는 것이다. 이는 소비자가 어떤 제품에 대해 고관여되어 있다고 가정하고 있다. 예를 들면, 로얄 캐리비안사의 인지도에 대한 신념이 해당 브랜드에 대한 호의적인 감정을 유발하여 크루즈 여행 상품 구매로 이어지는 것이다.

2) 개념적 접근법

1960년대 이후 태도 관련 많은 연구들은 태도를 개인의 주관적·감정적 요소에 국한하여 측정하였다. 이에 따라 점차 태도는 감정적 요소의 단일 차원으로 해석하는 개념적 접근법이 주류를 이루게 되었다. 〈그림 6-4〉처럼 태도의 세 가지 차원 중에서 오직 감정적 요소만을 태도로 간주한다. 인지적 요소와 행동 의도적 요소는 태도로부터 분리되어 각각 신념과 행동 의도로 개념화되고, 인지적 요소는 태도의 선행 요인으로 행동적 요소는 태도의 결과 요인으로 취급된다.

태도가 다차원이든 단일 차원이든 어떤 대상에 대한 긍정적 혹은 부정적 느낌 혹은 평가으로 개념화하는 데 있어서는 대부분의 학자들이 동의하지만, 다음과 같이 세 가지 차이점이 존재한다. 첫째, 단일 차원론은 세 가지 하위 차원론의 인지, 감정, 그리고 행동 의도 중에서 감정만을 태도로 취급한다. 둘째, 다차원론에서는 인지를 지식·신념으로 취급하나 단일 차원에서는 인지를 그 사물에 대한 신념으로

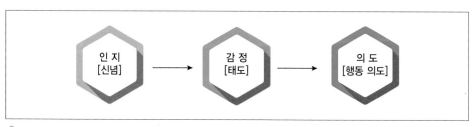

그림 6-4_ 태도의 단일 차원 견해

취급하며, 이러한 신념이 태도의 기본이 되어 구매 의도, 즉 행동으로 이어진다고 보는 것이다. 마지막으로, 단일 차원 입장에서는 태도 요소들 간에 인과 관계가 형성되는 것으로 보고 있다(인지 → 감정 → 의도).

3 태도 특성

태도는 개인으로 하여금 특정 대상에 대해 지각하고 행동하는 데 있어 일관된 방향으로 반응하도록 직접적인 영향을 준다. 태도는 경험이나 학습을 통해 형성된다. 태도는 다음과 같이 여섯 가지 특성을 가지고 있다.그림 6-5 참조

1) 대상의 존재

태도는 반드시 어떤 대상object에 대해 존재한다. 대상은 사상과 이념과 같은 추상적 개념일 수도 있고, 유형의 재화, 사람, 또는 어떤 행동일 수도 있다. 소비자는 특정 제품, 브랜드, 또는 점포에 대해 긍정적 혹은 부정적 태도를 가질 수 있고 특정 브랜드를 구매하는 행동에 대한 태도를 가질 수도 있다.

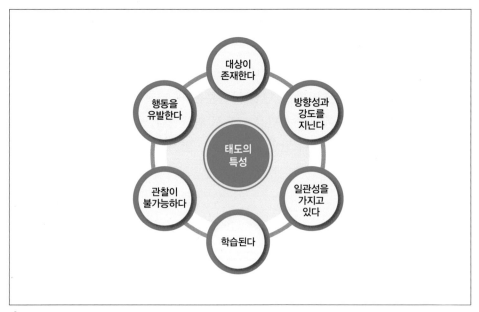

그림 6-5_ 태도의 특성

2) 방향성과 강도

방향이란 대상물에 대한 반응의 방향으로서 이를 테면 긍정적 또는 부정적, 호의적 또는 비호의적, 찬성 또는 반대, 좋음 또는 싫음 등과 같이 대상물에 대한 상반된 평가적 감정을 말한다. 태도의 강도는 태도에 대한 확신 및 신념 정도를 말하는 것으로서 얼마만큼 분명한 신념하에서 태도가 형성되었는지에 따라 태도의 강도에는 차이를 보이게 된다. 태도의 강도가 강할수록 태도가 행동으로 표출될 가능성이 높아진다.

3) 일관성

태도는 일관적 또는 지속적이다. 어떤 사물 또는 행동에 대한 태도가 형성되면 사람들은 그 태도를 좀처럼 바꾸려 하지 않는다. 그 이유는 세 가지 태도 요소 중 한 가지가 변화하면 나머지 요소들도 연관된 영향을 받기 때문이다. 예를 들어, 자기가 싫어하는 관광지에 대해 친구로부터 긍정적인 말을 듣게 될 경우, 일시적으로는 그 지역에 대한 태도가 달라지는 듯하나 그 후 그 관광지의 단점이 조금이라도 눈에 띄면 '그러면 그렇지'하고 원래의 부정적인 태도로 곧 돌아가 버린다.

4) 학습성

태도는 선천적인 것이 아니라 일상적 구매 경험을 통해 또는 제품을 소비하는 학습을 통해 형성된다. 즉, 태도는 후천적으로 형성되기 때문에 다양한 마케팅 자극들에 의해 변화될 수 있다. 따라서 마케터는 광고를 하고, 이메일을 보내고, 경품 이벤트를 실시하기도 하는 것이다. 하지만 한번 형성된 태도가 변화하지 않는다는 뜻은 아니다. 새로운 정보를 접하면서 기존의 태도를 더 강화할 수도 있고 기존의 태도를 정반대로 변화시킬 수도 있다.

5) 관찰 불가능

태도는 직접 관찰할 수 없다. 태도는 마음속에 들어 있는, 즉 정신적인 상태이기 때문에 겉으로 보이지도 않고 관찰할 수도 없다. 다만, 질문이나 관찰 등을 통해 간접적으로 추론할 수 있다. 이러한 태도의 특성이 바로 태도를 측정하기 어렵게 만드는 이유이다.

6) 행동 유발

태도는 행동으로 나타날 수 있다. 호의적인 태도는 호의적인 행동으로 비호의적인 태도는 비호의적인 행동으로 나타날 수 있다. 이처럼 태도의 방향은 행동의 방향과 일치하게 된다. 따라서 특정 제품이나 서비스에 대한 호의적인 태도는 구매로 나타날 가능성이 높다.

제2절 태도의 기능과 예측 모델

동일한 제품을 선호하더라도 그에 대한 태도는 다를 수 있다. 그 이유는 태도의 기능으로 설명할 수 있다. 태도는 소비자 입장에서 그리고 마케터 입장에서 다양한 기능을 수행한다. 여기서는 소비자 측면에서 태도의 기능을 살펴본다. 태도는 제품의 속성에 대한 신념의 강도나 제품 속성에 대한 평가를 바탕으로 예측할 수 있다. 여기서는 태도의 기능과 태도의 예측 모델에 대해 설명한다.

1 태도 기능

태도가 소비자에게 작용하는 기능들은 소비자가 어떤 대상에 대하여 특정한 태도를 견지하는 이유를 설명해 준다. 즉, 소비자 욕구를 효과적으로 충족시키거나 가치를 표현해 주는 대상에 대해서는 긍정적인 태도를 형성하고 그렇지 못하다고 지각되는 대상에 대해서는 부정적인 태도를 형성하도록 작용한다. 여기서는 Katz[1960]가 제안한 네 가지 태도 기능에 대해 살펴본다.

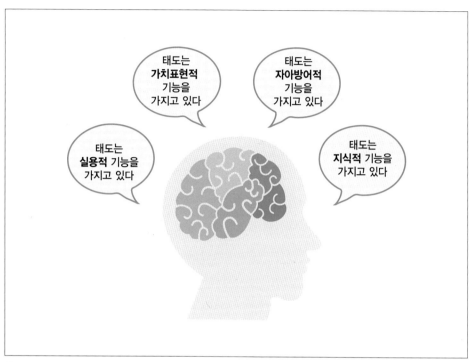

🧭 그림 6-6_ 태도의 네 가지 기능

1) 실용적 기능

이는 구매 의사 결정 과정에서 최소의 비용과 최대의 혜택을 제공하는 제품이나 서비스에 대해 호의적인 태도를 형성하는 기능이다. 예를 들어, 외식 소비자가 패스트 푸드 음식점을 찾는 것은 시간 절약이라는 실용적인 욕구 충족 때문이다. 여행사의 패키지 상품은 비용 대비 편익 혹은 혜택이 크다는 실용적 기능을 강조한 상품이다. 하지만 패키지 여행 상품의 품질에 대해 나쁜 경험을 가지고 있다면 관광객은 그에 대해 부정적인 태도를 가지게 된다.

2) 가치 표현적 기능

태도는 개인의 자아 개념이나 가치를 표현하는 기능을 수행한다. 즉, 소비자는 자신의 가치관이나 상징성을 표현하는 대상이나 브랜드에 호의적인 태도를 형성하게 된다. 예를 들면, 어떤 개인이 재활용품을 선호한다고 타인에게 말함으로써 자신이 가지고 있는 친환경 혹은 환경 보호 신봉자임을 은연중에 표현할 수 있다. 또한, 어떤 개인이 공식적 모임에 항상 한복을 입고 나타난다면 전통성이 자신의 가치관에 중요한 역할을 하고 있음을 간접적으로 암시할 수 있다. 〈사례 6-2〉는 오늘날 타인의 시선보다 개인의 가치를 중시하는 포미족의 소비 행동을 설명하고 있다.

포미족 잡아라··· 외식 업계, '커스터마이징' 메뉴 러시

커피·디저트업계에 이어 외식업계에도 소비자들의 취향과 기호를 세심하게 담아낸 '커스터마이징' 메뉴 도입 붐이 일고 있다. '커스터마이징'이란, 소비자의 요구나 취향에 맞게 제품을 만드는 일종의 맞춤 제작 서비스로, 최근 증가하고 있는 포미족(나를 위한 소비에 치중하는 구매자)의 증가와 소비자들의 약해진 외식 취향이 '커스터마이징' 메뉴의 인기를 더욱 가속화시키고 있다.

이에 업계에서는 개개인의 식성이나 취향에 맞게 재료부터 토핑까지 본인의 레시피대로 선택할 수 있는 메뉴들을 속속 출시하며 소비자 마음잡기에 나서고 있다. 사이즈부터 사이드와 메인 메뉴까지 취향에 맞춰 다양한 조합으로 즐긴다. 똑같은 메뉴라도 사이즈부터 음식 재료, 사이드 메뉴 등 원하는 레시피로 다양한 조합으로 즐길 수 있는 메뉴를 출시하는 곳이 늘고 있다.

▲ 출처 : 세븐스프링스

종합 외식 기업 SF이노베이션이 파트너십 제휴를 통해 운영 중인 미국 최대 중식 레스토랑 '판다 익스프레스(Panda Express)'는 주문 절차를 총 3단계로 구성해 소비자의 기호에 맞는 메뉴를 제공하고 있다. 우선 메뉴 사이즈 선택이 가능한데, 베이스 메뉴와 메인 메뉴의 수에 따라 'PANDA 1', 'PANDA 2', 'PANDA 3' 중 선택할 수 있다. 사이즈를 결정한 후에는 베이스 메뉴와 메인 메뉴 중 취향에 맞는 요리를 고르면 된다.

판다 익스프레스에서 조리하는 모든 요리는 중국식 팬인 '웍('Wok)'을 사용해 불 맛과 향을 살려 재료를 신속하게 볶아낸 것이 특징으로 오렌지 치킨, 쿵파오 치킨, 허니 월넛 쉬림프, 상하이 스테이크 등 미국식 중화요리를 대표하는 19가지의 메뉴들 중 취향에 맞게 선택하면 된다.

글로벌 샌드위치 브랜드 써브웨이 역시, 고객이 원하는 재료로 샌드위치를 만들어주는 것으로 유명하다. 개인의 취향에 맞게 원하는 야채를 자유롭게 넣거나 뺄 수 있으며, 차갑거나 따뜻하게 먹을 수도 있다.

샌드위치 크기와 빵의 종류부터 야채와 소스 등 샌드위치에 들어가는 모든 재료를 오로지 본인 취향에 맞게 선택할 수 있기

▲ 출처 : SF이노베이션

때문에 한 끼 식사를 즐기려는 소비자부터 채식주의자나 다이어트 중인 사람들까지 나만의 상황이나 음식 취향에 맞춰 다양하게 즐길 수 있다.

엄마가 싸 준 도시락처럼! 좋아하는 토핑 추가해 나만의 도시락 완성. 집이나 야외에서 영양가 있는 한끼를 간편하게 챙길 수 있는 도시락 제품이 인기를 끌면서 소비자가 평소 좋아하는 반찬이나 토핑을 추가로 곁들여 먹을 수 있는 서비스도 등장했다.

본아이에프의 도시락 브랜드 본도시락은 개개인의 입맛에 맞춰 사이드 메뉴를 도시락에 추가해 즐길 수 있는 '토핑 메뉴'의 판매를 시작했다. 새롭게 선보인 '토핑 메뉴'는 도시락 메뉴 구매 시, 쌈 야채나 데미 커리, 핫 윙, 델리팸 등 다양한 사이드 메뉴를 토핑으로 추가해 더욱 풍성하고 든든한 한 끼를 즐길 수 있도록 만든 것이 특징이다.

직접 나만의 메뉴를 만들어 먹는 셀프 조리 코너도 등장. 매장 내에서 소비자가 원하는 음식을 직접 조리해 먹을 수 있는 셀프 조리 코너도 등장해 눈길을 끈다. 삼양그룹이 운영하는 샐러드 및 그릴 요리 전문 레스토랑 세븐스프링스는 여름 신메뉴를 출시하면서 타코와 오차즈케를 직접 만들어 즐길 수 있는 DIY존을 만들어 좋은 반응을 얻고 있다.

타코의 경우 불고기, 파인애플, 과카몰리, 토마토살사 등 총 10가지의 다양한 재료와 소스 등을 활용해 만들 수 있으며, 쌀밥에 토핑을 얹고 녹차를 부어먹는 일본식 요리인 오차즈케는 DIY존에 구비된 연어, 날치알, 후리가케, 우엉 등 7가지 토핑을 취향대로 선택해 조리할 수 있다.

질소와 크림, 산미, 농도까지 취향에 따라 다양하게 골라 마시는 콜드브루 커피. 지난해부터 시작해 커피업계 메가 트렌드로 인기를 얻고 있는 콜드브루도 취향에 따라 다양하게 즐길 수 있는 메뉴가 출시돼 주목받고 있다. 커피 전문 브랜드 셀렉토커피는 커피 추출 시 다양한 요소를 고려해 취향에 맞게 골라 마실 수 있는 '클래식 콜드브루 4중주'를 출시했다.

'콜드브루'를 비롯해 '히말라야 락솔트 크림브루'와 '니트로 콜드브루', '콜드브루 라떼' 등 4종으로 구성된 이번 신메뉴는 일반적인 콜드브루 제품과는 다르게 식감이나 거품, 산미, 우유 등 다양한 요소를 취향대로 선택할 수 있는 것이 특징이다.

▲ 출처 : 본도시락

출처 : 조세일보(2017. 7. 20.)

3) 자아 방어적 기능

가치 표현적 기능과 상반되는 것으로 태도가 개인의 내적 불안감 또는 외적 위협으로부터 보호하는 기능을 말한다. 소비자는 자신의 약점이 드러나는 제품의 소비를 회피하는 반면에 약점을 감추어 주는 제품을 소비하려 한다. 예를 들어, 자신이 남자답게 보이지 않는다고 생각하면 보다 남성적 이미지가 강한 제품을 많이 소비하려 할 수 있다. 또한, 관광 욕구를 충족시켜 줄 수 있는 매력적인 관광지가 있더라도 사회적으로 혹은 정치적으로 불안한 지역의 여행을 하려 하지 않는 이유도 태도의 자아 방어적 기능으로 설명될 수 있다.

4) 지식 기능

지식 기능은 소비자가 제품과 관련된 다양한 정보를 추구하고 평가하는 기준을 제공해 주는 것을 말한다. 즉, 개인이 복잡한 외부 자극에 노출되었을 때 이를 이해하는 준거 체계로 작용하는 기능이다. 태도의 이러한 지식 기능은 소비자가 의사 결정에서 겪을 수 있는 불확실성과 혼동을 감소시켜 준다. 이로 인해 소비자는 어떤 대상에 대해 긍정적 태도가 형성되면 부정적 정보가 들어와도 무시하게 된다. 예를 들어, 브랜드 파워가 강한 회사가 브랜드 확장을 쉽게 성공하는 것은 태도의 지식 기능에 의해 설명될 수 있다.

동일한 제품에 대하여 태도의 기능은 소비자마다 다를 수 있다. 예를 들어, 두 소비자가 레스토랑 K에 대하여 모두 긍정적 태도를 형성하고 있더라도 소비자 A의 실용적 기능(예 가성비 우수)을 반영할 수 있고, 소비자 B의 가치 표현적 기능(예 온화한 분위기)을 반영할 수도 있다. 〈표 6-1〉은 태도의 기능별 광고의 예를 설명한 것이다.

표 6-1_ 태도 기능에 따른 광고 메시지

태도의 기능	광고 메시지 주제
실용적 기능	• 제품: 숙박 • 메시지: Belong anywhere • 소구점: 여행 시 열린 마음과 긍정적 태도를 가지면 더욱 풍부한 경험을 할 수 있음을 강조
가치 표현적 기능	• 제품: 청량 음료 • 메시지: Pepsi drinkers think young. • 소구점: 젊은이들이 마시는 콜라라는 점 강조
자아 방어적 기능	• 제품: National Trust의 활동 • 메시지: Protect what you love • 소구점: 환경과 문화유산을 보호하는 태도를 취함으로써 자신이 중요하게 생각하는 가치나 신념을 지키는 데 도움을 줌
지식적 기능	• 제품: 청량 음료 • 메시지: 7-up is caffein-free. • 소구점: 카페인을 피하는 청량 음료 소비자에게 불안감 해소

2 태도 예측 모델

제품 속성에 대한 신념과 태도 형성과의 관계를 설명하기 위해 개발된 대표적인 모델이 다속성 태도 모델이다. 다속성 태도 모델은 소비자가 대안을 평가하고 그 대안에 대한 태도를 개발하는 과정을 논리적으로 설명하고 있다. 다속성 태도 모델에 의하면, 의사 결정의 대상은 여러 속성을 가지고 있으며 이들 속성을 평가함으로써 태도가 형성되고 이에 대한 부각 신념salient beliefs★을 근거로 태도가 형성된다고 본다. 즉, 대상물이 지니고 있는 개별적인 속성에 의해서가 아니라 여러 속성들이 포괄

적으로 평가된 결과로서 태도는 형성된다. 여기서는 자주 인용되는 다속성 태도 모델 중 Fishbein 태도 모델과 이상점 모델을 살펴본다.

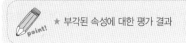
★ 부각된 속성에 대한 평가 결과

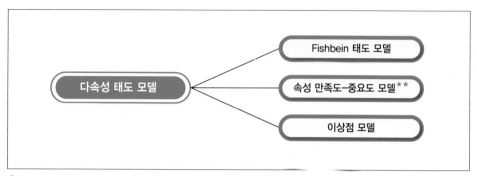

◎ 그림 6-7_ 태도 예측 모델 분류

✏️ **Point!** ★★ Fishbein : 모델에서 신념의 강도를 '만족도'로 그리고 속성에 대한 평가를 속성의 '중요도'로 바꾼 것이다. 수식으로 표현하면 $A_0 = \sum_{i=1}^{n} B_i I_i$

1) Fishbein 태도 모델

Fishbein[1963]은 개인의 태도는 어떤 대상의 속성들에 대한 신념과 이 속성들에 대한 평가에 의해 결정된다고 주장하였다. 이 모델은 태도의 대상이 될 수 있는 것은 무엇이든 적용 가능하며 수식으로 표현하면 다음과 같다.

$$A_0 = \sum_{i=1}^{n} b_i e_i$$

A_0 : 어떤 대상(제품, 상표, 사람 등)에 대한 태도

b_i : 제품 속성 i에 대한 신념의 강도(i = 서비스 품질, 가격, 디자인 등)

e_i : 제품 속성 i에 대한 평가

n : 제품 속성의 수

이 모델에서 신념의 강도b_i는 특정 제품의 속성(⑩ 호텔의 디자인 화려함)에 대한 주관적 의견으로 개인의 과거 경험, 외부 정보, 혹은 추론에 의해 결정된다. 가령 "W 호텔은 디자인이 화려한가?"와 같이 W 호텔에 대한 생각을 나타낸다. 예를 들어, 서울에 있는 특1급 세 호텔에 대한 태도를 조사한다고 가정하자. 우선 호텔의 각 속성 - 디자인 화려함, 접근성, 가격, 서비스 - 에 대한 신념의 강도b_i를 평가해야 한다. 호텔의 속성 '디자인 화려함'에 대한 신념의 강도는 아래와 같이 측정한다.

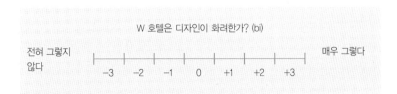

제품의 속성 평가^{ei}는 특정 속성(예 디자인 화려함)에 대해 소비자가 얼마나 중요하게 생각하는가를 나타낸 것이다. 위의 사례를 적용하면 '호텔의 경우, 디자인의 화려함이 얼마나 중요한가'로 측정한다.

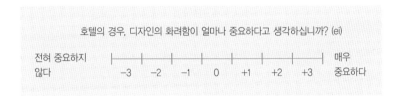

각각의 호텔에 대해 네 가지 속성디자인 화려함, 접근성, 가격, 서비스을 평가한 후 〈표 6-2〉의 과정을 통해 각각의 호텔에 대해 태도를 계산할 수 있다. 호텔별로 각 속성에 대한 신념의 강도^{bi} 평가 점수와 속성 평가^{ei} 점수를 곱하여 점수를 도출한다. 예를 들어, W 호텔의 태도 A_0 = (3)(3) + (2)(-2) + (1)(3) + (1)(0) = 8이며, 나머지 브랜드에 대해서도 동일한 방법으로 계산할 수 있다. 위의 결과를 볼 때 이 소비자는 W 호텔, L 호텔, 그리고 K 호텔의 순서로 좋아하는 것으로 예측된다.

표 6-2_ Fishbein 모델 적용의 예

속 성	속성 평가 (ei)	속성 신념 평가		
		W Hotel *bi*	L Hotel *bi*	K Hotel *bi*
디자인 화려함	+3	+3	+2	+3
접근성	+2	-2	-2	-3
가 격	+1	+3	+2	+1
주차 시설	+1	0	+3	0
태도 점수		+8	+7	+4

2) 이상점 모델

이 모델은 각 제품이 소비자가 이상적ideal으로 생각하는 제품과 얼마나 괴리되어 있는지를 나타낸다. 이때 이상적 제품과 가까운 제품일수록 소비자로부터 우호적인 평가를 받는다. 중요 속성들은 모든 소비자에게 동등하게 중요한 것이 아니기 때문에 개개인이 부여한 상대적 중요성에 가중치를 할당한다. 예컨데, 여름 휴가시 특급 호텔을 선정하는 경우 혜택이나 부가 서비스가 많아서 선택하는 것이 아니라 구매자 자신이 원하는 수준이상점만큼 좋아서 선택한다는 의미이다. 이를 등식으로 나타내면 다음과 같다.

$$A_o = \sum_{i=1}^{n} W_i \, | \, I_i - X_i \, |$$

- A_o = 소비자의 태도
- W_i = 제품의 속성 i에 상대적 중요도(가중치)
- I_i = 속성 i의 이상적 성과
- X_i = 속성 i의 실제 성과에 대한 신념
- n = 중요 속성의 개수

관광객이 A 호텔의 속성 4가지에 대해 기대한 이상적 성과(I)와 실제 성과(X)를 7점 척도(1=매우 그렇다, 7=매우 그렇지 않다)로 조사하였다고 가정하자. 또한, 이 관광객의 4가지 속성의 중요도 점수도 〈표 6-3〉과 같다고 하자. 관광객은 접근성을 가장 중요하게 생각하는 반면에 주차 시설을 가장 덜 중요하게 여기고 있다.

이상점 모델에 의한 A 호텔에 대한 태도 점수는 2|4-5|+4|2-6|+3|3-5|+1|1-1| = 24가 된다. 만약 이 관광객이 기대했던 성과와 실제 성과가 일치한다면 태도 점수는 0이 된다. 따라서 이상점 모델에서 계산된 태도 점수는 0Zero에 가까울수록 좋다.

📗 표 6-3_ 이상점 모델 적용 사례

속 성	중요도(점수)	이상적 성과(I)	실제 성과(X)
디자인 화려함	2	4	5
접근성	4	2	6
가격	3	3	5
주차 시설	1	1	1

3) 다속성 태도 모델의 한계점

다속성 태도 모델은 태도 형성에 영향을 미치는 제품 속성에 대한 신념을 파악할 수 있다는 장점이 있으나 다음과 같이 몇 가지 한계점을 가지고 있다. 첫째, 소비 상황이 변화할 수 있기 때문에 소비자의 상표에 대한 태도는 상황에 따라 변할 수 있다. 즉, 특정 브랜드에 대한 충성도는 상황에 따라 변할 수 있지만 다속성 태도 모델은 이러한 점을 설명해 주지 못한다. 둘째, 소비자가 태도를 형성할 때와 특정한 태도를 가지고 행동하려는 시점 사이에서는 시간적인 차이가 존재한다. 셋째, 충동 구매와 같이 예상 못한 구매의 경우 태도가 어떻게 형성되는지 다속성 태도 모델로 설명하기 어렵다. 마지막으로, 소비자는 종종 타인들에 의하여 자신들의 소비 행동에 영향을 받지만 다속성 모델은 이를 반영하지 못한다.

제3절 태도와 구매 행동

태도와 행동 사이의 매개 역할을 하는 것으로서 행동 의도가 있다. 구매 태도, 구매 의도, 그리고 구매 행동과의 관계에 있어 Bagozzi[1981]는 구매 태도와 구매 의도는 간접적인 관계이고, 행동 의도와 행동은 직접적인 관계를 갖는다고 주장하였다구매 태도 → 구매 의도 → 구매 행동. 본 절에서는 태도와 행동 그리고 구매 의도와 행동 간에 관계를 선행 연구 결과를 토대로 살펴본다. 또한 태도와 구매 행동 간의 관계에 영향을 미치는 요인에는 어떤 것들이 있는지 학습한다.

1 태도와 행동

태도 연구가 활성화된 이유는 행동을 예측할 수 있다는 가능성 때문이었다. 연구자들은 태도가 실제 행동과 높은 상관관계가 있는지 파악하기 위해 태도의 측정 방법을 찾아내는 데 많은 노력을 기울였다. 태도와 행동이 일치하는 사례는 일상 생활에서 쉽게 찾아볼 수 있다. 가령, '좋아하는 친구태도와 함께 여행행동한다'든지 '좋아하는 브랜드를 구매한다'든지가 이에 해당한다.

태도와 행동 사이의 관계에 관한 가장 광범위한 연구 중의 하나는 Achen-baum[1972]에 의해 수행되었다. Achenbaum은 19개의 상표[7가지 제품군]에 관한 태도와 소비에 관하여 동일한 소비자들을 대상으로 세 차례 면접을 실시하였다. 19개 상표 전체에 걸쳐서 상표가 우수하다고 평가한 사람의 58%가 실제로 상표를 구매했으며, 태도가 덜 우호적이 되어감에 따라 구매자의 비율은 급격히 감소하였다. 한편, 상표에 대한 소비자들의 태도가 개선된 구매자들 중 80%는 계속하여 그 상표를 사용하였으나 태도가 악화된 소비자들 시이에선 30% 미만만이 그 상표를 사용하였다. 이는 태도의 부정적 변화가 소비자들로 하여금 상표 대체를 하도록 함을 보여주는 것이다.

Kelley와 Mirer[1974]는 1952년부터 1964년까지 4번의 미국 대통령 선거 여론 조사 결과를 바탕으로 응답자의 85%가 지지하는[태도] 후보에게 투표함[행동]으로써 태도와 행동이 대체로 일치하는 결과를 얻었다.

하지만 태도와 행동의 관계는 그리 단순하지 않음이 밝혀지고 있다. 태도와 행동이 일치하지 않음을 밝힌 사례로 LaPiere[1934]의 고전적 연구가 대표적이다. 중국인을 천시하는 사회 분위기 속에서 중국인 조수 부부와 함께 미국 내 250개의 호텔과 식당을 방문하여 1곳으로부터만 입장을 거부당했다. 그러나 그 이후 방문했던 모든 업소에 편지를 보내 재방문하고 싶다는 예약을 문의하였을 때는 92%가 정중하게 거절하였다.

2 구매 의도와 행동

연구자들은 구매 의도가 행동에 관련된다고 가정하고 새로운 제품과 광고 주제들을 평가하기 위하여 구매 의도를 사용하여 왔다. 구매 의도가 행동에 유효한 측정치로서 간주되려면 의도와 행동 사이의 관계가 확인되어야 하는데 그러한 관계는 국내외 많은 연구들에 의해 밝혀지고 있다.

예를 들면, Katona[1960]는 승용차에 대하여 구매 의도와 구매 사이에 밀접한 관계를 발견하였다. 새로운 차를 살 계획이 있는가와 사고 싶다는 사람들 중 63%가 이듬해 신차를 구입했으며, 구매 의도를 갖지 않던 사람들 중에서는 29%가 신차를 구입하였다. 이러한 결과는 제품을 구매하려고 의도한 소비자들은 대부분 그들의 의도를 실현한다는 사실을 보여준다.

3 태도-구매 행동 영향 요인

비록 태도가 구매 행동의 결정 변수의 하나이지만 구매 행동을 결정하는 유일한 변수는 아니다. 사실 행동의 지표로서 태도의 예측 능력은 높은 편은 아니다. 하지만 모든 조건들이 동등하다면 소비자의 제품에 대한 태도는 구매 행동에 큰 영향을 미칠 수 있다. 구매 행동이 태도와 다르게 나타나는 이유는 아래와 같이 네 가지 측면에서 설명될 수 있다.

1) 태도의 강도

강한 태도를 지닐수록 태도와 일치하는 행동을 할 가능성이 크다. 태도의 강도가 낮을 경우, 태도는 상황의 변화에 따라 영향을 받기가 쉽기 때문에 행동과의 일관성을 기대하기 어렵다. 소비자는 한 가지 브랜드만이 아니고 여러 브랜드에 대해서 호의적인 태도를 가지고 있거나 보유하고 있는 태도의 강도가 비교적 낮은 경우가 많다. 브랜드나 제품에 대한 소비자의 태도는 단순히 포장이나 광고 등을 보고도 쉽게 형성되며, 구매하기 직전에 다른 광고나 정보에 접하게 되면 다시 쉽게 변하기도 한다.

2) 태도 형성과 구매 시기 간의 간격

태도를 형성한 시기와 실제로 구매 행동을 하는 시기 사이에는 시간적 간격이 존재한다. 이 기간 동안에 많은 영향 요인이 작용하게 되고, 그 결과 태도도 변하고 행동도 변하게 된다. 만일 태도 형성 시기와 실제 구매 행동 시기 간에 간격이 짧다면 태도와 행동은 일관성을 보일 가능성이 높은데 이는 다른 영향 변수의 개입 가능성이 낮기 때문이다.

3) 개인적 요인

개인의 상황 변화는 태도와 행동 간에 영향을 미치게 된다. 가령, 경제적 여건의 호전은 고가품 브랜드에 대한 태도를 변화시킬 가능성이 있으며 구매 계획에도 변화를 줄 가능성이 있다. 한편, 가족이나 준거 집단 구성원에 대한 순응 의지는 개인의 태도와 상이한 행동을 유발시킬 수 있다. 예를 들어, 친구의 권유 때문에 자신의 의사와 상반된 구매 행동을 하게 되는 소비자를 많이 볼 수 있다. 또한,

211

판매원의 설명에 쉽게 설득당하거나 판매 장소의 분위기에 쉽게 매료되는 소비자역시 태도와 일관된 구매 행동을 수행하지 못하는 경우이다.

4) 상황적 요인

경품, 가격 할인, 그리고 신규 브랜드의 출현 등은 태도와 상이한 구매 행동을 유인하는 상황 변수들이다. 또한, 호의적 태도를 가지고 있는 브랜드의 재고품 품절상태도 소비자로 하여금 다른 브랜드를 구매하게 하는 상황 변수라고 볼 수 있다.

④ 태도-구매 행동 예측 이론

태도와 행동 간의 관계성을 예측하기 위해 태도-구매 행동 예측 이론들이 제시되어 왔다. 합리적 행동 이론과 계획적 행동 이론이 대표적이다.

1) 합리적 행동 이론

(1) 개요

태도가 행동을 예측하는 데 일관적이지 못함에 따라 태도와 행동 간의 관계에서다른 변수들을 고려해야 한다는 주장이 제기되기 시작하였다. 이러한 주장을 반영한 것이 Fishbein과 Ajzen[1975]의 합리적 행동 이론Theory of Reasoned Action이다.이 이론에 따르면, 구매 행동의 주된 결정 요인은 개인의 태도가 아니라 구매 행동을 수행하려는 구매 의도이다. 〈그림 6-8〉과 같이 구매 의도는 다시 태도와 주관적규범의 두 요인에 따라 결정된다. 연구자들은 제시된 모델의 설명력을 높이기 위해서 태도-행동 간 관계에서 주변 상황의 영향을 받는다는 점을 고려하여 태도 이외에 주관적 규범subjective norm을 행동 의도에 영향을 주는 변수로 포함하였다.

$$B \sim BI = W_1 A_B + W_2 SN$$

$$여기서\ A_B = \sum_{i=1}^{n} b_i e_i$$
$$SN = \sum_{j=1}^{m} NB_j MC_j$$

- B : 구매 행동

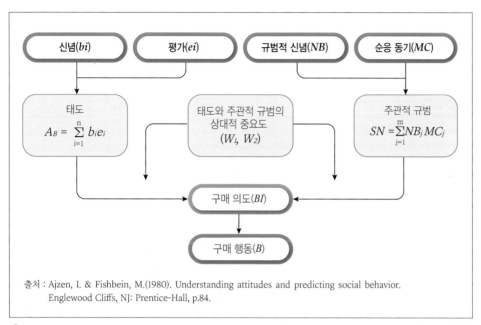

출처 : Ajzen, I. & Fishbein, M.(1980). Understanding attitudes and predicting social behavior. Englewood Cliffs, NJ: Prentice-Hall, p.84.

🧭 **그림 6-8_** Ajzen과 Fishbein의 합리적 행동 모델

- BI : 구매 의도
- A_B : 제품 구매 행동에 대한 태도
- bi : 구매 행동이 결과 i를 가져다 줄 것이라는 소비자 신념
- ei : 결과 i에 대한 소비자 평가
- SN : 주관적 규범(subjective norm)
- NB_j : 규범적 신념(normative belief)
- MC_j : 준거인 j의 뜻에 순응하려는 동기
- n : 부각 속성의 수
- m : 나의행동에 영향을 미치는 중요한 준거인 혹은 준거 집단의 수
- W_1, W_2 : 상대적 중요도에 대한 가중치

(2) 구성 요소

① **구매 행동에 대한 태도**(A_B)

구매 행동에 대한 태도$_B$는 신념belief과 평가evaluation에 의해 영향을 받는다. 신념이란 특정 행동이 어떤 결과를 초래할 것인지에 관한 개인의 신념을 의미한다. 평가는 행동에 대한 결과가 어떻게 나타나게 될 것인지에 대한 평가를 말한다.

예를 들어, 김씨는 가족과 함께 여름 휴가지로 이탈리아 로마, 하와이, 그리고 태국 파타야 중 한 곳을 결정하려 한다고 가정하자. 그리고 네 가지 부각중요 속성

을 가격, 고유성, 쾌락성, 그리고 교육성이라고 하자. 태도는 관광지를 선택할 경우 네 가지 속성별로 초래되는 결과b_i와 그 결과에 대한 평가e_i에 의해 결정된다. 김씨의 신념과 결과에 대한 평가는 다음과 같은 척도에 의해 측정될 수 있다. 이와 같은 척도로 김씨의 해외 여행에 대한 태도 점수를 계산하면 〈표 6-4〉와 같다.

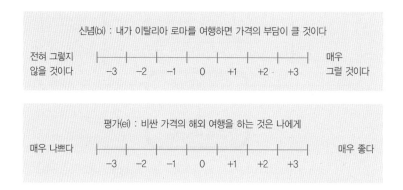

② 주관적 규범(SN)

주관적 규범이란 개인의 구매 행동에 대해 부모, 배우자, 친구 등이 어떻게 생각할 것인가에 대한 개인의 주관적 생각이다. 주관적 규범은 규범적 신념^{NB}과 순응 동기^{MC}에 의하여 결정된다. 규범적 신념이란 준거 집단 혹은 준거인이 자신의 행동을 지지 혹은 반대할 것인지에 대한 개인의 생각이고, 순응 동기는 준거 집단 혹은 준거인의 의견을 자신이 얼마나 수용할 것인가에 관한 것이다.

김씨는 로마 여행과 관련하여 두 명의 준거인, 직장 상사와 친구가 있다. 주관적 규범을 결정짓는 각 준거인에 대한 규범적 신념과 순응 동기는 다음의 척도에 의해 측정된다. 이를 바탕으로 주관적 규범의 점수를 환산하면 〈표 6-5〉와 같다.

표 6-4_ 이탈리아 로마 여행에 대한 태도 점수

이탈리아 로마를 여행하면(i)	신 념	평 가	신념×평가
	(bi)	(ei)	bi·ei
가격 부담이 클 것이다.	+2	−3	−6
고유성이 많을 것이다.	+3	+2	+6
쾌락성이 높을 것이다.	+3	+3	+9
교육성이 클 것이다.	+2	+2	+4
이탈리아 로마 여행에 대한 태도 $A_B = \Sigma b_i e_i = 13$			

🏆 **표 6-5_** 이탈리아 로마 여행에 대한 주관적 규범

준거인	규범적 신념	순응 동기	규범적 신념×순응 동기
	NBj	MCj	NBj · MCj
직장 상사	−2	+2	−4
친구	+3	+1	+3
이탈리아 로마 여행에 대한 주관적 규범 SN = ΣNBj·MCj = −1			

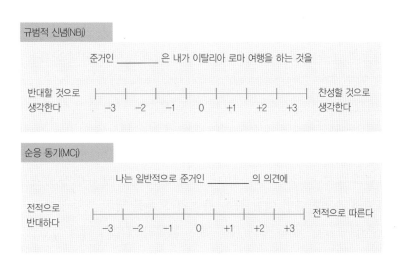

규범적 신념(NBj)

준거인 _____ 은 내가 이탈리아 로마 여행을 하는 것을

반대할 것으로 생각한다   −3   −2   −1   0   +1   +2   +3   찬성할 것으로 생각한다

순응 동기(MCj)

나는 일반적으로 준거인 _____ 의 의견에

전적으로 반대하다   −3   −2   −1   0   +1   +2   +3   전적으로 따른다

③ **구매 의도**(BI)

구매 의도는 구매 행동에 대한 태도 A_B, 주관적 규범 SN, 그리고 이 두 요소에 대한 상대적 중요도W_1, W_2에 의해 영향을 받는다. 김씨의 태도 점수와 주관적 규범 점수를 구하고 나면 태도와 주관적 규범의 상대적 가중치를 부여해야만 김씨의 구매 의도 점수를 계산할 수 있다. 김씨는 주위 사람들의 의견을 상당히 존중하는 소비자로서 자신의 태도에는 0.4, 주관적 규범에는 0.6의 가중치를 부여한다면 김씨의 이탈리아 로마 여행에 대한 구매 의도 점수는 4.6이 된다. 이와 같은 방식으로 나머지 해외 여행지하와이와 태국 파타야에 대한 구매 의도 점수를 계산할 수 있으며, 대안들 중 가장 높은 구매 의도 점수를 얻는 여행지가 구매될 가능성이 높은 것으로 해석할 수 있다.

$$BI = W1(A_B) + W2(SN) = (0.4)(13) + (0.6)(-1) = 4.6$$

(3) 선행 연구 결과

관광 및 여가 연구자들은 이 이론을 이용하여 태도가 행동 의도에 어느 정도 영향을 미치는지를 지속적으로 연구해왔다. 중소 도시 주민 100명을 대상으로 왜 어떤 주민은 여름 동안 캠핑을 떠나고 다른 사람은 가지 않는지를 조사한 결과, 태도와 주관적 규범이 행동 의도의 약 74%를 예측하는 것으로 나타났으며, 실제 행동과의 상관 관계는 0.77로 높게 나타났다Young & Kent, 1985. Brwon1999은 호주 Ayers Rock을 왜 올라가는지를 조사했는데, 행동 의도와 실제 행동과의 상관 관계가 0.73으로 높게 나타났다. 대부분의 소비자 행동 연구자들은 태도 모델에 비해 행동의 예측 능력이 높다는 점을 들어 합리적 행동 모델의 유용성을 인정하고 있다.

하지만 이견이 여전히 존재한다. 첫째, 태도 요소와 규범적 요소 간에는 상호 의존성이 높아 별개의 독립된 변수로 취급하는 것은 문제점이 있다는 것이다. 즉, 준거 집단의 행동 규범이나 기타 사회적 영향은 많은 부분이 개인에게 내재화되어 그들의 신념과 태도 형성에 이미 영향을 주고 있기 때문에 규범적 요소를 태도 요소와 분리해서 측정한다면 이는 중복 측정의 오류를 범할 가능성이 있다는 것이다Ryan & Bonfield, 1980. 둘째, 합리적 행동 모델은 개인의 과거 경험을 포함시키지 않았는데, 개인의 과거 경험은 미래 행동을 결정하는 데 많은 영향을 미친다. 마지막으로, 인간의 감정적인 측면과 충동적 행위도 고려하지 않았다.

2) 계획적 행동 이론

(1) 개요

사람들은 어떤 행동이 자신의 통제력 밖에 있다고 지각하게 되면 그 행동을 하지 않을 가능성이 높아진다Terry & O'Leary, 1995. Ajzen1985은 개인 행동은 자신의 통제력 밖의 요인에 의해 영향을 받을 가능성이 있으므로 행동 의도를 결정하는 변수로서 행동에 대한 태도와 주관적 규범 이외에 지각된 행동 통제perceived behavioral control라는 개념을 도입하여 계획적 행동 이론Theory of Planned Behavior을 제안하였다그림 6-9 참조. 따라서 계획적 행동 이론은 지각된 행동 통제라는 개념을 새롭게 포함한 것이다. 이로써 계획적 행동 이론은 행동이 개인의 통제력 하에 있지 않은 상황에 관해서도 설명할 수 있게 되었다.

(2) 구성 요소

계획적 행동 이론에서는 행동 의도가 실제 행동의 결정 요인이 되며 행동 의도는 행동에 대한 태도, 주관적 규범, 지각된 행동 통제에 의해 결정된다. 〈그림 6-9〉에서처럼 지각된 행동 통제는 행동 의도를 예측하고, 그 행동에 통제력이 있다고 지각하면 실제 행동을 예측한다. 지각된 행동 통제란 행동이 개인의 통제하에 있다고 지각하는 정도를 말한다. 즉, 행동 통제는 가용 자원, 기회, 장애물 등으로 인해 행동을 수행하기 쉽거나 어렵다고 지각하는 수준이다. 따라서 장애물이나 방해 요인이 없고 가용 자원이나 기회가 많다고 지각하면 행동 의도와 행동에 미치는 영향력이 커진다. 여기서 통제는 내적 요인능력 및 지식 부족, 기술 부족, 기회 부족과 외적 요인시간, 기회, 타인에 의존 정도 등으로 구분할 수 있다Ajzen, 1991. 지각된 통제PBC는 통제적 신념에 대한 중요성P_k과 통제적 신념에 대한 중요성의 가중치C_k로 수식화하여 나타낼 수 있다.

$$PBC = \sum_{i=1}^{n} C_k \cdot P_k$$

- PBC : 지각된 행동 통제력(특정 행동 수행을 촉진하거나 저해할 수 있는 요인)
- C_k : 통제적 신념(행동 수행을 어렵게 하거나 쉽게 하는 외적 요소 및 내적 요소)
- P_k : 통제적 신념에 대한 중요성의 가중치
- n : 나의 행동에 영향을 미치는 통제적 신념의 수

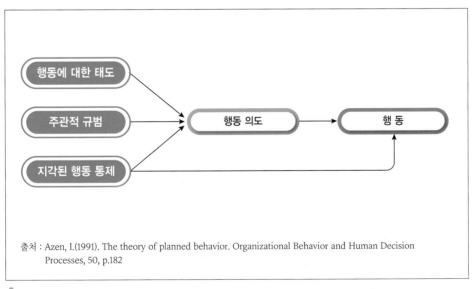

출처 : Azen, I.(1991). The theory of planned behavior. Organizational Behavior and Human Decision Processes, 50, p.182

🧭 그림 6-9_ 계획적 행동 이론 모델

(3) 선행 연구 결과

중국인의 홍콩 방문 의도에 대한 연구 결과에 따르면, 중국인의 홍콩에 대한 긍정적 태도는 홍콩에 대한 방문 의도에 긍정적 영향을 미치는 것으로 나타났다 Lam & Hsu, 2004. 하지만, 홍콩의 높은 물가, 휴가 기간, 그리고 비자 문제 등과 같은 통제력 밖에 있는 요소들은 홍콩의 방문 의도에 부정적인 영향이 있는 것으로 나타났다.

계획적 행동 이론은 개인의 행동을 예측해 주는 데 많은 기여를 해왔다. 여러 연구Ajzen & Madden, 1986; Robert, 1993에서 계획적 행동 이론이 합리적 행동 이론보다 행동 의도를 보다 정확하게 예측하는 것으로 나타났다. 또한, Ajzen1985은 인간의 간단한 행동을 예측할 시에는 합리적 행동 이론이 유용하지만, 능력, 자원, 기회 또는 기술 등이 필요한 행동을 예측할 시에는 계획적 행동 이론으로 설명하는 것이 더 설명력을 갖는다고 주장하였다. 하지만 합리적 행동 이론과 같이 인간의 이성적 측면만을 강조하고 있다. 따라서 인간의 감정적 부분의 고려가 없기 때문에 인간의 충동적 행위를 설명할 수 없다장호찬·라선아, 2008. 또한, 개인의 과거 경험을 고려하지 않았다는 점이 단점으로 지적되고 있다.

제4절 태도 형성과 마케팅 전략

다속성 태도 모델의 기본 가정은 평가 속성이 다수이며 다수의 속성을 동시에 고려하여 태도를 평가하게 된다는 것이다. 따라서 특정 대상에 대한 전반적인 호好·불호不好의 평가를 나타내는 수치가 산출되어 진다. 다속성 태도 모델은 몇 가지 한계점을 지니고 있지만 마케팅 활용 측면에서 유용하게 활용할 수 있다. 또한, 합리적 행동 이론과 계획적 행동 이론도 유용한 마케팅 시사점을 제공해 준다.

1 다속성 태도 모델을 이용한 마케팅 전략

소비자의 제품 속성에 대한 신념과 태도 형성의 관계를 설명하기 위해 개발된 다속성 태도 모델은 3가지 측면에서 마케팅의 시사점을 찾아볼 수 있다. 이에 대한 설명은 다음과 같다.

1) 속성 신념(bi)을 변화시키는 전략

이는 소비자 신념에 있어서 경쟁사 대비 약한 속성을 개선시키고, 이를 소비자에게 전달함으로써 속성에 대한 신념을 변화시키는 것이다김소영 외, 2008. 〈표 6-2〉의 예를 적용할 때, W 호텔은 자사의 약점인 주차 시설을 개선 및 보완하고 이를 설득시킴으로써 태도 점수를 향상시킬 수 있다. 이러한 속성에 대한 신념을 변화시키기 위해 광고 소구와 직원의 설득 노력이 가장 일반적이다.

관광 서비스 상품은 무형의 특성을 지니고 있기 때문에 고객의 신념을 변화시키기 위해 서비스의 특징적인 속성과 편익에 대한 신념을 호의적으로 강화시켜 나가야 한다. 한국-싱가포르를 잇는 저가 항공사인 스쿠트 항공사는 가격이 낮으면 서비스 품질이 낮을 것이라는 소비자의 기대에 대하여 비용 절감과 효과적 마케팅을 통해서 저가 항공사의 서비스를 이용해도 전혀 문제가 없다는 소비자의 신념을 변화시킨 좋은 사례이다.

2) 속성 평가(ei)를 변화시키는 전략

속성에 대한 평가ei의 변화는 과거에는 별로 중요하게 생각하지 않았던 속성을 자사 제품에 유리하도록 중요하게 부각시키는 것이다. 소비자가 호의적으로 평가하는 속성일지라도 속성 평가가 낮은 수준으로 나타나면 태도 형성에 큰 영향을 미치지 못하게 된다. 이러한 경우 특정 속성이 매우 중요한 편익을 제공한다는 점을 강조함으로써 소비자들을 일깨울 수가 있다.

펩시Pepsi의 '제로 설탕' 광고가 좋은 예이다. 과거에는 '제로 설탕'이 중요하게 다뤄지지 않았지만, 펩시는 이를 새로운 장점으로 부각시키며 건강을 중시하는 소비자에게 큰 혜택을 제공한다고 강조하고 있다.

달리는 열차 카페에서 차류/음료류/식사 및 간식류/스낵잡화류, 미니콘서트 룸, 인터넷 PC방 등의 서비스와 시설이용 가능

출처 : 코레일 뉴스(2008. 1. 28.)

자전거 전용 칸 내부 모습

출처 : 바이시클 뉴스(2012. 3. 25.)

🧭 **그림 6-10_** 열차 카페와 자전거 여행

3) 새로운 속성을 부각시키는 전략

마케터는 소비자가 과거에 생각하지 못했던 새로운 속성의 중요성을 고려하도록 부각시키는 것이 중요하다. 예컨대, 스타벅스는 스타벅스 카드 모바일 앱을 통해 음료를 선택하고 결제할 수 있는 O2O온라인 투 오프라인 서비스로 주문 대기 시간을 단축하여 편리하게 음료를 주문할 수 있는 '사이렌 오더' 서비스를 론칭하여 성공을 거두고 있다. 또한, 코레일은 열차 카페, 노래방, 자전거 전용 객차 등을 도입하면서 승객에게 즐거움, 흥미로움과 같은 새로운 속성을 부각시켜 큰 인기를 얻고 있다.그림 6-10 참조

② **합리적 및 계획적 행동 이론을 이용한 마케팅 전략**

두 이론에 따르면 개인 행동구매 행동은 자신의 행동 의도구매 의도에 의해 그리고 행동 의도는 두 가지 요인, 즉 태도와 주관적 규범에 따라 결정된다. 계획적 행동 이론은 태도와 주관적 규범 이외에 지각된 행동 통제가 추가된다. 여기서 태도는 특정 행동에 대한 개인의 긍정적 또는 부정적 평가를 의미하며, 주관적 규범은 그 행동에 대한 사회적 압력을 의미한다. 마케터는 행동 의도를 유발하는 데 중요한 세 가지 요소, 즉 태도, 주관적 규범, 그리고 지각된 행동 통제를 마케팅 전략을 수행하는 데 효과적으로 활용할 수 있다.

제트기 승무원

제트기 동승 기내 의사

제트기 동승 쉐프

출처 : 포시즌스 호텔 홈페이지에서 캡처(https://www.fourseasons.com/privatejet/jet)

그림 6-11_ 프라이빗 제트 여행 경험을 제공하는 주인공들

1) 태도 변화 전략

마케터는 태도를 활용하여 고객이 긍정적 행동 의도를 갖도록 유도하고, 나아가 실제 구매 행동으로 이어질 수 있도록 적극적으로 노력해야 한다. 예를 들어, Four Seasons 호텔은 'Four Seasons Private Jet Experience'라는 고급 제트 여행 패키지 상품을 출시하면서 "새로운 Jet을 타고 전 세계를 여행하는 놀라운 여행에 참여할 자리를 예약하세요."라고 광고하고 있다그림 6-11 참조. 이 상품은 Four Seasons 호텔이 옛 항공 여행의 화려함을 떠올리게 하는 동시에 고객 중심적인 사려 깊은 디자인을 갖춘 럭셔리 여행 상품으로 2015년부터 판매해 오고 있다. 이 패키지 상품은 전 세계를 여행하는 48명의 여행객에게만 판매하며, 여행 중에 발생할 수 있는 고객 건강상의 필요 사항을 처리해 주는 전담 기내 의사가 동반한다. 또한, 쉐프가 동승하여 고객의 선호도와 식단 제한 사항을 고려하고 목적지의 현지 재료를 사용하는 맞춤형 요리도 제공한다.

출처 : 네이트뷰(2024. 3. 27.)

🧭 그림 6-12_ 여행 커뮤니티 '여미투어'

2) 주관적 규범 활용 전략

관광 서비스 기업은 행동 의도에 직접 영향을 미치는 주관적 규범을 마케팅에 적극적으로 활용할 수 있다. 주관적 규범은 어떤 행동에 대한 주위 사람들의 찬성이나 반대 혹은 주위 사람들의 의견을 따를 것인지에 관한 지각으로 사회적 압력을 의미한다.

주관적 규범을 활용한 대표적 사례는 인플루언서 마케팅이다. 유명 여행 블로거나 인플루언서들이 고급 여행 패키지 상품을 추천하도록 하여 사회적 신뢰를 확보하고, 이를 통해 "내가 존경하는 사람이 이 상품을 추천한다면 나도 구매해야겠다"라는 사회적 압력이 형성되어 구매 의도가 일어나게 된다. 또한, 인플루언서가 고급 여행 패키지를 체험하고 이를 소셜 미디어에 공유하도록 유도함으로써 '많은 사람이 이 여행 패키지를 선택하고 있다'는 인식이 형성된다. 그리고 여행을 다녀온 고객들이 경험을 공유할 수 있는 여행 커뮤니티를 통해 해당 여행 패키지를 추천하는 것도 주관적 규범을 활용하는 데 적합한 도구이다.

하나투어는 2023년 페이스북 190만, 인스타그램 120만 팔로워를 보유한 국내 여행 커뮤니티 미디어 '여행에미치다'와 협력하여 테마 여행 상품인 여미투어를 출시하였다시티타임스, 2023.5.12.. 여미투어의 첫 번째 상품은 '키르기스스탄 하이킹'으로 대자연 속에서 8박 9일간의 하이킹 및 네트워킹 프로그램으로 구성하였다그림 6-12 참조. 이 상품의 큰 특징은 인플루언서가 동행한다는 점이다.

3) 지각된 행동 통제 활용 전략

지각된 행동 통제란 개인의 행동을 제약하는 요인능력, 시간, 비용, 기회 등에 대한 지각을 의미한다. 마케터는 행동 통제 요인에 대한 고객의 인식을 강화하는 전략을 활용할 수 있다.

환대 서비스 기업은 예약 용이성, 고객 지원 강화, 편리한 접근성 등에 대해 소비자의 인식을 강화할 수 있다. 예약의 용이성의 경우, 고객에게 모바일 앱 및 웹사이트에서 간편하게 예약할 수 있는 시스템을 제공하고 예약 과정의 간단함을 전달하는 것이다(예 '몇 번의 클릭만으로 꿈꾸던 휴가를 예약하세요!'). 고객 지원에 대한 인식을 강화하기 위해서는 예약 과정에서 발생할 수 있는 문제를 즉시 해결할 수 있도록 고객 지원 서비스를 제공하는 것이다. 가령, "언제든지 문의하세요, 우리는 당신의 휴가를 완벽하게 만들어 드립니다"라는 메시지로 행동 통제 인식을 높일 수 있다. 편리한 접근성에 대한 인식 강화는 공항 픽업 서비스, 무료 셔틀 버스 제공처럼 우리 리조트까지의 편리한 교통편을 제공한다는 점을 강조하는 것이다.(예 '공항에서 리조트까지 편안하게 이동하세요')

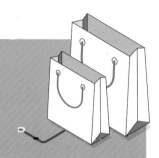

Chapter 07
태도 변화와 관광 행동

🎯 학습목표

이 장을 학습하고 나면 학생들은 다음의 내용을 이해하게 될 것이다.

1. 태도 변화의 특성

2. 태도 변화의 영향 요인

3. 태도 변화에 대한 저항 요인

4. 균형 이론과 마케팅 전략

5. 일치성 이론과 마케팅 전략

6. 인지 부조화 이론과 마케팅 전략

7. 자기 지각 이론과 마케팅 전략

8. 사회적 판단 이론과 마케팅 전략

9. 정교화 가능성 모델과 마케팅 전략

태도는 일반적으로 장기간에 걸쳐 다양한 요인들에 의해 형성된다. 태도가 일단 형성되면 일관성을 유지하려고 하기 때문에 태도가 변하기 쉽지 않다. 즉, 태도는 일관성을 해하는 정보나 자극에 저항하는 성격을 지니기 때문이다. 그러나 태도가 일관성을 유지하지 못할 만큼 강한 외부 자극이 유입되면 기존 태도는 일관성이 무너지고 새로운 태도가 형성된다.

태도 변화는 크게 경제적 관점과 심리학적 관점에서 이해될 수 있다. 경제적 관점에서는 소비자가 기꺼이 지불하고자 하는 금액과 받아들이는 가치에 대한 인식 간의 관계에 변화가 있을 때 태도의 변화가 발생한다고 가정한다. 심리학적 관점에서는 어떤 대상에 대한 기존의 상태에서 새로운 자극, 정보, 그리고 지식 등이 주어질 때 심리적 갈등을 느끼게 되며, 이러한 갈등을 완화시키는 수단으로 태도 변화가 발생하게 된다고 보는 것이다.

본 장에서는 태도 변화의 특성 그리고 태도 변화의 저항 요인에 대해 학습한다. 그리고 태도 변화 이론으로 균형 이론, 일치성 이론, 인지 부조화 이론, 자기 지각 이론, 사회적 판단 이론, 그리고 정교화 가능성 모델 등을 살펴본다. 마지막으로 이들 태도 변화 이론들을 바탕으로 마케팅 시사점을 살펴본다.

제1절 태도 변화의 특성 및 저항	제2절 태도 변화 이론	제3절 태도 변화 이론과 마케팅 전략
• 태도 변화의 특성 • 태도 변화 영향 요인 • 태도 변화의 저항	• 균형 이론 • 일치성 이론 • 인지 부조화 이론 • 자기 지각 이론 • 사회적 판단 이론 • 정교화 가능성 모델	• 균형 이론과 마케팅 전략 • 일치성 이론과 마케팅 전략 • 인지 부조화 이론과 마케팅 전략 • 자기 지각 이론과 마케팅 전략 • 사회적 판단 이론과 마케팅 전략 • 정교화 가능성 모델과 마케팅 전략

🖋 그림 7-1_ 제7장 요약도

태도 변화의 특성 및 저항

어떤 대상에 대해 형성된 소비자의 태도는 지속적이긴 하지만 불변은 아니다. 즉, 태도는 개인 경험이나 외부적 요인에 의해 변할 수 있다. 태도 변화는 설득 과정을 통하여 일어나게 되는데, 설득은 신념이나 태도를 원하는 방향으로 변화시키기 위한 커뮤니케이션의 전달 과정을 의미한다. 본 절에서는 태도 변화 특성, 태도 변화의 영향 요인, 그리고 태도 변화의 저항에 대해 살펴본다.

1 태도 변화의 특성

고객의 태도가 변하지 않는다면 좋은 제품을 제공하는 기업으로선 매우 좋은 일이다. 하지만 좋지 않은 태도를 가진 제품을 제공하는 기업으로서는 최악의 상황에 치닫게 될 것이다. 결과적으로 고객의 태도는 변하고 있고 그렇기 때문에 마케터는 마케팅 노력을 지속적으로 수행하게 되는 것이다. 태도 변화는 개인이 어떤 대상에 대해 가지고 있는 생각이나 감정을 변화키는 것을 의미한다. 이러한 소비자의 태도 변화는 여러 측면에서 그 특성을 찾아 볼 수 있다.

첫째, 태도의 인지적 요소(ⓔ 신념·지식)는 감정적 요소보다 변화시키기 용이하다. 왜냐하면, 신념의 변화가 감정의 변화를 선행하기 때문이다. 대부분의 광고는 암묵적으로 신념을 변화시키는 것이 보다 용이하다는 가정에 기초하고 있다. 이런 현상은 상표의 속성을 전달하는 광고가 더 많다는 사실에서 쉽게 추론할 수 있다.

둘째, 약한 태도는 강한 태도보다 변화시키기 용이하다. 만일 특정 상표에 대한 태도가 특별히 강하지 않으면 광고는 소비자로 하여금 다른 상표로 전환하도록 설득할 수 있다. 반면, 특정 상표를 강력하게 선호하는 사람은 쉽게 경쟁 상표로 전환하지 않는데, 경쟁 상표에 대한 대부분의 주장을 무시 내지 거부해 버리기 때문이다.

셋째, 상표 평가에 대한 확신이 부족한 소비자의 태도는 변화시키기 용이하다. 자신의 상표 평가를 확신하지 못하는 소비자는 제품 정보에 보다 더 수용적이다. 따라서 태도 변화가 생길 가능성이 높다. 상표를 평가함에 있어 평가 기준에 관한 혼란은 소비자로 하여금 의사 결정을 하는 데 있어서의 확신을 감소시킨다.

넷째, 정보가 모호할 때 태도를 변화시키기 용이하다. 경쟁 상표에 대해 상호 모순적인 정보나 평가할 수 없는 매우 기술적인 정보에 직면한 소비자의 태도는 변화가 일어나기 쉽다. 정보가 모호하게 되면 결론적 제시나 명료한 정보 제공을 통하여 주요한 평가 기준에 대한 신념의 변화를 생기게 할 수 있다.

다섯째, 관여 수준이 낮을 때 태도 변화가 용이하다. 제품에 대해 관여 수준이 높을 때는 개인의 신념과 일치하는 정보만 수용하고 기존의 태도와 상반되는 정보는 선택적 지각에 의해 회피하므로 기존의 태도는 변하기 어렵다. 이에 반하여 관여도가 낮은 경우에는 태도 괴리적인 정보에도 수용적이 되므로 태도가 변하기 쉽다.

마지막으로, 태도가 상호 모순되면 변화시키기 용이하다. Heider의 균형 이론에 따르면, 두 신념이 상호 모순되게 되면 균형을 이루기 위해 하나 혹은 둘 모두가 변화된다제2절 참조. 이러한 신념 간의 불균형은 하나 이상의 태도에 대하여 변화를 유발하는 긴장을 유발하게 되어 태도 변화로 이어진다.

② 태도 변화의 영향 요인

소비자의 태도를 연구하는 중요한 이유는 태도가 행동을 하기 전의 심리적인 준비 상태이기 때문에 인간 행동의 이해를 위해서는 태도에 대한 이해가 필수적이기 때문이다. 하지만 태도 변화는 일반적으로 변화되어야 할 태도 자체가 어떤 상태인지에 따라 변화의 속도가 촉진되기도 하고 저해되기도 한다. 태도 변화에 영향을 미치는 요인들을 내부적 요인과 외부적 요인으로 구분하여 설명해 보면 다음과 같다.

1) 내부적 요인

(1) 새로운 태도와의 유사성

기존 태도와 새로운 태도 사이가 서로 유사한 것인지의 정도에 따라 태도 변화의 정도가 달라진다. 즉, 전혀 반대의 태도를 가지고 있거나 극단적인 태도를 가진 사람의 경우, 자신의 태도를 변화시키기가 매우 어렵다. 또한 변해야 할 태도 자체가 어떤 상태이냐에 따라서 태도 변화가 촉진되기도 하고 방해되기도 한다. 예를 들면, 기존 태도에 대해 비호감적이라 바꾸려고 생각하고 있었는데 새로운 태도가 형성되면 쉽게 바뀔 수 있다.

(2) 기존 태도의 일관성 정도

인지적, 감정적, 행동 의도적 태도 간에 일치성의 정도가 높으면 태도는 안정적이고 고정적이어서 변화시키기 힘들다(인지 → 감정 → 행동. 즉, 인지, 감정, 행동 중 어느 한 요소만 변화시킨다고 해서 태도가 쉽게 변하지 않기 때문이다.

(3) 다른 태도와의 조화성 정도

한 개인이 가지고 있는 태도가 그가 갖고 있는 다른 태도들과 조화를 이룰 때 그 태도는 변하기 어렵다. 상호 조화되는 태도들끼리는 서로가 서로를 강하게 만들기 때문이다. 즉, 상호 조화되는 태도(ⓔ 안나푸르나 트레킹 코스는 자연 그대로이다. 후손 대대로 물려주기 위해서는 참가 인원을 통제해야 한다) 들은 상호 강한 영향을 미쳐 태도 변화를 어렵게 한다.

(4) 기존 태도의 유용성 정도

특정 태도는 그 사람이 어려서부터 외부 세계에 적용하고 욕구를 충족하기 위해 유지해 온 결과의 산물이다. 따라서 어떤 태도가 자신에게 계속 이용 가치가 있다고 판단되면 그 태도는 좀처럼 변하지 않는다.

2) 외부적 요인

(1) 새로운 태도의 원천

기존 태도를 바꿀 수 있는 원천은 광고, 사람, 특정 기관, 책 등 다양하며 이들이 전문성, 신뢰성, 그리고 호감성 등의 특성을 지닐 때 쉽게 설득될 수 있다.
- 전문성 : 전문가가 설득할수록 태도 변화가 쉽다(ⓔ 의사의 지시).
- 신뢰성 : 메시지를 전하는 사람혹은 설득자이 편향되지 않은 객관적인 정도를 말한다. 신뢰성이 높게 지각될 때 태도 변화가 쉽다.
- 호감성 : 메시지를 전하는 사람을 좋아할 때 태도 변화가 쉽다.

(2) 메시지의 내용과 전달 방법

메시지의 내용이 설득적이고 객관적일 때 그리고 메시지 전달 방법이 효과적일 때 태도 변화가 쉽다. 메시지 내용은 언어, 그림, 부호 등으로 나타낼 수 있으며, 일반적으로 시각적인 것이 효과적이다. 메시지 전달은 TV, 라디오, 신문, 잡지, 모바일, 인터넷, 옥외 빌보드 등 다양한 매체를 이용할 수 있다. 방송 매체는 감성적인 메시지 전달에 그리고 인쇄 매체는 정보 중심의 메시지 전달에 유용한 것으로 알려져 있다.

(3) 공포 분위기

공포와 위협 상황에서 사람들은 단순해지기 때문에 설득이 잘되며 어린이일수록 공포적 분위기에 태도 변화가 쉽게 일어난다금연 광고, 생명보험 광고. 〈사례 7-1〉은 위생의 위험 요소와 테러의 공포 분위기가 미국 시민의 태도를 변화시키고 있는 사례이다.

사례 7-1

재채기를, 팔뚝으로… 미국인의
'세균과의 전쟁'과 독특한 위생 관념

〈중략〉

닐 포스트먼(Neil Postman)에 따르면, 미국은 '과학이 문화를 지배하기 시작한 최초의 나라'다. 이 역사 초유의 '테크노폴리(Technopoly)' 사람들은 위생에 대해 어떻게 생각하고 있을까? 그리고 미국인들의 독특한 위생 관념은 그들의 삶과 문화에 어떤 영향을 끼치고 있을까?

도서관 사서에게 '손 살균제'는 업무 필수품

사람의 몸은 박테리아·바이러스, 그리고 곰팡이의 온상이다. 머리부터 발끝까지 예외가 없지만, 가장 문제가 되는 부분은 손이다. 가장 많은 미생물이 서식하는 것으로 따지자면, 손은 사타구니나 겨드랑이, 입을 따라오지 못한다. 그러나 이 부위들은 일상적인 교류에 손만큼 널리 사용되지 않는다는

점을 기억할 필요가 있다.

미국인들에게 손은 애증의 대상이다. 미국인만큼 악수를 많이 하는 사람들도 드물지만, 손의 위생 상태에 대해 이들만큼 민감한 사람들도 없기 때문이다. 충돌하는 이 두 가지 관습을 평화롭게 공존시키는 방법은 하나밖에 없다. 끊임없이 씻고 소독하는 것이다.

〈중략〉

도서관에서 반납 업무처럼 남의 손이 닿았던 물건을 만져야 하는 사람들의 책상 위에는 흔히 살균제가 놓여 있다. 남의 손에 '오염된' 물건과 닿은 자신의 손을 처리하기 위해서다. 이들의 염려를 덜기 위해 다양한 살균제들이 '최고의 살균력'과 '간편한 용법'을 요란하게 선전한다. '99.99%의 살균력'을 자랑하는 이 손바닥 로션들은 물도 필요 없다. 손바닥에 문질러서 말리기만 하면 된다.

'손 위생'에 대한 미국인들의 큰 관심은 살균 용품 시장을 거대한 규모로 키워 놓았다. 에이피(AP)의 2008년 3월 9일 보도에 따르면, 현재 미국에서 팔리고 있는 살균용 세정 용품만 해도 1600종류가 넘는다. 기업들은 살균 용품을 팔아 매년 수천 억의 수익을 내며, 이 시장은 매년 커지고 있다.

재채기는 손이 아니라 팔뚝으로 막아라

손에 대한 관리는 예절과 규범에서도 큰 비중을 차지한다. 손은 어느 경우든 항상 오염되어 있다. 이 사실을 모르는 사람은 없다. 그러나 손이 사회적 관용의 대상인 '일상적 오염' 이상의 상황에 노출되는 것은 피해야 한다. 손바닥에 재채기를 하거나, 손을 씻지 않고 화장실 밖으로 나가는 행위, 그리고 땀에 젖은 손으로 악수를 청하는 것은 모두 사회적 금기에 해당한다.

그러나 가장 중요한 것은 이러한 오염 상황이 공적 장소에서 일어난 경우, 어떤 조치를 취하거나 취하는 척이라도 해야 한다는 사실이다. 재채기는 안 하는 것이 가장 좋지만, 불가피한 경우는 입을 막은 채 해야 한다. 손바닥은 곤란하다. 그 손은 언제든지 '교류용'으로 사용될 수 있으며, 화폐나 손잡이·컴퓨터 키보드·수도꼭지 등 공적 자산을 광범위하게 오염시킬 수 있기 때문이다.

재채기를 막는 데 가장 바람직한 부위는 팔뚝이다. 손목 위쪽에서 어깨에 이르는 어느 부위든 상관없지만, 최대한 손목에서 떨

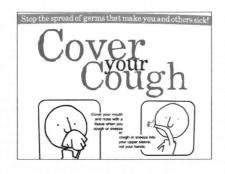

어진 어깨 방향을 고르는 것이 좋다. 손에서 가장 먼 곳일수록 타인에게 끼치는 영향을 최소화할 수 있고, 어깨에 가까울수록 표면적이 넓어 공중으로 퍼지는 바이러스를 효과적으로 제어할 수 있기 때문이다. 〈중략〉

재채기가 나올 때 무의식 중에 손바닥을 가져가는 경우가 많다. 만일 손바닥에 재채기를 했다면 어떻게 해야 할까? 먼저 조용히 주위를 살펴보자. 목격자가 없다면 그냥 하던 일을 계속하면 된다. 그러나 근처에 누군가 있다면 자리를 잠시 떴다가 돌아오는 것이 좋다. 꼭 손을 씻기 위해서가 아니라, 뭔가 조치를 취했다는 느낌을 남들에게 주기 위해서다.

사람보다 개에게 키스하는 게 위생적?

〈중략〉. 2005년 10월 14일, 미국의 에이비시(ABC) 방송은 '미국인들이 널리 믿는 그릇된 신념들'을 소개했다. 그 가운데 하나가 "정말로 개의 입은 사람 입보다 깨끗한가?"였다. 이 방송은 '개가 상처를 핥는 습관 때문에 사람들이 개의 입을 깨끗하다고 생각하는 경향이 있다'고 분석했다. 그러고는 수의사 등 전문가의 도움을 받아 "개도 입에 세균이 있기 때문에 완전히 안전하지는 않다"고 진단을 내린다. 결론이 인상적이다.

〈중략〉

테러의 공포, 마케팅 수단이 되다

살균 용품에 대한 미국인들의 관심과 수요는 계속해서 늘고 있다. 매년 새로운 살균 용품이 소비자를 찾는다. 에이피(AP) 보도에 따르면, 2003년과 2006년의 3년 사이만도 살균 용품의 종류가 무려 8배 이상 늘었다. 물론 이것은 미국인들의 위생에 대한 관심이 계속 늘고 있음을 의미한다. 그러나 이것이 반드시 자발적인 태도 변화는 아니다.

살균 용품의 종류와 매출이 폭등한 것이 9·11테러 이후라는 점에 주목할 필요가 있다. 미국 정부는 '테러와의 전쟁'을 선포하며 국민들에게 '생화학 테러'의 위험을 지속적으로 홍보했다. 탄저병이 테러 수단으로 쓰일 가능성은 거의 없다는 학계의 설득에도 불구하고, '흰 가루'는 어느덧 공포의 대상이 되었다. 정부가 유포한 생화학 테러의 공포는 미국인들의 위생 관념을 강박으로 바꾸어 놓았다. 뒤이어 '사스(SARS)'와 조류독감도 이 공포 분위기에 한몫했다.

그리고 기업들은 소비자들의 공포심을 한껏 활용했다. '공포에 질린 국민들은 다스리기 쉽다'는 말은 정치인들에게는 상식이지만, 기업인들 역시 이 진리가 '소비자'에게도 통한다는 사실을 잘 알고 있었던 것이다.

5초 법칙(five-second rule)

몇 년 전, 거지 같은 행색으로 긴 여행을 다녔던 적이 있다. 그러다가 비슷한 처지의 일본인 청년을 만났다. 둘 모두 배가 고팠으나 식당에 갈 돈은 없었다. 둘은 주머니를 털어 빵 한 조각을 샀다. 그리고는 벤치에 앉아 빵을 반으로 나누었다. 그 일본인 친구는 정신없이 빵을 먹다가 주먹 만한 덩어리를 땅바닥에 떨어뜨렸다. 당황하던 것도 잠깐, 그 친구는 차분하게 빵을 집어 들어 먼지를 털었다. 그리고는 이런 말을 했다.

"5초 안에 주워 먹으면 괜찮아."

한국에서도 비슷한 이야기를 들었던 적이 있다. 어린 시설, 친구 한 명이 떨어뜨린 과자를 주우면서 그 말을 했었다. 흥미로운 것은 미국에도 똑같은 미신이 있다는 사실이다. '5초 법칙'(가끔 '10초 법칙'을 주장하는 사람들도 있다)이라는 것으로, 재빨리 움직이면 균이 도착하기 전에 음식을 집을 수 있다는 것이다. 과학을 좋아하는 미국인들, 이 주장을 검증하지 않을 리 없다. 몇몇 과학자들이 이 주장의 과학적 근거를 따져보기 위한 실험을 했다. 결론? 5초 이내도 얼마든지 바이러스가 침투할 수 있다는 것이다. 중요한 것은 '몇 초'가 아니라 '어느 바닥'에 떨어지느냐라는 것이다. 당연하지 않

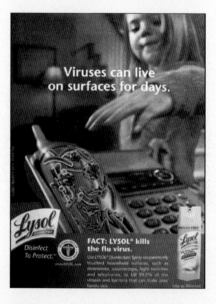

겠는가?

버려진 음식을 아까워하는 것은 만국 공통인 것 같다. 궁핍을 경험하지 않은 나라는 없기 때문이다. 결국 '5초 법칙'은 땅에 떨어진 음식을 집으면서 '과학'의 이름으로 위안을 얻기 위한 노력인 셈이다. 사람은 '합리적인 동물'이 아니라 '합리화하는 동물'이라는 사실을 말해 주는 것일까? 문화는 다양하지만, 결국 사람 사는 것은 비슷하다는 점을 보여주는 것일까?

출처 : 오마이 뉴스(2008. 3. 16.)

(4) 집단에의 소속감이나 연결 정도

특정 집단에 대한 소속감이나 연결 정도가 약할수록 태도 변화는 쉽게 일어난다. 결속력이 강한 집단에 소속되어 있는 구성원들은 자신이 속한 집단의 태도가 변하지 않는 한 쉽게 자신들의 태도를 변화시키지 않는다.

(5) 저항감

태도 변화에 대한 저항이 낮을수록 태도를 변화시키기 쉽다. 일반적으로 사람들은 변화보다 안정을 추구하는 경향이 강하다. 변화는 새로운 태도와 행동을 요구하며 어느 정도의 위험을 감수해야 하기 때문에 사람들은 변화에 저항하게 된다.

③ 태도 변화의 저항

개인의 태도를 변화시킨다는 것이 용이한 것은 아니다. 태도는 지속성과 일관성이 있기 때문이다. 특히, 태도 변화에 대한 저항이 존재하기 때문에 더욱 그러하다. 펩시콜라가 코카콜라를 넘어서는 데 100년이 걸렸다는 〈사례 7-2〉처럼 소비자의 태도가 쉽게 변하지 않음을 알 수 있다. 태도 변화에 대한 저항 요인을 살펴보면 다음과 같다.

첫째, 상반된 주장이다. 소비자 자신의 태도에 상반되는 어떤 주장이 전달될 때 그에 대해 반박을 시도할 수 있다. 그리하여 자신의 기존 입장에 더 장점이 있다는 것을 자신에게 과시함으로써 태도 변화에 저항한다.

둘째, 신뢰성이 부족한 정보원이다. 태도 변화를 유발하는 정보원이 어떤 식으로든 믿을 수 없거나 부정적이라고 생각되는 경우 태도 변화에 저항이 발생한다.

셋째, 메시지의 왜곡이다. 개인은 자기가 듣고 싶은 것만을 들으려고 함으로써 태도 변화에 저항한다. 이때 상반되는 정보의 내용은 자신의 태도와 일치하는 방향으로 왜곡시키거나 일치하는 정보만 선택적으로 수용한다.

넷째, 합리화이다. 개인의 정서면에서 불안정감을 해소하고 마음의 평정을 찾기 위해 정보를 자의적으로 해석하여 태도 변화에 저항한다.

마지막으로, 전면적 거부이다. 가장 많이 나타내는 태도 변화의 저항 방식이다. 이는 어떤 논리적인 근거에 의해 주장을 반박하거나 그 원천을 약화시키려고 노력하기보다는 아무런 이유도 없이 단순히 거부해 버리는 방법이다.

사례 7-2

펩시가 코카의 아성을 무너트린 비결은

펩시가 코기콜라 제국을 넘어서는 데는 100년이 걸렸다. 70년간 저가 전략으로 2인자 자리를 확고히 한 뒤 30년 만에 1위까지 올라섰다. 오랜 시간이 걸렸지만 그 과정이 너무 극적이었기에 마케팅 사례로 자주 인용된다. 펩시가 세상에 모습을 드러낸 것은 1893년. 코카콜라에 딱 7년 뒤진다. 하지만 펩시는 100년간 코카콜라의 등을 보고 다녀야만 했다. 코카의 '선점 효과'가 그만큼 막강했기 때문이다. 1930년대까지 펩시는 코카콜라와 가격은 비슷하지만 품질은 그저 그런 콜라에 지나지 않았다. 회사의 경영이 어려운 것은 당연한 결과였다.

그러나 펩시는 주저앉지 않았다. 1933년 중대 결단을 내렸다. 콜라의 가격을 코카콜라의 절반 수준으로 내린 것이다. 회사의 자금 사정이 급박하게 돌아가자 박리다매로 전환한 셈이다. 그러나 이면에는 중요한 판단이 숨어 있다. 자존심은 상하지만 냉철하게 판단하면 그 정도 가격이 적당하다는 게 경영진의 생각이었다.

그 결정은 펩시콜라를 확고한 2인자 반열에 올려 놓았다. 로열 크라운과 닥터 페퍼 같은 군소 업체들이 펩시의 저가 전략에 무릎을 꿇었다. 1위로 가는 징검 다리를 확보한 셈이다. 이후 순풍에 돛단배처럼 나아갔다. 광고로 이미지를 올리며 가격도 서서히 높였다.

그러던 중 1970년 위기가 닥쳤다. 원료 값이 크게 오른 것이다. 2위를 지키기도 어려운 상황이 됐다. 펩시의 경영진들은 또 한 번 중대 결단을 내린다. '콜라 전쟁'을 선언한 것이다. 우선 코카콜라와 같은 수준으로 제품의 가격을 올리고 마케팅에 열을 올렸다. 그러나 사정은 크게 나아지지 않았다. 눈을 가리고 시음하면 펩시콜라의 맛이 좋다는 사람이 더 많은데도 소비자들은 코카콜라만 찾았다. 코카콜라의 '브랜드 파워'에 절망감을 느꼈다. 고민하던 끝에 펩시는 불리한 처지를 역이용하기 시작했다. 1975년 텔레비전에 한 편의 광고를 내보냈다. 눈을 가리고 콜라를 마시던 사람이 눈가리개를 벗으며 "어~펩시잖아!"를 외치는 것이었다. 입소문이나 이벤트로 인지도를 높이는 '버즈(buzz) 마케팅'을 사용한 것이다.

반응은 폭발적이었다. 코카콜라의 과민 대응에 오히려 펩시의 인지도는 더 높아졌다. 이 광고를 시작한 지 8년 만에 코카콜라와 30% 가량 차이가 나던 시장점유율은 10%까지 좁아졌다. 펩시는 고무됐다. 70년 만에 1인자 곁에 다가서게 된 것이다. 그러나 10%의 격차를 줄이는 것은 더 힘들었다. 따라 해도 2등은 되지만 1등이 되기 위해서는 1등보다 뛰어난 것이 있어야 했다.

새로운 것을 찾았다. 젊은 세대를 집중 공략하는 '다음 세대의 선택(the choice of next generation)'을 기치로 삼았다. 이 깃발 속에는 코카콜라를 쉰 세대로 밀어 넣는 '브랜드 포지셔닝'이 담겨 있었다. 펩시는 이 브랜드 포지셔닝으로 기성 세대를 집중 공략하는 코카콜라와 정면 충돌도 피할 수 있었다.

20년을 쏟아 부은 피땀이 열매를 맺기 시작했다. 펩시를 즐기던 청소년들이 대학을 마치고 사회에 나가면서 코카를 누르기 시작한 것이다. 이제 처지는 거꾸로 됐다. 코 카콜라는 '이게 진짜(The real thing)'라는 광 고 문구를 내세워 공세를 폈지만 어렸을 때 부터 펩시에 길들여진 입맛이 바뀔 리 없었

다. 이에 힘입어 펩시는 지난 2004년 말 매 출에서 25%, 총이익에서 10% 코카콜라를 앞섰다. 지난해 말 시가 총액마저 코카콜라 를 추월했다.

출처 : 머니투데이(2006. 1. 5.)

제2절 태도 변화 이론

좁은 의미의 태도 변화는 이미 형성되어 있는 기존의 태도 변화를 뜻하지만, 넓 은 의미로서는 기존의 태도 자체의 변화뿐만 아니라 새로운 태도의 형성과 이미 형성되어 있는 기존의 태도의 강화까지를 포함하는 개념이다. 태도 변화에 관한 다양한 이론이 있는데 널리 인용되고 있는 것은 균형 이론, 일치성 이론, 인지 부 조화 이론, 자기 지각 이론, 사회적 판단 이론, 그리고 정교화 가능성 모델 등을 들 수 있다. 학자들에 따라 관여도 수준을 기준으로 구분하기도 하지만 본 서書에서 는 구분 없이 설명하고자 한다.

1 균형 이론

균형 이론Balance theory이란 개인의 태도들 간에 불균형이 생기면 균형 회복을 위해 기존의 태도를 변화시키며 이에 따라 심리적으로 편안함이 유지된다는 이론 이다Heider, 1946. 이 이론은 태도 변화 과정을 설명하기 위해 태도와 관련된 나 자신 혹은 개인P : person, 태도 대상O : attitude object, 관련 대상X : 광고 모델, 준거인, 속성 등 등 세 요소 간의 삼각 관계를 이용한다. 세 요소 중 어느 두 요소 간의 관계 는 긍정적 관계(+)와 부정적 관계(-)로 설정되며, 세 요소 간의 삼각 관계는 균형 혹은 불균형으로 나누어진다.

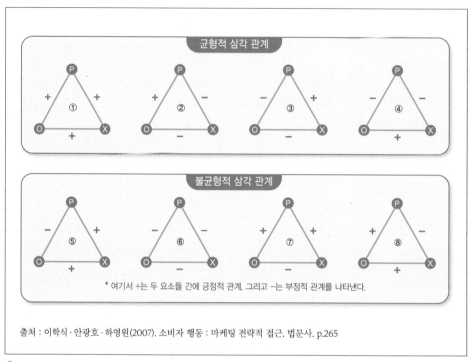

출처 : 이학식 · 안광호 · 하영원(2007). 소비자 행동 : 마케팅 전략적 접근. 법문사. p.265

🌏 **그림 7-2_** 균형 및 불균형의 P-O-X 삼각 관계

각각의 상황이 균형 상태인지 불균형 상태인지의 판단은 세 단계를 거친다.

첫째, 두 요소 간의 관계가 正(+)의 관계일 때는 +1을, 負(-)의 관계일 때는 -1을 부여한다.

둘째, 각 관계에 주어진 세 개의 값들을 곱한다.

셋째, 곱해진 결과가 +1이면 각 요소 간 균형을 이룬 상태이고, -1이면 불균형 상태가 된다. 이 같은 과정을 통해 기본적으로 균형 상태(#1~#4)와 불균형 상태(#5~#8)의 여덟 가지 관계가 만들어질 수 있다.그림 7-2 참조

균형 이론은 P, O, X 간의 상호 관계에서 일어나는 균형이나 불균형 상태를 잘 설명해 주고 있다. 균형 이론은 광고에 제시되는 모델(X)과 소비자(P) 그리고 상품(O)과의 관계를 나타내는 중요한 이론으로서 광고 모델을 선정할 때 좋은 지침이 되고 있다. 그러나 삼각관계에서 두 요소 간 강약의 정도 차이를 무시하고 있어서 태도 변화의 양을 수량적으로 계측할 수 없다는 점이 단점으로 지적되고 있다.Baron & Byrne, 1977

2 일치성 이론

균형 이론은 세 요소들P-O-X 간의 정(+)과 부(-)의 관계만을 파악할 뿐 요소 간 관계 강도는 고려하지 않는다. 일치성 이론Congruity theory은 요소 간의 관계를 계량적으로 구체화하고 태도 값의 크기를 모형에 포함시켰다. 즉, 균형 이론은 불균형 상태를 균형 상태로 만드는 방법들을 설명하는 이론이고, 일치성 이론은 소비자가 이 방법들 중 어떤 것을 선택할 것인지를 설명하는 이론이다Osgood & Tannenbaum, 1955. 즉, 두 요소 간의 연관 관계가 약한 쪽의 관계를 바꾸어서 균형 상태로 만든다는 것이다.

예를 들어, 균형 이론에서 P-O 관계는 正(+), P-X 관계는 負(-), O-X 관계는 正(+)의 형태를 나타내는 불균형 상태에서 소비자가 어떤 식으로 균형을 찾아갈지에 대한 해답은 제시해 주지 못한다. 그러나 일치성 이론은 보다 강한 태도 값을 나타내는 관계는 유지되고 다른 약한 관계를 변화시킴으로써 균형을 찾게 된다. 〈그림 7-3〉의 B에서 보듯이 박 군(P)이 스키(X)에 대한 태도를 긍정적으로 바꾸면서 균형 상태를 유지하고 있다. 즉, P-X 관계가 P-O나 X-O의 관계 강도보다 정도가 약하다는 것을 나타낸다.

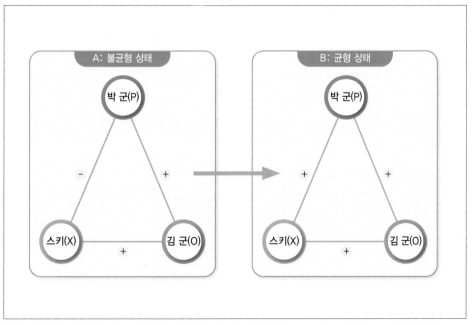

🎯 그림 7-3_ 일치성 이론

3 인지 부조화 이론

인지 부조화 이론Theory of cognitive dissonance은 1957년 Festinger에 의해 정립되었다. 인지 부조화란 사람들이 자신의 태도, 생각, 믿음, 행동 사이에 불일치를 경험할 때 느끼는 불편함을 말한다. 인지 부조화는 사람들이 그 불일치를 해소하려는 동기를 부여하며, 이는 종종 태도의 변화, 행동의 변화, 새로운 정보의 선택적 수용 등으로 나타난다.

예를 들어, 관광객이 어떤 관광 목적지를 방문한 후 기대했던 아름답고 신비로운 경험 대신 예상치 못한 불편함이나 실망스러운 경험을 한다면 인지 부조화를 느낄 것이다. 이런 인지 부조화를 줄이거나 해소하기 위해 관광객은 다양한 방법을 사용할 수 있다. 가령, 자신의 기대를 낮추거나, 경험을 긍정적으로 재해석하거나, 불편한 경험에 대해 새로운 의미를 찾는 등의 방법으로 부조화를 해소하려고 한다. 이러한 부정적인 경험(예 : 불편함, 실망스러움)은 관광객에게 중요한 경험일 수 있다. 그 이유는 관광객이 이를 통해 불편함이나 실망스러움을 어떻게 극복하고, 새로운 상황에 어떻게 대처할지를 배우게 되기 때문이다.손상훈, 2024

4 자기 지각 이론

자기 지각 이론Self-perception theory은 심리학자 Bem1972이 개발한 것으로서 자신의 행동에 의해서 태도를 결정짓는다는 이론이다. 즉, 자기 자신의 행동이 변하면 태도가 변한 것으로 추론한다Bem, 1972. 인지 부조화 이론과 자기 지각 이론의 공통점은 어떤 대상에 대한 개인의 태도는 자신의 행동 원인이 된다는 점에 있다.

인지 부조화 이론과 자기 지각 이론의 차이점은 태도 변화의 방식에 있다. 인지 부조화 이론은 자신의 태도와 상반된 행위를 하는 경우 심리적 불일치를 느끼게 되기 때문에 기존의 태도를 변화시키는 것으로 설명하고 있다. 이에 반해 자기 지각 이론은 자신의 태도를 행위에 맞추어 나간다그림 7-4 참조.

자기 지각 현상, 즉 행동이 태도를 결정하는 경우는 관광객 행동에서 쉽게 찾아볼 수 있다. 예를 들면, 여행 도중 서로 모르는 사이인데 지나가면서 손을 흔들거나 "수고하세요"라고 인사하는 여행객을 보면 사회성이나 사교성이 좋다고 생각하는 것이다.

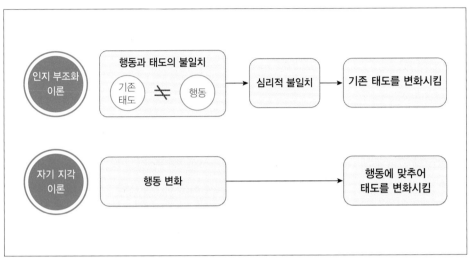

🧭 그림 7-4_ 인지 부조화 이론과 자기 지각 이론의 태도 변화 방식

5 사회적 판단 이론

사회적 판단 이론Social judgement theory은 소비자가 자신의 사회적 판단 기준에 따라 태도 변화를 결정한다는 설득 이론이다Sherif & Hovland, 1961. 이 이론에 의하면, 개인은 설득적 메시지에 노출되었을 때 메시지가 속하는 영역수용, 거부, 중립에 따라 다음과 같은 경향을 보인다고 설명한다.

메시지가 개인의 수용 영역latitude of acceptance으로 들어오면 동화 효과assimilation effects가 발생하여 설득이 이루어지고, 메시지는 실제보다 더 긍정적으로 해석되는 경향이 높다. 그 이유는 수용 영역에 있는 메시지는 공정하고 편견이 없는 것으로 평가하기 때문이다. 하지만 메시지가 거부 영역latitude of rejection에 있으면 대조 효과contrast effects가 발생하여 설득이 이루어지지 않으며, 메시지를 실제보다 더 부정적으로 해석하는 경향이 높다. 그 이유는 자신의 입장과 다른 것으로 생각하여 불공정한 것으로 판단하는 경향이 있기 때문이다. 그리고 중립 영역latitude of noncommitment은 메시지를 수용도 거부도 하지 않는 영역이다.

고관여 소비자일수록 자신의 견해가 분명하므로 자신의 태도와 차이가 있는 정보를 수용하는 영역은 좁아지지만 거부하는 영역은 넓어진다. 저관여 소비자의 경우에는 수용 영역이 넓어지고 거부 영역이 좁아져 자신의 태도에 반하는 정보라도 쉽게 수용할 수 있다. 수용 영역이 넓을수록 수용할 수 있는 상표 대안의 수

도 많아져서 소비자의 상표 전환의 가능성이 커질 수 있다이학식 외, 2006. 따라서 저
관여의 경우에는 약간의 과장된 메시지도 큰 저항 없이 수용될 수 있다.

6 정교화 가능성 모델

Petty와 Cacioppo는 태도와 설득에 대한 선행 연구 결과를 토대로 정교화 가
능성 모델Elaboration Likelihood Model을 제안하였다. 정교화 가능성이란 소비자
가 메시지에 노출될 때 정보에 주의를 기울여서 자신의 관심과 관련지어 정보를
처리하려는 노력의 정도를 말한다. 이 모델에 의하면 두 가지 경로에 의해 태도가
형성 및 변화된다. 정보 처리자의 정교화 가능성 정도, 즉 정보 처리자가 정보 처
리를 위해 상당한 노력을 기울이는 중심 경로central route와 정보 처리를 위하여
그다지 노력을 기울이지 않는 주변 경로peripheral route를 통해 태도 형성이 이루
어진다.그림 7-5 참조

중심 경로는 소비자의 이성적인 사고를 활용한 정보 처리 방식이고 주변 경로
는 감성적인 느낌을 활용한 정보 처리 방식이다. 중심 경로를 통하여 태도 형성이
이루어질 때는 중심적 단서central cues, 즉 제품 정보를 주의 깊게 관찰하는 인지
적 노력이 투입되므로 그 결과 형성된 태도는 장기간 지속되는 경향이 있다. 주변
경로를 통한 태도 형성은 다양한 주변 단서peripheral cues, 즉 광고 모델이나 배
경 음악 등에 의해 태도 형성이 이루어지므로 태도는 이러한 단서가 두드러지는
동안만 일시적일 가능성이 높다. 따라서 태도 변화가 쉽게 일어날 수 있다.

이 모델에서 동기는 개인이 메시지를 처리할 때의 의욕을 의미하며 관심과 개
인적 관련성이 이에 포함된다. 그리고 정보 처리 능력은 메시지를 이해하고 처리
할 수 있는 개인의 능력이며 지식, 지능, 경험 등이 이에 해당된다.

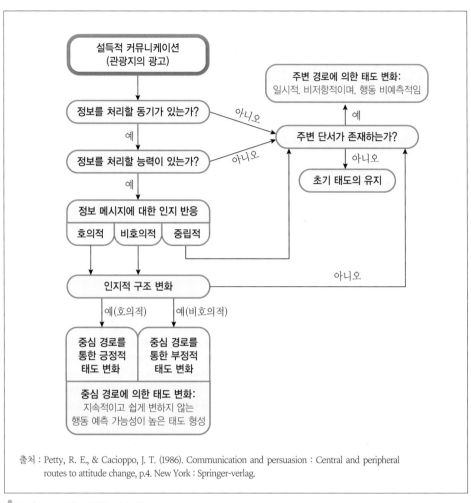

출처 : Petty, R. E., & Cacioppo, J. T. (1986). Communication and persuasion : Central and peripheral routes to attitude change, p.4. New York : Springer-verlag.

🧭 그림 7-5_ 정교화 가능성 모델

제3절 | 태도 변화 이론과 마케팅 전략

앞서 균형 이론, 일치성 이론, 인지 부조화 이론, 자기 지각 이론, 사회적 판단 이론, 그리고 정교화 가능성 모델과 같은 다양한 태도 변화의 이론에 대해 학습하였다. 이러한 태도 변화 이론 내지 모델은 소비자의 태도 변화를 유발하는 데 유용한 근거를 제시해 준다. 본 절에서는 이들 이론의 마케팅 시사점을 살펴본다.

1 균형 이론과 마케팅 전략

태도가 어떻게 변화되는지 사례를 들어 설명해 보자. 〈그림 7-6〉에서 박 군(P)에게는 친한 친구 김 군(O)이 있고 이 둘의 사이는 매우 좋다(+). 친구 김 군(O)은 스키 타는 것(X)을 매우 좋아하는(+) 반면에 박 군(P)은 스키가 위험하다고 좋아하지 않는다. 대신 온천을 즐겨 찾는다. 이 경우 세 평가의 곱이 負(-)의 관계 부호를 나타내므로 불균형 상태가 된다(A). 이 경우 박 군(P)은 스키를 좋아함으로써(①), 김 군(O)이 스키를 더 이상 좋아하지 않음으로써(②), 혹은 친구 김 군(O)을 더 이상 좋아하지 않음으로써(③) 심리적 균형을 회복할 수 있다. 균형 이론을 이용한 태도 변화 전략은 크게 두 가지로 설명할 수 있다.

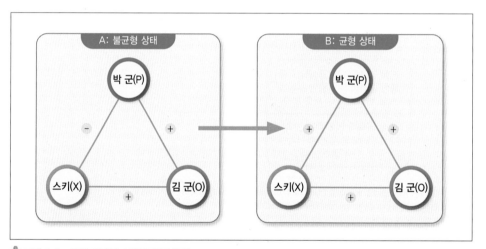

🧭 그림 7-6_ 균형 이론과 소비자 태도 변화

1) 광고 모델 이용 전략

소비자는 좋아하는 연예인이나 운동 선수 혹은 자신의 준거인 등이 출연한 광고에 노출되면 그 제품에 대한 태도가 호의적으로 변할 수 있다. 예를 들면, 특정 브랜드에 대한 소비자들의 태도가 부정적일 때 인기인을 자사 상표 광고에 출연시킴으로써 태도 변화를 시도할 수 있다. 동서식품이 김연아를 모델로 한 〈사례 7-3〉은 균형 이론에 기초하고 있다. 즉, 소비자(P)는 김연아(O)에 대해 긍정적인 태도를 가지고 있는데 김연아를 광고 모델로 등장시켜 특정 상품(X: 커피)에 대해 긍정적인 태도를 보이도록 소비자의 인지 균형을 돕고 있다.

사례 7-3

'피겨 여신' 김연아처럼

부드럽고 향이 깊은 '맥심 화이트골드' 동서식품, 맥심 화이트골드 커피믹스 신규 TV 광고 방영

▲ '피겨 여신' 김연아처럼 … 부드럽고 향이 깊은 '맥심 화이트골드' 동서식품, 맥심 화이트골드 커피믹스 신규 TV 광고 방영

- 김연아 출연, '부드럽게 다가와 깊은 향을 남기는' 맥심 화이트골드의 매력 전달
- 화이트골드와 어울리는 호주 대자연의 아름다운 영상미 '눈길'

대한민국 대표 커피 전문 기업 동서식품㈜(대표 : 이광복)은 김연아와 함께하는 맥심 화이트골드 TV광고를 새롭게 선보인다고 29일 밝혔다. 이번 광고는 맥심 화이트골드의 브랜드 이미지를 제고하고, 제품의 매력을 소비자들에게 널리 알리기 위해 기획됐다. 특히, 우유를 넣어 부드러우면서도 깊은 향이 특징인 화이트골드의 특징을 나타내기 위해 '부드럽게 다가와 깊은 향을 남기는 화이트골드'를 컨셉으로 광고를 제작했다.

광고는 김연아가 호주의 대자연을 배경으로 바람에 머리카락을 날리며 커피를 즐기는 모습이 돋보인다. 2012년부터 맥심 화이트골드의 메인 모델로 활동 중인 김연아의 섬세한 표현력을 바탕으로, 푸른 목초지, 부드러운 바람, 커다란 나무 등 아름다운 호주의 풍경이 어우러지며 맥심 화이트골드만의 부드럽고 깊은 감성을 표현했다. 김연아의 우아함과 기품 있는 분위기가 돋보이는 이번 맥심 화이트골드의 새 광고는 다양한 매체를 통해 공개될 예정이다.

동서식품 이수아 마케팅 매니저는 "이번 광고 속에서 돋보인 김연아의 기품 있는 자태가 부드럽게 다가와 깊은 향을 남기는 화이트골드의 매력을 잘 전달했다"며 "많은 소비자들이 화이트골드와 함께 다가오는 따스한 봄을 맞이할 수 있기를 기대한다"고 말했다.

〈중략〉

출처 : 맥심 홈페이지

243

2) 설득적 메시지 이용 전략

바람직한 속성에 대해 자사 브랜드가 그 속성을 가지고 있다고 소비자를 설득하거나 자사 브랜드가 갖지 않는 속성에 대해 그 속성이 바람직하지 않다고 설득하는 것이다. 일반적으로 전자의 경우가 태도를 더 쉽게 변화시키는 방법이다. 〈그림 7-7〉은 모 우유 제조사가 업계 최초로 제조 일자를 표기하여 우유에 대한 신선도 정보를 정확하게 전달함으로써 소비자가 바람직하다고 생각하는 속성을 강조하였다.

2 일치성 이론과 마케팅 전략

〈그림 7-6〉에서 박 군(P)이 김 군(O)을 좋아하는 정도가 스키(X)를 싫어하는 정도보다 더 강하다면 부정적 태도보다 긍정적 태도가 더 강하므로 스키에 대한 부정적 태도는 긍정적 방향으로 변하여 일치성이 회복될 수 있다. 반면, 박 군(P)

제조 일자 표기를 통해 우유의 신선도를 파악하는 데 유용한 정보를 정직하게 제공한 광고로서 TV CF와 리서치 회사 엠브레인(Embrain)의 패널이 함께하는 AD 컨슈머리포트에서 지난 2012년 2월 그랑프리 광고로 선정되었다.

출처 : 한국경제(2012. 6. 21.)

🧭 그림 7-7_ 우유 업계 최초로 제조 일자를 표기한 서울우유 광고

이 스키(X)를 싫어하는 정도가 너무 크다면 상대적으로 약한 친구 김 군(O)에 대한 긍정적인 태도를 부정적으로 바꾸는 것이 쉬울 것이다. 일치성 이론 역시 균형이론을 이용한 마케팅 전략과 동일하게 사용할 수 있다.

1) 광고 모델 이용 전략

균형 이론에 따르면 자사 상표에 대한 소비자들의 태도가 부정적일 때 인기 연예인을 자사 상표 광고에 출연시킴으로써 소비자의 태도가 호의적인 방향으로 변화하는 것을 기대할 수 있다. 이를 일치성 이론에 적용하면 광고 모델의 인기가 높을수록 태도가 호의적 방향으로 더 많이 변화한다고 보는 것이다. 그 이유는 일치성 이론은 보다 강한 태도 값을 나타내는 관계는 유지되고 상대적으로 약한 관계가 변화됨으로써 균형을 찾게 된다고 전제하기 때문이다. 반대로 인기가 별로 높지 않은 모델이 평가가 좋지 않은 제품의 광고에 출연하는 경우에는 제품의 이미지 개선은 커녕 모델의 인기에도 부정적 결과를 초래할 수 있다.

2) 설득적 메시지 이용 전략

자사 브랜드에 대해 소비자가 원하는 속성을 갖지 않은 것으로 생각하여 소비자가 비호의적인 태도를 가지는 경우, 균형 이론은 그 브랜드가 그 속성을 가지고 있다고 설득하거나 그 속성이 바람직하지 않다고 설득함으로써 소비자의 태도가 변하는 것으로 예측한다. 이를 일치성 이론에 적용하면 설득력이 강할수록 태도가 보다 많이 변할 것으로 기대할 수 있다.

③ 인지 부조화 이론과 마케팅 전략

인지 부조화 이론을 이용한 마케팅 전략은 소비자의 인지 부조화를 감소시켜 태도를 변화시키는 것이다. 인지 부조화는 다음과 같이 발생 상황에 따라 부조화가 감소되며 그에 따라 태도가 변할 수 있다.

첫째, 선택한 대안이 선택하지 않은 대안에 비하여 나쁘지 않다고 스스로 합리화함으로써 부조화를 감소시킬 수 있다Howard & Sheth, 1969. 이렇게 함으로써 선택하지 않은 대안에 대한 태도는 더 부정적으로 변할 수 있고, 선택한 대안에

출처 : https://www.google.co.kr/

🧭 **그림 7-8_** 오리온 닥터유 광고

대한 태도는 보다 긍정적으로 변할 수 있게 된다. 또한, 해당 제품 구매의 중요성을 낮추며 자신의 결정을 지지해주는 정보를 탐색하고 배치되는 정보는 회피함으로써 부조화를 감소시키려는 노력을 할 수 있다. 오리온 닥터유그림 7-8 참조는 과자를 먹으면 살이 찌고 건강에 좋지 않다는 생각 때문에 먹으면서 죄책감을 느끼는 소비자에게 먹는 즐거움에 죄책감을 덜어주고 건강에 좋은 과자라는 점을 강조하여 소비자의 인지 부조화를 해소시키고 있다.

둘째, 태도와 다르게 행동할 경우 발생하는 인지 부조화는 태도를 행동에 준하는 방향으로 변화하여 감소시킬 수 있다. 예를 들어, 캄보디아 앙코르와트를 패키지 여행으로 다녀온 후 인지 부조화를 경험하고 있다고 가정하자. 이 경우 '패키지 여행도 괜찮아'라든가 '원래 패키지 여행'은 개인의 자유로운 행동을 제약하게 되어 있어'라고 자신의 평소 생각을 바꾸어 인지 부조화를 극복할 수 있다. 이를 위해 해당 여행사는 여행 직후 감사의 전화나 메시지 전달 등을 통해 고객이 이용한 패키지 여행 상품이 우수하고 인기 있다는 것을 인식시키는 것이 중요하다.

마지막으로, 불일치 정보에 노출되어 인지 부조화를 겪는 경우에는 부조화를 증가시킬 가능성이 있는 새로운 정보는 회피하고, 이미 가지고 있는 불일치 정보를 왜곡시킴으로써 부조화를 감소시킬 수 있다. 가령, 패밀리 레스토랑에서 가족과 함께 식사한 소비자가 'A 패밀리 레스토랑은 서비스 품질이 별로야'라는 말을 들어서 부조화가 발생한 경우, '과거에는 그랬는지 몰라도 지금은 그렇지 않다'라고 정보를 왜곡하면서 인지 부조화를 감소시킬 수 있다. 〈사례 7-4〉는 경험 디자인을 다루는 기업들은 소비자의 인지 부조화를 오히려 강화시켜 새로운 패러다임의 제품이나 서비스 개발의 기회로 삼고 있다.

사례 7-4

UX, '양은 냄비'에서 배워라

경험 디자인은 사람들에게 진정한 경험을 제공하기 위해서 무엇인가를 디자인하는 과정이다. 여기서 말하는 '무엇'은 매우 다양하다. 컴퓨터나 스마트폰과 같은 제품이 될 수도 있고, 게임이나 만화와 같은 콘텐츠가 될 수도 있다. 또 금융이나 의료와 같은 서비스가 될 수도 있다. 그 무엇이 특히 디지털 기술을 이용한 IT제품을 이야기할 때에 우리는 사용자 경험(UX)이라고 한다. 그렇다면 진정한 경험은 무엇일까? 경험주의 철학의 대가인 존 듀이는 우리 일상의 삶 속에서 시작과 끝이 분명해 다른 경험과 확연히 구분되고 그 나름대로의 소기의 목적을 충만하게 이룰 수 있는 경험을 진정한 경험(Real Experience)이라고 했다. 〈중략〉

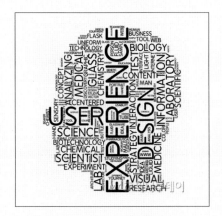

기업이나 기관이 경험 디자인을 잘하기 위해서는 어떤 조건이 필요할까? 나는 경험 디자인을 담당하는 조직의 문화는 '양은 냄비' 같아야 한다고 생각한다. 양은 냄비는 주석과 니켈의 합금을 이용한 주방 도구이다. 일반적으로 양은 냄비는 부정적인 어감으로 종종 한국인의 특성을 비판하는 표현으로 '냄비 근성'이라는 용어로 사용됐다. 그런데 모든 것이 급격하고 빠른 속도로 바뀌는 디지털 환경 속에서는 양은 냄비의 특성이 오히려 경험 디자인을 담당하는 조직이 갖고 있어야 할 덕목이 될 수도 있다. 양은 냄비의 특성은 크게 세 가지로 볼 수 있다.

첫 번째 특징은 '속도'다. 전도율이 높기 때문에 한 번 열을 받으면 금방 부글부글 끓는다. 하지만 불이 없어지기만 하면 또 단번에 식는다. 워낙 얇게 제작돼 열에너지를 보존할 수 없기 때문이다. 그래서 양은 냄비는 라면을 끓이는 데 제격이라고 한다. 빨리 끓기 때문에 가뜩이나 인스턴트 제품인 라면을 준비하는 데 시간도 절약되고 빨리 식기 때문에 면발이 냄비 바닥에 들러붙을 가능성이 낮다.

〈중략〉

이런 양은 냄비의 속성은 경험 디자인을 담당하는 조직 문화에 적합할 수 있다. 속도는 사용자의 경험을 점진적으로 개선시켜 나가는 데 가장 핵심적인 성공 요인이기 때문이다. 한 가지 예를 들어보자. 삼성전자의 패블릿(phablet) 제품인 노트는 아이폰 4S가 시장에 출시되고 얼마 안 돼 발표됐다. 처음에 시장에 출시됐을 때에는 호불호가 명확하게 갈렸다. 화면이 크기 때문에 이동 중에 여러 가지 작업들을 수행할 수 있고, 특히 동영상을 감상하거나 인터넷을 탐색하는 데 기존 휴대폰보다 좋은 경험을 제공해

술 수 있었다.

반면 기기가 너무 커서 한 손으로 들기가 힘들었고 스타일러스 펜의 정확도나 필기감이 떨어졌다. 이런 상황에서 삼성전자는 갤럭시 노트를 시장에 출시하고 나서 2012년 1월부터 2013년 2월까지 1년 동안 엄청나게 빠른 속도로 총 15회에 걸쳐 업그레이드를 실시했다. 빨리 끓고 빨리 식는 양은 냄비 같은 조직이 필요한 이유다.

양은 냄비의 두 번째 특징은 '갈등'이다. 양은 냄비는 일단 끓기 시작하면 정신없이 맹렬하게 끓어오른다.

〈중략〉

이처럼 부글부글 끓어오르는 특성을 경험 디자인을 다루는 조직에 적용해보자. 점진적인 혁신을 무조건 신속하게 추진한다고 해서 진정한 경험이 제공되는 것은 아니다. 점진적 혁신이 한쪽 방향으로 치우쳐 발전하면 사람들이 느끼는 부조화(dissonance)는 더욱 커지기 때문이다. 갈등으로부터 심리적인 부조화를 느끼면, 근본적인 변화를 기대하는 개인과 인지적 부조화를 시장 확보의 기회로 활용하려는 기업가의 정신이 만나 패러다임의 변화를 일으키는 새로운 지배적 디자인이 창출된다. 갈등의 정도가 심하다는 것은 다른 시각으로 보면 현재 시장을 지배하고 있는 제품이나 서비스를 더 이상 견디지 못하고 심리적 부조화를 느끼는 사람들이 훨씬 더 많아진다는 의미이다. 점점 더 많은 사람들이 첨예한 갈등을 느낄수록 이 기회를 통해서 시장을 지배하려는 기업의 갈망도 뚜렷해질 수밖에 없다. 따라서 새로운 패러다임의 제품이나 서비스의 소재가 될 수 있는 갈등이 첨예하게 나타나는 것이다.

〈중략〉

세 번째는 양은 냄비의 '유연성'이다. 양은 냄비는 워낙 서럼한 비용으로 제작되기 때문에 쉽게 구부러지고 찌그러진다. 〈중략〉 이러한 유연성을 경험 디자인을 다루는 조직에 적용해보자. 현재의 지배적 디자인이 사용자가 느끼는 인지적 부조화를 더 이상 봉합할 수 없을 때에는 기존의 디자인에 대한 관성을 과감하게 끊어버리고 새로운 패러다임의 디자인을 채택할 수 있어야 한다. 물론 인지적 부조화가 별로 높지도 않은데 너무 일찍 지배적 디자인과 전혀 다른 새로운 디자인을 제시했다가 시장에서 실패하는 경우도 발생한다.

그러나 기존의 지배적 디자인에 너무 오래 매달려 있는 위험보다 빠른 변화를 시도하는 위험성이 훨씬 낮다. 지배적 디자인을 고집할 때 처음에는 감수해야 할 희생이 그다지 크지 않지만 결국 위험 요소는 점점 커지기 때문이다. 우리는 그 과정을 노키아 휴대폰, 소니 TV, 코닥 카메라 필름에서 이미 확실하게 목격했다. 앞에서 이야기한 신속함과 유연함, 그리고 첨예한 갈등이라는 양은 냄비의 세 가지 특성은 잘 활용됐을 때에는 사람들에게 진정한 경험을 효과적으로 제공할 수 있는 환경을 제공해 준다. 그러나 자칫 잘못 적용됐을 때에는 오히려 심각한 부작용을 초래할 수도 있다. 속도가 높아서 쓸데없이 바쁘게 움직이지만 실속이 없을 수도 있고, 지나치게 유연성만 강조하다 보면 근본이 흔들릴 수도 있다. 갈등을 첨예하게 느끼다보면 조직원들 사이에 불화가 심해져서 조직 자체가 와해돼 버리는 경우가 발생할 수도 있다. 그렇다면 이런 부작용을 효과적으로 미연에 방지할 수 있는 방법은 무엇일까? 이는 결국 경험 자체에 대한 근본적인 이해를 바탕으로 생각해볼 수 있다. 〈중략〉

출처 : 머니투데이(2015. 2. 2)

4 자기 지각 이론과 마케팅 전략

자기 지각 이론은 자신의 행동에 의해서 태도를 결정짓는다는 이론이다. 즉, 자신의 행동이 변하면 태도가 변한 것으로 추론하는데, 주로 저관여 의사 결정 과정에서 나타난다. 예를 들면, 제주도 올레길을 트레킹하다가 주변에서 A 브랜드의 트레킹화를 할인하는 것을 보고 구매하였고, 자신이 A 브랜드 제품을 구매했으니 그 브랜드를 좋아하는 것이라고 여기는 현상이다.

마케터는 이러한 점을 활용하여 FITD^{Foot-In-The-Door : 문간에 발 들여 놓기} 판매 기법을 사용한다. FITD란 처음에는 작은 것을 요구하여 수용을 얻어 낸 다음, 점점 더 큰 것을 요구하여 수용을 얻어내는 판매 기법이다. 즉, 처음에는 부담 없이 구매할 수 있는 제품을 권하여 구매하도록 만든 다음, 그보다 비싼 제품을 권하는 것으로 처음에 긍정적인 행동을 통해 호의적인 태도가 형성되었기 때문에 다른 제품도 구매할 가능성이 커지게 된다고 보는 것이다.^{사례 7-5 참조}

이때 마케터는 과다 정당화 효과^{Over-justification effect}에 주의해야 한다. 이는 개인이 어떤 행동을 한 이유를 내적인 욕구나 성격 등에서 찾는 것이 아니라 눈에 확 띄는 보상^{혹은 가격 할인} 등 외적인 동기에서 찾는 현상을 말한다. 마케터는 가격 할인을 할 때 이러한 현상에 유의해야 한다. 예를 들어, 할인 폭이 너무 크면 소비자는 그 제품을 좋아해서라기보다 가격 할인 때문에 구매했다고 생각하게 되어 오히려 태도가 비호의적으로 변할 수 있다. 하지만 할인 폭이 너무 작으면 유인 자체가 되지 않기 때문에 가격 인하 폭을 신중하게 결정하는 것이 중요하다.

 사례 7-5

호프집 왜 뻥튀기를 공짜로 막 퍼줄까

들어가면 안주 주문 여부에 관계없이 종종 마른 과자인 뻥튀기를 무료 서비스로 내놓는다. 주머니 사정이 좋지 않은 경우에 호프 한 잔에 안주 없이 뻥튀기를 안주 삼기도 한다. 하지만 곧 호프 한 잔을 다 비우게 되고, 다시 한 잔을 시키게 된다.

술잔이 늘어나니 안주를 시키게 되고 애초의 예산 범위를 넘어가게 되어 사용을 절제하려던 카드를 꺼내들게 된다. 여기에서 뻥튀기는 미끼 안주가 된다. 어떻게 보면 '늪 안주'라고도 할 수 있다. 무심코 발을 들여놓았다가 차츰 빠져드는 늪 같은 특징이 있기 때문이다. 무심코 하나 집어먹었는데 자꾸만 먹게 되고 그것이 술 소비량을 늘리게 되고 나중에는 더 많은 술과 안주를 시키게 하니 말이다. '한 발부터 먼저 들여놓기 기술'(A Foot in the door technique) 기법보다 더 심하다.

술을 배울 때 우리는 뻥튀기가 목이 마르게 하는 특징이 있음에도 불구하고 그 원인도 모르면서 맥주를 마셨다. 심지어 삼겹살집에서는 뻥튀기를 주지 않는 이유에 대해서는 생각하지 않는 경우도 있다. 당연히 삼겹살집에서 목이 마르다고 소주를 벌컥벌컥 마시지는 않는다. 술이 잘 들어가게 하는 것은 뻥튀기만이 아니다. 사실 뻥튀기는 생리적으로 당연하다. 뻥튀기가 몸의 물기를 흡수해가니 목이 마르고 맥주를 마시게 하니 말이다.

호프집에서는 보통 음악이 시끄럽다. 소비와 밀접한 이유가 있다. 프랑스 브르타뉴-쉬드대학교 행동 과학과의 니콜라스 게강 교수는 18~25세 사이 40명의 술 마시는 행동을 분석했다. 술집 주인의 허락에 따라 보통 크기인 72데시벨에서 시끄러운 소리 크기인 88데시벨까지 바꾸어 관찰했다. 사람들은 소리가 클수록 더 많이 마시는 것으로 나타났다. 또 다른 실험에서 이를 뒷받침하는 결과가 나왔다. 주크 박스에서 음악이 나오는 상황에서는 평균 3.77병의 맥주를 주문한 반면, 음악이 나오지 않을 때는 2.44병을 주문했다. 머무는 시간도 차이가 났다. 음악이 없었을 때는 30.26분이었지만, 음악이 있을 때는 89.03분이었다.

왜 이런 일이 일어나는 것일까. 소리가 크면 사람들이 열 받게 되고 이를 식히려고 맥주를 들이켜게 되는 것일까. 일부분은 맞지만 전부 맞는 것은 아니다. 일단 음악 소리가 크고 빠르면 사람들은 대화하기가 힘들어져 그 사이에 술을 더 먹기도 한다. 즉, 대화가 끊기는 사이에 사람들은 순간적으로 술을 먹거나 다른 사람에게 술을 더 권하기도 한다. 이를 통해 술 소비는 더 늘어난다. 한편, 시끄러울수록 사람들은 크게 말을 하게 된다. 크게 말을 할수록 몸에서 열이 나고, 목도 컬컬하게 된다. 따라서 맥주를 들이켜게 된다. 빠른 음악을 틀면 그만큼 흥분과 각성의 정도가 올라가기 때문에 술도 빨리 먹는다. 빠르고 소리가 큰 음악이 제격이 된다. 〈중략〉

음악이 시끄러운 곳은 롯데리아나 맥도널드 같은 패스트푸드점도 마찬가지다. 하지만 이런 공간의 의자는 맥주집과는 달리 불편하다. 이는 신나는 음악으로 테이블 회전율을 높이려는 것이다. 패스트 푸드점을 이용하는 이들은 대부분 지갑이 두둑한 이들이 아닌데다가 그들이 먹을 수 있는 한계 효용상 음식의 양은 한정되어 있다.

저녁 시간대에 대형 유통점에서 신나는 음악을 들려주는 것도 마찬가지다. 사람들이 많기 때문에 이때는 낮과는 달리 빠른 음악을 튼다. 패스트 푸드점은 오랫동안 앉을 수 없도록 자리를 불편하게 만들어놓았다. 대형 유통점에 편안하게 앉을 공간은 없이 빨리 카터를 끌다가 나가야 한다. 국내의 한 조사에 따르면 매장에서 음악이 나오면 물건을 빨리 고르고 계산대로 가게 된다고 답한 비율이 51.9%였고, 그렇지 않다는 답이 26.3%에 불과했다. 다른 실험에서 음악이 나오지 않을 때 고객이 매장에 머무른 시간은 119.86초였고, 느린 음악이 나올 때는 127.53초, 빠른 음악이 아닐 때는 108.93초였다. 〈중략〉

술집의 음악이 시끄러우면 맥주가 잘 들어간다고는 하지만, 무조건 시끄러운 음악 때문에 술을 많이 마시는 것은 아니다. 즐겁게 시끄러운 음악이어야 한다. 또한 음악의 종류에 따라 소비하는 술이 다르다. 고전적인 음악이 나올 때 사람들은 와인을 더 많이 먹거나 소비했다. 오히려 팝 음악이 나오면 와인을 소비하지 않는다. 무엇보다 사람들에게 공감을 이끌어내는 음악이 필요하다. 이를 위해서는 앞선 인지 심리학적 실험 결과와는 달리 문화 콘텐츠 차원의 선별 노력이 필요하다. 〈중략〉

출처 : 데일리안(2011. 1. 8.)

5 사회적 판단 이론과 마케팅 전략

사회적 판단 이론에 따르면, 관여도가 높은 소비자는 수용 영역이 좁기 때문에 수용할 수 있는 대안의 수가 적으며, 포괄적인 평가 과정을 거치게 되므로 브랜드를 평가할 때 고려하는 속성의 수가 많다. 다수 속성들을 대상으로 포괄적 평가 과정을 거치는 고관여 소비자의 경우, 일단 자신이 선호하는 브랜드가 결정되면 그 브랜드에 대한 충성도가 높아 브랜드 전환을 잘 하지 않는다. 반면, 관여도가 낮은 소비자는 수용 영역이 넓기 때문에 수용할 수 있는 대안의 수를 고려하여, 대안 평가 시 시간을 많이 소비할 의사가 없기 때문에 소수의 속성만을 사용한다. 또한, 브랜드 충성도가 낮기 때문에 상표 전환 가능성이 높다. 사회적 판단 이론에 근거하여 관여도 수준별, 수용 영역, 상표 대안의 수, 고려 속성, 상표 전환 등을 살펴보면 〈표 7-1〉과 같다.

📍 표 7-1_ 사회적 판단 이론과 관여도 수준

구 분	고관여 소비자	저관여 소비자
수용 영역	좁다	넓다
수용 가능한 상표 대안 수	적다	많다
상표 평가 시 고려하는 속성의 수	많다	적다
상표 전환 가능성	낮다	높다

출처 : 이학식·안광호·하영원(2007). 소비자 행동 : 마케팅전략적 접근. 법문사, p.275.

고관여 소비자는 광고 메시지에 많은 주의를 기울이고 과거 경험에 비추어 광고 내용을 해석할 가능성이 크다. 하지만 저관여 소비자는 광고 메시지에 주의를 적게 기울이고 그 내용을 별 저항 없이 받아들일 가능성이 크며 이로 인해 자주 구입하던 브랜드도 쉽게 전환할 수 있다. 따라서 저관여 제품의 경우, 차별적이고 독창적인 광고는 긍정적인 태도 형성과 브랜드 전환을 유도할 수 있다.

사회적 판단 이론에 근거한 동화 효과를 마케팅에 적용해 보면, 마케터는 제품의 기능이나 속성의 변화를 동시에 시도하는 것보다 한번에 조금씩 변화시키는 것이 필요하다는 것을 시사한다. 예를 들면, 삼양라면은 우지 파동으로 회사 이미지와 신뢰도가 추락했을 때 4차에 걸쳐 광고 캠페인을 하였다.

6 정교화 가능성 모델과 마케팅 전략

고관여 소비자는 정보 처리에 상당한 노력을 기울이나 저관여 소비자는 정보 처리에 그다지 노력을 기울이지 않는 경향이 있다. 고관여 소비자는 주로 중심 경로에 의해 태도를 형성하거나 변경하므로 중심 단서가 주변 단서보다 더 많은 영향을 미치게 된다. 따라서 고관여 상태일 경우 제품의 차별적 특성이나 혜택 등을 제시하는 것이 효과적이다.그림 7-9 참조

반면에 저관여 소비자는 주로 주변 경로에 의해 태도를 형성하거나 변화시킨다.

아름다운 기업
아시아나 서비스

서비스 모토

참신한 서비스

정성어린 서비스

상냥한 서비스

고급스런 서비스

출처 : www.naver.com

🧭 **그림 7-9_** 중심 경로를 통한 태도 형성 및 변화

따라서 저관여 소비자에게 구체적 제품 정보보다는 광고 분위기, 음악 혹은 광고 모델 등의 주변 요소에 중점을 두어야 할 것이다그림 7-10 참조. Petty¹⁹⁸³ 등은 광고 모델의 매력도가 고관여보다 저관여 소비자의 제품 태도에 더 많은 영향을 미치고 있음을 입증하였다.그림 7-11 참조

출처 : 동아일보(2010. 7. 2.) 재인용

🧭 **그림 7-10_** 주변 경로를 통한 태도 형성 및 변화

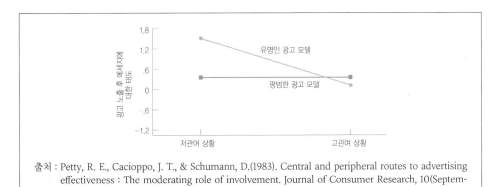

출처 : Petty, R. E., Cacioppo, J. T., & Schumann, D.(1983). Central and peripheral routes to advertising effectiveness : The moderating role of involvement. Journal of Consumer Research, 10(September), p.142.

🧭 **그림 7-11_** 관여도에 따른 제품 태도

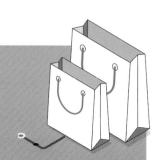

Chapter **08**

학습과 관광 행동

🎯 학습목표

이 장을 학습하고 나면 학생들은 다음의 내용을 이해하게 될 것이다.

1. 학습의 특성

2. 고전적 조건화와 학습

3. 수단적 조건화와 학습

4. 고전적 조건화와 수단적 조건화의 차이점

5. 강화 유형 및 강화 계획

6. 인지주의 학습의 영향 요인

7. 행동주의와 인지주의 학습 이론의 차이점

8. 대리 학습의 유형

9. 대리 학습의 영향 요인

10. 학습 이론과 마케팅 전략

개인 구매 의사 결정 과정에 영향을 미치는 내부적 요인은 태도, 학습, 동기, 그리고 성격을 포함한다. 이 장에서는 네 가지 내부적 요인 중 학습에 대해 설명한다.

　학습은 직·간접의 다양한 경험을 통해 나타나는 제품, 브랜드, 상점, 광고 등에 대한 지식, 태도, 구매 방법, 그리고 실제 구매 행동에 있어서의 변화를 의미한다. 학습의 결과는 소비자의 최종 구매 행동으로 표출되기 때문에 소비자가 특정 제품이나 서비스에 대하여 어떻게 경험하고 학습하게 되는지 그 과정을 이해하는 것이 중요하다. 소비자는 바람직한 소비 생활과 구매 활동을 학습을 통해 배우게 된다.

　학습 이론은 19세기 후반부터 폭넓게 연구되기 시작하였다. 학습 이론은 인간의 학습 과정과 결과의 원리를 설명하는 것이다. 즉, 인간이 학습하면서 행동 변화가 어떻게 일어나고 그 행동의 변화에 영향을 미치는 환경적 요소들이 무엇인지에 관심이 있다. 대표적 학습 이론에는 행동주의 학습 이론, 인지주의 학습 이론, 그리고 대리 학습 이론이 있다. 본 장에서는 소비자의 학습 과정을 설명하고 이해하는 데에 학습 이론이 어떻게 적용될 수 있는지 알아보기 위하여 고전적 조건화, 수단적 조건화, 인지적 학습, 그리고 대리 학습에 대하여 살펴본다. 마지막으로 학습 이론을 바탕으로 한 적절한 마케팅 시사점을 살펴본다.

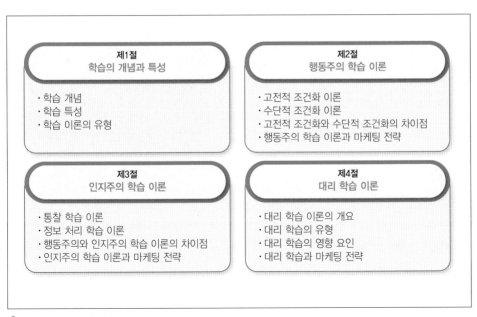

그림 8-1_ 제8장 요약도

제1절 **학습의 개념과 특성**

소비자는 브랜드에 대한 신념과 태도, 가치, 선호도 등 자신의 구매와 소비에 영향을 미치는 많은 것들을 학습을 통해 습득한다. 이러한 의미에서 소비자 행동은 본질적으로 학습된 행동이라고 할 수 있다. 소비자는 주변 세계에 적응하는 수단을 학습함으로써 구매 의사 결정에 관한 많은 문제를 효과적으로 해결할 수 있다. 본 절에서는 학습의 개념과 특성 그리고 학습의 제 이론 유형에 대해 살펴본다.

1 학습 개념

심리학에서는 개인이 여러 가지 사건들을 경험함으로써 일어나는 행동의 영속적 변화를 학습으로 정의하고 있다. 마케팅 학자들은 정보와 경험의 결과로서 수반되는 지식, 태도, 행동의 변화로 정의하고 있다. Kimble[1961]은 학습을 훈련의 결과 일어나는 행동 잠재력의 영속적인 변화라고 정의하였다. 관광객 행동의 관점에서 보면, 학습이란 관광객의 소비 행동에 영향을 미치는 지식과 경험을 획득하는 과정을 의미한다. 관광객 학습은 관광객 자신, 가족, 준거 집단, 광고, 커뮤니케이션 등을 통해 이루어진다.

휴가 동안 여행을 하거나, 축제에 참가하거나, 스키를 타거나 하는 관괭객의 행동은 학습에 의한 행동이다. 예를 들어, 학생들의 수학 여행이나 체험 활동(예 농촌 체험, 갯벌 체험, 템플스테이 등) 등은 인성 함양과 창의력 향상을 위한 하나의 학습 과정이다. 〈사례 8-1〉과 같이 교과 과정과 연계한 다양한 현장 체험을 통해 어린이들은 자연 보호의 소중함을 학습하게 된다.

'뗏목타고, 농사짓고'… 영동 체험 마을 '인기'

충북 영동의 금강변에 자리잡은 농촌 체험 마을에 피서객들이 몰리고 있다. 저렴하게 숙식하면서 물놀이를 즐기고 농사와 전통 문화 체험도 할 수 있기 때문이다. 16일 영동군에 따르면 지난해 '우수 농어촌 마을'로 뽑혀 농수산 식품부 장관상을 받은 양산면 수두리 '비단강 숲마을'에서는 8월 말까지 방 예약이 거의 끝났다.

이 마을에는 80명이 한꺼번에 머물 수 있는 체험 시설이 있는데, 숙박비가 1인당 1만 원으로 저렴하고 인근 금강에서 뗏목을 타고 물고기나 다슬기를 잡을 수도 있다. 지난해에는 1만 4천여 명이 이 마을을 다녀갔다. 이순실 사무장은 "여름 체험객을 위해 마을 안 공터에 텐트 30여 채를 설치할 수 있는 야영장도 만들었다"며 "마을에서 재배된 유기농 쌀과 약초·산나물 등으로 차린 '비단강 엄마밥' 등이 인기 상품"이라고 말했다.

학산면 지내리 '금강모치 마을'도 포도·블루베리 등 농산물 수확과 짚 공예 체험 등 다채로운 프로그램을 앞세워 도시민을 끌어들이고 있다. 이 마을도 지난해 8천900여 명의 체험객이 다녀갔다.

'풍뎅이 마을'로 이름난 학산면 도덕리 '시항골'은 표고 농사에서 나오는 폐목으로 '굼벵이(장수풍뎅이 유충)'를 관광 상품으로 개발하여 인기를 끌고 있다. 이 마을에는 굼벵이 농장과 곤충 표본관 등이 잘 꾸며져 학생과 가족 단위 체험객의 방문이 끊이지 않는다. 강완구 사무장은 "단체 체험객을 위해 20명이 머물 수 있는 큰 방을 하

▲ '굼벵이' 관찰하는 어린이들 (영동=연합뉴스) 박병기 기자
농촌체험마을인 충북 영동군 학산면 도덕리 '시항골'에서 어린이들이 굼벵이(장수풍뎅이 유충)를 관찰하고 있다.

▲ '뗏목 타는 체험객들 (영동=연합뉴스) 박병기 기자 = 농촌체험마을인 충북 영동군 양강면 '비단강숲마을'서 청소년들이 뗏목타기 체험을 즐기고 있다.

루 15만 원에 제공한다"며 "포도 수확이 시작되면 체험 신청이 급증할 것"이라고 전망했다.

출처 : 연합뉴스(2012. 7. 16.)

2 학습 특성

학습은 개인의 경험이나 연습 혹은 훈련 등에 의한 것이어야지 신체적 발육이나 본능적 행동과 같은 자연적인 성숙과는 구별된다. 예를 들어, 하품을 못하던 갓난 아기가 성장하면서 졸음이 오면 하품을 하게 되는데, 이것은 학습된 행동의 변화라고 볼 수 없다. 여기에서는 네 가지의 학습 특성을 살펴본다.

1) 행동의 변화를 수반한다.

행동이란 외적으로 표출되는 육체적 활동뿐만 아니라 태도, 신념, 지식 축적과 같은 심리적·인지적 활동도 포함한다. 학습으로 인한 개인의 행동 변화는 다음의 세 가지 기준에 따라 판단할 수 있다.

첫째, 물리적 행동의 변화이다. 인간은 학습을 통해 걷고, 달리고, 놀고, 즐기고, 물건을 운반하고, 사용하는 등의 육체적인 행동을 배우게 된다. 이런 물리적 행동은 자신이 직접 생활하는 과정에서 직접 습득하기도 하지만 타인이 하는 행동을 보거나 TV나 영화 등을 통해서 간접적으로도 배우게 된다.

둘째, 지식, 사고, 신념 등 인지적cognitive* 측면의 변화이다. 사람들은 어려운 상황에 처했을 때 해결하는 방법 그리고 타인과 의사 소통을 하고 세상을 현명하게 살아가는 방법 등 경험을 통해 학습하게 된다. 즉, 욕구를 충족시킬 수 있는 방법을 지식의 축적과 사고 능력의 개발 등을 통해 터득하게 된다.

마지막으로, 태도 등과 같은 심리적 측면의 변화이다. 환경타인도 포함에 대한 태도와 감정도 학습을 통해 형성된다. 이를 테면, 학습을 통해 싫거나 좋은 대상이 뚜렷해지며 학습의 결과에 따라 그 대상에 대한 태도나 감정은 변하게 된다.

 ★ 인지(Cognitive) : 인식으로도 사용되며, 사물을 알아보고 그것을 기억하며 추리해서 결론을 얻어내고 그로 인해 생긴 문제를 해결하는 등의 정신적인 과정을 의미한다.

2) 경험의 결과로서 발생한다.

경험이란 물리적 경험뿐만 아니라 정신적 경험도 포함한다. 반드시 개인이 직접적으로 경험할 필요는 없다. 우리는 다른 사람들에게 영향을 주는 사상들이나 행동들을 관찰함으로써 대리적으로 학습할 수 있다. 따라서 경험에 의하지 않는, 즉 단순히 본능에 의한 행동 변화는 학습의 대상에서 제외된다.

3) 지속적 행동 변화를 수반한다.

학습은 지속적인 행동 변화를 수반한다. 어떠한 특정의 행동은 단순한 계기에 의해 일어나기 보다는 오랜 기간에 걸쳐 학습된 후 일어난다. 일반적으로 학습이 어린 시절 이루어지거나 학습의 효과가 큰 경우일수록 변화된 행동은 보다 오랜 기간 지속성을 갖는다.

4) 학습 과정이나 결과를 직접 관찰하기 어렵다.

많은 관광 상품 구매 의사 결정은 관광객이 과거로부터 학습한 경험을 토대로 이루어진다. 호텔 선택에 있어서 쉽고 빠른 의사 결정이 이루어지는 것은 이의 경험에 의한 학습의 반응으로 볼 수 있다. 이러한 호텔 선택에 대한 학습은 직접 관찰할 수는 없지만 호텔 선택 학습 과정을 통하여 수행상의 행동을 추론함으로써 파악이 가능하다. 호텔 선택 행동 이전과 이후의 호텔 이용자 의식은 그 행위를 비교하여 나타나는 반응을 추론해 봄으로써 변화를 알 수 있다.

③ 학습 이론의 유형

학습 이론에는 행동주의, 인지주의, 그리고 대리 학습 이론이 있다그림 8-2 참조. 자극과 반응의 관계를 통해 학습 이론을 정착시킨 행동주의 학습 이론은 소비자 행동 연구자나 마케팅 학자들의 관심을 별로 끌지 못했으며, 또한 이론에 대한 실증적 검증도 활발히 진행되지 못했다. 하지만 최근에 소비자 행동 연구에 중요한 시사점을 제공하고 있다는 사실을 인식하면서 마케팅 학자들의 많은 관심을 모으고 있다.

인지주의 학습 이론은 개인이 어떻게 정보를 처리하고 지식을 축적하는지를 설명해 준다. 행동주의 학습 이론과는 달리 인지주의 학습 이론은 소비자 행동 연구자로부터 많은 관심을 받아 왔다. 이 이론은 학습의 결과가 반드시 외적 행동의 변화로 나타난다고 보지 않는다.

마지막으로 대리 학습은 타인모델의 행동 및 행동의 결과를 관찰함으로써 자신

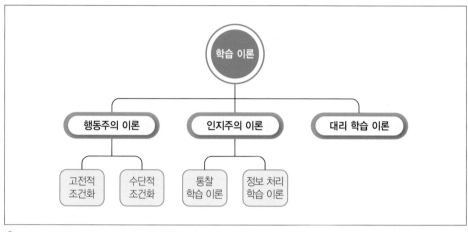

🧭 그림 8-2_ 학습 이론의 유형

의 행동을 변화시키고자 하는 시도를 말하는데, 모델링이라고도 한다. 대리 학습에는 공개적 모델링, 비공개적 모델링, 그리고 언어적 모델링이 있다.

제2절 행동주의 학습 이론

행동주의 학습 이론behavioristic learning theory은 자극에 대한 반응에서 일어나는 변화를 주시한다. Pavlov의 고전적 조건화 이론classical or respondent conditioning과 Skinner의 조작적 혹은 수단적 조건화 이론instrumental or operant conditioning이 대표적이다. 이들 이론의 개요와 특징은 다음과 같다.

1 고전적 조건화 이론

1) 개요

Pavlov는 개에게 먹이를 줄 때마다 종을 치는 것을 반복하다 나중에는 먹이 없이 종만 치더라도 개의 침샘에서 침이 분비된다는 것을 발견하였다. 이때 먹이가 침의 분비를 유발하는 것은 자연스러운 현상인데, 이와 같이 자연스럽게 어떤 반응을 유발하는 자극을 무조건 자극unconditioned stimulus : US이라고 하고, 이때의 반응을 무조건 반응unconditioned response : UR이라고 한다.

종소리처럼 처음에는 어떤 반응을 일으키지 않으나 무조건 자극먹이과 짝지어서 반복 제시되면 나중에 동일하거나 유사한 반응침의 분비을 유발시키는데, 이러한 자극을 조건 자극conditioned stimulus : CS이라 하고 조건 자극에 의해 유발된 반응을 조건 반응conditioned response : CR이라고 한다. 중립 자극과종소리 무조건먹이 자극을 결부시켜 반복적으로 노출시키면 조건 자극은 무조건 자극에 의하여 야기된 반응과 매우 유사한 반응을 유발한다는 것이 고전적 조건화 이론이다그림 8-3 참조. 고전적 조건화 이론은 학습 주체가 수동적인 학습을 통해 특정 행동 반응을 유발하게 되는 과정을 설명하는 데 초점을 맞추고 있다.

Pavlov의 실험을 소비자 행동에 적용해 보면 〈그림 8-3〉의 우측 그림과 같다. 즐거운 음악이나 인기 있는 모델무조건 자극과 함께 소비자가 중립적 태도를 보이는 어떤 제품중립 자극을 함께 반복적으로 광고에 노출하면 그 제품에 대해 호의적인 태도를 보이게 된다고 볼 수 있다. 무조건 자극음악, 모델, 운동 선수과 조건 자극제품, 서비스을 결부시켜 광고하는 것을 주변에서 쉽게 볼 수 있다.

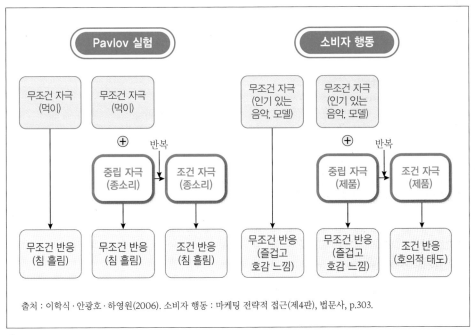

출처 : 이학식·안광호·하영원(2006). 소비자 행동 : 마케팅 전략적 접근(제4판), 법문사, p.303.

🧭 **그림 8-3_** 고전적 조건화 이론의 과정

광고는 보통 감정을 유발시키는 무조건 자극음악, 배경, 모델과 상품조건 자극 : 제품을 짝지어 제시한다Smith & Engel, 1968. 레스토랑이나 호텔의 경우 서비스 상품에 대한 고객의 호의적 태도를 유발하는 무조건 자극으로서 음악, 분위기, 향기, 미술품 전시, 분위기 등을 활용하고 있다. 싱가포르 에어라인의 경우 광고에선 스튜어디스를 항상 그리고 크게 등장시킨다. 중립 자극인 싱가포르 에어라인을 스튜어디스의 밝고 깨끗한 모습의 무조건적 자극과 반복적으로 연결시켜 항공사의 이미지를 편안한 기내 서비스를 약속하는 항공사로 변모시키는 것이다.그림 8-4 참조

그림 8-4_ 고전적 조건화 광고 사례

2) 고전적 조건화 영향 요인

고전적 조건화에 의한 학습이 쉽게 일어나는가 그렇지 않은가는 무조건 자극의 강도, 자극의 반복 횟수, 자극 순서, 그리고 무조건 자극의 친숙도 등에 의해 영향을 받는다. 이러한 영향 요인들에 대하여 설명하면 다음과 같다.

(1) 무조건 자극의 강도

무조건 자극이 강할수록 조건화가 더 잘 이루어진다. 파블로프의 실험에서 개에게 주는 먹이의 맛이나 냄새가 만족스러울수록 그리고 TV 광고의 내용이 보다 즐거울수록 고전적 조건화에 의한 학습 효과가 크다는 것이다. 조건 형성은 일상적인 자극보다는 새롭고, 특이하고, 강렬한 자극이 효과적인데, 이러한 자극들은 다른 자극에 비해 더 뚜렷하고 분명하기 때문이다.Hearst, 1999

(2) 반복 횟수노출 빈도

고전적 조건화에 의한 학습이 이루어지기 위해서는 무조건 자극과 조건 자극이 결부되어 반복적으로 학습자에게 제시되어야 한다. 하지만 자극의 반복 횟수에 대한 학습의 효과 연구 결과는 일관적이지 않다.

Gorn[1982]은 대학생을 대상으로 고전적 조건화를 응용하여 광고 속의 음악이 좋아하는 음악이면 소비자의 긍정적인 태도 형성에 도움이 됨을 설명하였다. 그는 실험 대상을 네 그룹으로 나누고 볼펜 사진조건 자극을 슬라이드로 제시하면서 동시에 배경 음악무조건 자극을 들려주었다. 배경 음악은 좋아하는 음악영화 Grease에 나오는 음악과 싫어하는 음악인도 전통 음악으로 구분하였고, 볼펜은 파란색과 베이지색 두 가지로 하였다. 실험이 끝나고 감사의 선물로 배경 음악과 함께 제시된 볼펜과 제시되지 않았던 볼펜 중 하나를 선택하도록 하였다.

실험 결과, 좋아하는 음악을 들은 집단에서는 참가자 79%가 좋아하는 음악과 함께 본 펜파란색을 선택하였고, 21%는 함께 제시되지 않았던 펜베이지색을 선택하였다표 8-1 참조. 한편, 싫어하는 음악을 들은 집단에서는 참가자의 70%가 싫어하는 음악과 함께 제시되지 않은 펜베이지색을 선택하였고, 30%는 싫어하는 음악과 함께 제시된 펜파란색을 선택하였다. 이 실험에서는 단 1회의 노출만으로 고전적 조건화에 의한 학습이 이루어질 수도 있는 것으로 나타났다. 즉, 좋은 배경 음악무조건 자극과 조건 자극펜이 반복적으로 노출되면 호의적인 태도를 형성할 수 있다는 것이다.

하지만 Kellaris와 Cox[1989]는 1회의 노출로는 고전적 조건화의 효과가 없다고 주장하였다. 이들은 Gorn의 연구 결과는 피실험자들이 연구자가 원하는 방향으로 행동하도록 유도되었기 때문에 얻어진 것이라고 주장하였다. 이들은 Gorn의 연구와 비슷한 실험에서 무조건 자극인 배경 음악이 조건 자극인 제품의 선택 행동에 영향을 주지 못한다는 것을 입증하였고, Gorn의 연구 결과가 실험 과정에서의 특성에 의해 유도된 것이라고 주장하였다.

표 8-1_ 음악(좋아하는 vs 좋아하지 않는)과 펜 선택

구 분		좋아하는 음악	싫어하는 음악
펜 선택	함께 제시된 펜 선택	79% (좋아하는 음악과 파란색 펜)	30% (싫어하는 음악과 파란색 펜)
	함께 제시되지 않은 펜 선택	21% (좋아하는 음악과 베이지색 펜)	70% (싫어하는 음악과 베이지색 펜)
	합계	100%	100%

출처 : Gorn, G. J.(1982). The effects of music in advertising on choice behavior: A classical conditioning approach. Journal of Marketing, 46, p.97.

(3) 자극 제시 순서

고전적 조건화 이론은 무조건 자극과 조건 자극이 주어지는 순서에 의해서도 영향을 받는데, 선행 조건화, 후행 조건화, 그리고 동시 조건화가 있다. 선행 조건화는 조건 자극상품이 먼저 제시된 다음 무조건 자극배우을 노출시키는 것이다. 후행 조건화는 무조건 자극이 조건 자극을 선행하는 것으로 분위기 연출이나 모델을 제시하고 그 다음에 제품을 보여 주는 것이다. 동시 조건화는 무조건 자극과 조건 자극을 동시에 제시하며 연결시키는 것이다. 이 셋 중에서 선행 조건화가 가장 효과적이며 후행 조건화가 가장 비효과적인 것으로 알려져 있다.

(4) 무조건 자극의 친숙도

제시된 무조건 자극에 친숙할 경우 학습 효과는 낮아질 수 있다. 잘 알려진 음악을 사용하는 것보다는 잘 알려지지 않은 음악이나 그 광고를 위하여 음악을 새로이 제작하여 사용하는 것이 바람직하다. 피겨 스케이팅 김연아 선수가 큰 대회마다 배경 음악을 다르게 선정하여 큰 반향을 일으킨 것이 좋은 예이다. 물론 잘 알려진 음악이 매우 좋은 것이라면 무조건 자극의 강도가 강하므로 별로 좋지 않은 새로운 음악보다는 더 효과적일 수도 있다.

2 수단적 조건화 이론

1) 개요

Skinner는 쥐와 비둘기 같은 동물을 대상으로 동물의 반응을 관찰하고 반응 결과를 통제할 수 있도록 Skinner 상자를 고안하였다. Skinner는 상자 속의 레버를 누르면 세 가지 결과 중 어느 한 가지로 나타날 수 있도록 상황을 만들었다.그림 8-5 참조

첫째는 레버를 누르면 먹이가 나오도록 하는 것이고, 둘째는 상자 내의 약간의 전기가 흐르도록 한 다음 레버를 누르면 전기가 흐르지 않도록 하고, 셋째는 처음에는 전기가 흐르지 않다가 레버를 누르면 전기 충격이 오도록 상황을 만들었다. 이 실험에서 쥐는 호기심에서 혹은 우연히 레버를 누를 수 있는데 몇 번의 반복 끝에 그 레버를 누르면 결과가 어떻게 된다는 것을 학습하고, 그 다음부터는 스스

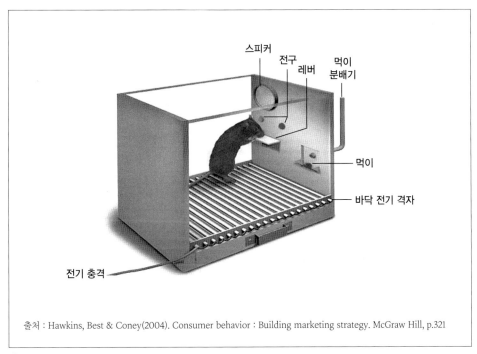

출처 : Hawkins, Best & Coney(2004). Consumer behavior : Building marketing strategy. McGraw Hill, p.321

그림 8-5_ Skinner 상자

로 레버를 누르거나 혹은 절대로 누르지 않았다.

Skinner 상자 속에서 쥐는 어느 순간 레버를 누르게 되고, 그로 인해 먹이를 얻게 되면 그때부터 자극레버 장치과 반응즉 레버를 누름과 먹이 획득 간의 연계를 인식하게 된다. 처음에는 레버를 누르는 행동과 먹이 획득 간의 연계 관계를 곧바로 인식하지 못했지만 몇 번의 경험을 통해 알게 되었다. 여기서 쥐의 행동레버 누름은 고전적 조건화에서처럼 무조건 자극에 대한 무의식적인 반응의 결과로서 학습된 것이 아니고 반응 후 주어지는 보상먹이 때문에 의식적·능동적으로 학습된 것이라 볼 수 있다.

수단적 조건화 이론은 개인 행동은 행동 후에 주어지는 어떤 보상이나 강화 요인에 의해 학습이 가능하다는 사실을 시사하고 있다. Skinner는 수단적 조건 형성에서 가장 중요한 것이 강화reinforcement이며, 강화를 어떻게 하느냐에 따라 인간의 행동을 통제할 수 있는 것으로 보았다. 즉, 강화를 통해 바람직한 행동을 유발할 수 있다는 것이다. 강화 혹은 강화물(예 경품, 할인, 쿠폰 등)은 어떤 행동 후에 주어지는 보상, 자극, 그리고 사건event들을 의미하는 것으로서 그 행동이 다시 반복될 확률에 직접적인 영향을 준다.

2) 수단적 조건화 영향 요인

다양한 요인늘이 수단적 조건화에 영향을 미칠 수 있다. 수단적 조건화에 미치는 대표적 영향 요인으로 강화 유형과 강화 계획강화 스케줄이 있다. 이에 대한 내용은 다음과 같다.

(1) 강화 유형

강화는 긍정적 강화정적 강화, 부정적 강화부적 강화, 정적 처벌과 부정적부적 처벌 등네 유형으로 분류된다. 긍정적 강화positive reinforcement란 긍정 자극을 제시함으로써 바람직한 행동을 증가시키는 것을 말한다. 높은 성적, 맛있는 음식, 봉급, 장학금, 승진, 인정, 칭찬, 감사 전화 등은 모두 정적 강화물의 예이다. 이와는 달리 혐오적 자극을 제거하거나 철회(예 Skinner의 실험에서 전기 충격 제거 혹은 철회)함으로써 바람직한 행동을 증가시키는 것을 부정적 강화라고 한다. 해외 여행 시 비행기 내에서 승객이 취해서 소란을 일으킬 경우 알코올 음료 서비스 제공을 중단하는 것이 한 예이다그림 8-6 참조.

처벌은 자극을 제시하거나 제거함으로써 바람직하지 못한 행동의 발생을 억제시키는 경우를 말한다. 처벌은 정적 처벌과 부정적 처벌로 구분된다. 전자는 혐오 자극을 제시하여 그리고 후자는 선호 자극을 제거하여 바람직하지 못한 행동의 발생을 억제시키는 것이다. 예컨대, 도보 여행 시 자연을 훼손하는 관광객에게 벌금을 부과혐오 자극 제시 하거나 아동들에게 TV를 보지 못하게 하는 것선호 자극 제거도

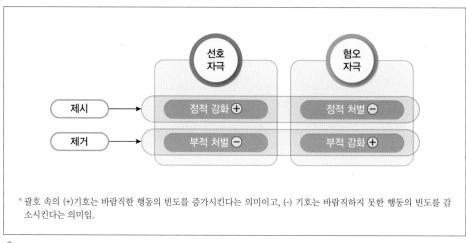

* 괄호 속의 (+)기호는 바람직한 행동의 빈도를 증가시킨다는 의미이고, (-) 기호는 바람직하지 못한 행동의 빈도를 감소시킨다는 의미임.

그림 8-6_ 자극의 강화 유형

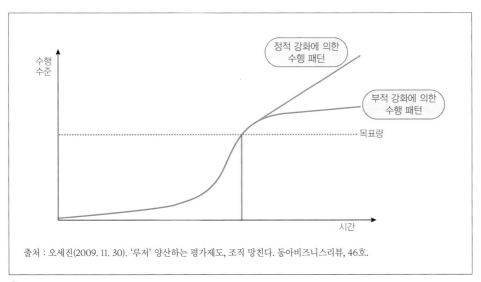

출처 : 오세진(2009. 11. 30). '루저' 양산하는 평가제도, 조직 망친다. 동아비즈니스리뷰, 46호.

🧭 **그림 8-7_** 정적 강화와 부적 강화의 수행 패턴 비교

처벌이다. 소비자는 처벌의 원인이 되는 반응들을 하지 않도록 학습한다.

〈그림 8-7〉에서와 같이 실제 조직에서 조직 구성원들이 보유한 역량을 최대한 행동으로 이끌어내는 데 있어서는 정적 강화가 부적 강화보다 더 효과적이다. 하지만 실제로 조직에서 인사 평가 시 직원들의 긍정적인 결과나 행동에 초점을 맞추기보다 잘못된 결과나 행동에 초점을 맞추는 경우가 많기 때문에 부적 강화(◉ 처벌)가 많이 사용되고 있다.

(2) 강화 계획

강화 계획은 구체적인 강화물보상을 제시하는 방식을 의미하는데, 연속 강화와 부분 강화가 있다표 8-2 참조. 강화 계획에 따라 행동이 학습되는 속도와 패턴 그리고 지속성 등이 달라진다.

연속 강화continuous reinforcement는 목표 반응을 할 때마다 강화물을 제공하는 것을 말한다. 이에 비해 부분 강화intermittent reinforcement 또는 간헐적 강화는 행동이 일어날 때마다 매번 강화가 주어지지 않는 경우를 총칭한다. 부분 강화는 비율 강화와 간격 강화로 나누어진다. 비율 강화 계획은 강화물이 제공되는 방식이 반응 횟수에 따라 결정되는 반면에 간격 강화 계획은 강화물이 제공되는 방식이 시간 간격에 기초를 두고 있다. 부분 강화에 의한 학습이 가장 지속적인 것으로 알려져 있다.

💡 **표 8-2_ 부분 강화 계획**

부분 강화 계획		내 용
비율 강화 계획 (ratio schedule)	고정 비율 강화 계획 (fixed-ratio)	일정한 횟수의 반응이 있는 후에 강화물이 주어진다(쿠폰, 마일리지 프로그램 등).
	변동 비율 강화 계획 (variable-ratio)	평균적으로 일정한 반응 비율에 따라 강화를 해주지만 강화를 해주는 반응 횟수는 일정하게 맞추지 않는다(카지노 게임, 복권).
간격 강화 계획 (interval schedule)	고정 간격 강화 계획 (fixed-interval)	일정한 시간이 경과하지 않으면 아무리 반응을 해도 강화물이 주어지지 않는다(백화점 정기 세일).
	변동 간격 강화 계획 (variable-interval)	평균적으로 일정한 시간에 강화를 해주지만 강화를 해주는 시간 간격은 일정하지 않다(마트나 백화점 타임 세일).

3 고전적 조건화와 수단적 조건화의 차이점

두 이론은 마케팅이나 교육 등 다양한 분야에서 널리 연구되고 있다. 이들은 몇 가지 유사점을 공유하지만 근본적인 차이점도 존재한다. 두 이론 모두 학습이 발생하는 조건에 초점을 두고 자극과 반응 간의 인과 관계를 설명하며 학습의 행동 측면에 초점을 둔 행동주의 학습 이론이다.

그러나 두 이론은 각기 다른 것에 주목한다. 첫째, 자극-반응 관계이다. 고전적 조건화는 조건 자극과 무조건 자극을 연관시킴으로써 조건 자극으로부터 새로운 조건 반응을 얻어낸다. 즉, 고전적 조건화에서는 조건 자극이 무조건 자극과 관련지어 동일한 반응을 이끌어낼 수 있는지에 관심이 있다. 이에 반해 조작적 조건화는 행동의 결과물을 통제하여 반응을 얻어낸다. 다시 말해, 어떤 행동의 결과로 보상을 받게 되면 행동의 결과에 대한 보상 기대로 행동이 반복되어 일어나게 된다고 본다.

둘째, 학습자에 대한 인간관이다. 고전적 조건화는 인간은 자극이 있어야 반응하는 반사적이고 수동적 존재로 보지만, 조작적 조건화는 먼저 학습자가 자극에 대한 반응행동을 보이면 이에 대한 강화를 주어 능동적으로 학습을 하는 존재로 본다. 조작적 조건화에서는 학습자가 능동적으로 대처하고 그로 인해 조건화가 형성된다고 가정하기 때문에 작동적, 도구적, 혹은 수단적 조건화라 불린다.

마지막으로, 행동의 원리이다. 고전적 조건화에서의 행동은 유도된 행동이고 조작적 조건화에서의 행동은 의도한 행동이다. 고전적 조건화는 조건 자극과 무조건의 결합으로서 행동이 유도되지만, 조작적 조건화는 결과물보상을 통해 강화되면 스스로 행동을 유발한다. 즉 고전적 조건화에서의 행동의 강도나 횟수는 유도하는 자극의 횟수에 의해 결정되고 조작적 조건화에서의 행동의 강도나 횟수는 주로 결과에 따라서 결정이 된다.

4 행동주의 학습 이론과 마케팅 전략

마케터들은 오래전부터 고전적 조건화와 수단적 조건화 이론을 마케팅 전략으로 활용하기 시작하였다. 고전적 조건화 원리를 마케팅에 활용하고 있는 대표적 원리가 자극 제시 순서와 자극 일반화이다. 수단적 조건화 원리 또한 마케팅에 적극적으로 활용되고 있는데, 대표적으로 빈도 마케팅, 판매 촉진 전략, 조형화를 들 수 있다.

1) 고전적 조건화와 마케팅 전략

(1) 자극 제시 순서와 마케팅 전략

마케터들은 광고에서 특정 제품조건 자극과 인기 유명인무조건 자극의 등장 순서를 다르게 해서 소비자를 조건화시킬 수 있는데, 선행전방 조건화forward conditioning, 후행후방 조건화backward conditioning, 동시 조건화simultaneous conditioning 등 세 가지가 있다. 이들 중에서 가장 효과적인 방법은 '특정 제품조건 자극 등장' → '인기 유명인무조건 자극 등장'의 선행 조건화이다.

한 연구팀은 피자 전문점의 로고가 찍힌 피자 상자조건 자극와 신속한 피자 배달을 상징하는 레이스카무조건 자극를 두 집단의 피험자들에게 보여주고 고전적 조건화의 효과를 조사하였다Kim 외, 1996. 첫째 집단에게는 선행 조건화피자 상자 → 레이스카를 그리고 둘째 집단에게는 후행 조건화레이스카 → 피자 상자로 실험하였다. 실험 결과, 선행 조건화의 경우가 전문점에 대한 태도 점수가 높게 나타났는데, 이는 제품이나 서비스에 대해 호의적인 고객의 태도를 학습시키는 선행 조건화가 더 효과적이라는 것을 의미한다. 지역 축제 브랜드화를 구축하는 데도 선행적 조건화는 유용하게 적용될 수 있다. 화천 산천어 축제의 경우, 지역 명칭, 캐릭터, 혹은 BI조건 자극를 제품 명칭산천어, 무조건 자극이나 이미지보다 먼저 제시할 때 조건 형성의 효과가 크게 나타날 수 있다.그림 8-8 참조

⌖ **그림 8-8_** 선행적 조건화 예

실제로 업계에서 가장 많이 사용하는 방법은 특정 제품과 인기 유명인을 동시에 등장시키는 동시 조건화와 '인기 유명인 등장 → 특정 제품 등장'의 후행 조건화이다. 동시 조건화 광고는 주로 광고의 좌측 상단에 특정 제품 이름을 지속적으로 제시하고 광고의 나머지 부분에 인기 유명인을 등장시킨다. 이때 광고의 좌측 상단은 소비자의 시선을 가장 많이 끄는 광고 영역에 해당된다. 〈그림 8-9〉는 미스터피자의 신제품 '랍스터몽땅' TV 광고와 1890년대 코카콜라 광고로서 동시 조건화를 이용한 마케팅 사례이다.

출처 : 식품외식경제(2018. 11. 29.) 재인용   출처 : 내 삶의 심리학 mind(2019. 7. 9.)

⌖ **그림 8-9_** 동시 조건화 사례

선행 연구에 의하면, 후행 조건화 광고는 영향력이 가장 약한 것으로 알려져 있다. 하지만 후행 조건화 광고에 관심을 기울이는 이유는 광고에 대한 소비자의 초기 주목도를 높이기 위해서다 내 삶의 심리학 mind, 2019.. 광고의 홍수 속에서 광고의 고전적 조건화 효과가 발생하도록 소비자가 먼저 인기 유명인을 보고 광고에 주목하게 만든 후 특정 제품을 제시하는 후행 조건화 방법을 활용하고 있다.

(2) 자극 일반화와 마케팅 전략

자극 일반화generalization란 특정 자극에 조건화되면 그와 비슷한 자극에 의해서도 유사한 반응이 일어나는 현상을 말한다. 소비자가 좋은 분위기와 결부된 어떤 제품 광고에 수차례 노출되어 그 제품에 대한 호의적인 태도를 형성하게 되면 이와 유사한 경쟁 제품에도 태도가 호의적으로 변하게 된다. 선도 기업은 자사 제품이 경쟁 제품과 차별적으로 보이게 함으로써 일반화를 감소시킬 수 있다. 후발 기업은 기존 경쟁자의 제품과 유사하게 함으로써 경쟁자의 광고로부터 간접적인 이득을 기대할 수 있다. 자극 일반화는 가족 브랜드 구축과 미투유사 패키지화 전략에 많이 이용된다.

① 가족 브랜드 구축

한 기업이 여러 연관 제품에 하나의 동일한 브랜드를 사용하는 경우를 공동 브랜드family brand라고 부른다. 즉, 다양한 제품들이 한 회사명의 명성을 이용하는 것이다. 예를 들어, 미국 호텔 브랜드인 Holiday InnsHoliday Inn Select, Holiday Inn Express, Holiday Inns and Suites과 RamadaRamada Inns, Ramada Plaza Hotels, Ramada Limited는 모든 제품에 동일 브랜드명을 사용하고 있다.

② 미투(유사 패키지화) 전략

미투me too 전략은 고전적 조건화 학습에서 자극의 일반화와 유사하지만 소비자가 서로 다른 자극에도 동일한 반응을 보이는 것을 마케팅에 활용한 것이다. 이 전략은 기업의 대표 브랜드와 유사한 모방 제품이 성과를 내는 방법이기도 하고, 브랜드 확장이나 제품 확장에도 응용할 수 있으며, 제품의 명성이나 신뢰성이 높은 경우에 활용할 수 있다. 〈사례 8-2〉는 항공사마다 각자 개성을 가진 서비스를 제공하려고 노력하면서도 노선이나 마케팅 전략에서는 경쟁사의 인기 서비스를 모방한 미투 전략 사례이다.

사례 8-2

"네가 하면 나도 한다" … 항공업계 '미투' 마케팅 바람

단독 노선 사라지고 라운지 등
인기 서비스 따라서 도입

이른바 '대박' 난 상품이나 서비스를 따라서 출시하는 '미투'(Me-Too) 마케팅 바람이 항공업계에서 불고 있다. 항공사마다 개성을 유지하려고 노력하면서도 노선이나 마케팅 전략에서는 경쟁사의 인기 아이템을 모방하는 사례가 늘고 있다.

항공업계에 따르면 다양한 노선에 항공사들이 앞다퉈 취항하면서 과거 특정 회사가 독점하던 단독 노선이 사라지는 추세다. 일본 삿포로는 대한항공, 오키나와는 아시아나항공이 과거 양분했던 노선이지만 각 노선에 제주항공과 진에어 등 저비용 항공사(LCC)가 잇따라 취항했다. 이에 더해 대한항공은 오키나와에, 아시아나항공은 삿포로(7월 예정)에 신규 취항하면서 서로 상대 노선에 진출하는 형국이 됐다. 대한항공은 또 자회사인 진에어와 공동 운항을 통해 제주항공 취항 이전 아시아나항공의 단독 노선이던 사이판에 진출할 예정이다.

LCC들도 기존 항공사가 개척해 수익성이 검증된 노선에 대거 몰리며 경쟁 체제를 구축하고 있다. 제주항공은 7월 일본 삿포로와 말레이시아 코타키나발루 노선에 취항할 예정이다. 해당 노선은 이미 대한항공과 이스타항공 등이 먼저 취항했다. 진에어는 아시아나항공에 이어 제주항공이 취항하며 시장을 키운 사이판에 진출할 예정이어서 경쟁이 치열해질 것으로 보인다. 제주항공이 처음 선보여 효과를 본 자유여행 라운지(해외 현지 여행 안내 시설)는 다른 LCC로도 번졌다.

진에어는 최근 괌에 라운지를 개설해 이곳을 여행하는 승객들을 대상으로 호텔과 렌터카 예약 등의 편의 제공에 나섰다. 라운지는 2012년 제주항공이 대한항공 단독 노선이던 괌에 취항했을 당시 여행사들로부터 외면받자 개별 여행객을 유치하기 위해 내놓은 전략 상품이다. 여행사 패키지보다 스스로 일정을 구성하는 자유여행의 인기와 맞물려 승객 유치를 견인한 것으로 평가받는다.

이처럼 '미투' 마케팅 바람이 불면서 과거에는 특별했지만 이젠 일반화된 기내 서비스들도 있다. 기내 프러포즈, 풍선 만들기, 가위바위보 게임과 같은 이색적인 기내 오락 서비스는 이제 대부분의 LCC에서 만나볼 수 있다.

기내에서 음료와 간식을 파

2) 수단적 조건화와 마케팅 전략

(1) 빈도 마케팅

빈도 마케팅은 제품 또는 서비스를 자주 또는 상당한 양을 구매하는 고객에게 보상을 해주는 마케팅 프로그램이다. 아시아나의 ABC 프로그램, 대한항공의 Sky Pass 프로그램, 아메리칸 에어라인의 마일리지 보너스 프로그램 등 비행기 회사의 마일리지 제도가 이에 해당된다. 빈도 마케팅과 같은 보상 프로그램은 수단적 조건화의 강화 계획을 응용한 마케팅 전략의 한 사례이다.

(2) 조형과 마케팅 전략

조형shaping이란 목표 행동을 정해놓고 그 행동과 가까운 행동이 나오면 보상을 주고 반대로 그 행동과 멀어지는 행동을 하면 보상을 주지 않는 것을 말한다. 다시 말해 원하는 행동은 남겨두고 원치 않는 행동은 제거하는 방식으로 훈련을 시킨다. 이런 과정을 통해서 점차 목표한 행동으로 접근해 가는 것이다. 이런 일련의 절차들이 마치 돌을 이용해서 조각을 할 때 필요한 부분은 남겨두고 불필요한 부분은 정으로 쪼아서 없애버리는 것과 비슷하다고 해서 조형이라는 용어를 쓴다.

조형의 원리를 응용한 사례는 여러 곳에서 찾아 볼 수 있다. 관광지에서 돌고래 쇼나 코끼리 재주 넘기 등에서 등장하는 동물들이 매우 복잡한 행동이 포함된 아주 멋진 묘기를 보이는 것은 이 조형의 원리를 응용한 사례이다그림 8-10 참조. 또한, 면세점 등에서는 파격적인 할인 품목을 제시함으로써 관광객을 점포 안으로 유인하는 전략도 조형의 한 사례이다. 일단 점포 안으로 들어온 관광객은 점포 안으로 들어오지 않은 관광객에 비해 다른 제품을 구매할 가능성이 커진다.

🕐 그림 8-10_ 조형 사례

제3절 **인지주의 학습 이론**

인지주의 심리학자들은 행동주의는 개별주의적이고, 단편적인 사건이나 행동에 집착하며, 표출된 외형적 행동에 지나치게 의존한다고 비판하면서 인간의 내적 인지 과정의 중요성을 강조하였다. 학습에 대한 인지주의의 입장은 학습에 대한 자발적 참여, 문제 해결을 위한 정보 처리, 새로운 학습을 위한 기존의 학습 내용의 재구성 및 재배열 등을 강조한다. 인지주의 학습 이론에는 통찰 학습 이론, 장 학습 이론, 정보 처리 학습 이론, 기호-형태 학습 이론, 신경망 학습 이론 등이 있다. 여기서는 통찰 학습 이론과 정보 처리 학습 이론에 대해 살펴본다.

1 통찰 학습 이론

독일의 심리학자 Köhler[1926]는 한 실험에서 침팬지를 우리 속에 상자들과 막대기수단를 넣어 놓고 천정에 손이 닿지 않도록 바나나목표 행동 혹은 의도적 행동를 매달아 놓았다. 이 상황에서 침팬지들은 여러 가지 행동들을 해 보다가 포기하는 듯했지만 결국에는 올바른 해결책을 찾아내곤 하였다. 예컨대, 막대통찰로 과일을 쳐서 떨어뜨리거나, 상자통찰를 끌고 가서 받침대로 삼아 올라가서 바나나를 땄다. 바나나를 점점 더 높이 매달아 놓았지만 침팬지들은 상자 위에 또 상자를 쌓아서 바나나를 따는 행동까지도 할 수 있었다. 상자와 막대를 치워 버리면 침팬지는 작은 사다리나 책상을 가지고와서 받침대로 사용했다그림 8-11 참조.

통찰insight이란 상황을 구성하는 요소 간의 관계를 파악하는 것을 말한다. 이렇게 본다면 학습이란 학습자의 통찰 과정을 통한 인지 구조의 변화라고 볼 수 있다. 따라서 통찰 학습 이론은 목표 인식, 그 목표를 성취하기 위한 의도적 행동, 문제 해결을 위한 통찰력, 그리고 목표 성취 등 네 가지 과정으로 요약할 수 있다.그림 8-12 참조

출처 : Köhler, E. (1926).Die Persönlichkeit des dreijährigen Kindes. Leipzig: Verlag von S. Hirzel.

그림 8-11_ Köhler의 침팬지 실험

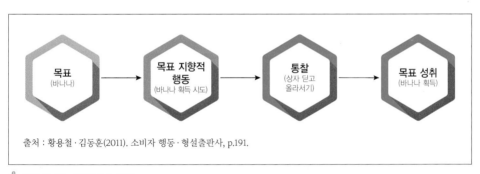

출처 : 황용철·김동훈(2011). 소비자 행동·형설출판사, p.191.

그림 8-12_ 통찰 학습 과정

2 정보 처리 학습 이론

이 이론은 새로운 정보가 투입되어 문제 해결이 이루어지며 일부 정보가 저장되고 필요에 따라 기억으로부터 정보가 인출재생되는 과정과 방식에서 학습이 이루어진다고 본다. 즉, 정보와 관련된 학습자의 내적 처리 과정을 컴퓨터의 처리 과정에 비유하고 있다.

정보 처리의 구성 요소는 정보가 저장되는 정보 저장소와 정보의 이동을 의미

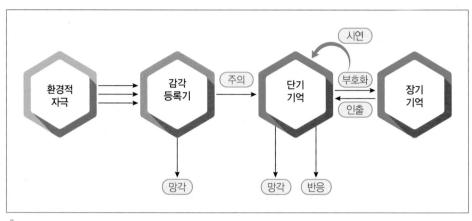

🧭 그림 8-13_ 정보 처리 모형

하는 정보 처리 과정 두 가지로 나누어진다. 처음 거치는 정보 저장소는 감각 등록기이다. 투입된 정보는 매우 짧은 시간 동안 감각 기억고에 머무르며 즉시 처리되지 않을 경우 곧 유실된다. 두 번째로 거치는 정보 저장소는 단기 기억작동기억인데 투입된 정보가 짧은 시간 동안 머무른다성인의 경우 5~9개의 정보가 20초 정도 저장된다. 마지막 정보 저장소는 장기 기억이다. 장기 기억에 존재하는 정보들은 체계적으로 장기간 저장되어 있다.그림 8-13 참조

정보 처리 과정은 정보를 하나의 저장소에서 다른 저장소로 옮기는 내부적인 활동으로서 주의, 시연, 부호화, 인출의 처리 과정이 포함된다. 주의는 감각 등록기에 들어온 자극정보에 대하여 반응관심을 보이는 것을 말한다. 시연rehearsal은 단기 기억 속의 자극정보를 계속 되내면서 반복 연습하는 것을 말하며, 부호화는 단기 기억으로 들어온 정보를 더 잘 기억될 수 있는 형태로 전환시키는 과정을 말한다. 마지막 과정은 인출retrieval인데, 장기 기억고에 저장되어 있는 수많은 정보들 중에서 필요한 정

보를 탐색하여 재생시키는 과정을 말한다. 인출 방법에는 회상recall과 재인recognition이 있다. 전자는 기억해내야 할 대상을 직접 보지 않는 상태에서 간접적 단서에만 의지하여 그 대상을 인출하는 방식이고, 후자는 대상을 직접 보고 있는 상태에서 그것을 과거에 본 적이 있다고 알아차리는 인출 방식이다.

③ 행동주의와 인지주의 학습 이론의 차이점

두 학습 이론 모두 인간을 변화시키려는 데 목적을 두고 있다. 하지만 인간을 보는 관점과 방법론적인 부분에서 차이가 있다. 두 학습 이론의 차이점은 네 가지로 요약해 볼 수 있다.

첫째, 무엇이 학습되느냐에 대한 가정이 다르다. 행동주의의 관점에서 행동은 그 자체로 학습된다고 본다. 하지만 인지주의 관점에서는 지식이 학습되고, 지식의 변화는 행동의 변화를 가능하게 한다고 가정한다.

둘째, 학습에 대한 정의의 차이이다. 행동주의는 학습은 변화된 행동이 비교적 영속적으로 나타난다고 본다. 따라서 피로, 약물, 마취, 신체적 질병 등으로 인한 일시적이거나 순간적인 행동의 변화는 학습으로 보지 않는다. 인지주의에서 학습은 환경 자극에 대한 반복적인 경험을 통한 행동의 습득으로 정의된다. 이는 학습의 후천적, 환경적 측면을 강조하는 것으로서 반사, 본능, 성숙에 의한 변화는 제외한다.

셋째, 강화가 학습에 있어서 중요하지만 강화의 개념 정의가 다르다. 행동주의에서의 강화는 반응을 증가시킨다고 간주한다. 인지주의에서 강화는 행동이 지속되는지 변화되는지를 알아볼 수 있는 피드백을 제공하는 정보의 원천으로 간주한다.

마지막으로, 행동주의는 연구 대상이 관찰, 측정, 비교할 수 있는 것이라고 가정하며, 자극과 반응의 연합을 강조한다. 인지주의는 인간의 내부에서 일어나는 인지적 과정, 즉 사물을 인식, 해석, 기억하는 방법정보 처리 학습을 강조한다.

④ 인지주의 학습 이론과 마케팅 전략

소비자의 인지적 학습은 제품이나 서비스를 직접 사용해 본 경험을 통해 또는 타인이 사용하는 것을 관찰하거나 TV, 신문, 잡지 등의 대중 매체나 친구, 가족 등 인적 정보원으로부터 제품 관련 정보를 처리한 결과로서 일어난다. 즉, 소비자는 여러 가지 대안에 관한 정보를 취득하고 처리하여 이 정보를 소비자가 가지고 있던 기존의 신념과 통합하는 과정이라 볼 수 있다. 인지적 학습에 대한 마케팅 시사점은 첨가, 조율, 재구조화 세 가지 유형으로 구분하여 볼 수 있다.

1) 첨가

첨가accretion는 단순하면서도 보편적으로 사용되는 방법 중의 하나이다. 구매자는 제품과 서비스에 대한 정보 처리 결과 기존의 지식 구조에 새로운 지식이나 신념을 덧붙이게 된다. 기존의 지식 구조에 첨가하는 인지적 학습의 단순한 예로서 연상 관계를 들 수 있다. 〈사례 8-3〉은 회복 음료하면 연상되는 박카스의 광고이다. 또 다른 예로서, "디즈니랜드는 세세 최초의 테마파크이며 세계에서 가장 많은 볼거리를 제공한다"라는 새로운 지식을 얻게 되면 기존의 디즈니랜드와 관련된 지식 구조에 이 지식을 첨가하게 된다. 이러한 유형의 인지적 학습은 아주 단순한 유형으로서 소비자 지식 구조에 큰 변화를 야기하지 않는다.

동아제약 박카스 '시작은 피로 회복부터'

1962년 '젊음과 활력을!' 헤드라인으로 등장
국민에게 힘 실어주고 희로애락 나누며 함께 존재할 것

박카스 광고는 단순한 상품 광고가 아닌 시대의 트렌드를 반영해왔다. 공익적 메시지와 국민 건강을 우선하는 콘셉트로, 일상생활에서의 생활사를 담아내며 공감을 얻고 있다. 박카스 광고는 1962년 '젊음과 활력

▲ 박카스 2019년 신규 캠페인 '시작은 피로회 복부터' ⓒ동아제약

을!'이라는 헤드라인으로 등장했다. 한국 전쟁 후 건강 상태가 최악이던 국민들에게 '간을 건강하게 해주는 건강 지킴이'라는 이미지를 전달했고, 광고 덕분에 박카스는 날개 돋친 듯 팔려나갔다.

승승장구하던 박카스에도 시련은 찾아왔다. 1976년 오남용을 부추길 수 있다며 정부가 자양강장 드링크류의 대중 광고를 금지했다. 1976년부터 1993년까지 무려 17년간 박카스 광고를 통한 '시대의 메시지'를 전달할 수 없었다. 1993년 동아제약은 기존 광고와 달리 보통 사람들을 모델로 하는 휴먼 광고 콘셉트로 광고계에 복귀했다. 묵묵히 음지에서 일하는 보통 사람을 담은 '새 한국인' 시리즈다.

'남들이 알아주지 않으면 어떤가? 그날의 피로는 그날에 푼다'는 카피로, 묵묵히 일하는 휴먼 스토리를 펼쳐 소비자들의 공감대를 이끌어냈다. 1997년까지 버스 종점편, 환경미화원편, 노사 화합편 등 총 13편의 새한국인 시리즈가 전파를 탔다.

1998년부터는 젊은 세대로 소구 타깃을 넓히며 그들의 열정, 젊음, 도전, 희망 등의 메시지를 담은 광고를 전개했다. '지킬 것은 지킨다'라는 유명 광고 카피가 이때 나왔다. 동아제약 관계자는 "당시 외환 위기 등으로 침체돼 있던 사회 분위기를 젊은이들이 먼저 나서 활력을 불어넣어 보자는 공익적 메시지를 꾸준히 전달하고자 했다"며 "단순한 상품 광고가 아닌 시대를 반영하며 젊은층까지 타깃을 넓힐 수 있었다"고 말했다.

2006년 이후엔 제품의 본질인 '피로 회복'의 상황을 다양한 접근 방식을 통해 소비자들에게 알리고자 했다. 2008년 시작한 '당신의 피로회복제는?' 캠페인의 경우 물리적 피로뿐 아니라 정신적 피로까지 아우를 수 있는 생활 속 다양한 피로 회복의 상황을 소재로 삼았다.

특히 캠페인의 출발을 알린 '태안반도편'은 사회적 이슈를 제품 광고와 연결한 대표적 사례로 꼽는다. 2009년에는 '우리는 누군가의 박카스다', 2010년엔 '진짜 피로회복제는 약국에 있습니다'라는 광고를 선보였다.

2012년부터 동아제약은 '풀려라 5000만! 풀려라 피로!'라는 메인 카피와 '대한민국에서 ○○○으로 산다는 것'이라는 콘셉트로 각각의 피로 상황을 흥미 있게 구성한 캠페인을 선보였다. 대한민국 생활인이라면 누구나 어깨에 짊어지고 있는 피로와 고뇌를 보여주고 그 속에서 희망을 찾는 이야기를 풀어낸 것이다.

특히 대화 회복편은 하루 종일 엄마만 찾는 딸과 딸과의 대화를 기대하다 실망하는 '투명 아빠'를 소재로 한 광고로, 아빠와 딸의 서먹한 관계를 유쾌하게 풀어내 많은 공감과 웃음을 자아냈다.

2016년은 젊은 세대들의 피로를 풀어주기 위해 '나를 아끼자'라는 박카스 TV 광고 캠페인을 새롭게 선보였다. '콜센터', '좋더라', '아껴서' 편을 통해 자신을 스스로 응원하며 노력하는 청춘의 모습을 담아냈다.

2017년에는 '나를 아끼자' 캠페인을 유지하면서 그 응원의 대상을 전 국민 차원으로 확대해 모두가 공감할 수 있는 이 시대의 가장의 모습을 담은 '딸의 인사' 편을 선보였다. 딸의 인사편에는 야근에 시달리는 가장의 모습을 등장, 가족과 더 많은 시간을 가질 필요가 있음을 유쾌하게 담아냈다.

지난해에는 엄마로서 제2의 인생을 시작한 여성들을 응원하는 '엄마' 편과 육아하는 아빠를 응원하는 '최고의 승진' 편을 선보였다. 엄마편에는 출산과 육아로 인한 '경단녀(경력단절 여성)'를 소재로 집안일과 육아에 전념하며 힘을 내는 이 시대 엄마의 모습을 담아냈다. 최고의 승진편에는 육아와 사회적 목표를 병행하며 열심히 살아가는 이 시대 아빠의 모습을 담아냈다.

올해는 신규 박카스 TV 광고 캠페인 '시작은 피로 회복부터'을 선보였다. 이번 캠페인은 학업, 취업, 결혼, 육아 등 많은 문제를 안고 살아가는 이 시대의 현대인들에게 그 어떤 것보다 가장 먼저 풀어야 할 것은 자신의 피로임을 환기시켰다.

동아제약 측은 "반세기 넘게 화려하고 현란하지는 않지만 소박한 일상의 이야기들을 통해 대한민국의 트렌드를 반영해왔다"면서 "앞으로도 박카스 광고는 항상 국민 옆에서 힘을 실어주고 희로애락을 나누며 함께 존재할 것"이라고 강조했다.

출처 : 데일리안(2019. 4. 22.)

2) 조율

조율tuning은 개인이 제품이나 서비스에 대해 새로운 지식을 축적함에 따라 자신이 가지고 있던 지식 구조의 일부를 변화시키거나 재검토하여 기존의 지식 구조를 일반화하는 것을 말한다. 즉, 특정 브랜드나 상품에 대해 지식이 많아져 소비자가 그 지식을 묶어서 이야기하는 것을 말한다. 이 과정에서는 소비자의 지식 구조 중 일부가 결합되어 새로운 전반적 의미가 도출될 수 있다. 예를 들어, 관광객은 Marriott International 호텔과 관련된 여러 가지 특성을 결합하여 '세계 최고의 비즈니스 호텔'이라는 일반적 구조로 변형할 수 있다.

3) 재구조화

재구조화restructuring는 첨가나 조율과는 달리 기존의 지식과는 전혀 다른 새로운 의미 구조를 만들거나 또는 기존의 지식 구조를 재편하는 것을 말한다. 외식 소비자는 레스토랑 브랜드 A & W, KFC, Pizza Hut, Taco Bell, Long John's Silver 등을 한 그룹의 계열사로 인식하기 보다는 음식의 종류에 따른 별개의 지식 구조를 형성할 수도 있다.

제4절 │ 대리 학습 이론

관찰 학습 이론은 타인을 관찰함으로써 학습한다고 가정한다. 관찰 학습의 과정은 Bandura[1977]가 처음 체계적으로 연구를 하였는데, 그는 고전적 및 조작적 조건 형성과는 다른 별개의 학습이라고는 보지 않았다. 조건 형성 이론가들이 직접 경험을 강조한 반면에 그는 관찰을 통해 대리적 조건 형성이 일어날 수 있다고 강조함으로써 조건 형성의 범위를 확장시켰다. 관찰 학습은 다른 사람의 행동을 관찰한 결과 행동이 변화하는 것을 지칭하여 모델링, 모델 학습, 그리고 대리 학습 등 다양하게 불리고 있다. 본 절에서는 대리 학습의 이론적 개요, 유형, 영향 요인, 그리고 마케팅 시사점에 대해 살펴본다.

1 개요

관찰 학습observational learning이란 인간의 사고와 감정 및 행동이 직접 경험에 의해서뿐만 아니라 간접 경험, 즉 대리 경험을 관찰함으로써 학습된다는 이론이다. 따라서 대리 경험은 관찰에 의한 것이며 관찰은 모델model을 관찰함으로써 학습이 이루어진다는 것이다.

관찰 학습이 일어나기 위해서는 주의, 암기, 실제 연습, 동기 등 네 가지 조건이 필요하다Hergenhahn, 1988. 학습이 이루어지기 전에 모델타인의 행동에 주의해야 한다. 관찰을 통해서 얻은 정보는 미래에 사용하기 위해 기억하게 된다. 그리고 연습을 통해 사람들은 자기 자신의 행동을 관찰하고 그것을 모델화한다. 마지막으로 모델화된 행동은 그것을 실행하고자 하는 동기가 유발될 때 비로소 학습된다.

관찰 학습 이론은 인간 행동을 설명하는 데 유용하다. 예컨대 TV가 인간 행동에 큰 영향을 미치는 것은 관찰 학습 때문이다. TV의 영향력은 어린이에게 강하게 나타나는데 아동들은 TV 모델로부터 많은 반응을 모방하기 때문이다.Huston & Wright, 1982

2 대리 학습의 유형

대리 학습에는 공개적 모델링, 비공개적 모델링, 그리고 언어적 모델링 세 가지가 있다. 이에 대한 내용 설명은 아래와 같다.

1) 공개적 모델링

공개적외재적 모델링overt modeling은 개인이 타인의 행동 및 행동의 결과를 관찰하여 자신의 행동을 변화시키고자 하는 시도를 말한다. TV에서 자신이 호감을 가지고 있는 운동 선수나 연예인이 해안가에서 물놀이 하는 장면을 보면 자신도 그

곳으로 여행을 떠나고 싶은 충동을 느끼게 된다. 또한, 음주 운전의 비극적인 모습을 보면 음주 운전을 하지 않는 것도 이에 해당한다.

2) 비공개적 모델링

비공개적내재적 모델링covert modeling은 모델이 어떤 상황에서 취하는 행동과 결과를 상상하도록 요구함으로써 이루어진다. 예를 들면, 시각적 효과를 보여 줄 수 없는 라디오 광고 등에서 시원한 파도 소리나 시원한 음료수를 마시는 소리를 들려주어 그 상황을 상상하도록 함으로써 학습시키는 방법이다. 파도 소리나 음료수 마시는 소리를 통해 관광 소비자는 여행 욕구와 갈증 해소 욕구를 느끼게 된다. 〈사례 8-4〉는 스타들의 목소리를 이용하여 소비자들의 호기심을 자극하는 비공개적 모델링의 사례이다.

스타 목소리로 소비자의 귀를 잡는다

광고에 목소리 등장… 호기심 자극 효과도
"이젠, 귀 기울여 광고를 '들어' 보세요~"

TV 광고에 스타의 얼굴 대신 '목소리'만 기용해 소비자의 호기심을 자극하는 기업들이 늘고 있다. 기존에는 목소리만 필요한 경우, 성우가 더빙을 하는 게 대세였지만 요즘은 제품 캐릭터에 맞는 유명인의 목소리를 동원하는 것이 일반화되고 있다. 유명인이 목소리만 출연하는 경우를 '보이스 오버'라고 하는데, 글로벌 기업들은 일찌감치 이 기법을 전략적으로 활용해 오고 있다.

최근 코카콜라는 '코카콜라 제로'의 광고에 임창정의 목소리를 등장시켰다. 임창정이 '오도방정을 떠는' 코믹한 캐릭터의 스카이 다이버 목소리를 더빙했다. 한동안 네티즌 사이에 이 목소리를 두고 누구의 목소리인지 논쟁이 벌어지기도 했다. 업체 입장에서는 과외의 홍보 효과까지 누린 셈이다.

캔커피 음료 '레쓰비'는 10년 이상 라디오 디제이 경력을 자랑하는 이문세의 목소리를 등장시켜 캔커피 광고에 걸맞은 묵직한 분위기를 연출했다. '래미안 아파트' 광고에는 인기 MC 최유라의 친근한 목소리가 등장해 소소한 일상 얘기를 전한다. AIG보험 광고에 목소리만 출연한 최화정은 톡톡 튀는 말투로 광고에 생기를 불어넣었다는 평가를 받고 있다.

스타들의 목소리만 들어간 'CM송'도 유행을 타고 있다. 대표 주자는 SK텔레콤 광고에 등장하는 '되고송'의 '김건모'버전. 가수 김건모가 직접 출연하지 않는 대신, 노랫소리를 통해 소비자들의 귀를 쫑긋 세우게 만든다.

출처 : 조선일보(2008. 6. 4.)

3) 언어적 모델링

언어적 모델링verbal modeling은 보여주지도 않고 행동을 직접 제시하지도 않는다. 소비자에게 자신과 유사한 다른 사람이 특정 상황에서 어떻게 행동했는가를 들려준다. 예컨대, 수재민 돕기나, 불우 이웃 돕기 등의 사례를 보여줌으로써 많은 후원금을 내도록 유도하는 경우가 이에 해당된다. 공개적 모델링은 TV나 인적 판매 등에 의해서 이루어지는 경우가 많고, 비공개적 모델링과 언어적 모델링은 보통 인적 판매, 라디오, 신문 등의 매체에 의해 행해진다.

3 대리 학습의 영향 요인

대리 학습은 다양한 요인에 의해 영향을 받는다. 여기서는 모델 특성, 학습자의 특성, 그리고 모델화된 행동 및 행동 결과의 특성에 대해서 살펴본다.

1) 모델 특성

모델이 보다 신뢰적으로 느껴질수록 모델링 효과는 커진다. 인기 있는 연예인이나 관련 전문가를 광고 모델로 활용하는 것은 이 때문이다. 또한, 모델의 특성이 학습자와 유사할수록 그 효과는 커진다. 이것은 소비자가 동질감을 강하게 느끼기 때문이다.

〈그림 8-13〉은 한국관광공사 홍보 대사 2PM과 미쓰에이가 '터치 코리아 투어' 콘텐츠를 제작하여 한국을 사랑하는 외국인들과 함께 한국을 여행하는 모습을 담은 리얼 버라이어티 형태의 영상의 한 단면이다. 최근 동남아시아에서 K-Pop으로 큰 인기를 얻고 있는 이들이 외국인들과 함께 한국을 여행하는 모습은 외국인 관광객 유치에 긍정적 역할을 하고 있다.

출처 : 마이데일리(2012. 10. 30.)

🧭 **그림 8-14_** 미쓰에이 수지의 관광 홍보 대사 사진

2) 학습자 특성

학습자마다 모델화된 행동을 다르게 받아들일 수 있다. 학습자가 보다 의존적일수록, 자신감과 자아 존중의 정도가 낮을수록, 그리고 모방 행동에 따라 만족스런 결과를 얻은 경험이 많을수록 모델링 효과는 크게 나타난다. 하지만 모델화된 행동의 결과에 대하여 학습자가 부여하는 가치value가 대리 학습 효과의 결정적 요인이 된다.김소영 외, 2010

3) 모델화된 행동 및 행동 결과의 특성

모델화된 행동이 수행되는 방식에 따라 모델링 효과는 달라진다. 모델화된 행동이 매우 주의 깊고 생동적일수록 그리고 보다 뚜렷할수록 모델링 효과는 커진다. 또한, 행동 결과가 진실처럼 느껴질수록 그 효과는 더 커진다.

4 대리 학습과 마케팅 전략

대리 학습에서는 전달자의 매력이 중요한데 이는 단순한 신체적 매력만을 뜻하지는 않는다. 다양한 요소에 의해 구성된 사회적 매력을 소유한 사람을 매력적이라고 평가하는데, 이는 신체적 매력뿐만 아니라 전문성 및 평가자와의 유사성 등이 복합적으로 작용한다. 예를 들어, 대학생 모델을 직접 기용함으로써 여성들로

하여금 신선한 이미지를 갖게 한다든지 주부 모델을 활용함으로써 소비자들로 하여금 친숙함을 느껴 광고 효과를 극대화할 수 있다.김소영 외, 2007

기업들은 종종 자사 제품을 사용한 후의 긍정적인 결과를 소비자에게 보여준다. 매력적인 연예인이 사회적 성공을 나타내는 의상을 입은 것을 보여주거나 화장품이나 향수를 사용하고 있음을 보여 주는 것이다. 이때 소비자들은 해당 연예인이 입고 있는 의상을 입거나 화장품 혹은 향수 등을 사용함으로써 자신들이 좋아하는 연예인들의 행동사회적 성공의 모습을 모방할 수 있다.

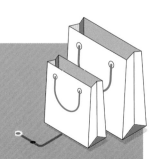

Chapter 09

동기와 관광 행동

소비자 행동은 사람과 주변 환경과의 상호 작용에 의해 이루어지는 복잡한 사회적 행동이다. 즉, 소비 행동은 소비자의 동기, 지각, 학습, 동기 등과 같은 심리적 요인과 소비자를 둘러싼 환경과의 상호 작용에 의해 결정된다. 주변 환경이 소비 행동에 많은 영향을 미치는 것은 사실이지만, 주변 환경에 대한 이해만으로 소비 행동 모두를 이해하기는 어렵다. 점심 값을 아껴 값비싼 커피를 마시는 외식 소비자의 행동을 어떻게

이해할 것인가? 명품을 구입하기 위해 지나치게 높은 비용을 지불하는 행동을 어떻게 이해할 것인가? 왜 탈일상성을 추구하고 싶어 하는가? 왜 미지의 세계를 여행하고 싶어 하는가? 이 물음이 바로 동기에 관한 질문들이다.

인간에게는 다양한 욕구가 내재되어 있는데 미충족된 욕구로 인해 야기된 심리적 긴장감이 행동 유발의 직접적인 동기로 작용한다. 실제로 개인의 내면 세계에 잠재되어 있던 욕구가 어떤 계기로 활성화되면 이 욕구를 충족시키기 위해 필요한 행동이 야기된다. 이런 이유 때문에 통상적으로는 욕구와 동기를 같은 의미로 사용하기도 한다. 그러나 엄밀하게 구분하면 욕구는 동기의 원천이라 할 수 있다.

동기는 다양하고 개인적 차이도 많기 때문에 소비자를 가장 잘 충족시킬 동기를 찾아 유발시키는 마케팅 전략이 필요하다. 제9장에서는 구매 의사 결정 과정에 영향을 미치는 내부적 요인, 즉 태도, 학습, 동기, 성격, 그리고 라이프스타일 중 동기에 대해 학습한다. 세부적으로 동기는 어떠한 특성을 지니고 있으며, 왜 동기 갈등이 발생하는지, 그리고 동기의 이해를 위한 주요한 이론은 무엇인지 살펴본다. 마지막으로 환대 및 관광 분야에서 동기를 마케팅 전략에 어떻게 활용할 수 있는지에 대해 학습한다.

제1절 동기 개념과 특성	제2절 동기 유형과 동기 갈등	제3절 동기의 제 이론	제4절 동기와 마케팅 전략
· 동기와 동기 부여 · 욕구 및 필요와 동기 · 동기 특성	· 소비 동기 유형 · 관광 동기 유형 · 동기 갈등	· 내용 이론 · 과정 이론	· 동기 유발 전략 · 시장 세분화 · 동기 갈등과 마케팅 전략

그림 9-1_ 제9장 요약도

동기 개념과 특성

목표 지향적인 관광을 하는 이유는 문화적 환경, 개인적 상황, 개인적 특성 등에 따라 다양하게 나타난다. 관광의 본원적 동기는 탈일상성과 즐거움의 추구이다. 그러나 진정한 관광의 동기는 개인의 내면에 있으며 스스로 인식하지 못하는 무의식적인 욕구일 수도 있다. 따라서 개인의 관광 동기혹은 소비 동기를 정확히 이해하는 것은 매우 어려운 일이다. 본 절에서는 동기와 동기 부여의 의미상 차이점, 욕구 및 필요와 동기 간의 차이점, 그리고 동기 특성에 대해 알아본다.

1 동기와 동기 부여

동기는 움직인다는 의미로 라틴어 "모베레movere"에서 유래한 것으로 "움직이게 한다" 또는 "행동하게 한다"는 뜻을 지니고 있다. 동기는 motive와 motivation의 두 가지 용어로 종종 사용된다. 전자를 일컬을 때 사용하는 동기motive의 의미는 개인의 행동을 어떤 목적을 위하여 일정한 방향으로 작동시키는 내적 자극을 말한다김소영 외, 2008. 통상적으로 동기를 행동의 원인이라고 말하지만 동기는 단순히 행동을 유발시키는 것으로 그치지 않고 야기된 행동이 특정 목표를 지향할 수 있도록 강한 추진력을 가진 비교적 지속성 있는 내적 성향을 말한다.

동기 유발motivation 혹은 동기 부여는 동기가 활성화되어 행동을 유발시키는 과정을 의미한다. 동기가 활성화되면 행동이 시작되고 일정한 목표가 달성될 때까지 그 행동은 지속된다. 따라서 동기 유발이란 어떻게 행동이 시작되어, 활기를 띠게 되고, 목표 지향적으로 추진되며, 결국 그 행동이 끝나게 되는가를 나타내주는 동적인 개념이라 할 수 있다.

동기는 행동의 원인이고 동기 유발은 행동을 유발시키는 과정을 의미하기 때문에 이 두 개념은 불가분의 관계를 가지고 있다. 따라서 이 두 용어는 실제로 혼용해서 사용되기도 한다.

한편, 관광 동기란 관광자의 관광 행동을 일으키는 추동력driving forces이다. 관광 동기는 인간이 여행을 통해 만족을 얻거나 누리고자 할 때 일어난다. 인간의 동기는 4단계로 구성되는데, 첫 번째는 불균형 상태이고, 두 번째는 일상 탈출이다. 세 번째는 일상 탈출의 방법으로써 ❶ 집에 머문다. ❷ 여행을 간다. ❸ 여행 이외의 활동을 한다 중 하나를 선택한다. 마지막 단계에서는 일상 탈출의 방법으로 여행을 선택했을 경우, 사회 심리적 동기와 문화적 동기가 존재한다Crompton, 1979. 사회 심리적 동기는 개인의 심리적 상태와 사회적 환경에 의해서 유발되고 문화적 동기는 목적지에서 제공하는 것으로써 독특한 상품, 서비스, 문화에 의해서 유발되는 동기이다.

② 욕구 및 필요와 동기

욕구needs란 이상적인 상태ideal state와 현재 상태present state와의 차이에서 나타나는 일종의 결핍불일치 혹은 불균형 상태를 말한다. 예컨대, 등산을 하게 되면 땀을 배출하게 되며 이로 인해 갈증을 느끼게 된다. 이때 갈증은 현재 상태를 의미하며 갈증이 없는 상태가 이상적인 상태인 것이다. 관광 현상도 이와 마찬가지이다. 관광을 하고 싶은데 이를 충족시키지 못하면 불균형 상태미충족 욕구가 되는데, 이것이 관광 욕구인 것이다.

욕구 충족을 위해 구체적인 수단에 대한 열망의 형태로 나타나는 것이 필요 혹은 욕망wants이다. 즉, 운동 후 미네랄 음료, 탄산 음료, 우유, 생수 등과 같은 구체적인 수단을 통해 갈증을 해소하고자 하는 열망이 필요이다. 욕구는 모든 인간에게 정도의 차이는 있으나 비교적 공통적인 반면에 필요는 개인의 특성이나 상황에 따라 다르게 나타난다. 예를 들어, 등산이나 운동 후 거의 모든 사람은 갈증을 느끼게 된다. 하지만 갈증 해소라는 동일한 욕구에 대해 어떤 사람은 미네랄 음료를 어떤 사람은 이온 음료를 필요로 할 수 있다.

욕구와 필요의 차이는 또한 인식의 차이로 설명될 수 있다. 개인은 누구나 생리적 욕구나 정신적 욕구를 가지고 있지만 그 사실을 인식하고 있는 사람이 있고 그렇지 못한 사람이 있다. 따라서 욕구가 구체화된 필요로 활성화되기 위해서는 충족되지 않은 욕구를 인식해야만 한다.

욕구와 필요가 동기와 다른 점은 미충족된 욕구와 이를 충족시킬 수 있는 구체적 수단에 대해 인식했다 하더라도 그것이 동기를 갖지 못하면 행동으로 발전되지 않는다는 점이다. 즉, 동기는 필요를 행동으로 유발시키는 매개 역할을 한다. 〈그림 9-2〉는 관광객의 동기 형성 과정을 도식화한 것이다. 개인이 필요한 것을

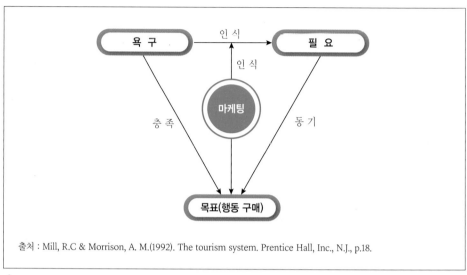

출처 : Mill, R.C & Morrison, A. M.(1992). The tourism system. Prentice Hall, Inc., N.J., p.18.

🧭 그림 9-2_ 동기 형성 과정

인식할 때 욕구가 필요로 전환되며 개인의 목표 달성을 위해 행동으로 발전시키는 것이 동기이다. 한편, 필요를 인식하게 해 주는 역할은 마케팅 자극이 대표적이다. 또한 마케팅은 소비자의 행동구매에 직접적 영향을 미친다. 그리고 욕구를 충족시키고 동기를 부여하기 위해서는 행동의 목표가 존재해야 한다.

3 동기 특성

동기의 일반적인 특성으로는 〈그림 9-3〉과 같이 네 가지가 있다. 하지만 개인의 구매 동기는 자신이 처한 상황이나 구매 상황에 따라 달라질 수 있다.

1) 관찰이 불가능하다

동기는 관찰이 불가능하다. 따라서 행동을 관찰함으로써 동기를 추정할 수가 있다. 그러나 상이한 동기가 동일한 행동을 유발시킬 수도 있고 동일한 동기가 상이한 행동을 유발시킬 수도 있기 때문에 동기의 정확한 추정에는 어려움이 따른다. 예를 들면, 음식점에서 식사를 하고 있는 사람들 중에는 배가 고파서생리적 동기, 사교적 모임을 갖기 위해서사회적 동기, 또는 스트레스를 해소하고 휴식을 얻기 위해

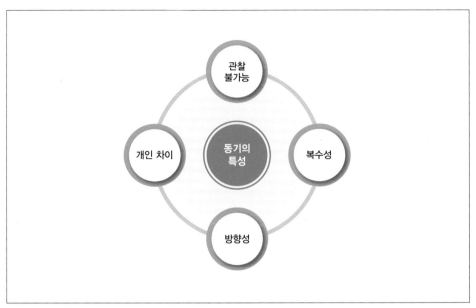

🧭 그림 9-3_ 동기의 특성

그곳을 찾은 사람도 있을 것이다. 이처럼 음식점에 오게된 동기가 저마다 다를 수 있기 때문에 행동을 보고 동기를 추정하는 일은 쉽지 않다.

2) 복수의 동기를 갖는다

행동은 단일의 동기에 의해서 유발되는 경우보다는 여러 동기가 복합적으로 작용하여 유발되는 경우가 더 보편적이다. 따라서 동기 간 갈등이 발생할 수 있다. 예컨대, 가족과 하와이에서 여름 휴가를 보내면서 현지 친지를 방문한다든가 비즈니스를 수행한다든가 하는 것이다.

3) 방향성을 갖는다

동기는 행동을 설명하는 매개 변인으로 동기와 행동 간의 관계를 [욕구] - [동기] - [행동]의 과정으로 나타낼 수 있다. 욕구는 어떤 결핍 상태로 동기를 유발하는 근원이다. 동기는 어떤 내적 성향이나 습관을 활성화 또는 촉발하고, 실제로 실행하고 있는 행동의 강도를 다양하게 변화시키고, 여러 가지 가능한 행동 중에서 특정의 행동을 하도록 하는 것과 같이 행동의 방향을 결정하는 중요한 기능을 한다.

4) 개인 차이가 있다

동기는 다양하고 개인 간 차이도 많기 때문에 마케터는 관광자를 가장 잘 충족시킬 수 있는 동기를 찾아야 한다. 여행을 하는 동기는 주로 탐험이나 즐거움에 대한 갈망 때문에 일어난다. 따라서 관광 서비스 제공자들은 관광자에게 쾌락적 hedonic 동기를 유발할 수 있는 경험과 흥분을 경험할 수 있도록 관심을 유발해야 한다. 예를 들면, 신혼 부부들은 환상에 대한 욕구가 매우 강하다. 이들에게는 실용적 여행 상품보다는 처음이자 마지막인 신혼의 독특한 경험을 구매할 수 있는 동기 유발 전략이 필요하다.

제2절 | 동기 유형과 동기 갈등

구매 행동을 유발하기 위해서 광고, 신제품 개발, 기능 향상 등 다양한 전략을 활용할 수 있다. 그러나 마케터 입장에서 보면 근본적인 동기 유발이 어렵기 때문에 동기를 외부적 자극 요인에 의해 활성화시키는 방향으로 유도해야 한다. 이러한 측면에서 볼 때 제품 선택에 있어서 동기의 유형에 무엇이 있는가를 살펴볼 필요가 있다. 하지만 다수의 동기들이 동시에 활성화되면 개인은 갈등을 경험하게 된다. 소비자는 한정된 자원을 갖고 있으면서도 원하는 제품은 많기 때문에 동기 갈등이 발생한다. 본 절에서는 소비 및 관광 동기 유형과 동기 갈등에 대해서 학습한다.

1 소비 동기 유형

Sheth 등[1991]은 소비자의 소비 선택에 영향을 미치는 5가지의 소비 동기를 제시하였다. 다섯 가지 소비 동기는 기능적 가치, 사회적 가치, 정서적 가치, 상황적 가치, 그리고 인식론적 가치이다.

첫째, 기능적 가치이다. 이는 제품의 품질, 기능, 가격, 서비스와 관련된 소비 가치로 실용적 또는 물리적 성능에 대한 효용을 말한다. 예를 들면, 관광 소비자가 여름 휴가를 해변가에서 보내기 위해 태양으로부터 노출된 피부를 보호할 목적으로 선크림을 구매한다면 이는 선크림이 그 소비자에게 피부 보호라는 기능적 가치를 제공해 주는 것이 된다.

둘째, 사회적 가치이다. 이는 제품을 소비하는 특정 사회 계층이나 집단과 관련된 소비 가치이다. 다시 말해, 특정 사회 계층이나 집단에 대한 소속감을 나타낼 수 있는 가치를 말한다. 준거 집단의 영향에 민감하게 반응하고 과시적 성향이 높은 소비자가 백화점에서만 판매되는 고급 브랜드의 골프 클럽을 구입하는 경우가 해당된다.

셋째, 정서적 가치이다. 이는 다른 제품에 비해 그 제품이 특별한 느낌이나 감정 상태를 제공하는 효용을 말한다. 단순히 좋고 싫음과 같은 평가적 측면 이외에 애정, 혐오, 공포, 재미, 지루함 등과 같은 다양한 감정적 느낌을 의미한다.Holbrook & Hirshman, 1982

넷째, 상황적 가치이다. 이는 상황에 따라 선택 대안들이 가지는 가치가 다르게 인식되는 것을 말한다. 상황 요인들은 소비자로 하여금 평소 계획했던 브랜드가 아닌 다른 브랜드를 구매하도록 유발하기도 한다. 예를 들어, 평소 가격 할인을 해 주지 않던 A 여행사가 유럽 가족 여행 특별 상품을 처음 출시하면서 한시적으로 가격을 할인해 주는 경우가 이에 해당한다.

마지막으로, 인식론적 가치이다. 이는 호기심에 이끌리는 행동의 유발, 새로움의 제공, 지식에 대한 욕구를 만족시키는 결과로서 제품으로부터 얻어지는 지각된 효용이다. 면세점에서 명품을 구입하거나 골동품 상점에서 진귀한 가치의 상품을 구입하는 것은 제품의 인식론적 가치와 관련이 있다.표 9-1 참조

🏆 표 9-1_ Sheth, Newman, & Gross 등의 소비 가치(동기) 유형

소비 가치(동기)	내 용
기능(효능)적 가치	제품의 성분. 기능. 가격. 원료. 효과 등과 관련된 가치
사회적 가치	제품을 소비하는 사회 계층 및 집단과 관련된 가치
정서적 가치	제품 소비에 의한 긍정적. 부정적 감정과 관련된 가치(즐거움. 만족감 등)
상황적 가치	제품을 소비하는 특정 상황과 관련된 가치
인식론적 가치	제품 소비를 촉발하게 된 새로움. 진귀함. 호기심과 관련된 가치

출처 : Sheth, J. N., Newman, B. L., & Gross, B. L.(1991). Why we buy what we buy : A theory of consumption values. Journal of Business Research, 22, p.159-170.

표 9-2_ 김소영 등의 소비 동기 유형

동기 유형	내 용
기능적 동기 (functional motives)	• 제품이 수행하는 기능 또는 유용성에 의한 제품 선택(인체에 유용한 기능을 가진 원료를 사용하여 제조한 건강기능식품 광고) → 기능적 가치 추구 • 호텔 객실의 편안함, 편리한 접근성, 레스토랑 음식의 맛과 품질
심미적 동기 (aesthetic motives)	• 호텔 외형과 편이성에 의한 제품 선택(디자인을 강조하는 호텔 광고) → 정서적 가치 추구 • 호텔이나 레스토랑 인테리어, 음악, 분위기
사회적 동기 (social motives)	• 사회적 지위 또는 존경에 의한 제품 선택(신분을 강조하는 크루즈 여행 광고) → 사회적 가치 추구 • 크루즈 여행
호기심 동기 (curiosity motives)	• 새로운 제품이나 상표에 의한 호기심으로 인한 제품 선택(색다른 경험을 강조하는 우주여행 광고) → 진귀적 가치 추구 • 신규 호텔이나 레스토랑 개점, 새로운 메뉴 개발
상황적 동기 (situational motives)	• 금전적인 부담 때문에 억제되다가 가격 할인과 같은 예상치 못한 상황에서의 제품 선택 → 상황적 가치 추구 • 특별 이벤트, 패키지 가격 할인

김소영2008 등은 선행 연구에서 밝혀진 소비 동기를 〈표 9-2〉와 같이 다섯 가지로 설명하고 있다. 이들 각각의 동기는 복합적일 수 있고 개별적일 수 있다.

2 관광 동기 유형

관광의 동기는 환경의 변화에 따라 변해왔다. 과거에는 물, 안전, 음식, 치료 등의 생리적 동기를 충족시키기 위해 관광을 주로 하였으나, 오늘날에는 권태감, 삶의 문제들로 가득한 일상에서의 탈출, 그리고 문화, 휴식, 존경, 자아 실현과 같은 사회적·심리적 동기를 충족하기 위해 관광을 많이 한다. 현대 관광자의 대부분은 고차원적인 자기 실현의 욕구를 추구하고 있다. 관광 동기는 학자들에 따라 다르게 분류되어 왔으나 여기서는 McIntosh와 그의 동료, Cook과 그의 동료, 그리고 Iso-Ahola 동기 유형에 대해서 살펴본다.

1) McIntosh 등의 관광 동기 유형

이들은 관광 동기가 관광 심리학의 중요한 부분의 하나임을 강조하면서 관광

📍 **표 9-3_ 맥킨토시와 골드너의 관광 동기 유형**

동기 유형	내 용
신체적 동기 (physical motivations)	• 신체·정신 충전, 건강 목적, 즐거움, 낭만 등의 동기 • 육체적 휴식, 스포츠 참가, 쇼핑, 해변 레크리에이션, 치료 및 보양
문화적 동기 (cultural motivations)	• 타국에 관해 알고자 하는 동기(예 음악, 예술, 민족, 종교 등) • 올림픽과 같은 국제적 특별 행사의 체험 등
대인 관계 동기 (interpersonal motivations)	• 새로운 사람, 친구, 친척을 만나려는 동기 • 가족, 친구, 이웃을 떠나 타인을 만나고 싶어함
지위와 명예에 대한 동기 (status & prestige motivations)	• 보다 좋은 인식, 평판, 지식 및 명예 등에 대한 동기 • 학습 또는 사업, 자기개발, 자아 실현

출처 : McIntosh, R. W., Goeldner, C. R., & Ritchie, J. R. B. (1995). Tourism : Principles, Practices, Philosophios(7th ed.). New York : John Wiley & sons. Inc.

동기를 네 가지, 즉 신체적 동기, 문화적 동기, 대인 관계 동기, 그리고 지위와 명예에 대한 동기로 분류하였다표 9-3 참조. 특히, 이들은 관광 행동에는 여러 동기가 복합적으로 일어날 수 있기 때문에 한 가지의 동기만 있다는 것을 기대해서는 안 된다고 주장하였다.

2) Cook 등의 관광 동기 유형

관광 동기는 추진push과 유인pull 요소로 설명되기도 하는데, 〈그림 9-4〉는 이를 도식화해서 나타낸 것이다Cook 외, 2006. 추진 요인은 관광객이 어떤 의지로 자신이 선택한 관광 목적지로 떠나는가에 대한 이유를 말해주는 것으로서 관광객의 내적 심리가 관광 욕구를 자극하여 관광 행동을 일으키는 것이다. 유인 요인은 관광 목적지의 어떤 특정 속성들이 관광객을 끌어들이는 힘으로 작용하는지를 설명해주는 것으로서 목적지에 존재하는 모든 것을 의미한다. 사람들이 왜 여행하는가에 관한 질문에 대한 답을 관광 동기로서 설명할 수 있는데, 이 모델에 의하면 관광은 내적인 힘에 의해 추진되고 관광 목적지의 속성이라는 외적인 힘에 의해 유인되어 여행한다는 것이다.

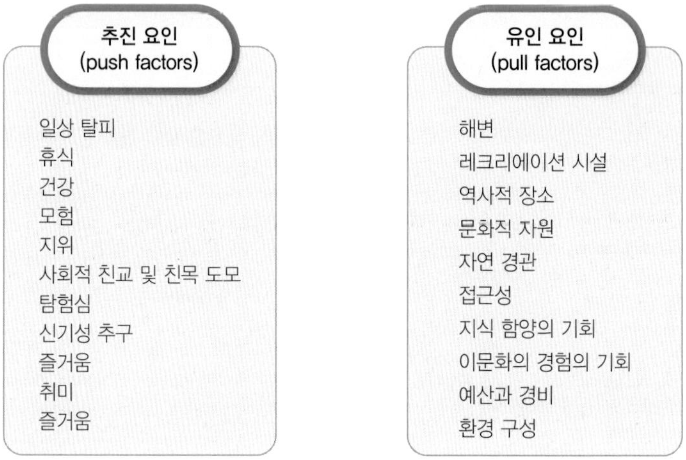

추진 요인
(push factors)

일상 탈피
휴식
건강
모험
지위
사회적 친교 및 친목 도모
탐험심
신기성 추구
즐거움
취미
즐거움

유인 요인
(pull factors)

해변
레크리에이션 시설
역사적 장소
문화직 자원
자연 경관
접근성
지식 함양의 기회
이문화의 경험의 기회
예산과 경비
환경 구성

출처 : Cook, R. A., Yale, L, J. & Marqua, J. (2006). Tourism : The Business of Travel(3rd ed.), p.44.

그림 9-4_ 관광 동기의 추진 및 유인 모델

3) Iso-Ahola의 여가 동기의 유형

여가 동기를 나열하는 것만으로 여가 행동의 동기를 모두 설명하기는 어렵다. 그래서 일부 학자들은 최소한의 기본 동기를 가정하고 그것의 진행 과정을 이해하는 데 도움이 되는 연구 모형을 제시하였는데, Iso-Ahola1980에 의한 여가 동기의 추구seeking -회피escaping 모형이 대표적이다.그림 9-5 참조

관광 동기를 관광 행동에 참여하려는 사회·심리적 힘으로 정의한 Iso-Ahola는 인간을 여행으로 이끄는 두 가지의 동기 차원을 제시하였다. 하나는 일상적인 환경일에서 탈출하고자 하는 동기이며, 또하나는 심리적·내재적 보상을 추구하는 동기이다. 즉, 관광 동기를 개인적 상황의 추구와 회피 그리고 사회적 상황의 추구와 회피의 두 가지 축으로 설명하였다.

개인의 관광 동기는 일상 생활로부터의 스트레스 해소와 같은 개인적 상황의 회피일 수도 있고 호기심, 신기성, 그리고 성취감 같은 개인적 상황의 추구일 수도 있다. 또한, 관광 동기는 도심의 답답함이나 직장 동료와의 갈등 해소를 위한 사회적 상황으로부터의 회피일 수고 있고, 어떤 단체의 친목 도모를 위해 관광을 하는 사회적 상황의 추구함일 수도 있다. 하지만 Iso-Ahola가 추구와 회피의 지향점으로 왜 개인적인 것과 사회적인 두 가지만 고려했는지는 명확하지 않다.

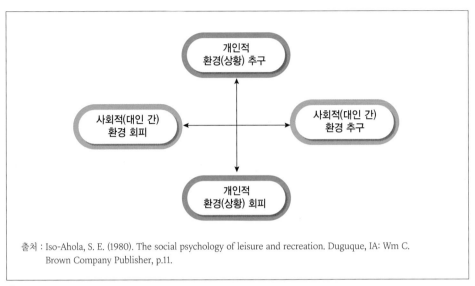

출처 : Iso-Ahola, S. E. (1980). The social psychology of leisure and recreation. Duguque, IA: Wm C. Brown Company Publisher, p.11.

🧭 그림 9-5_ 여가 동기 추구-회피 모형

③ 동기 갈등

제품의 구매와 관련하여 동기 갈등을 느끼게 되면 구매 결정이 지연되거나 결정 불능 상태를 초래할 수 있다. 따라서 동기 갈등의 해결 방법은 소비자 자신뿐만 아니라 마케터에게도 상당히 중요한 문제이다. 동기 갈등은 접근-접근, 회피-회피, 접근-회피 갈등으로 구분된다.Lewin1940

1) 접근-접근 갈등

「접근-접근 갈등」approach-approach conflict은 두 가지 긍정적인 혹은 매력적인 동기 간의 갈등이다. 즉, 두 가지 매력적인 대안들 중에서 어느 하나만 선택해야 할 때 경험하게 된다. 제한된 예산으로 사고 싶은 제품이 둘 이상 있을 때 이와 같은 갈등을 겪게 된다. 특히, 가족원이 공동으로 사용할 제품을 구매하려는 경우 가족원마다 선호하는 제품이나 상표가 다르고 한정된 자원을 갖고 있기 때문에 동기 갈등이 발생한다.

이 갈등은 일시적으로는 불안감을 갖게 하기는 하지만 악영향을 미치지는 않는다. 여름 휴가 보너스로 해외 여행을 갈 것인가 아니면 시내 호텔 수영장을 갈 것인가, 또는 시골 부모님 효도 여행을 보내드릴 것인가 아니면 시골 부모님을 위해

용돈을 드릴 것인가 등 양자 택일을 해야 하는 경우 어떤 대안을 선택하더라도 악영향을 주지 않는다. 이러한 갈등을 해결하기 위해서는 두 가지를 묶어서 판매하는 전략이 필요하다.(예 철도 여행과 선박 여행을 연계한 관광 상품)

2) 접근-회피 갈등

「접근-회피 갈등」approach-avoidance conflict은 긍정석 특성과 부정적 특성을 동시에 가지고 있는 대안을 선택할 때 경험하게 되는 동기 갈등을 말한다. 즉, 대안의 긍정적인 측면을 고려하면 행동을 수행하고 싶지만긍정적 동기 발생 대안의 부정적인 측면을 고려하면 행동을 수행해서는 안 된다는 생각이 들어부정적 동기 발생 의사 결정을 함에 있어 갈등을 겪게 되는 경우를 말한다. 예를 들어, 콜라의 맛을 생각하면 당장 마시고 싶지만긍정적 동기 콜라의 카페인 성분이 건강에 해롭다는 점을 고려한다면 마셔서는 안 된다는부정적 동기 생각도 들어 콜라의 구매 결정에 갈등을 겪는 경우가 이에 해당한다그림 9-6 참조. 이를 해소하기 위해 코카콜라는 다이어트 Coke와 제로 코카콜라를 출시하였다.

영양 성분		
1회 제공량 200ml 기준		
총 8회 제공량 1.5L		
1회 제공량당 함량	*% 영양소 기준치	
열량	0kcal	
탄수화물	0g	0%
당류	0g	0%
단백질	0g	0%
지방	0g	0%
포화지방	0g	0%
트랜스지방	0g	0%
콜레스테롤	0g	0%
나트륨	15mg	1%

▲ 코카콜라가 가지고 있는 상쾌한 맛을 살리면서 칼로리가 '제로'인 제품으로 코카콜라의 고유의 맛을 사랑하며 칼로리 섭취에 염려가 있는 소비자를 위한 제품으로 칼로리에 대한 과학적 자료까지 제시하고 있음

출처 : http://www.cokezero.kr/ko/products/

* %영양소 기준치 : 1일 영양소 기준치에 대한 비율

그림 9-6_ 제로 코카콜라

3) 회피-회피 갈등

「회피-회피 갈등」avoidance-avoidance conflict은 두 가지 또는 그 이상의 선택

상황에서 한 가지를 선택해야 하지만 모든 대안들이 마음에 들지 않는 경우 발생한다. 삼복 더위에 냉장고가 갑자기 고장이 나서 수리를 하든가 아니면 새것을 구입해야 하는데, 수리하는 데에도 상당히 많은 비용과 수리 시간이 필요하다면 두 개의 대안이 모두 부정적이므로 의사 결정에 갈등을 느끼게 된다. 이러한 갈등을 해소 내지 감소시키기 위해서는 신속한 서비스 제공, 저렴한 가격 제공, 할부 서비스 등으로 부정적인 요소를 제거 내지 감소시켜야 한다.

제3절 | 동기의 제 이론

동기 이론은 주로 경영학의 조직 행동 분야에서 다루어져 왔으나 관광 소비자 행동 분야에서는 거의 응용되지 않고 있다. 주된 이유 중의 하나는 심리학 전공을 한 관광학자들이 많지 않기 때문이다. 하지만 관광 서비스 제공자에게는 관광 동기에 의한 시장 세분화와 조직 구성원의 동기 부여 전략을 실행하는 데 많은 시사점을 제시해 주고 있다. 동기 이론은 내용 이론과 과정 이론으로 분류된다.

1 내용 이론

내용 이론은 행동을 유발하는 요인이 무엇인지에 초점을 두고 있다. 따라서 개인의 욕구와 필요에는 어떠한 것이 있으며 그것의 우선 순위가 어떻게 정해지느냐에 초점을 두고 있다. 내용 이론에는 Maslow의 욕구 계층 이론, Alderfer의 ERG 이론, McClelland의 욕구 성취 이론 등이 있다.

1) Maslow의 욕구 계층 이론

Maslow[1970]의 이론은 동기 부여 이론, 욕구 계층 이론, 욕구 위계 이론 등의 개념으로 불리고 있으나 의미는 동일하다. 이 이론은 인간은 무엇인가를 필요로 하는 결핍의 존재라는 것, 충족되지 않은 욕구만이 행동을 일으킨다는 것, 그리고 개

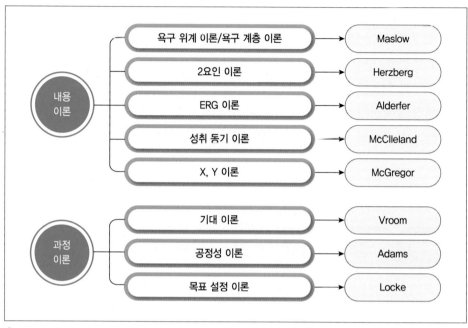

🧭 그림 9-7_ 동기 이론 분류도

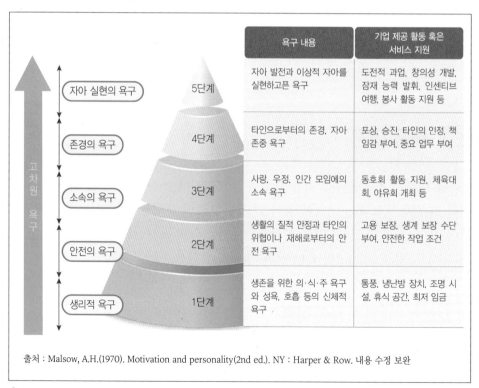

		욕구 내용	기업 제공 활동 혹은 서비스 지원
자아 실현의 욕구	5단계	자아 발전과 이상적 자아를 실현하고픈 욕구	도전적 과업, 창의성 개발, 잠재 능력 발휘, 인센티브 여행, 봉사 활동 지원 등
존경의 욕구	4단계	타인으로부터의 존경, 자아 존중 욕구	포상, 승진, 타인의 인정, 책임감 부여, 중요 업무 부여
소속의 욕구	3단계	사랑, 우정, 인간 모임에의 소속 욕구	동호회 활동 지원, 체육대회, 야유회 개최 등
안전의 욕구	2단계	생활의 질적 안정과 타인의 위협이나 재해로부터의 안전 욕구	고용 보장, 생계 보장 수단 부여, 안전한 작업 조건
생리적 욕구	1단계	생존을 위한 의·식·주 욕구와 성욕, 호흡 등의 신체적 욕구	통풍, 냉난방 장치, 조명 시설, 휴식 공간, 최저 임금

출처 : Malsow, A.H.(1970). Motivation and personality(2nd ed.). NY : Harper & Row. 내용 수정 보완

🧭 그림 9-8_ Maslow 욕구 계층 이론

인의 욕구는 균등한 강도를 갖고 있지 않고 계층적으로 되어 있다는 세 가지 가정을 바탕으로 하고 있다.

　Maslow에 따르면 인간의 욕구는 저차원의 욕구에서 고차원의 욕구로 실현된다고 주장하였다. 따라서 그의 이론을 계층적 혹은 위계적hierarchical이라 불린다. 욕구별 주요 내용과 이러한 욕구 충족을 위해 기업에서 직원에게 제공하는 활동 내지 서비스를 정리하면 〈그림 9-8〉과 같다. 〈그림 9-9〉는 욕구별 광고 사례이다.

생리적 욕구를 강조한 광고	안전 욕구를 강조한 광고

WWF(세계자연보고기금) 자연 보호 광고 : 나무를 인간의 폐에 비유하여 좋은 공기를 마시고 싶은 사람의 생리적 욕구 강조 출처 : 고민정·고용진(2017), 빅데이터 활용과 광고 사례 기반의 소비자 행동론, p.246 재인용	**걱정인형 광고** : 고객들의 걱정을 대신해 주고 행복하기만 바라는 마음을 나타내는 메리츠 화재의 걱정인형 광고 출처 : 한국정책 신문(2017.714)

소속·애정의 욕구를 강조한 광고	존경의 욕구를 강조한 광고

동화약품 활명수 광고 : 가족이 함께할 때 아이들이 스트레스를 덜 받고 소화도 더 잘된다는 연구 결과를 바탕으로 하여 가족과 같은 소속의 애정을 강조함 출처 : 아시아경제(2010.2.22.)	**프로스펙스 광고** : 회사에서 사랑받는 이유가 뭘까? 발이 편하고 빠르게 활동적으로 일할 수 있으니 이 운동화 덕분에 다른 사람들에게 인정받을 수 있다는 점 강조 출처 : 프로스펙스 홈페이지

자아실현 욕구를 강조한 광고
 **아디다스 광고** : 불가능이란 없다는 슬로건으로 사람들이 가지고 있는 자아실현 욕구를 자극한 아디다스 광고 출처 : 구글

🏸 그림 9-9_ 욕구별 광고 사례

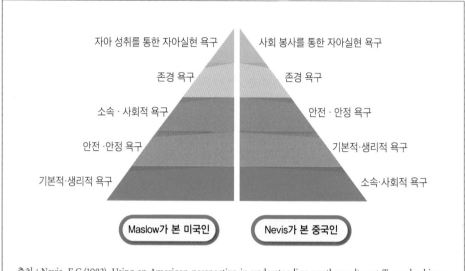

출처 : Nevis, E.C.(1983). Using an American perspective in understanding another culture : Toward a hierarchy of needs for the peoples republic of China. The Journal of Applied Behavioral Science, 19, p.256.

🧭 **그림 9-10_** 미국인과 중국인의 욕구 단계 차이

Maslow의 이론은 몇 가지 한계점을 지니고 있다. 첫째, 일단 충족된 욕구는 더 이상 동기 유발 요인으로 작용하지 않는다고 보고 있지만 사실은 그렇지 않다. 둘째, 욕구가 단계성을 갖는다고 가정하고 있지만 이는 욕구에 대한 개인차를 전혀 고려하지 않고 있다는 점이다. 개인에 따라서 자아실현의 욕구가 안전이나 애정에 대한 욕구보다도 선행되고 강도가 높을 수 있다. 셋째, 복수 욕구를 가질 수 없다 주장하였지만 복수 욕구에 의해 개인의 행동은 영향받는 경우가 많다. 즉, 반드시 위계적이지 않을 수 있다는 점이다. 마지막으로, 문화 차이에 따라 욕구 단계에 차이가 존재함을 간과하였다그림 9-10 참조. Nevis1983는 중국인에게 있어 가장 하위 차원의 욕구는 소속과 사회적 욕구라고 지적하였다.

2) Alderfer의 ERG 이론

Alderfer는 인간의 욕구를 존재 욕구E : existence, 관계 욕구R: relatedness, 성장 욕구G : growth로 명명하였다. 그에 따르면 상위 욕구의 충족이 여의치 않아 좌절되는 경우에는 그보다 낮은 단계의 하위 욕구의 중요성이 커지거나 집착할 수 있다고 주장하였다. 가령, 성장 욕구가 좌절되면 낮은 단계인 관계 욕구의 중요성에 집착하게 되며, 관계 욕구의 중요성이 강해지면 관계 욕구가 충족되어 다시

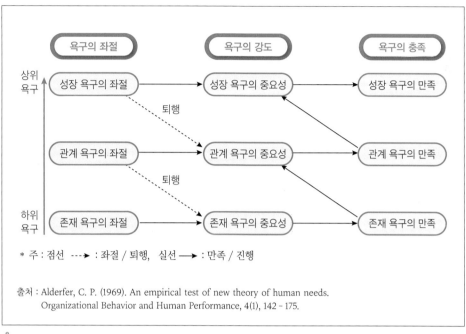

출처 : Alderfer, C. P. (1969). An empirical test of new theory of human needs.
Organizational Behavior and Human Performance, 4(1), 142 - 175.

그림 9-11_ Alderfer의 ERG 이론에 따른 욕구 충족 진행 과정

상위 욕구인 성장 욕구를 추구하게 된다그림 9-11 참조. 여기서 성장 욕구가 좌절되어 낮은 단계의 관계 욕구 중요성을 인식하게 되는 것을 퇴행이라 한다. 따라서 ERG 이론은 위계적 구조를 가지고 있다고 할 수 있다.

존재 욕구는 인간이 생존을 유지하기 위한 욕구로서 Maslow의 생리적 욕구, 물리적 측면의 안전 욕구를 포함하는 개념이다. 관계 욕구는 대인 관계, 가족, 친우 등과의 관계와 관련되는 욕구로서 Maslow의 안전 욕구 일부와 친교, 애정 욕구 및 존경의 욕구 일부가 여기에 해당한다. 성장 욕구는 잠재적 능력을 개발하기 위한 욕구로서 Maslow 자아 실현의 욕구와 일부 존경의 욕구가 이 범주에 속한다.

Maslow 이론과의 차이점은 두 가지로 요약할 수 있다. Maslow는 충족된 욕구는 더 이상 동기 요인이 될 수 없다고 주장하고 있으나 Alderfer는 상위 단계의 욕구가 충족되지 않으면 하위 단계의 욕구로 퇴행할 수도 있음을 강조한다. 또한, Maslow는 하위 욕구가 충족되어야 상위 욕구가 나타난다고 주장하고 있으

나 Alderfer는 세 가지 욕구가 동시 출현할 수 있으며 하위 욕구의 미충족에서도 상위 욕구가 나타날 수 있다고 주장하였다.

3) McClleland의 성취 동기 이론

McClleland[1961]는 친교, 권력, 그리고 성취 등의 3가지 욕구를 제안하였는데, 이 세 가지의 욕구가 인간 행동의 80%를 설명한다고 주장하였다. 이 3가지 욕구는 Maslow의 애정, 존경, 자기 실현 욕구들과 대략적으로 상응된다.

친교 욕구는 대인 관계 전반에 관한 욕구로서 타인과 친하고 밀접한 관계를 맺으려는 욕구이다. 친교 욕구가 높은 사람은 다른 사람들과 좋은 관계를 유지하려고 노력하며 타인에게 친절하고 동정심이 많고 타인을 도우며 즐겁게 살려고 하는 경향이 강하다.

권력 욕구는 조직 내에서 권력에 대한 욕구로서 타인을 지배, 리드, 통제하려는 욕구이다. 따라서 높은 권력 욕구를 가지고 있는 사람은 리더가 되어 남을 통제하는 위치에 서는 것을 선호하며 자기가 바라는 대로 행동하도록 강요하는 경향이 크다.

성취 욕구란 어려운 일을 성취하려는 것, 일을 신속히 그리고 독자적으로 해내려는 것, 스스로의 능력을 성공적으로 발휘함으로써 자긍심을 높이려는 것 등에 관한 욕구이다. 이 욕구가 강한 사람은 성공에 대한 강한 욕구를 가지고 있고, 책임을 적극적으로 수용하며, 행동에 대한 즉각적인 피드백을 선호한다.

성취 동기 혹은 욕구 이론에 따르면, 훈련을 통해서 조직 구성원의 성취 동기를 높일 수 있다. 그 이유는 인간의 동기는 선천적인 것보다 사회·문화로부터 학습된다고 보기 때문이다. 또한, 직무 설계 시 너무 쉽거나 단순 작업 방식보다 어느 정도의 난이도가 있도록 설계하여 구성원들이 생각과 경험이 요구되도록 하는 것이 필요하다 점을 시사하고 있다.

〈그림 9-12〉는 동기의 내용 이론들의 관계성을 도식화한 것이다. 동기 내용 이론들은 행동을 유발하는 원인에 초점을 두고 있기 때문에 비록 제 이론들에서 욕구 혹은 동기를 다르게 표현하고 있지만 의미상 중복되는 부분이 매우 많다.

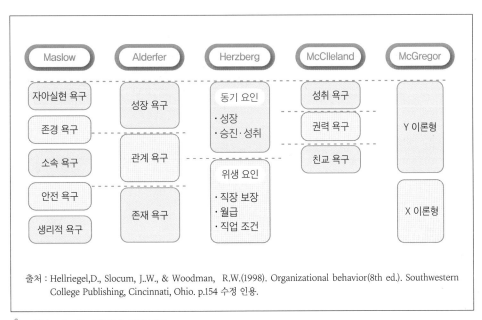

출처 : Hellriegel,D., Slocum, J..W., & Woodman, R.W.(1998). Organizational behavior(8th ed.). Southwestern College Publishing, Cincinnati, Ohio. p.154 수정 인용.

⊙ 그림 9-12_ 동기의 내용 이론 비교

2 과정 이론

과정 이론은 동기가 어떤 과정을 통해 유발되는가를 설명하는 이론이다. 즉, 행동이 어떻게 유도되고 어떤 단계를 통해 행동이 촉발되는지에 초점을 둔 이론이다. 대표적으로 Vroom의 기대 이론과 Adams의 공정성 이론이 있다.

1) Vroom의 기대 이론

Vroom은 동기 부여 정도는 결과의 가능성기대: expectancy, 성과에 대한 보상 가능성수단성: instrumentality, 그리고 행동 결과에 대한 매력의 정도유의성: valence의 함수에 의해 결정된다는 기대 이론expectancy theory을 주장하였다. 즉, 어떤 직무를 수행하기 위한 동기 유발 수준은 개인이 노력해서 직무를 성공적으로 달성할 수 있는가라는 기대, 성과에 따르는 보상이 확실한가에 대한 수단성, 그리고 보상이 개인에게 얼마나 매력적인가에 대한 유의성에 의해 결정된다는 것이다. 〈그림 9-13〉은 Vroom의 기대 이론 모형을 나타낸 것이며 이에 대한 내용은 다음과 같다.

노력－성과 관계
기대(expectancy)

성과 보상 관계
수단성(instrumentality)

보상－개인 목표 관계
유의성(valence)

* 주 : 동기부여 = ① × ② × ③ (기대 × 수단성 × 유의성)
출처 : Vroom, V. H. (1964). Work and motivation. San Francisco, CA: Jossey-Bass.

🧭 **그림 9-13_** Vroom의 기대 이론 모형

① 노력－성과 관계(기대, E)

기대는 일정 수준의 노력을 하면 성과 향상이 될 것이라는 개인의 주관적 확률을 의미한다. 즉, 이는 목표 달성을 위해 자신이 가지고 있는 능력과 가능성에 대해 인식하는 정도를 의미한다.

② 성과－보상 관계(수단성, I)

수단성은 일정 수준의 성과가 원하는 보상을 가져오리라고 생각하는 개인의 믿음 정도를 의미한다.

③ 보상－개인 목표 관계(유의성, V)

유의성은 조직의 보상이 개인 목표나 욕구를 충족시키는 정도 그리고 잠재적 매력 정도를 나타낸다. 즉, 보상에 대해 개인이 느끼는 매력 혹은 가치를 의미한다.

기대 이론은 조직 구성원의 동기 부여 활성화에 유용하다. 관광 및 환대 기업들은 유능한 인재을 유치하고 유지하기 위해 높은 보상을 중요한 조건으로 제시해 왔다. 미국 월스트리트 저널에 따르면, 경쟁이 치열한 아시아 노동 시장에서 근로자들은 많은 권한 부여와 교육 기회의 제공 등에 더 매력을 느끼고 있는 것으로 나타났다. 하지만 기대 이론이 설명하는 것처럼 인간이 행동할 때 그림처럼 복잡한 과정을 거치는지 의문이다.

2) Adams의 공정성 이론

Adams[1965]는 조직 구성원 간 처우의 공정성(형평성)에 대한 인식이 동기 부여에

영향을 미친다는 공정성 이론equity theory을 제시하였다. 즉, 개인의 투입(예 노력, 비용, 교육 수준, 기술, 연령, 성별 등)과 여기서 얻어지는 산출(예 보상, 급여, 승진, 성취감, 특혜 등) 비율이 타인의 것과 비교했을 때 불공정하다고 인식되면 개인은 불공정성을 감소시키고 공정성을 유지하기 위하여 동기가 유발된다는 것이다.

공정성 이론에 의하면 과소 보상이든 과대 보상이든 불공정성을 지각하는데, 그 이유는 개인은 과소 보상타인에 비하여 투입 대비 적은 산출을 얻는 것에 대해서는 불만족을 느끼고, 과다한 보상타인에 비하여 투입 대비 많은 산출을 얻는 것에 대해서는 부담감을 지각하게 되기 때문이다그림 9-14 참조. 불공정성에 대한 민감성은 과소 보상에서 더욱 예민하게 나타난다. 과소 보상일 경우는 불만족을 느끼므로 자신의 투입을 감소시키거나 산출을 증가시킴으로써 그리고 과다 보상일 경우는 죄책감을 느끼므로 자기의 투입을 증가시키거나 산출을 감소시킴으로써 타인의 비율과 균형을 맞추기 위하여 노력한다.

관광 및 환대 서비스 분야서 공정성 이론은 서비스 회복과 관련지은 연구가 대부분이다. 서비스 실패 회복 노력에 따라 고객과의 관계를 강화할 수도 있고 오히려 악화시킬 수도 있는데, 그 결과는 얼마나 공정하게 처리하느냐에 달려 있다. 예를 들어, 해외 관광을 하고 난 후 고객이 여행사에게 계약 불이행(예 특급 호텔 미투숙)에 대해 환불을 받았다분배적 공정성 하더라도 여행사의 내부 업무 처리 절차로 인하여 고객이 한 달 이상을 기다려야 했다면 고객은 그 과정이 공정절차적 공정성하

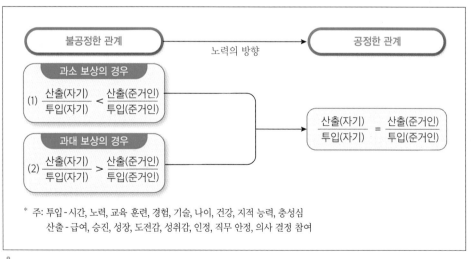

* 주: 투입 - 시간, 노력, 교육 훈련, 경험, 기술, 나이, 건강, 지적 능력, 충성심
　　산출 - 급여, 승진, 성장, 도전감, 성취감, 인정, 직무 안정, 의사 결정 참여

🖋 **그림 9-14_ 과소 및 과대 보상과 불공정 및 공정 관계**

다고 느끼지 못할 것이다. 하지만 공정성 이론은 조직에 공헌한 것과 자신이 받은 보상의 양을 객관적으로 측정하기가 어렵다는 문제가 있다.

제4절 동기와 마케팅 전략

지금까지 살펴 본 동기에 관한 제 이론들을 종합해 보면 인간의 행동은 그의 욕구와 밀접한 관련이 있다는 점, 다양하고 무한하다는 점, 욕구의 특성이나 개인의 성향에 따라 끝없이 충족되어져야 하는 욕구도 있다는 점, 사회가 풍요로울수록 사회적 욕구가 소비자 행동을 지배하는 경향이 있다는 점 등을 알 수가 있다. 여기서는 어떻게 이러한 다양한 동기를 마케팅 전략에 활용할 것인가를 설명한다.

1 동기 유발 전략

마케팅 담당자는 개인의 잠재된 욕구를 환기시키거나 미충족된 욕구를 자극시킴으로 동기를 활성화시킬 수 있다. 즉, 신제품 개발, 포장 개량, 광고, 그리고 다양한 판촉 활동 등을 통해 소비자들의 욕구와 동기를 유발시킬 필요가 있다. 그러나 단순히 동기를 자극시키는 데 그쳐서는 안 되며 자사 상표를 구매하도록 행동을 유발시키는 방향으로 강하게 자극해야 한다. 소비자는 마케터가 제시한 대안이 자신의 욕구를 충분히 충족시켜 줄 것이라는 확신이 생기지 않으면 쉽게 구매 행동을 수행하지 않는다. 〈사례 9-1〉은 이색 체험 동기 충족을 위한 우주 여행과 해저 호텔의 실현 가능성에 대해 설명하고 있다.

인센티브 여행은 조직 구성원에게 동기 부여를 강하게 하는 수단이다travelda-ilynews, 2012. 미국의 인센티브 마케팅 협회가 시행한 설문 조사 결과에 따르면, 응답자 중 86%가 인센티브 여행이 큰 동기 부여가 된다고 응답하였다. 인센티브 여행 지원 자격 요건이 충족되는 사람과 그렇지 못한 사람 1,000명 중 96%의 지원 적격자들은 인센티브 여행이 매우 또는 다소 동기 부여를 한다고 응답하였다. 91%의 지원 부적격자들은 인센티브 여행을 나중이라도 갈 수 있으므로 동기 부여가 된다고 응답하였으며, 인센티브 여행을 다녀온 72.4%의 응답자들은 회사에 대한 충성도가 높아졌다고 응답하였다.

"우주 여행, 해저 호텔 10년 후 보편화된다"… 2024 보고서

10년 후에는 우주와 해저 호텔로의 여행이 보편화할 것이라는 보고서가 나와 눈길을 끈다. 전 세계 여행 가격 비교 사이트 스카이 스캐너(www.skyscanner.co.kr)는 10년 뒤 여행 트렌드의 변화에 대한 전문가들의 통찰력을 담은 '2024 미래 여행(2024 Future of Travel): 여행지와 호텔의 미래' 보고서를 발표했다.

보고서에 따르면 10년 뒤인 2024년에는 억만장자들이나 가능한 것으로 생각됐던 지구 궤도 여행과 해저 호텔 체험이 좀 더 보

편화될 것으로 예측된다. 또 항공 기술의 획기적인 발전으로 저궤도 우주 항공기를 통해 대륙 간 비행 시간이 크게 단축될 전망이다. 보고서는 이 같은 기술이 민간 기업들의 지속적인 투자로 이미 상당 부분 현실화되고 있다고 전했다. 미국의 민간 우주 관광 기업인 '월드 뷰 엔터프라이즈(World View Enterprise)'사는 2016년부터 40만㎥의 헬륨 가스 풍선에 가압 선실을 매달아 여행객들을 지구 표면 위 30㎞ 높이까지 실어 나를 예정이며, 우주 여행 사업체인 '버진 갤럭틱(Virgin Galactic)'은 대기권 도약 기술을 상업 항공에 적용해 2시간 30분 만에 런던에서 시드니로 날아갈 수 있는 기술을 개발 중이다.

스페인 바르셀로나에 세워질 '모빌로나 우주 호텔(Mobilona Space Hotel)'은 여행객들이 우주에 가지 않고도 창문을 통해 실제처럼 은하계를 보거나 수직으로 된 바람 터널과 스파 시설에서 무중력 상태를 느낄 수 있도록 설계해 보다 저렴한 가격으로 많은 이들이 우주 여행을 '체험'해 볼 수 있게 할 계획이다.

2015년 개장을 앞두고 있는 두바이의 '워터 디스커스 호텔(Water Discus Hotel)'은 상상화에서나 봐왔던 해저 호텔의 모습을 옮겨놓은 듯하다. 해수면 9m 아래에 수족

관과 같은 창문이 있는 21개의 스위트룸으로 설계된 이 호텔은 스파, 정원, 수영장을 갖췄을 뿐 아니라 고객이 잠수 장비를 갖추고 해저 체험을 할 수 있는 시설도 선보일 예정이다.

보고서는 이와 함께 10년 뒤엔 P2P형(사용자 간 직접 연결) 여행이 전 세계 여행 산업에 지대한 영향을 미칠 것으로 전망했다. 현재 에어비앤비(Airbnb)가 선보이고 있는 홈스와핑 협력 여행의 컨셉이 보다 확장돼 숙박뿐만 아니라 현지인과의 식사 등도 선택 가능해지면서 미래에는 호텔 및 다이닝 산업에 상당한 타격을 줄 것으로 내다보고 있다. 여행자가 현지인 미식가의 집에 초대를 받아 함께 식사를 즐기는 '서퍼 클럽(Supper Club)'은 이미 유럽과 미국에서 폭발적인 인기를 얻고 있다.

'체험의 경제학(The Experience Economy)'의 저자 '조셉 파인(Joseph Pine)'은 "앞으로 현지인 중 5~10%가 여행자에게 자신의 집을 대여해 줄 것으로 예상된다"며, "여행 시장이 성숙한 선진국에서 저렴하면서도 알찬 여행을 원하는 이들에게 이보다 더 안성맞춤인 여행 형태는 없을 것"이라 말했다. 전통적인 여행사와 아날로그 시스템의 숙박업계가 할 일이 더욱 적어지는 것이다.

이와 같은 P2P형 여행에 대처하기 위해

10년 뒤 호텔업계는 보다 고도화된 개인 맞춤형 서비스를 제공하는 데 주력할 것으로 보고서는 예측했다. 2024년에는 호텔 소프트웨어가 고객의 소셜 미디어 프로필 분석 등을 통해 개인 고객의 취향이 정확히 반영된 객실을 예약할 수 있을 것으로 기대된다. 미래학자인 '이안 피어슨(Ian Pearson)'은 가까운 미래에 고객의 숙면을 돕는 마사지 기능 및 알람 기능이 탑재된 베개, 혈당 수치를 모니터링하고 체질별 식사 구성에 조언을 해 주는 센서가 부착된 잠옷을 제공하는 호텔이 등장할 것이라 전망했다.

이미 '라스베가스 MGM 그랜드 호텔(MGM Grand in Las Vegas)'은 고객 시차 적응에 도움을 주는 조명 시설과 비타민C가 함유된 샤워 시스템를 제공하고 있고, '페닌슐라 홍콩(Peninsula Hong Kong) 호텔'은 고객이 태블릿 PC를 통해 조명, 커튼, 실내 온도, 식사 주문, 일일 관광 코스까지 조정할 수 있는 기술을 도입해 미래 호텔의 면모를 과시하고 있다.

사이버텍처(Cybertecture)사의 '사이버 미러(Cyber Mirror)'는 거울을 고객의 동작에 반응하는 터치스크린으로 탈바꿈시켜, 고객이 양치질을 하며 클라우드에 저장한 모든 데이터를 활용할 수 있도록 해준다.

보고서는 중국 여행 시장의 폭발적 성장으로 10년 뒤 파리, 로마, 뉴욕 등 전통적 인기 여행지는 중국인 여행객으로 채워지고, 아프리카의 보츠와나, 앙골라 또는 중동의 레바논, 남아시아의 부탄 등이 새로운 인기 여행지로 부상할 것으로 내다봤다.

보고서는 이밖에 기후 변화나 멸종 동물의 증가로 지금이 아니면 볼 수 없는 무엇인가를 찾아 떠나는 '최후의 여행'이 여행객들의 눈길을 끌 것으로 봤다.

전문 여행업체인 내추럴 해비타트 어드벤처(Natural Habitat Adventures)의 릭 구

스크(Rick Guthke) 제너럴 매니저는 빠르게 진행되는 해빙 때문에 더 이상 물개 사냥터로 향하는 북극곰을 보지 못할까 봐 지금도 수만 명의 관광객들이 해마다 캐나다 북부로 몰려들고 있다고 전했다.

스카이 스캐너에서 한국 시장을 담당하고 있는 김현민 매니저는 "스카이 스캐너가 올 한해 연간 캠페인으로 진행한 '2024 미래 여행 보고서'를 통해서 기술이 우리의 습관을, 삶의 방식을 얼마나 빨리 바꾸는지 가늠해 볼 수 있었다"면서 "앞으로의 10년은 진단하고 대비하는 자가 주도할 것"이라고 말했다.

여행 산업 전문가를 비롯해, 여행 컨설턴트, 연구원, 관련 정부 관계자, 동종 산업 종사자, 여행 잡지 에디터, 여행 작가, 미래 학자, 그리고 첨단 기술 산업 임원 등이 제작에 참여한 '2024 미래 여행 보고서'는 1, 2, 3회 모두 스카이스캐너 미래 여행 웹사이트(www.skyscanner2024.com)에서 다운로드 받아 볼 수 있다.

출처 : 헤럴드경제신문(2014. 9. 29.)

② 시장 세분화

관광 동기는 시장 세분화의 중요한 기준 변수로 이용된다. 마케터의 입장에서 보면 관광객의 동기 이해는 관광객의 행동을 이해하고 예측함에 있어 출발점이 된다. Balogu와 Uysal[1996]은 독일 관광객을 신기성 추구자, 도시 생활 추구자, 해변 리조트 생활 추구자, 스포츠 활동 추구자 등으로 시장을 세분화하였으며, 시장 세분화 기준으로 동기 요인을 이용하였다. 이탈리아 스폴레토 음악 축제 방문객의 참여 동기를 조사한 한 연구는 사교와 유흥성, 이벤트 매력과 흥분성, 단체 친목성, 문화와 역사성, 가족 친화성, 그리고 신비성 등 6가지 요인을 도출하였다[Formica & Uysal, 1998]. 군집 분석을 실시하여 방문객을 열광 집단과 보통 집단으로 세분화하였는데, 전자는 주로 기혼자들이며 나이가 많고 소득 수준이 높은 반면 후자는 나이가 적고 미혼이며 소득 수준이 낮은 것으로 나타났다.

국내의 한 연구는 2000년 경주 문화 엑스포 참가자들을 대상으로 방문 동기에 따라 축제 시장을 세분화하였다[Lee 외, 2004]. 분석 결과, 문화, 가족 추구형, 다목적 추구형, 탈출 추구형, 그리고 이벤트 추구형 등으로 세분화되었다.

3 동기 갈등과 마케팅 전략

인간의 욕구를 충족시키기 위해 복수의 동기가 동시에 발생함에 따라 동기 갈등이 유발된다. 여기서는 동기 갈등에 따른 마케팅 시사점과 해당 사례를 살펴본다.

1) 접근-접근 갈등과 마케팅 전략

접근-접근 갈등은 대안들의 매력이나 특성이 유사할수록 갈등의 크기가 커진다. 이러한 갈등은 선호도가 비슷한 상표 구매 시에도 나타난다. 두 가지 대안의 매력이 비슷할수록 갈등은 더욱 커지게 된다.

접근-접근 갈등의 해결 방안으로 두 가지를 생각해 볼 수 있다. 첫째는 두 개의 대안을 재평가하여 더 나은 대안을 선정하는 방법이다. 즉, 추가적 정보를 탐색하고 대안을 보다 면밀히 비교·검토한 후 장점이 더 많은 대안을 선택한다. 또 하나의 방법은 두 개의 대안이 지니고 있는 서로 다른 두 개 혹은 그 이상의 장점 혹은 편익을 동시에 충족시킬 수 있는 새로운 방안이 있는가를 모색하는 것이다패키지 상품. 예컨대, 사계절 온천 테마파크인 덕산 리솜 스파캐슬은 사계절 온천욕을 즐길 수 있을 뿐만 아니라 동시에 겨울에는 눈썰매장, 여름에는 워터레이 광장에서 수

출처 : 덕산리솜 스파캐슬 홈페이지

그림 9-15_ 덕산리솜 스파캐슬

영을 즐길 수 있다. 마케터는 이와 같은 갈등의 해결책을 제시해 줌으로써 고객을 유인할 수 있다.

2) 접근-회피 갈등과 마케팅 전략

제품이나 서비스는 대부분 장점과 단점의 속성을 지니고 있기 때문에 소비자는 접근-회피 갈등을 흔히 경험하게 된다. 이를 테면, 품질은 우수하나 가격이 비싸다거나, 맛은 있으나 영양가가 없다거나, 디자인은 세련되었지만 견고하지 않다거나 이런 식으로 긍정적인 측면과 부정적인 측면을 동시에 지니고 있는 제품들을 흔히 접하게 된다. 개인은 목표와 관련된 긍정적 속성과 부정적 속성 어느 한쪽에 더 비중을 두어 목표를 추구할 것인지 회피할 것인지 여부를 결정해야 하기 때문에 세 갈등 유형 가운데 가장 강한 스트레스를 유발한다.

따라서 접근-회피 갈등을 해소시켜주고 긍정적인 방향으로 동기를 유발할 수 있는 전략이 필요하다. 콜라 회사들이 맛은 동일하나 카페인이 섞이지 않은 콜라를 개발하게 된 이유도 바로 여기에 있다. 또한, 품질은 우수하나 값이 비싸 재정적인 이유로 갈등을 겪는 소비자를 위해 신용 판매 제도를 활용하는 것도 좋은 예이다. 최근에는 명품을 소유하고 싶어 하는 중산층 소비자를 위해 개발된 합리적 가격의 고급 제품인 '매스티지mass+prestige' 브랜드가 대중적 인기를 얻고 있는 것도 접근-회피 갈등 해소 측면에서 이해할 수 있다.사례 9-2 참조

 **사례 9-2**

'매스티지 브랜드'의 대표적인 성공 사례는…?

매스티지(Masstige)란 '대중'(mass)과 '명품'(prestige product)의 합성어로 '실속형 명품', '세컨드 명품'을 뜻한다.

미국의 경제 잡지인 하바드 비즈니스 리뷰에서 처음 소개한 이 신조어는 소득 수준이 높아진 중산층들이 비교적 값이 저렴하면서도 감성적 만족을 얻을 수 있는 제품을 원하는 경향에 의해, 중가 제품을 주로 구입하던 중산층 소비자가 고품질이나 감성적인 만족을 얻기 위해 저렴한 신명품 브랜드

를 소비하는 것을 말한다. 매스티지 제품의 특징은 비교적 고가이면서 대량 생산이 가능하고, 소비층에게 동질감과 개인적 자긍심을 주며 가격에 적합한 가치를 갖고 있다. 한마디로 품질과 브랜드는 '명품' 이미지를 갖추되 합리적인 가격으로 대량 생산과 유통을 하는 것이다.

이는 웰빙·절약 등의 사회적 헤게모니에 발맞추어 현대 중산층 소비자들의 대표적인 소비 심리로 자리 잡았다. 베트남 요리 전문 브랜드인 '샤브향'은 이런 매스티지를 콘셉트로 적용한 성공적 사례이다. 주식회사 삼성 에프씨는 베트남 요리 전문 식자재 전문 유통으로 출발하여, '샤브향' 외에도 '미스누들', '포럼' 등의 유사 브랜드 역시 성공적으로 런칭시킨 바 있다. 당사는 월남쌈 샤브샤브 브랜드로서, 별도의 광고 없이 오직 바이럴 마케팅만으로 성장한 케이스이다. 3년

만에 120개 매장을 돌파한 당사의 브랜드 파워는 창업 이후 폐업된 점포가 단 한군데도 없는 것에서도 여실히 드러난다. 그 성공 비결은 고객을 위한 맞춤 메뉴 개발과 음식 문화 개선 프로그램 등 자체적으로 투자와 지원을 아끼지 않는다는 점이다. 기본과 원칙에 충실하면서 창의적 변화를 모색해 고객뿐만 아니라 프랜차이즈 사업 파트너에게도 열렬한 지지를 얻어 꾸준한 매출 상승 궤도를 유지하고 있다.

브랜드 뜻은 '자연의 맛을 담다'라는 의미로, 매스티지 콘셉트답게 최고의 맛을 지향한다. 특징으로는 담백한 국물에 12가지 신선한 야채와 고기, 해물을 살짝 데치고 자체 개발한 3가지의 특제 소스를 곁들여 일반 샤브와 달리 월남쌈에 싸먹는 것이다. 주 메뉴는 월남쌈 샤브샤브, 월남쌈 구이, 쌀국수 등 웰빙 식단으로 구성되어 있으며, 식재료를 데쳐 먹기 때문에 남녀 노소가 즐길 수 있다. 이 외에도, 고양 시민 복지 나눔 1촌 맺기에 쌀국수 기탁, 사랑의 쌀국수 1,000그릇 무료 나눔 후원, 월드비전을 통한 아프리카 어린이 돕기 후원 등 각종 기부 및 후원 활동을 지속적으로 진행하고 있어 브랜드 이미지 강화에도 성공적인 행보를 이어가고 있다.

출처 : 한국경제(2012. 7. 19.)

3) 회피-회피 갈등과 마케팅 전략

이 갈등은 선택할 수 있는 두 가지 대안 모두가 바람직하지 않을 때 발생한다. 마케터는 새로운 대안을 제시해 소비자에게 더 나은 선택을 제공함으로써 이러한 갈등을 완화하거나 해결할 수 있다. 월간 정기 구독 서비스가 좋은 사례이다. 고가 서비스를 구입하면 초기 비용이 부담스럽고 저렴한 서비스는 품질이 낮아 오래 사용하기 어렵다. 정기 구독 모델(예 넷플릭스)은 초기 비용 없이 우수한 품질의 서비스를 월 단위로 제공하기 때문에 소비자는 부담 없이 고품질 서비스를 이용

할 수 있다. 〈사례 9-3〉은 소비자의 회피-회피 갈등을 해소시키기 위해 보상 판매 전략을 활용한 아웃도어 회사에 관한 내용이다.

사례 9-3

아웃도어 출혈 경쟁 시대 막 올랐다 …
등산화도 '보상 판매'

헌 제품을 가져오면 새 제품을 할인해 주는 '보상 판매' 마케팅이 아웃도어업계에서도 각광받고 있다. 시장 고객 유치 경쟁이 치열해지면서 주로 IT·가전업계에서 실시하던 보상 판매 마케팅이 아웃도어업계로 옮겨왔다.

7일 관련 업계에 따르면 센터폴은 오는 28일까지 등산화 보상 판매를 실시한다. 센터폴은 지난해 9월 세정 그룹이 출시한 아웃도어 브랜드. 신규 고객을 유입하기 위해 이 같은 전략을 택했다. 브랜드 상관 없이 헌 등산화를 가져와 15만 원 이상 제품을 구입하면 3~5만 원 할인 혜택을 제공한다.

수거한 등산화는 안전상 이유로 원칙적으로 폐기 처분한다. 일부만 국내 기부 단체에 보낼 계획이다. 센터폴 관계자는 "고객 입장에선 할인 행사지만 회사로선 타 브랜드에 충성도가 높았던 고객을 신규 고객으로 끌어들이는 전략"이라며 "봄 신제품 수요층을 타깃으로 해 다른 업체보다 일찍

보상 판매에 들어갔다"고 말했다.

신생 업체들은 지난해 봄과 가을 산행 시즌을 앞두고 너도 나도 보상 판매 행사에 뛰어들었다. 머렐은 지난해 10월 헌 등산화를 가져오면 신발을 10% 할인 판매했다. 아이더도 작년 3월 자사 또는 타사의 등산화, 운동화, 배낭 등을 매장으로 가져오면 2~5만 원을 보상했다. 아이더는 다음달에도 보상 판매를 실시할 계획이다.

지난해 한해에만 신규 및 재론칭한 아웃도어 브랜드가 10여 개 이상. 기존 브랜드에서 세분화한 라인까지 선보일 예정이어서 이런 고객 유치 전략은 더욱 치열해질 전망이다.

업계 관계자는 "보상 판매는 가전 제품, IT 기기 판매업체에서 주로 택하는 전략으로 몇 년 전만 해도 아웃도어업계에선 잘 보이지 않았다"며 "경기 불황과 치열한 업계 경쟁이 맞물리면서 자사 브랜드를 노출시키고 신제품 판매를 위한 방안으로 보상 판매가 늘어난 것"이라고 말했다.

출처 : 한국경제신문(2013. 2. 7.)

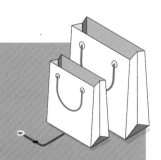

Chapter **10**

성격과 관광 행동

🎯 학습목표

이 장을 학습하고 나면 학생들은 다음의 내용을 이해하게 될 것이다.

1. 성격의 개념

2. 성격의 구성 요소

3. 성격 연구의 중요성

4. Freud 정신 분석 이론의 특징

5. 브랜드 개성의 개념

6. 브랜드 개성의 영향 요인

7. 특성 이론과 마케팅 전략

8. 정신 분석 이론과 마케팅 전략

9. 성격과 시장 세분화

10. 브랜드 개성과 마케팅 전략

의사 결정 과정에 중요한 영향을 미치는 또 하나의 내부 요인은 성격이다. 개인이나 마케터들은 사람들의 심리와 행동을 이해하고자 한다. 하지만 많은 노력에도 불구하고 개인의 성격을 정확하게 평가하지 못하는 경우가 많다.

심리학자들은 사람들이 공통적으로 가지고 있는 성격 패턴을 밝혀내고, 성격이 심리적·사회적 적응과 어떻게 관련되는지를 주로 연구한다. 인간의 행동과 생활 방식을 이해하기 위하여 인간에 대한 체계적인 관찰이나 실험 연구 등을 통해 형성된 이론이 성격 이론이다. 성격 이론을 이해함으로써 매우 복잡한 존재인 인간에 대하여 어느 정도 이해를 할 수 있으며 그들이 맺어나가는 인간 관계를 이해하는 데 도움이 된다.

개인의 여가 활동이나 관광 행동은 성격적 특성에 많은 영향을 받는다. 어떤 사람은 암벽 등산을 좋아하고 번지 점프나 파도 타기와 같은 모험 관광을 즐긴다. 반면에 가정에서 TV를 시청하고 가족과 즐거운 게임을 즐기기도 한다. 이러한 행동의 차이는 성격의 차이에서 그 원인을 규명할 수 있다.

성격 연구는 크게 두 종류로 이루어지고 있는데, 그중 하나는 어떤 성격 유형이 있는지와 같은 상태에 초점을 두는 특성 이론character theory이다. 다른 하나는 성격이 어떻게 형성되고 어떻게 발달하며, 그러한 성격이 생활하는 데 어떤 기능을 하는지를 이해하고자 하는 과정 이론processing theory이다.

성격의 이해는 마케터 입장에서 소비자의 행동을 이해하는 중요한 역할을 한다. 또한, 경쟁 우위적 마케팅 전략을 수립할 수 있는 토대가 된다. 여기서는 성격의 개념 및 특징, 성격의 제 이론, 브랜드 개성, 그리고 성격과 마케팅 시사점에 대해 살펴본다.

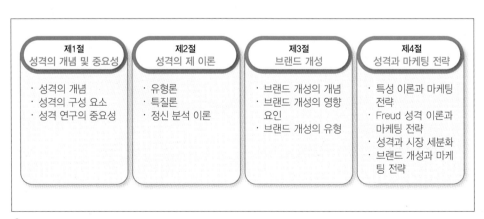

🧭 그림 10-1_ 제10장 요약도

성격의 개념 및 중요성

인간의 행동은 주로 개인의 성격personality에 의해 결정된다. 마케터는 소비자의 성격 이론을 제대로 이해하여야 소비자 행동을 체계적·과학적으로 분석할 수 있다. 인간의 성격을 이해하면 그 사람이 다른 사람과 다른 방식으로 생각하는 것을 이해하게 되고, 그 사람의 특정 행동까지도 수정할 수 있게 된다. 뿐만 아니라 인간의 과거 행동 패턴을 이해하고 미래의 행동을 예측하기 위해서도 성격에 대한 이해가 필요하다. 본 절에서는 성격의 개념과 특성, 성격의 구성 요소, 그리고 성격의 연구 중요성에 대해 학습한다.

1 성격의 개념

영어의 personality는 그리스어의 "persona페르소나"에서 유래되었으며, persona는 그리스 연극에서 배우들이 쓰던 가면을 일컫는 말이다. "per"는 '무엇을 통하여through' 그리고 "sonare"는 '말하다speak'라는 의미를 지니고 있다. 이처럼 배우가 가면을 쓰고 무대에서 연극하듯이 사람들이 사회 속에서 피상적으로 나타내는 사회적 이미지를 뜻한다. 즉, personality는 사회라는 커다란 무대에서 사람들이 나타내는 외현적인 행동 양식인 것이다. 성격이란 용어는 개성이란 개념으로도 많이 사용되나 여기서는 성격으로 주로 사용하며 브랜드 개성과 같은 상황에 따라서는 개성이란 용어도 사용한다.

성격에 대한 정의는 다양하다 그림 10-2 참조. 성격의 내적 요소에 초점을 맞출 경우 성격은 한 인간이 선천적으로 가지는 정신적,

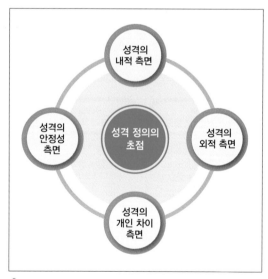

🐾 **그림 10-2_** 성격의 정의

정서적, 사회적 특질의 동일체라고 정의할 수 있다. 이와는 달리 외적 요소에 초점을 맞출 경우 성격은 사회 속에서 이루어지는 개인의 조직화된 행동 패턴이라고 정의할 수 있다. 또한, 개인의 차이에 초점을 맞춘다면 성격을 다른 사람과 구분되는 독특한 특성이라고 정의할 수도 있다Allport, 1931. 그리고 시간과 상황의 변화에도 변함없는 성격의 안정성에 초점을 맞춘다면 성격을 일관된 개인의 심리·사회적 특성으로 정의할 수 있다Zuckerman, 1979. 성격이 안정성과 일관성이 있어야 한다는 의미는 성격이 쉽게 변화하지 않음을 의미하는 것은 아니다.

이와 같이 성격의 정의는 성격의 어느 면을 강조하느냐에 따라 다양하게 정의될 수 있다. 이러한 점을 고려하여 심리학에서는 성격을 선천적, 후천적 요소의 상호 작용으로 결정되며 비교적 일관되게 한 개인을 특징 짓는 독특한 심리·사회적 특성으로 정의한다.

2 성격의 구성 요소

영어에서 성격은 주로 외현적인 행동 측면에 초점을 맞추고 있다. 현재 심리학에서 사용하고 있는 성격이란 용어는 성격의 어원처럼 외현적인 행동 양상만을 뜻하지는 않는다. 앞서 성격의 정의에서 보았듯이 성격은 크게 내적 요소와 외적 요소로 구성되어 있다.그림 10-3 참조

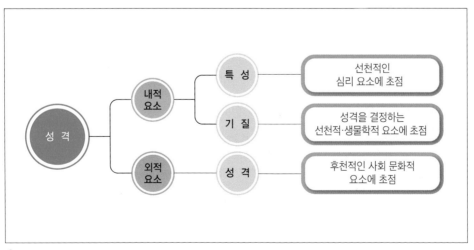

🖋 그림 10-3_ 성격 구성 요소

성격의 내적 요소란 선천적으로 타고난 비교적 안정된 심리적 요소를 말하는데, 이는 사회적·문화적 요인에 의해 주로 결정되는 외현적인 행동 요소와 구분되는 개념이다. 내적 요소는 특히 '공격적이다', '착하다' 등과 같이 선천적인 심리 요소를 의미하는 특성character과 생물학적 유전적 요소를 의미하는 기질temperament로 구분된다. 특성이란 말은 성격과 구분 없이 사용되기도 하지만 주로 선천적인 요소를 더 강조한다.

특성과 달리 기질은 개인의 생물학적 요소와 밀접하게 관련되어 있으며 성격과 특성이 이루어지는 기반을 담당한다. 사람들은 생물학적 요소를 강조하는 기질에 따라 똑같은 상황이라도 정서적으로 반응하는 패턴이 다르다. 예컨대, 테마파크에서 롤러코스터를 타기 위해 대기하는 줄이 매우 길 때 어떤 사람은 쉽게 짜증내고 흥분하지만 어떤 사람은 그러려니 하고 기다린다.

성격의 외적 요소는 영어의 personality를 말한다. 이는 사회적·문화적 환경 내에서 사람들이 나타내는 가시적이고 일관된 행동 패턴을 의미한다. 성격과 기질의 차이점은, 성격은 인간 행동의 다양한 표현의 전체를 의미하고 기질은 성격을 결정하는 생물학적 요소를 의미한다. 그러므로 성격은 후천적인 것도 포함하지만 기질은 선천적인 것만 포함한다.

③ 성격 연구의 중요성

사회 생활을 하면서 사람들은 자기 자신뿐만 아니라 다른 사람이 어떻게 행동할 것인지도 예측하고 싶어한다. 이유는 행동을 결정하는 데 있어 성격이 중요한 요소이기 때문이다. 심리학자들이 성격을 연구하는 목적은 크게 네 가지이다.

첫째, 행동을 결정하는 요소로서의 성격을 연구한다. 개인의 행동은 사회적 상황과 생리적 상태, 경험, 교육 정도, 부모의 영향 등과 같은 다양한 요소들에 의해 결정되지만 그중에서도 행동을 결정하는 내적으로 안정된 요소가 바로 성격이다. 개인의 성격을 알면 그 사람의 행동 성향과 사회 적응 가능성을 예측할 수 있기 때문에 일반 사람들뿐만 아니라 심리학자들의 주된 관심거리이다. 최근 국내외 많은 기업들이 성격유형검사MBTI를 마케팅에 적극 활용하고 있다.사례 10-1 참조

취향 저격 MBTI 마케팅 열풍

최근 기업들이 성격 유형 검사 MBTI(마이어스–브릭스 유형 지표)를 활용한 마케팅을 잇달아 선보이고 있다. 'MBTI'란 1944년에 개발된 성격 유형 지표로 4가지 분류 기준에 따른 지표를 가지고 검사자를 16가지 성격 유형 중 하나로 나타내는 테스트다.

본래 학교나 군대에서 성격과 적성을 파악하기 위해 활용하던 검사였지만, 과학적 근거가 있으면서도 자신의 성격 유형을 쉽게 파악할 수 있어 하나의 문화로 자리매김했다. MBTI는 10분 내외로 검사를 마칠 수 있는 약식 검사가 확산하면서 유행이 빠르게 퍼지기 시작했다. 특히 자신을 드러내기를 좋아하는 MZ세대가 SNS를 통해 MBTI 검사 결과를 활발히 공유하면서 더욱 인기를 끌었다.

MZ세대들 환호하는 'MBTI', 대체 뭐길래

'MBTI'는 4가지 분류 기준에 따른 결과에 따라 수검자를 16가지 심리 유형 중에 하나로 분류한다. 4가지 분류는 △정신적 에너지의 방향성을 나타내는 외향(E)–내향(I) 지표 △정보 수집을 포함한 인식의 기능을 나타내는 감각(S)–직관(N) 지표 △수집한 정보를 토대로 합리적으로 판단하고 결정 내리는 사고(T)–감정(F) 지표 △인식 기능과 판단 기능이 실생활에서 적용되어 나타난 생활 양식을 보여주는 판단(J)–인식(P) 지표다.

이를 지표의 조합을 통해 MBTI는 총 16가지 성격 유형 결과를 나타내는데 이는 개인의 성격 특성과 행동 관계를 이해하도록 돕는다. 일례로 ENTP는 '독창적인 혁신가'로 지칭되며 새로운 아이디어마다 추진력을 발휘하는 성향으로 풀이된다.

화두로 떠오른 'MBTI' 마케팅

MBTI 마케팅은 다른 마케팅 방식보다 진입 장벽이 낮아 자발적인 참여를 유도하기가 쉽고, 테스트 결과를 SNS상에 공유할 수 있어 흥미로운 콘텐츠로 바이럴 마케팅 효과를 낼 수 있다. 또한, 소비자들의 참여율이 높은 만큼 잠재적 소비자들에 관한 데이터를 많이 수집할 수 있는 장점이 있다. 〈중략〉

'배달의 민족'은 배달의 민족과 MBTI를 합친 단어인 'BMTI'를 만들어 어플 사용자의 배달 패턴을 분석하는 테스트를 진행했다. 검사 결과를 SNS에 인증한 사용자에게만 원 쿠폰을 지급하였고 이는 입소문을 타고 큰 인기를 끌며 매출 상승으로 이어졌다.

농심은 지난해 게임 형식의 선호 유형 테스트 '스낵 MBTI'로 MZ세대 사이에서 뜨거운 인기를 끌었다. 또 농심켈로그는 아침 식사의 중요성을 알리기 위한 '운명의 새 테스트' 이벤트를 진행하기도 했다. MBTI 기반 알고리즘으로 간단한 질문을 통해 참여자 응답을 분석하고 성향을 도출해 나와 닮은 새를 소개하는 레이블링 게임이다. 참여자와 닮은 새 유형에 따라 하루 중 가장 에너지가 차오르는 순간을 제시하고, 이를 돕는 건강한 아침식사의 중요성을 자연스럽게 전달하기 위해 기획됐다. 〈중략〉

'굽네치킨'은 공식 SNS 채널을 통해 '굽네 MBTI 테스트'를 소개하기도 했다. 개인별 치킨, 피자 취향에 따라 MBTI 유형을 알

려주고 굽네 메뉴를 추천해주는 콘텐츠다. 굽네치킨 모델로 선정됐던 강민아는 달콤한 양념맛 치킨을 선호한다고 답해 굽네 양념

히어로 치킨을, 치즈가 많은 시카고 피자를 선호한다고 답한 김영대는 굽네 시카고 딥디쉬 피자가 추천됐다.

'배스킨라빈스'는 지난 3월 이달의 맛 '오레오 쿠키 앤 스트로베리' 홍보 차 '방구석 연구소'와 협업해 MBTI 검사를 바탕으로 한 '미스터리 미션 테스트'를 진행했다. 먹으면 행복해지는 아이스크림 레시피를 찾는 상황 속 12개의 질문으로 구성돼 있다. 테스트를 마치면 종합적인 분석을 통해 총 16가지 성향과 이에 맞는 핑크팬더 이미지가 등장하고, 이달의 맛 제품 및 아이스크림도 추천해 좋은 반응을 얻었다.

MBTI를 활용한 '맥주'도 있다. '제주맥주'가 그 주인공으로 4캔의 알파벳 조합으로 성격 유형을 인증할 수 있는 '맥BTI' 맥주를

출시했다. '맥BTI'는 4종의 맥주 캔 양면에 △'E'와 'I' △'N'과 'S' △'F'와 'T' △'P'와 'J' 등 각기 다른 알파벳과 톡톡 튀는 색감이 돋보이는 컬러풀한 패키지 디자인을 적용해 총 16가지 성격 유형별 다양한 알파벳과 컬러 조합이 가능하다.

제주맥주 '맥BTI'는 알코올 도수 3.9도의 화이트 비어(White Beer) 스타일의 밀맥주로 독일과 네덜란드의 고품질 맥아와 시트러스한 풍미가 좋은 시트라 홉이 쓰였다. 여기에 코리앤더, 한라봉, 살구향이 첨가돼 프루티한 맛과 부드러움이 특징이다. 이 제품

은 개성을 드러내길 원하는 소비자들의 '인
증 욕구'를 자극하는 제품으로, 연령대나 성
별의 구분 없이 대부분의 소비자들을 만족
시킬 것으로 예상하고 있다.

출처 : 식품외식경영(2022. 4. 21.)

둘째, 성격은 인간 삶의 방식을 결정하는 중요한 요소다. 보통 사람들은 정신적으로 건강하고 사회적으로 바람직한 성격을 가지고 살아간다. 그러나 어떤 사람들은 어린 시절의 심리적 외상trauma이나 콤플렉스에 빠져 정신적으로 건강하지 못하고 사회 생활에 제대로 적응하지 못한다. 그러한 사람들에게 자신의 성격을 정확히 파악할 수 있는 기회를 제공하고 바람직한 성격을 형성하도록 도와줌으로써 그들이 사회에 적응하고 보다 나은 삶을 영위할 수 있도록 도와주기 위해 성격 연구가 필요하다.

셋째, 성격은 정신 세계를 구성하는 중요한 요소다. 사람은 신체적 외양이나 신체 구조만으로 결정되는 것이 아니다. 비록 눈으로 볼 수 없고 만질 수는 없지만 정신 세계가 존재하고 있다. 이러한 정신 세계에서 성격이 차지하는 비중은 상당히 크다.

마지막으로, 성격은 건강한 삶과 밀접한 관련이 있다. 사람들의 심리적 건강을 비롯한 육체적 건강은 주로 생물학적으로 결정된다고 믿기 쉬우나 모든 병은 마음에서 비롯된다는 말이 있듯이 건강은 심리적 요인과 밀접하게 관련되어 있다.

성격이 건강과 밀접한 관련이 있다는 연구들이 많이 보고되고 있다. 미국 캘리포 니아 대학교 연구팀이 1,500명에 대해 10살 때부터 성인이 될 때까지의 건강 관련 데이터를 분석한 결과, 낙천적인 사람은 어려움에 맞서는 자기 능력을 믿기 때문에 어떤 일이든 기꺼이 하게 되고 그만큼 위험한 상황에 놓일 가능성이 커 일찍 사망하는 것으로 나타났다코메디닷컴, 2022. 5. 1.. 한편, 미국 노스웨스턴 대학교 연구팀은 30년간의 추적 관찰 연구를 통해 수줍어하는 성격은 심근 경색이나 뇌졸중을 겪을 확률이 50% 높다는 것을 발견했다. 이런 성격일수록 새로운 상황에 더 많은 스트레스를 받기 때문이다.

제2절 성격의 제 이론

성격 이론은 크게 두 주류로 분류될 수 있다. 그중 하나는 특성 이론character theory인데, 이는 성격이 어떻게 형성되고 발달하는가보다는 현재 어떤 종류의 성격 유형이 있는지와 같은 상태에 관심이 더 많다. 사람들은 평소에 뚱뚱하면 여유롭고, 마르면 지적이며, 곱슬머리면 고집이 세다는 등 나름대로의 성격을 분류하고 있다. 특성 이론은 이러한 특성을 찾아내어 성격을 분류하는 이론인데 유형론과 특질론이 있다.그림 10-4 참조

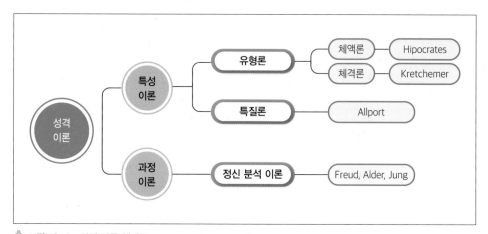

🧭 그림 10-4_ 성격 이론 체계도

또 하나의 연구 주류는 성격이 어떻게 형성되고 어떻게 발달하며, 그러한 성격이 생활하는 데 어떤 기능을 하는지에 초점을 둔 과정 이론processing theory이다. 특성 이론은 사람의 성격을 묘사하고 분류하는 데는 유용하지만 성격이 어떻게 형성되고 형성된 성격이 어떤 의미를 갖는지는 제대로 설명하지 못한다. 대표적 과정 이론에는 무의식과 어린 시절의 경험을 강조하는 정신 분석 이론이 있다. 여기서는 유형론, 특질론, Freud의 정신 분석 이론과 Horney 등의 신정신 분석 이론 등에 대해 살펴본다.

1 유형론

유형론typology은 가장 오랜 역사를 가진 성격 이론이다. Hippocrates는 정서적, 신체적 건강은 체액이라고 불리는 네 가지 액체의 균형에 달려 있다고 믿었다. 그는 사람의 체액을 혈액, 점액, 흑담즙, 황담즙으로 구분하고 그중 어느 체액이 신체 내에서 우세한가에 따라 성격이 결정된다고 주장했다. 가령, 혈액이 우세하면 성격이 다정하고 유쾌하다는 식이다. 이렇듯 체액을 중심으로 하는 성격 이론을 체액론이라고 한다.표 10-1 참조

표 10-1_ 유형론의 분류와 특징

학 자	성격 유형	성격 특징	
Hippocrates의 체액론	다혈질형(혈액)	다정하다. 유쾌하다. 느긋하다.	뜨겁고 습함
	점액질형(점액)	냉정하다. 무표정하다.	차갑고 습함
	흑담질형(흑담즙)	동작이 느리다. 우울하다. 슬프다.	뜨겁고 건조함
	황담즙질형(황담즙)	의지가 강하다. 민첩하다. 화를 잘 낸다. 열정적이다.	차갑고 건조함
Kretchemer의 체격론	쇠약형	갸날프고 마른 사람들로 정신분열증에 걸릴 성향이 많다.	
	비만형	둥글고 땅딸한 사람들로 조울증에 걸릴 성향이 많다.	
	투사형	강하고 근육이 발달된 사람으로 조울증보다 정신분열증의 경향이 다소 많다.	
	이상발육형	신체 발달이 균형이 잡히지 않은 사람들로서 투사형과 유사한 성향을 보인다.	
Sheldon의 체격론	내배엽형	내장 구조들이 고도로 발달된 사람들로 수줍어하고 내성적인 기질을 가지고 있다.	
	중배엽형	근육이 우세한 사람들로 활동적, 자기주장적, 정력적인 기질을 가지고 있다.	
	외배엽형	근육이 섬세하고 약한 사람들로 편안함을 즐기며, 사교적인 기질을 가지고 있다.	

Kretchemer와 Sheldon은 체격론을 주장하였다. 독일의 정신과 의사 Kretchemer는 체형에 따라 쇠약형, 비만형, 투사형, 그리고 이상발육형 네 가지로 분류하였다. 미국의 Sheldon은 Kretchemer의 연구를 바탕으로 4만 6,000명을 대상으로 체형을 분석하여 내배엽형, 중배엽형, 그리고 외배엽형 세 가지로 유형화하였다.

2 특질론

특질trait은 한 사람을 다른 사람과 비교적·영속적으로 구분해 주는 심리적 성향을 말한다. 이는 성격을 이루는 기본 단위이자 인간 행동의 다양성개인차을 설명해 주는 중요한 요소이다. 특질은 선천적으로 타고날 수도 있고 후천적으로 형성될 수도 있다. 성격을 사회 생활이나 대인 관계를 영위할 때 사람들에게 공통적으로 나타나는 공통 특질과 개인을 특징 짓는 개별 특질로 분류하려는  이론이 특질론이다. 대표적인 특질 이론가들은 Allport[1937], Cattell[1965], Eysenck[1944], 그리고 McCrae와 Costa[1987]이다.

Allport는 인간을 설명하는 약 18,000여 개의 형용사를 분석하여 성격을 공통 특질과 개별 특질로 구분하였다. Cattell은 개인의 특징적 행동을 설명할 수 있는지의 여부에 따라 표면 특질과 근원혹은 원천 특질로 분류하였다. 전자는 인간의 행동 중에서 겉으로 보기에 하나의 요인으로 묶을 수 있는 특성들을 말한다. 예를 들면, 타인 비방하기, 욕하기, 무시하기, 타인에 대한 공격성 등은 공격적 특질로 묶을 수 있다. 이에 반해 원천 특질은 표면적인 행동을 결정하는 원인(예 타인 비방하기, 욕하기 등)을 말한다. 공격적 특질을 나타내게 하는 원인을 말하는 것이다. Eysenck은 성격을 세 가지 차원으로 분류하였다. 내향성-외향성, 안정성-불안정성, 그리고 정신병적 경향성공격성, 차가움, 충동성, 반사회성 등이 그것이다. 예를 들어, 정신병적 경향이 높은 사람은 공격적이고 냉정하며 타인에 대한 배려를 하지 못하고, 사회적 관습을 받아들이지 않으며, 충동적인 행동 특성을 보인다고 주장하였다. 〈사례 10-2〉는 개인의 성격이 내향적이냐 외향적이냐에 따라 외식 창업 아이템을 다르게 선정해야 사업 성공 가능성이 높음을 강조한 사례이다.

사례 10-2

성격에 맞는 창업 아이템은… 내성이면 배달,
외형이면 음식점 유리해

창업을 앞둔 예비 창업자들의 고민거리는 한두 가지가 아니다. 특히 창업 성패를 쥐고 있다고 해도 과언이 아닌 창업 아이템 선정에 있어서는 머리에 쥐가 날 정도다. 사실 창업을 앞두고 먼저 깊이 고민해야 할 사안은 바로 자신에 대한 성격을 객관적으로 판단해야 한다는 점이다.

소상공인 시장진흥공단 산하의 지역별 소상공인 지원 센타는 창업자들을 대상으로 적성 검사를 통해 성격에 맞는 아이템을 소개하기도 한다. 어떤 창업이든 소비자와 반드시 만나게 되며, 여러 고객층을 만나다 보니 그만큼 자신의 성격과 맞아야 유리하다는 게 전문가들의 조언이다.

다시 말해 자신의 성격상 외부인과 접촉을 지나치게 꺼린다면 창업 인생은 순탄할 수가 없다. 그렇다고 자신의 약점을 고치고자 마음을 단단히 먹어보아도 실제 천성을 바꾸기란 생각만큼 쉽지는 않다.

창업 전문가들은 "고객과의 접촉이 많은 업종이라면 사람들과의 호흡을 즐기는 성격의 소유자가 유리할 수밖에 없다"며 "그러나 업종에 따라서는 내성적인 사람이 유리한 경우도 있어 가급적 자신의 성격과 잘 맞는 창업 아이템을 찾아보는 것이 좋다"고 소개하고 있다.

그렇다면 내 성격과 맞는 업종 선별은 어떻게 해야 할까. 업계에서는 고객과의 접촉률과 비교해 판단을 해보라는 설명이다. 가령

▲ 프랜차이즈 창업자가 가맹본부 상담을 받고 있다.
(사진=강동완 기자)

상대방에게 설득을 해야 하는 일이거나 또한 상대방의 의사 결정에 민감하게 반응하는 예비 창업자라면 유통이나 판매업보다는 치킨, 커피 전문점 등 테이크 아웃, 배달업 등 고객의 접촉점이 짧은 업종이 적합할 수 있다.

반대로 소비자와의 접촉을 즐기거나 잡음이 생겨도 쉽게 잊어버리는 성격이라면 삼계탕 전문점, 호프 전문점 등 외식업, 주류업, 온라인 서비스업 등이 비교적 적합할 수 있다.

프랜차이즈 전문가들은 "요즘은 프랜차이즈 창업 수요가 증가하면서 창업주가 별도의 관리인을 내세우는 경우도 있어 본인의 성격적 약점은 다소 보완할 수 있다"며 "다만 창업은 내성적이거나 외향적이거나 자신이 가장 잘할 수 있는 재주에 맞춰 고민해 보면 생각보다 쉽게 본인에게 맞는 아이템을 찾아낼 수 있다"고 말했다.

출처 : 머니위크(2014. 3. 14.)

McCrae와 Costa가 집대성한 성격 Big5는 신경성, 외향성, 친화성, 성실성, 그리고 경험에 대한 개방성이다표 10-2 참조. 이는 다양한 연구들에 의해 그 유효성이 확인되었고 현대 심리학에서 널리 인정 받고 있는 성격 이론이자 특질 이론이다. 한 연구에 따르면 신경성 성향이 낮고, 외향성이 높고, 그리고 호의성이 높은 성격을 지닌 사람들일수록 서비스 직업인 호텔업에 잘 맞는 것으로 알려져 있다.Kim 외, 2007

📍 표 10-2_ 성격의 Big5 모델

성 격	행동 특징	관광 행동*
신경성 (neuroticism)	• 분노, 우울함, 불안감과 같은 불쾌한 정서를 쉽게 느끼는 성향 • 걱정, 부정적 감정 등과 같은 바람직하지 못한 행동과 관계된 것으로, 걱정, 두려움, 슬픔, 긴장 등과 같은 특질을 포함	• 예측 불가능 여행 • 재미 추구 경향이 낮음
외향성-내향성 (extraversion- introversion)	• 다른 사람과의 사교, 자극과 활력을 추구하는 성향 • 사회와 현실 세계에 대해 의욕적으로 접근하는 속성과 관련된 것으로, 사회성, 활동성, 적극성과 같은 특질을 포함	• 외향성: 단체·친목 여행 선호, 분위기 메이커 • 내향성 : 고독 즐기기, 개인 여행, 자기 성찰 여행
친화성 (agreeableness)	• 타인과 협조적인 태도를 보이는 성향 • 사회적 적응성과 타인에 대한 공동체적 속성을 나타내는 것으로 이타심, 애정, 신뢰, 배려, 겸손 등과 같은 특질을 포함	• 여행 중 동료와의 갈등이 적음 • 사교 여행 선호 • 자기 만족 여행 추구
성실성 (conscientiousness)	• 목표를 성취하기 위해 성실하게 노력하는 성향 • 과제 및 목적 지향성을 촉진하는 속성과 관련된 것으로, 심사 숙고, 기준이나 규칙 준수, 계획 세우기, 조직화, 과제의 준비 등과 같은 특질을 포함.	• 계획된 여행 선호 • 진지한 여가 선호 • 관광지 규범 준수
경험에 대한 개방성 (openness to experience)	• 상상력과 호기심, 모험심, 예술적 감각 등으로 보수주의에 반대되는 성향 • 개인의 심리 및 경험의 다양성과 관련된 것으로, 지능, 상상력, 고정 관념의 타파, 심미적인 것에 대한 관심, 다양성에 대한 욕구, 품위 등과 관련된 특질을 포함	• 탐험·모험 여행 선호 • 신기성 추구 여행

* 고동우(2003) 자료를 참고로 하였음.

출처 : McCrae, R. R. & Costa, P. T.(1987). Perscnality frait strucfure as a human universal American Psychologist, 52(2), 509-516.

3 정신 분석 이론

정신 분석psychoanalysis은 Freud에 의해 창시된 이론으로 무의식과 성욕을 강조하는 정신 분석 이론과 사회 문화적 속성과 집단 무의식을 강조하는 Horney, Jung, 그리고 Adler 중심의 신정신 분석 이론으로 구분된다. 정신 분석 이론은 인간의 무의식적 동기, 내면적인 힘, 그리고 그 힘들의 갈등을 중시한다.

1) Freud 정신 분석 이론

Freud는 인간의 행동에는 반드시 원인이 있으며 그 원인을 이루는 것이 바로 무의식적 동기라고 주장했다. 무의식적 동기는 주로 성욕과 공격성으로 이루어져 있으며 그러한 무의식적 동기와 의식 간에는 끊임없는 갈등이 빚어지는데, 이 갈등이 인간의 정신 세계를 지배하는 힘이 되는 것이다. 무의식적 동기는 선천적인 것 이외에 후천적으로도 형성되는 것이 있는데 그것이 바로 성격 구조다. 그는 인간의 성격은 원초아, 자아, 초자아 등 세 가지로 구성되어 있다고 보았다.

(1) 원초 자아Id

원초 자아 혹은 원초아는 심리적 에너지의 근원인 본능이며 출생 시에 인간은 모두 이 상태로 태어난다. 원초아는 쾌락의 원리pleasure principle에 지배를 받으며 긴장을 감소시키고 고통을 피하며 쾌락을 얻는 것을 그 목적으로 한다. 원초아는 인간의 본능적이고 충동적인 행동을 유발하며 인간의 감정과 정서를 형성한다.

(2) 자아Ego

자아는 외부 현실과 상호 작용하면서 현실에 적합한 행동을 하게 한다. 자아는 현실의 원리reality principle에 입각하여 원초아의 욕구를 억제하거나 현실 세계에 맞는 방식으로 조절한다. 또한, 원초아를 통제하고 초자아와의 균형을 유지하는 역할을 한다. 다시 말해, 자아의 주된 임무는 원초아의 본능적 욕구, 초자아의 도덕적이고 양심적인 욕구, 그리고 현실 세계 간의 갈등을 중재조절하는 일이다. 자아는 원초아와 초자아 간의 갈등을 조절하고 외부 세계와의 상호 작용을 유지하는 기능을 해서 성격의 집행자혹은 행정부라고 불리기도 한다.

(3) 초자아Superego

초자아는 현실보다 이상을 지향하며 윤리적 혹은 도덕적 기준을 충족시키도록 행동하게 하는 기능을 한다. 초자아는 도덕 원리moral principle에 지배를 받아 원초아의 충동을 억제하고 자아의 현실성을 초월하여 이상과 완전성을 향해 살도록 유도한다. 사회는 인간의 본능적 충동을 무한대로 허용하지 않기 때문에 본능적 욕구 충족을 제한하는 사회적 규범에 순응하려는 초자아가 형성되게 된다. 초자 아는 부모가 주는 보상과 벌을 통해서 짐차 발달하여 간다. 각 요소의 특성, 기능, 지배 원리를 요약하면 〈그림 10-5〉와 같다.

2) Horney 신정신 분석 이론

성격 형성에 있어 프로이드 학파는 무의식과 관련하여 생물학적성 본능 본능에 초점을 맞추고 있는 반면에 신프로이드 학파는 사회적 환경의 역할을 강조한다. 대표적인 학자로는 HorneyHorn-eye로 발음를 들 수 있다. Horney는 어린 시절의 사건들이 이후에 정서적 문제의 발판을 이룬다는 프로이트의 생각에는 동의하였다. 하지만 그녀는 서로 다른 문화, 역사적 시기, 경제적 상황, 가족적 배경 등 아주 다른 환경에서 개인은 성장하기 때문에 다양한 성장 과정을 겪는다고 주장하였다.

그녀는 인간의 성격을 순응형, 공격형, 그리고 고립형의 세 가지로 분류하였다.

	Id	Ego	Super-ego
성격 요소	원초 자아	자 아	초자아
특 성	생물적·본능적 욕구 원천	세상과 조화로운 삶 추구	사회 규범에 순응
기 능	충동 기능	중재 기능	윤리적, 비판적 기능
지배 원리	쾌락 원리	현실 원리	도덕 원리

🧭 **그림 10-5_** Freud 성격 구조

① 순응형compliance

타인을 향하는 성향을 의미한다. 이러한 성격을 지닌 사람은 타인이 원하는 대로 행동하고 타인과의 마찰을 회피하고, 자신을 타인을 위해 희생하고, 겸손하며, 그리고 타인을 잘 신뢰하며 집단에 협력적이다.

② 공격형aggressiveness

권력욕이 강하고 타인에게 대항하는 성향을 의미한다. 이러한 성격의 소유자는 권력 지향적이고, 남보다 앞서 성취하는 데 큰 가치를 부여하며, 외부 지향적이고, 자기 주장이 강하며, 그리고 자신감이 강하다.

③ 고립형detached

자립심이 강하고 타인과 멀리 떨어져 있으려는 성향이 강하다. 이러한 성격의 소유자는 타인과의 사랑, 증오, 협동심도 없으며, 타인과 어떤 식으로든 연관되지 않으려 한다. 즉, 홀로 지내는 것을 좋아하며 내성적이고 타인을 쉽게 믿지 않는다.

Cohen[1967]은 Horney의 연구를 마케팅에 적용할 수 있는 CADcompliance, aggressiveness, detached, 35문항 척도를 개발하여 세 가지 성격과 구매 행동 간의 관계를 연구하였다. 순응형 성향이 강한 사람은 구취 제거제, 비누, 아스피린 등을 많이 소비하는 것으로 나타났는데, 이는 다른 사람들에게 좋은 인상을 주고 남들에게 많이 알려진 브랜드의 제품을 구매하는 행동으로 해석할 수 있다. 공격적 성향이 강한 소비자는 올드 스파이스라는 애프터 셰이프 로션을 많이 소비하는 것으로 나타났는데, 이는 남성다움과 사회적 정복의 상징으로 해석할 수 있다. 한편, 고립형은 맥주를 적게 마시고 차를 많이 마시는 것으로 나타났다.

| 제3절 | 브랜드 개성 |

미래에는 고객의 욕구를 만족시키고 고객과 지속적인 관계를 맺는 브랜드만이 성공을 보장받을 수 있을 것이다. 이와 관련하여 인간으로서의 브랜드, 즉 브랜드 개성brand personality의 중요성이 커지고 있다. 이는 고객이 자신의 자아 개념과 일치하거나 혹은 자신이 바라는 자아와 부합하는 브랜드를 구입함으로써 스스로를 표현할 수 있고 브랜드를 마치 인간인 것처럼 일대일 관계와 같은 관계를 맺을 수 있기 때문이다. 여기서는 브랜드 개성의 개념, 브랜드 개성의 영향 요인, 그리고 브랜드 개성의 유형을 설명한다.

1 브랜드 개성의 개념

소비자들은 브랜드가 마치 살아 있는 대상인 것처럼 인격적 특성, 즉 개성을 부여한다. 이는 부분적으로 유명 인물과의 연관성을 강조하거나 사용자 이미지의 창조와 같은 광고자의 전략에 기인하기도 한다. 이와 같이 브랜드 개성이란 브랜드에 부여된 일련의 인간적 특성이다.Aaker, 1997

브랜드 개성은 우리가 다른 사람에 대해서 갖는 이미지와 같이 브랜드가 인간인 것처럼 생각하게 한다. 브랜드에 따라 친숙한 느낌을 주기도 하고 똑똑한 느낌을 주거나 날카로운 느낌을 주기도 한다. 이것은 브랜드의 개성을 이미지화해서 사람들 머릿속에 기억되고 있어서 그런 것이다. 예를 들어, Coca-Cola 관련한 브랜드 개성의 특성은 침착한 미국인 그리고 현실적인 등과 같은 것이다Pendergrast, 1993. 코카콜라와 비교하여 펩시는 젊고, 흥미로우며, 최신 유행을 의미하고, Dr Pepper는 반항, 특유, 재미 등을 의미한다.Plummer, 1985

〈그림 10-6〉은 브랜드 개성을 활용한 청정원의 '건강한 프러포즈' 사례이다. (주) 대

출처 : 파이낸셜뉴스(2007. 9. 4.) 재인용

🎯 **그림 10-6_** 청정원 건강한 프러포즈 광고

상은 청정원을 '요리하는 것을 좋아하는 가정적인 여자, 겉모습뿐만 아니라 속마음까지 건강하고 깨끗한 여자'라는 브랜드 개성을 이미지화하였다. 이를 위해 "정원아, 나랑 결혼해 주겠니?"라는 장동건의 프러포즈를 대마로 TV 광고를 하여 큰 성공을 거두었다.김지현, 2012

② 브랜드 개성의 영향 요인

브랜드 개성은 소비자가 브랜드와의 접촉을 통해 형성되는 것으로 브랜드를 차별화하는 수단이다. 따라서 브랜드 개성은 다양한 요인들에 의해 영향을 받는다. 여기서는 제품, 브랜드 심벌, 최고 경영자, 직원, 촉진 수단을 대상으로 학습한다.

1) 제품 요인

브랜드 개성에 영향을 미치는 제품 요인으로 제품의 속성내부적 특성과 외부적 특성, 패키지, 디자인, 가격, 색상 등을 들 수 있다. 제품 속성 중 제품의 내부적 특징은 브랜드 이미지를 형성하는 가장 기본적인 요인이다, 예를 들면, 쿠어스 라이트Coors Lite처럼 라이트 맥주의 속성을 가지고 있다면 브랜드 개성은 호리호리하고 운동선수같이 표현될 수 있다. 또한, 식이섬유 음료인 '미에르 화이바'는 날씬하고 활동적인 성격의 브랜드로 연상된다.

이러한 제품 속성이 브랜드 개성의 내부적 특징이라면 패키지 또는 디자인은 제품의 외부적 특징이라고 할 수 있다. Coca-Cola의 병 모양이 재미나 흥미의 개성을 주는 것처럼 패키지나 디자인도 영향을 끼칠 수 있다.

가격도 브랜드 개성의 영향 요인의 하나이다. 예를 들면, 티파니Tiffany와 같은 고가의 보석 브랜드는 가격으로 인해 세련되고 부유한 상류층의 개성을 연상시키는데, 이는 사치품이나 희귀한 제품은 평범한 제품보다 사용자의 풍족함과 고상한 취향을 나타낼 수 있기 때문이다.Aaker, Batra & Myers, 1994

브랜드 개성을 강화하기 위해 색상도 많이 이용되고 있다. 예를 들면, 빨간색은 식욕을 자극하는 색으로 식품업계에서 많이 활용한다(예 코카콜라). 스타벅스는 환경과 자연을 생각하는 환경 경영을 지향한다는 이미지를 부각시키기 위해 초록색의 브랜드 컬러를 사용하고 있고 바리스타들에게도 초록색 앞치마를 두르게 하고 있다.

2) 브랜드 심벌

심벌은 제품의 속성을 연상시키고 브랜드에 대한 호감을 유발한다. 또한, 브랜드를 외적으로 보여주는 수단일뿐 아니라 그 브랜드의 개성과 문화를 반영하기도 한다. 심벌은 그 자체로서 강력하고 시각적인 은유를 창출할 때 가장 중요한 브랜드 개성의 요소가 될 수 있다Aaker & Joachimsthaler, 2000. 예를들어, 맥도날드의 골든아치는 전쟁의 위험을 줄여주는 평화의 상징이 되기도 하였다.

3) 최고 경영자

어떤 회사들은 조직과 관련된 연상을 효과적으로 대표하고 표현할 수 있는 카리스마적인 사장을 내세운다. 예를 들어, Bill Gates가 연설에 초대되거나 뉴스 프로그램에 나오면 Microsoft사의 신제품은 결국 뉴스거리가 된다. 이처럼 설립자나 회장을 전면에 내세워 회사를 의인화하는 것은 소비자와의 관계를 창조하는 데 도움이 된다Aaker, 1996. 세계 최대 테마파크 디즈니월드Disney World 창업자 월트 디즈니Walt Disney하면 상상력, 꿈, 희망 그리고 즐거움을 연상시키는 것도 이에 해당한다.

4) 직원

고객을 직접 상대하는 서비스 기업의 경우는 직원들의 외모나 태도 등을 통한 이미지가 브랜드로 전이되므로 브랜드 개성화에 직원의 이미지가 매우 중요하다. Southwest Airlines은 즐겁고 유쾌한 항공 서비스를 제공하는 것으로도 유명하다. 예를 들어, 부활절에는 토끼 복장을 그리고 할로윈 데이Halloween Day에는 그에 어울리는 다양한 의상을 입는다. 또한, '손님께서 담배를 피우고 싶다면 언제든지 날개 위에 마련된 테라스로 자리를 옮겨 저희가 특별히 준비한 영화 「바람과 함께 사라지다」를 즐기시기 바랍니다'라는 금연 안내 방송도 한다. 이는 일하면서도 즐기는 기분이 들기 때문에 고객뿐만 아니라 직원들도 좀 더 공감할 수 있어 즐거움과 행복을 주는 이미지가 강화되었다.

5) 촉진 수단

브랜드 개성에 영향을 미치는 가장 큰 요인은 광고다. 광고 모델, 광고에 대한 태도, 브랜드 포지셔닝 또는 슬로건 등이 소비자로 하여금 개성을 형성케 하는 중요한 브랜드 접촉점인 것이다. 브랜드 개성은 광고를 통해 소비자에게 경험적이고 상징적 기능을 혜택으로(예 펩시의 젊고 열정적인 개성 등) 제시한다.Reynols & Gutman, 1984

많은 브랜드들은 유명인을 활용하는 광고를 더 선호하고 있다. 광고 모델을 이용하는 기본적 원리는 모델 개성의 특성이 해당 브랜드에 스며들어야 한다는 것이다. 대표적인 예로 Nike를 들 수 있다. Nike의 "Just Do It"으로 표현된 개성은 여러 스포츠 스타(예 Michael Jordan)에게 어울릴 수 있도록 유연하게 적용되었다.Upshaw, 1995

이벤트 또한 브랜드 개성을 형성할 수 있는 기회를 제공한다. 단순히 소비자들에게 이벤트 경험을 제공하는 것만으로도, 특히 그 이벤트가 권위 있는 것일 때는 브랜드 개성에 관해 많은 이점을 전달해 줄 수 있다(예 현대카드 수퍼 콘서트). 강력한 연상 이미지가 이벤트에 결부되고 이것이 다시 브랜드에 결부되면 사람들은 그 브랜드가 세계적이라는 인식을 강화시키려는 경향이 있다.Aaker & Joachimsthaler, 2000

3 브랜드 개성의 유형

인간의 개성을 연구하기 위해 심리학자들은 특성 혹은 특질 형용사 접근법을 사용하였다. 심리학의 인간 개성 연구에 영향을 받아 소비자 행동에서도 특성 관련 형용사를 사용하여 브랜드 개성의 차원을 규명하려는 연구들이 진행되었다.

Aaker는 1997년 심리학에서 사용된 개성 척도, 마케팅에서 사용되어 온 척도, 그리고 정성적 조사 결과를 바탕으로 브랜드 개성 척도brand personality scale : BPS를 개발하였다. 즉, 브랜드 개성을 성실, 흥미, 능력, 세련, 강인함 등 다섯 가지 차원으로 설명하였다. 다섯 가지 브랜드 개성 차원과 그 세부 내용은 〈표 10-3〉과 같다. 예컨대, 홀마크Hallmark 카드는 진실함을, 베네통Benetton과 MTV는 흥미로움을, The Wall Street Journal은 탁월함을, 메르세데스Mercedes와 Guess 진은 세련됨을, 그리고 리바이스Levis와 나이키Nike브랜드는 활동적으로 소비자에게 인식되고 있다.

환대 및 관광 분야에서도 브랜드 개성에 대한 연구는 다양하게 이루어지고 있

💡 표 10-3_ 브랜드 개성 차원

개성 차원	소단위 요소	세부 항목
성실함 (sincerity)	현실성	가속 중심, 소도시, 전통, 노동자 계급, 미국적인
	정직함	진지함, 실제적, 도덕적, 사려 깊은, 관심
	건전함	오리지널, 진정한, 영원한, 전통, 유행에 뒤떨어진
	활기	정서적, 다정함, 친밀감, 행복
흥미로움(열정) (excitement)	모험	유행, 흥미, 색다른, 화려한, 적극적인
	생기	냉정한, 젊은, 생동감 있는, 외향적인, 진취적인
	상상력	독특한, 유머 있는, 놀라운, 예술적인, 재미있는
	현대적	독립적인, 동시대의, 혁신적인, 적극적인
유능함(능력) (competence)	믿을 수 있는	열심히 일하는, 능률적인, 신뢰할 수 있는, 주의 깊은
	지적인	기술적, 조직적, 진지함
	성공적인	리더십, 확신, 영향력 있는
세련됨 (sophistication)	상류 계층	화려한, 멋진, 과시적, 세련된
	매력적인	열성적인, 부드러움, 섹시한, 신사적인
강인함 (ruggedness)	외향적인	남성다운, 서부의, 활동적인, 운동 선수다운
	거친	드센, 강한, 분명한

출처 : Aaker, J.L. (1997). Dimensions of brand personality. Journal of MarketingResearch, 34(August), p.352.

다. 호텔이나 외식 분야 마다 브랜드 개성을 측정하는 요소가 다양하지만 Aaker 가 제시한 개성 척도를 대부분 수정하여 사용하고 있다.표 10-4 참조

💡 표 10-4_ 호텔 관광 분야에서의 브랜드 개성 차원

분 야	연구자 및 연구 대상	브랜드 개성 요소
호텔	신강현·이기황(2007) 특1급 호텔	정감, 열정, 세련됨, 성실함
레스토랑	정효선·윤혜현(2011) 패스트 푸드 레스토랑	호감성, 유행성, 강인함, 유능함, 세련됨
	이용기·윤유정·김은주(2008) 패밀리 레스토랑	유능함, 성실함, 활기찬, 세련됨, 강인함
	김경민·김경희(2010) 전문 한식 레스토랑	진실성, 강인함, 흥미성, 유능함, 세련됨
관광	한 경·양위주(2009) 해양 관광지	매력성, 강인성, 전문성, 신뢰성, 독특성
	전영주(2010) 컨벤션 개최지	풍요로움, 세련됨, 화려함, 진솔함
	김형길·안순화·김정희(2009) 관광 도시 브랜드	혁신성, 평온함, 세련성, 신뢰성, 역동성

제4절   **성격과 마케팅 전략**

소비자의 성격 파악은 마케팅 전략을 세우는 데 가장 기본적인 조건이 될 수 있다. 소비자의 성격은 구매 의사 결정 과정은 물론 행동에도 지대한 영향을 미치기 때문이다. 그럼에도 불구하고 성격과 관련된 관광 행동 연구는 아직 미미한 수준에 머물러 있다. 본 절에서는 앞서 살펴본 성격의 제 이론을 응용한 마케팅 전략과 브랜드 개성을 활용한 마케팅 전략에 대해 살펴본다.

1 특성 이론과 마케팅 전략

개인의 행동을 일정 기간에 걸쳐서 관찰해 보면 그 사람의 행동에는 어떤 일관성이나 규칙이 존재하고 있다. 이러한 일관성이나 규칙을 특성trait 자질이라고도 한다 이라고 한다. 특성 이론은 일반 소비자 행동 분야뿐만 아니라 호텔 관광 분야에서 브랜드 개성을 이용하여 시장을 세분화하는 데 적극 이용되어 왔다.

1) 소비자 행동 분야

대표적 연구로는 Evans[1959]의 자동차 연구와 Dutta-Bergman과 Wells[2002]의 성격 연구가 있다. Evans는 에드워드 개인 선호도 스케줄, 즉 EPPSEdwards Personal Preference Schedule를 이용하여 Ford 자동차와 Chervolet 자동차 소유자의 성격을 파악하고자 하였다. EPPS는 Murray의 욕구 이론에 기초하여 개발된 것으로 인간의 기본적 욕구와 동기 14개를 측정하는 항목들의 집합으로 〈표 10-5〉에 제시되어 있다.

마케터들은 Ford 자동차 소유자들은 독립성이 강하고, 충동적이고, 남성적이고, 변화에 민감하고, 그리고 자신감이 큰 반면, Chevrolet 자동차 소유자들은 보수적이고, 절약적이고, 위신적·의식적이고, 덜 남성적이고, 그리고 극단적인 것을 회피하는 것으로 인식하여 브랜드를 구축하고 시장 세분화를 하였다. 하지만, 연구 결과, Ford 자동차 소유주들과 Chevrolet 자동차 소유자들 간 개성 변수에서는 차이가 없는 것으로 나타났다. 이에 Evans는 소비자의 외부 변수가 승용차 브랜

💡 표 10-5_ EEPS의 개성 변수

성취(achievement)	다른 사람들과 경쟁하고 앞서려는 성향: 성공 지향적
순응(compliance)	타인의 의사 결정을 따르는 성향
질서(order)	자신의 일 혹은 주변을 정리 혹은 체계화하는 성향
과시(exhibition)	타인으로부터 주목받고 싶어하는 성향
자주(autonomy)	자유를 추구하고 타인의 지시나 간섭을 싫어하는 성향
친화(affiliation)	타인과 교제를 원하는 성향: 그룹에 참여하고 싶어하는 성향
분석(analysis)	타인을 이해하고 자신의 행동을 분석하는 성향
의존(dependence)	도움받기를 원하는 성향
자기 비하(self-deprecation)	타인에 비해 열등감을 느끼는 성향
지원(assistance)	타인을 도와주는 성향: 동정심
변화(change)	새로운 것을 추구하는 성향
인내(endurance)	한 과업에 집착하는 성향: 주어진 일을 열심히 하는 성향
이성애(heterosexuality)	섹스에 대해 얘기하고 싶거나 매력적으로 보이고 싶은 성향
공격(aggression)	타인을 공격하거나 해를 입히기를 원하는 성향

출처 : Edwards, A.L.(1957). Edwards Personal Preference Schedule manual. New York : Psychological Corp. Assael, H.(1984). Consumer behavior and markeling action(2nd ed.). Mass : Kent Publishing Company, p. 269. 재인용

드 선택 행동에 밀접한 관련이 있다고 주장하였다. 즉, 외부 변수소득 수준, 연령, 승용차 사용 기한와 승용차 브랜드 선택 행동 간의 상관관계가 성격과 브랜드 선택 행동 간의 상관관계보다 높게 나타났다.

Dutta-Bergman과 Wells2002는 개인 중심형idiocentric과 집단 중심형allocentric 성격을 가진 소비자들 간 소비 차이를 연구하였다. 집단 중심형은 기술직 직업에 주로 종사하고, 개인 중심형은 손수 만드는 가내 수공업형 직장에서 일하는 경향이 높았다. 이들 간의 소비 차이는 만족감, 건강 의식, 음식 준비, 중독성, 여행과 엔터테인먼트 등에서 차이가 있는 것으로 나타났는데 이를 요약하면 〈표 10-6〉과 같다.

🏆 표 10-6_ 개인 중심형과 집단 중심형 간의 소비 차이

요 소	차이점
만족감(contentment)	개인 중심형은 '나는 최근의 내 생활 방식에 아주 만족 한다'에 대해 집단 중심형보다 점수가 높음. 또한 재정적 상태에 대해서도 만족함
건강 의식 (health consciousness)	집단 중심형 집단은 콜레스테롤이 높고, 염분성이 높으며, 지방이 많은 음식을 훨씬 더 회피함
음식 준비 (food preparation)	집단 중심형 소비자가 개인 중심형보다 음식을 준비하는 데 더 많은 시간을 소비함
일 중독성(workholics)	개인 중심형이 집단 중심형보다 직장에 늦게까지 남아 일함
여행과 엔터테인먼트 (travel & entertainment)	개인 중심형이 집단 중심형보다 다른 문화와 여행에 대한 관심이 많음. 또한 영화관, 예술관, 박물관에 가기를 더 좋아함

* Dutta-Bergman, M.J. & Wells, W. D.(2002). The values and lifesyles of Idocentrics and Allocentrics in an individualist culture : A descriptive approach. Journal of Consumer Pyschology, 12(March), 231-242. 저자 내용 정리. 연구 대상 20개 요소 중 5개 요소만 제시함.

2) 관광 행동 분야

관광 분야에서의 대표적인 특성 이론의 연구는 Plog의 성격 유형과 관광 행동 유형에 관한 연구이다. Plog는 왜 어떤 사람은 항공기를 이용하는데 다른 사람은 그렇지 않은지, 그리고 어떤 요소가 사람들로 하여금 항공기를 이용하게 하는지를 연구하였다. 그는 어떤 사람들은 높은 소득 수준에도 불구하고 항공기를 이용하지 않고, 또 다른 사람들은 여행 시 항공기를 다른 사람보다 더 자주 이용한다는 사실을 발견하였다. 이러한 차이는 개인이 서로 다른 성격을 가지고 있다는 사실에 기인한다고 주장하였다.

그는 추가 연구에서 여행 시 항공기를 이용하지 않은 집단을 내부 중심형 혹은 자기 중심형psychocentric으로 그리고 항공기를 자주 이용하는 집단을 외부 중심형 혹은 타인 중심형allocentric이라 지칭하면서, 이 두 유형 간 여행 행동은 여러 측면에서 중요한 차이가 있음을 밝혀냈다표 10-7 참조. 내부 중심형은 자기 생활의 예측성에 대해 강한 욕구를 가지고 있어 직접 운전하여 갈 수 있는 친숙한 관광지를 방문하는 것이 보통이다.

이에 반해 외부 지향형은 비예측성에 대한 욕구가 강하여 일상 생활과 멀리 떨어져 있고, 잘 알려지지 않은 관광지를 선호하고, 낯선 지역을 방문하여 다른 문화적 배경을 가진 사람들과 만나고 싶어 한다. 이들의 이상적인 휴가 여행은 변화무쌍하고 복잡한 것이라 할 수 있다.

표 10-7_ 내부 중심형과 외부 중심형 여행자 특성

내부 중심형(지향성)	외부 중심형(지향성)
친숙한 관광지 선호	관광자가 가지 않는 관광지 선호
관광지에서 평범한 활동 선호	새롭고 색다른 관광지의 선호
상당한 휴식을 줄 수 있는 태양과 즐거움이 있는 곳 선호	다른 사람이 방문하기 전에 새로운 경험을 했다는 느낌을 갖고자 함
낮은 활동 수준	높은 활동 수준
자동차 여행 선호	비행기 여행 선호
대형 호텔, 가족 식당, 기념품점 등 많은 사람이 모이는 시설 선호	훌륭한 호텔과 음식을 필요로 하나 반드시 현대적이거나 체인 호텔을 원하지 않으며, 사람이 드문 관광 시설 선호
가족적 분위기, 친숙한 오락 활동, 덜 이국적 분위기 선호	다른 문화권의 사람들과 만나거나 교제 시도
활동 스케줄이 꽉찬 패키지 여행 선호	교통과 호텔 등 기본적인 것만 여행 일정에 포함시키고 상당한 자유와 융통성을 주는 활동 추구

출처 : Plog, S.(1974). Why destination areas rise and fall in popularity. Cornell Hotel and Restaurant Administration Quarterly, 14(4), 55-58.

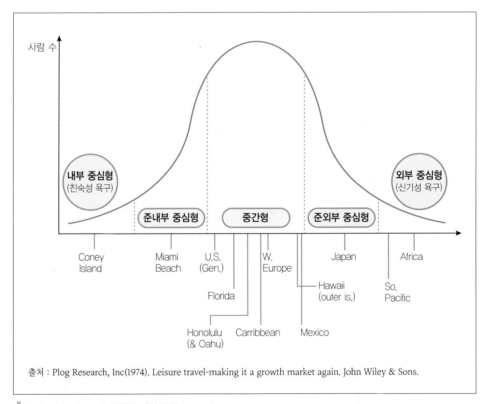

출처 : Plog Research, Inc(1974). Leisure travel-making it a growth market again. John Wiley & Sons.

그림 10-7_ Plog의 여행자 성격 분류

〈그림 10-7〉은 여행객의 성격 특성내부 중심형 vs. 외부 중심형에 따라 관광지 목적지 선택에 차이가 있음을 보여준다. 가령, 내부 중심형 관광자들은 대중적으로 인기 있는 Coney Island를 선호하는 한편, 외부 중심형은 관광객의 발길이 없는 Africa 등을 선호한다. 대부분의 관광지는 중간형에 속한다.

② Freud 성격 이론과 마케팅 전략

프로이드에 의하면 인간은 식욕hunger과 성욕love의 두 가지 본능이 있는데, 이 중에서 성적 본능성적 에너지을 리비도libido라고 하였다. 마케터들은 이 리비도를 성적 소구sex appeal 광고의 사용 근거로 활용해 오고 있다. 성적 소구는 인간의 근본적인 욕구인 성sex에 관한 관심을 제품에 연관시키는 것이다. 즉, 인간의 성욕 존재와 이의 상징적 표현을 통해 소비자의 주의를 끌 수 있는 소구 전략으로 활용하는 것이다. 〈사례 10-3〉은 한 외식업체가 성적 본능인 리비도를 자극하여 소비자에게 제품을 구매하게 함으로써 그 만족도를 높이려는 전략을 사용하고 있다.

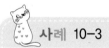
사례 10-3

성적 코드로 유혹하는 프랜차이즈 '벌집 삼겹살' 광고

누드(Nude) 내세워 '속이 궁금하시죠?' 속삭이지만 상술 속내만 돋보여

걸 그룹들을 내세운 성 상품화가 성행되고 있는 가운데 광고 속 스타들의 파격적 섹시 경쟁도 날로 뜨거워지고 있다. 자신들의 늘씬한 몸매를 통해 섹시·깜찍·발랄한 이미지를 돋보이게 하는가 하면 꿀벅지, 베이글녀, 청순 글래머, 잼벅지, 골반 여신 등 특정 신체 부위의 매력을 내세우기도 한다.

특히 광고에서 여성의 벗은 몸은 에로티시즘(eroticism) 소재로서 소비자의 눈길을 손쉽게 붙잡을 수 있는 수단으로는 제격이기에 자주 활용되기 마련이다. 여성 4인조 그룹 LPG의 리더 가연도 이런 흐름에 휩쓸리기라도 하듯 최근 외식 프랜차이즈 '벌집 삼겹살'이 내놓은 새로운 메뉴의 광고 모델로 나섰다.

'누드 벌집'이라는 메뉴는 기름기를 쏙 빼

더욱 담백해진 삼겹살을 신선한 채소와 특제 소스로 버무려 먹는 것이 특이하다. 전국 수백여 체인점에 배포돼 부착되는 광고는 나체의 모델이 중요 신체 부위를 '속이 궁금하시죠? 직접 드셔보세요'라는 메시지가 쓰여져 있는 얇은 판넬(Panel)로 가리며 쭉 뻗은 길다란 다리와 육감적인 몸매가 도드라져 있는 모습을 취하고 있다.

설득 커뮤니케이션에서 자아 방어(Ego defensive) 개념의 억압(repression) 이론은 사람의 무의식 세계 속에 잠재하는 성 본능인 리비도(Libido)를 자극하여 대상 만족을 취하도록 하고 이 제품을 구매하게 됨으로써 그 만족도를 더욱 높이려는 것으로 설명된다. 이 광고도 이러한 이론을 활용하고 있는 듯하다. 그러나 기름기를 뺐다 하여 '누드 벌집'이라고 이름 붙여진 삼겹살 메뉴와 모델의 누드 모습을 연결시킨 콘셉트가 지나치게 생뚱맞아 어색하기만 하다. 광고의 설득 효과에 긍정적 영향을 미치는 모델의 중요한 속성 중 하나로 모델의 신체적 매력을 꼽고 있다.

특히 섹시하고 날씬한 여성 모델이 광고에 등장할 때 소비자들은 일반적으로 그 광고 속의 브랜드에 대해 호의적 태도를 보이는 경향이 있다. 사람들은 아무런 근거도 없이 매력적인 외모를 가진 사람들을 그렇지 않은 사람들에 비해 성격 등의 인품 또한 좋을 것이라고 생각하는 일종의 편견(偏見)

▲ 여성 4인조 걸그룹 리더 가연의 '벌집 삽겹살' 누드 광고

같은 것을 갖고 있기 때문이다.

하지만 예쁘고 날씬한 광고 모델이 반드시 효과적인 것은 아니다. 모델의 신체적 매력과 그 모델이 보증하는 제품이 서로 조화를 이룰 때 광고 효과가 나타나기 때문이다. 예컨대 우유 광고의 경우 우유가 몸에 좋다는 것을 나타내기 위해 건강한 여성의 나신(裸身)을 이용한다거나, 마릴린 먼로가 무엇을 입고 자느냐는 질문에 '샤넬 넘버 5'라고 대답한 광고 이후 누드와 향수의 관계는 더욱 돈독해졌다는 사례들이 그것들이다. 〈중략〉

'Obsession' 향수 광고는 에로티시즘이 예술적으로 팔릴 수 있다는 점을 보여 준 성공 사례. 이 광고는 누드의 아름다움을 광고에 접목시켜 그림 속 누드가 따라 하고 싶은 대상이 아니라 감상하고 싶은 오브제(Objet)로 비춰지기도 한다. 1989년 당시 미국인 2만 4,000명을 대상으로 한 조사에서 '가장 좋게 기억

▲ 에로티시즘이 예술적으로 팔릴 수 있다는 점을 보여준 '옵세션(Otsession)' 향수 광고

되는 인쇄 광고'에 선정되었으며 4년 연속 '기억률 1위 광고'에 오르기도 했다. 광고에서의 과도한 성적 소구는 너무 가벼워 보일 뿐 아니라 자칫하면 제품 이미지가 천박함으로 굳혀질 수 있는 위험마저 있다.

적당한 성적 호기심을 유발하거나 환상을 심어주는 것은 제품으로의 관심으로 연결지만 지나치면 성적인 자극과 욕구만 부추길 뿐 제품에 대한 관심은 떨어지게 된다. 이 광고 역시 이러한 우려가 크게 남는다. '벌집 삼겹살'이 이런 광고를 하는 의도는 따로 있는 듯하다. 〈중략〉

출처 : 일요서울(2011. 8. 13.)

▲ 하와이 와이키키 해변. ©하와이 관광청　　▲ 보라카이 스노클링. ©필리핀 관광청

🧭 그림 10-8_ 원초아의 속성을 자극하는 허니문 여행지

원초아는 기본적으로 쾌락을 추구하는 성향인데, 마케터는 이를 자극하여 관광자의 관광 행동을 촉진한다. 쾌락 추구를 위한 욕구 표현은 '재미있는 일을 하고 싶다', 맛있는 것을 먹고 싶다', '휴가를 즐기고 싶다'와 같이 나타난다. 많은 관광 목적이나 여행사의 광고는 잠재 관광객의 이러한 쾌락적 욕구를 자극하여 관광 행동을 유발한다. 〈그림 10-8〉은 신혼 여행 욕구를 자극하는 원초 자아적 광고의 예이다.

③ 성격과 시장 세분화

요즈음 자기만의 독특한 색깔을 나타내려는 욕구가 강해지면서 개성에 맞는 제품을 선호하려는 경향이 더욱 뚜렷해 지고 있다. 성격은 소비자의 이미지이기 때문에 제품의 특별한 기능적 편익보다는 자신의 이미지나 기업 혹은 브랜드의 이미지를 더 중요시하게 된다. 이러한 추세를 반영하여 소비자의 성격에 의한 시장 세분화 연구가 활발히 진행되어 왔다.

국내 와인 소비자를 대상으로 성격 유형에 따른 시장 세분화 연구에서 와인 소비자의 성격이 책임감, 예민성, 우호성, 창의성, 그리고 외향성 등 다섯 가지 유형으로 도출되었다김주향, 2014. 시장 세분화를 위해 군집 분석을 실시하여 3개 집단군집1, 군집2, 군집3이 도출되었으며, 외향성, 창의성, 책임감, 우호성 요인이 군집별 차이가 있는 것으로 나타났다. 책임감은 책임있는 행동의 특성을 의미하므로 와인을 판매할 때 와인에 대한 신뢰성 있는 정보를 제공하는 것이 중요하다.

Ackoff와 Emshoff[1975]는 Anheuser-Busch사의 맥주 세 가지 상표Budwiser, Michelob, Busch에 대하여 각 세분 시장의 특성을 조사하였다. 조사에 앞서 연구자들은 맥주 소비자를 성격에 따라 피로 회복형, 사교적 음주형, 탐닉적 과음형, 폭음형 등 4가지 유형으로 분류하였다표 10-8 참조. 연구자들은 맥주 소비자에게

표 10-8_ 성격 유형별 음주 행동의 특성

성격 유형	인구 통계적 특성	성격 특성	음주 행동의 특성
피로 회복형 (reparative drinker)	중년층	• 타인을 위해서라면 야망을 희생하려 한다.	• 주로 일과 후에 가까운 친구들과 마신다. • 취하지 않게 자제할 줄 한다. • 다른 사람들에게 봉사하는 데 대한 자기 보상 수단으로 음주를 한다.
사교적 음주형 (social drinker)	청·장년층	• 의욕적이다. • 자신이 원하는 것을 얻기 위하여 타인을 이용하려 한다. • 야망은 아직 실현시키지 못했지만 기대가 크다.	• 주말에 많이 마신다. • 많은 사람들과 관계를 유지하기 위해 마신다. • 음주량을 통제할 줄 안다.
탐닉 과음형 (indulgent drinker)	모든 연령층	• 자신을 실패자로 생각한다. • 자신의 실패에 대해 환경과 타인을 비난한다.	• 과음한다. • 현실 도피형으로 주로 혼자서 마신다.
폭음형 (ocean drinker)		• 자신을 실패자라고 생각하나, 그 실패의 책임이 자신의 부족함 때문이라고 생각한다.	• 과음하며, 자신의 결점을 위장하기 위하여(남에게 간파되지 않게 하기 위하여) 술을 마신다. • 혼자 마시지는 않는다.

출처 : Ackoff, R. L., & Emshoff, J. R.(1975). Advertising research at Anheuser-Busch, Inc.(1968-1974). Sloan Management Review, 16(2), 1-15.

동일한 맥주를 서로 다른 용기에 넣어 다르게 상표를 붙인 후 가장 좋아하는 상표를 선택하게 하는 실험을 하였다. 실험 결과, 동일한 맥주임에도 맥주 소비자들은 자신의 성격 유형과 일치하는 이미지의 상표를 선택하였다. 따라서 맥주가 실제로 각각 서로 다른 성격의 집단에게 소구되고 있음이 밝혀졌다.

소비자의 성격에 의한 시장 세분화 연구는 실용 가치가 비교적 낮은 것으로 알려져 있다Engel, Blackwell, & Miniard, 1986. 그 이유는 성격을 기준으로 세분화한 시장에서 동질적인 인구 통계적 특징을 발견하기 어렵기 때문이다. 뿐만 아니라 성격에 의한 세분화된 시장의 크기가 비교적 작아서 비경제적이기 때문이다.김종의 외, 2013

4 브랜드 개성과 마케팅 전략

소비자는 자신이 구매하는 제품이나 서비스가 상징하는 것을 통해서 자신의 자아나 실체를 창출하고 강화하려는 경향이 있다. 이러한 이유 때문에 브랜드 개성은 마케터와 브랜드 관리자에게 중요한 시사점을 제공한다.

1) 차별화

브랜드 개성은 경쟁사 브랜드와 차별화하는 데 유용하다. 영국의 버진 애틀랜틱 항공Virgin Atlantic사는 활기차고 유쾌하며 혁신적인 이미지의 브랜드 개성을 가지고 있다. 이러한 브랜드 개성을 구축하기 위해 세 가지 차별화 전략을 구사하고 있다. 첫째, 승무원의 독특하고 유쾌한 서비스 제공으로 고객 만족도를 제고하고 있다(예 생일이나 기념일을 맞은 승객에게 특별 이벤트나 깜짝 케이크 제공). 둘째, 광고와 마케팅에서 고객과의 감성적인 연결을 강조하고 있다(예 '세계에서 가장 세련된 승무원'이라는 컨셉으로 런웨이 워크(Runway walker)를 하며 유쾌한 모습을 담은 광고 제작). 마지막으로, 프리미엄 경제석 등 혁신적인 좌석 옵션 도입으로 차별화하고 있다. 이처럼 독창적이고 고객 친화적인 서비스 경험을 제공하여 항공 업계에서 차별화된 시장 위치를 유지하고 있다. 〈사례 10-4〉는 외식 브랜드의 첫 인상을 강화하고 브랜드의 성격(예 청결, 세련, 실용)을 한눈에 보여 주기 위해 유니폼을 전략적으로 활용하고 있는 사례이다.

사례 10-4

외식 브랜드 첫 인상, 유니폼도 전략!

식당에 들어서는 고객과 제일 처음 만나게 되는 직원들의 유니폼. 외식 브랜드의 첫인상을 좌우하고 브랜드의 성격과 특징을 한눈에 보여주기 때문에 유니폼의 중요성은 점점 커지고 있다. 스타일리시한 수트 스타일로 프리미엄 콘셉트를 강조하고, 유니폼 디자인을 고객들에게 직접 공모받는 등 유니폼을 활용한 적극적인 마케팅 활동으로 주목받는 외식 브랜드를 소개한다.

미스터 피자? 유니폼 공모전으로 마케팅에 적극 활용

외식 브랜드만의 독특한 유니폼을 만들면서 고객의 의견을 적극 반영하기 위해 유니폼을 만드는 과정에서부터 고객들의 의견을 반영하며 마케팅에 적극 활용하는 기업도 있다. 미스터 피자는 소비자들의 적극적인 참여를 유도하는 "2010 미스터피자 유니폼 디자인 공모전"을 2011년 1월 14일(금)까지 진행한다. 디자인에 관심 있는 사람이라면 누구나 참여가 가능한 공모전으로, 공모 부분은 홀직원 남녀 유니폼(셔츠, 바지, 앞치마, 타이 등 액세서리), 주방 남직원 유니폼(티셔츠, 바지, 주방 앞치마), 배달 남직원(배달 점퍼, 바지, 모자)이다. 미스터 피자의 2029 타깃의 상큼함, 세련미, 실용성, 차별성을 잘 살린 1등에게는 표창 및 상금 1천만 원이 수여되며 참가자 전원에게 미스터 피자 무료 시식권 및 감사 카드를 증정해 브랜드 호감도 증대를 기대하고 있다.

마르쉐? 스위스 본사 강조한 '알프스 하이디 소녀풍' 유니폼

스위스에 본사를 두고 있는 마르쉐는 유러피안 마켓 레스토랑의 콘셉트를 살려 알프스 하이디 소녀풍의 유니폼 디자인을 선

보인다. 깜찍하고 귀여우면서 직원별로 조금씩 차별화를 둔 유니폼 디자인으로 소비자들의 시선을 사로잡으며 신선한 재료와 다양한 요리라는 특징을 강조하고 있다. 불어로 시장(Market)을 뜻하는 마르쉐는 다양한 요리와 식품이 풍성하게 진열되어 있어 자유롭게 여행하듯이 다니면서 원하는 음식을 골라 먹을 수 있는 재미가 있어 유럽의 재래 시장에 와 있는 환상적인 경험을 갖게 한다. 이를 위해 고전적이고 어두운 느낌의 미국풍 패밀리 레스토랑과 차별화된 분위기로 각 매장을 스위스 샬레, 아프리카, 영국풍 정원, 이탈리안 빌라, 스위스 오두막 등의 콘셉트로 꾸며 이국적인 인테리어와 유니폼의 조화로 소비자들에게 좋은 반응을 얻고 있다.

출처 : 머니 투데이(2010. 12. 28.)

O'COCO(오코코)–수트 스타일 유니폼으로 신뢰도 UP!

장류 전문 기업 신송에서 운영하는 프리미엄 치킨 브랜드 O'COCO(오코코)는 기존의 치킨 전문점의 티셔츠 차림의 캐주얼한 유니폼과는 달리 흰 와이셔츠와 검은 정장 바지의 스타일리시한 수트 스타일 유니폼으로 깔끔하고 고급스러운 브랜드 이미지를 전달한다.

배달 직원 역시 같은 차림의 고급스러운 유니폼을 착용하는데, 가정에 방문하는 배달 직원에 불편함을 느끼는 소비자들에게 신뢰감을 주고 고급 레스토랑의 치킨을 집에서 바로 맛보는 듯한 기분을 느낄 수 있게 하기 위해서다.

2) 마케팅 커뮤니케이션

기업은 마케팅 커뮤니케이션을 통해 브랜드 개성을 전달함으로써 목표 고객들이 자신의 자아를 표현하는 것을 돕게 된다. 브랜드가 소비자의 자아 표현 욕구를 충족시키게 되면 소비자에게 있어 브랜드는 자신의 자아를 표현하는 수단으로 활용되고 장기적으로 생명력을 갖게 된다. 기업은 브랜드와 고객 간의 장기적인 관계를 유지하기 위해 브랜드 개성을 활용할 수밖에 없다. 예를 들어, McDonald는 광고나 행사 등을 통해 가족 구성원이 함께하는 모습을 보여 줌으로써 브랜드가 가지고 있는 가족적인, 진실한, 활기찬, 재미 있는 등의 브랜드 개성을 고객과 커뮤니케이션하고 있다.

3) 시장 세분화

브랜드 개성은 시장 세분화에 유용하게 활용될 수 있다. 예를 들어, 김경희[2011]는 한국 방문 일본 관광객을 대상으로 브랜드 개성에 따른 한식 시장을 세분화 하였다. 한식 브랜드 개성은 진실성, 강인성, 세련됨, 유능함, 그리고 흥미성 등 다섯 개 차원으로 도출되었으며, 이를 기초로 흥미 추구 집단, 세련성 추구 집단, 능력·진실성 추구 집단 등 세 개의 집단으로 분류되었다. 이 세 집단 중 능력·진실성 추구 집단이 한식에 대한 만족도와 충성도가 가장 높게 나타났다.

4) 포지셔닝

브랜드 개성이 브랜드 포지셔닝을 수립함에 있어 중요한 의미를 지니는 이유는 지속적인 브랜드 차별화의 중심점이 되기 때문이다. 코카콜라, Marriott International, Hilton, Pizza Hut, Disney World 등의 개성을 생각해 보면, 각 브랜드가 속해 있는 제품군 내에서 어느 경쟁자도 쉽게 모방할 수 없는 지속적인 차별적 이미지를 제공해 주고 있다. 브랜드 포지셔닝 컨셉에 이용되는 예는 여러 곳에서 찾아볼 수 있다. Miller Lite는 미국에서 온 순수한 정통 라거 맥주라는 포지셔닝 컨셉에 정통성이라는 브랜드 개성을 사용하고 있다.

Chapter **11**

라이프스타일과 관광 행동

라이프스타일lifestyle은 개인의 시간과 돈을 어떻게 소비하는가의 선택을 반영해 주는 한 가지 소비 형태를 말한다. 따라서 라이프스타일은 소비자 구매 의사 결정 과정에 중요한 영향을 미치는 내부 요인이다.

일반적으로 마케팅에서의 라이프스타일은 소비 패턴의 단면을 나타내는 말로써 사회 전체 또는 사회 일부 계층의 특징적인 생활 양식이라고 할 수 있다. 다시 말해 다른 집단의 생활 양식과 구별되는 것으로서 문화, 가치관, 자원, 상징 등의 제 요소가 상호 작용한 결과이다. 특히, 소비자 행동에 있어 라이프스타일은 주로 고객의 라이프스타일이 생활 의식과 생활 행동에 대해 어떠한 영향을 미치고 그 결과로서 구매 행동에 어떠한 상호 관계를 갖게 되는가를 분석·파악하는 것이다. 마케터가 라이프스타일을 적극 활용하기 위해서는 고객의 라이프스타일을 정확히 분석할 수 있어야 한다.

기업 입장에서 모든 소비자의 욕구를 만족시키는 서비스를 제공하기는 불가능하다. 이에 따라 표적 고객을 선정해 선택과 집중으로 마케팅 효과를 극대화하는 전략이 요구되고 있다. 표적 고객을 선정할 때는 좁게는 상권 및 입지의 특성을 고려한 세분화 전략과 함께 사회 환경적인 요인, 문화, 인구 변화 등을 고려한 접근이 필요하다.

이러한 맥락에서 소비자의 라이프스타일 이해는 마케터 입장에서 새로운 마케팅 기회를 제공해 줄 수 있다. 그 이유는 개인의 라이프스타일은 인구 통계적 특성(예 나이, 성별, 거주지 등), 문화적 특성, 심리적 특성을 반영하기 때문이다. 본 장에서는 라이프스타일의 개념과 특성 분석 방법에 대해 설명한다. 또한, 라이프스타일을 응용한 마케팅 전략에 대해 학습한다.

제1절 라이프스타일 개념 및 특성	제2절 라이프스타일 분석 방법	제3절 라이프스타일과 마케팅 전략
·라이프스타일 개념 ·라이프스타일의 특성	·라이프스타일 분석의 접근 방법 ·AIO 분석 방법 ·사이코그래픽스 ·VALS ·라이프스타일 연구의 한계점	·새로운 발상 ·제품 개발 전략 ·시장 세분화 전략 ·포지셔닝 전략 ·광고 전략

그림 11-1_ 제11장 요약도

라이프스타일 개념 및 특성

1960년대 전반기까지만 해도 소비자 행동을 유형화하는 기준으로 연령, 성별, 소득 수준과 같은 인구 통계적 변수가 주로 이용되었다. 인구 통계적 변수는 마케팅 담당자에게 유용한 정보를 제공하지만 소비자 행동을 세분화하는 데 있어 필요하고 충분한 정보를 제공하지 못한다. 이 같은 문제점을 보완하기 위하여 1960년대 후반기에 이르러 소비자 행동을 세분화하는 데 있어 라이프스타일을 활용하기 시작하였다.

개인의 라이프스타일은 구매 행동과 관련이 있다. 라이프스타일은 인구 통계적 변수를 비롯해서 문화, 사회 계층, 준거 집단, 가족과 같은 변수 등의 영향을 받아 독특한 형태로 형성되므로 국가별, 집단별, 개인별로 상이하게 나타난다. 본 절에서는 라이프스타일의 개념과 라이프스타일 특성에 대해 살펴본다.

1 라이프스타일 개념

라이프스타일의 용어는 Max Weber에 의해 사회학에 소개되었는데, 소비 패턴의 단면을 나타내는 의미로 사용되었다 Barkman & Gilson, 1978. 그 후 명확한 정의없이 생활 양식이나 생활 태도 혹은 행동 양식의 개인적·사회적 내지는 문화적 차이를 표현하기 위해 사용되어 왔다.

과거의 라이프스타일은 의식주와 동일시 되었다월간 CEO, 2015. 즉, 개인이나 가족의 생활 방식이나 가치관으로 형성되는 문화적이고 심리적인 차이로 인식되었다. 하지만 오늘날의 라이프스타일은 소비자들이 원하고 꿈꾸는 삶의 모습이다. 소비자는 추상적으로 자신의 라이프스타일을 꿈꾸고 그것이 실제 자신의 삶에 묻어나길 원하고 있다.

소비자 행동 연구에서 라이프스타일 용어를 처음 도입한 학자는 Lazer[1963]였다. 그는 라이프스타일을 특정 문화나 집단의 생활 양식을 표현하는 독특한 구성 요소와 관련 있는 것으로서 문화, 자원, 심벌, 면허 및 승인과 같은 제 요소의 총화로 정의하였다. 라이프스타일은 개인의 가치 체계와 개성의 산물로 정의되기도 한다 Engel & Blackwell, 1982. Assael[1992]은 타인과 구별되는 개인 성향에 초점을 두고 개인의 생활, 흥미, 의견 등으로 구체화되는 생활 양식으로 정의하였다. 가치관, 개성 및 라이프스타일의 용어는 의미상의 중복되는 측면이 많으나 일반적으로 라이프스타일은 개성의 영향과 개인에 의해 내면화된 사회석 가치를 결합한 파생 개념으로 생각할 수 있다.

위의 정의를 종합해 보면 라이프스타일은 특정 사회, 특정 집단, 또는 개인이 지니고 있는 독특한 생활 양식 혹은 생활 방식, 즉 시간과 돈을 사용하는 방식을 말한다. 개인의 생활 방식은 그가 속하는 문화, 사회 계층, 준거 집단 등의 영향을 받아 독특한 형태로 형성·개발되기 때문에 국가별, 사회 계층별, 특정 집단별, 또는 개인별로 상이한 라이프스타일을 보이게 된다.

Engel[1978] 등이 지적한 것처럼 라이프스타일은 동기와 학습, 사회 계층, 인구통계 변수 등 다양한 변수들과의 함수일 뿐만 아니라 개인의 가치 체계와 개성이 반영되는 복합적 개념의 성격을 지니고 있다. 따라서 사회적·문화적 환경 요인과 더불어 소비자의 심리적 측면도 라이프스타일과 연계시켜 이해한다면 라이프스타일의 본질적 측면을 좀 더 명확하게 이해할 수 있을 것이다.

② 라이프스타일의 특성

라이프스타일의 본질을 이해하고 학문적으로나 실무적으로 적절히 활용하기 위해서는 라이프스타일의 특성을 이해할 필요가 있다. 라이프스타일의 특성은 여섯 가지로 요약할 수 있다.

첫째, 라이프스타일은 생활 의식, 생활 행동, 가치관, 태도 등의 의미를 포함하는 복합체이다[村田昭治, 1979]. 생활 의식이란 생활 환경에 대해 갖는 주관적인 지각, 소비 및 구매 의식, 기대와 열망 등의 심리학적 제 요소들이 복합되어 있는 복합체를 의미한다. 생활 행동은 생활의 현재화로 나타난 것을 의미하며 생활 의식에 동조하여 나타나게 된다.

둘째, 라이프스타일은 가시적이다. 다시 말해 외부적으로 나타나는 개인이나 집단의 행동 패턴이므로 누구나 쉽게 관찰 가능하다.

셋째, 라이프스타일은 생동감이 있고 실제적이다. 라이프스타일은 개인이나 집단의 생활 모습을 보다 생동감 있게 그리고 실제적으로 나타나므로 이용 가치가 높다. 예를 들어, X, Y, N세대 간 매체 접촉 형태에서 구체적이고 실질적인 차이를 보여 준다.

넷째, 라이프스타일은 특정 개인으로부터 사회 전체에 이르기까지 매우 다양하다. 즉, 라이프스타일은 집단별, 사회 계층별, 국가별 다양한 형태로 나타난다.

다섯째, 다양한 생활 요소들을 통해 라이프스타일을 분석할 수 있다. 예를 들어, 개인의 제품 구매와 소유, 사용 패턴, 가계 지출의 배분 패턴, 생활 시간의 배분 패턴, 생활 공간 이용 패턴 등의 분석을 통해 라이프스타일을 파악할 수 있다. 〈사례 11-1〉은 1인 가구 증가와 이들의 라이프스타일에 적합한 여행 상품과 문화 상품을 출시하여 소비 시장을 선도해 가는 사례이다.

마지막으로, 라이프스타일은 개인의 가치를 반영하는 표현 양식이다. 따라서 개인 스스로 생활 환경의 변화에 적응하여 자신만의 라이프스타일을 창조하기 위해 많은 노력을 한다. 하지만 환경 변화로부터의 영향을 최소한으로 축소하여 기존의 라이프스타일을 유지하려는 경향도 지니고 있다.

 사례 11-1

갈수록 많아지는 1인 가구 라이프스타일 변화 몰고 오다

1인 가구가 늘고 있다. 2020년 한국은 1인 가구 600만 시대에 돌입해 한국인 100명 중 12명이 1인 가구로 살고 있다. 1인 가구 증가는 기존 예상보다 더 빠르게 진행되고 있으며, 인구 감소 이후에도 계속 증가할 것으로 전망되고 있다. 이러한 가운데 KB금융지주 경영연구소에서 '한국 1인 가구 보고서'를 발표해 눈길을 끈다. 정인 센터장과 오상엽 연구원은 보고서를 통해 한국 1인 가구의 현황과 함께 생활 방식, 주거와 소비, 금융 니즈 및 형태를 분석해 발표했다.

한국 1인 가구 현황

2020년 한국의 1인 가구 수는 약 617만 가구로 가장 주된 가구 유형의 위치를 확고

히 하고 있으며 국민 100명 중 12명이 1인 생활을 하고 있다. 한국의 1인 가구는 향후 5년간 매년 약 15만 가구씩 증가하면서 인구 감소 시점 이후에도 전체 가구 수 증가를 이끌 것이며, 2047년에는 전국 대부분의 지역에서 1인 가구 비율이 30%를 넘을 것으로 전망된다.

1인 가구 또한 고령화와 수도권 집중 현상에서 예외는 아니며, 독신 만혼 경향의 심화와 함께 이혼이 증가하면서 1인 생활을 하는 경우가 늘어나고 있다. 연령대별로는 70세 이상 여성 1인 가구가 가장 많으나 최근 20년간의 1인 가구 증가는 경제 활동 연령대의 남성이 주도하였다. 2010년대에는 남녀 모두 30·40대보다 20대 이하 1인 가구의 증가가 두드러지고 있다.

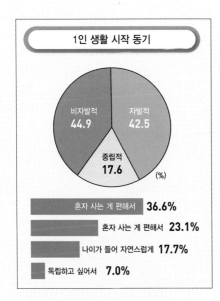

관되게 나타나고 있다. 1인 생활 지속 의향도 전년도에 비해 상승하였는데 남성보다는 여성이 1인 생활을 장기간 계속할 것으로 예상하며, 1인 가구로 오래 지낼수록 1인 생활이 장기간 지속되리라고 예상하는 경향이 있다.

1인 가구의 결혼 의향은 전년도에 비해 하락했는데, 특히 30대 남성과 20대 여성의 하락폭이 컸다. 1인 생활에 대해 약 60%가 만족감을 표시했는데 남성보다는 여성의 만족도가 높으며 전체적인 만족도는 주거 만족도에 크게 좌우되고 있다. 1인 가구는 시간적 여유를 통해 다양한 여가 활동을 하고 있음에도 단체 활동 참가자는 많지 않은 편이다. 〈중략〉

1인 생활의 동기, 만족도, 결혼 의향

직장·학교 등 비자발적 계기가 많았던 과거와는 달리 올해 조사에서는 자발적으로 1인 생활을 시작한 경우가 더 많았다. 1인 생활을 선택한 본인의 의지를 우선시하는 모습은 삶의 주도권을 강하게 의식하는 가치관으로 연결되어 본 조사 전반에 걸쳐 일

1인 가구의 가치관

'외로움'은 1인 가구가 겪는 가장 큰 심리적 어려움이지만 가장 남들에게 듣고 싶지 않은 말이기도 하다. 다수의 1인 가구에서 자기 주도성이 강하게 드러났는데 특히 여성에게서 이러한 현상이 뚜렷하다. 일상 생활에서 소신을 표현하는 1인 가구의 상당수가 불매 운동이나 청와대 청원 등으로 행동에 옮겼다. 이러한 자기 주도 성향 강화에도 불구하고 1인 생활에 대한 불안감도 함께 혼재되어 있는 것으로 보여 삶의 안정감을 줄 수 있는 지원과 서비스가 필요한 것으로 보인다. 〈중략〉

1인 가구의 소비생활

1인 가구는 소득의 절반을 생활비로 쓰고 있으며 식비와 주거비의 비중이 높은 편이다. 코로나19 확산 이후 소비가 감소한 1인 가구의 경우 식비, 여가 쇼핑, 저축·투자 순으로 지출을 줄였다. 올해는 전년도에 비해 온라인 구매가 크게 증가하였으며 1인 가구 라이프스타일에 부합하는 구독 서비스 및

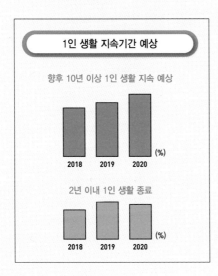

렌털 이용 의향이 높은 편이다. 이와 함께 1인 라이프를 겨냥한 상품·서비스가 다양해지면서 1인 특화 상품 이용 경험과 관심도가 증가하고 있다.

1인 가구의 합리적 소비 지향성은 전년도에 이어 더욱 강화되었으며 중고 거래 등도 활발히 이용하는 편이다. 올해 조사 대상 1인 가구들은 전년도에 비해 혼자 밥을 먹는 경우가 증가하였고 총 끼니 중 30%를 대충 때우고 있다. 또한 전년도에 비해 가정 간편식 이용이 증가하고 식당에 갈 때 '1인을 위한 배려' 외에도 '손님이 많지 않은 곳'을 선호하는 등 코로나19는 1인 가구의 식생활에도 영향을 주었다. 〈중략〉

1인 가구의 은퇴 및 미래준비

1인 가구는 평균 62세에 은퇴할 것으로 보고 있으며 여성은 남성보다 약 2.3년 빠른 은퇴를 예상하고 있다. 은퇴 준비 수준은 전년과 유사하여 준비도가 향상되었다고 보기는 어려우나 30대는 준비를 시작한 경우가 전년도에 비해 증가하였다. 1인 가구는 은퇴를 위해 약 5억 7천만 원이 필요하다고 생각하고 있으며 평균 22%를 준비하고 있지만, 준비 자금이 전혀 없다는 응답자도 16%에 달했다.

1인 가구는 은퇴에 대비하여 매월 123만 원의 투자·저축이 필요하다고 말하고 있는데 실제 투자·저축액은 약 74만 원으로 60% 수준에 그치고 있다. 은퇴 자금 준비 수준은 소득 구간별 차이가 큰 편으로 저소득 구간은 기본적인 생계 비용 충당 후 저축 여력이 여전히 부족한 상태이다. 다만 전년도보다 1인 가구의 저축액은 소폭 상승하였다. 은퇴 자금 준비 방법은 예·적금이 다수이나 전년도에 비해 투자 상품과 보험으로 준비한다는 응답이 증가하였으며, 다인

출처 : 월간 CEO&(2021. 3. 7.)

1인 가구의 소비 행태, 소비 관련 인식

나는 공연·영화·스포츠도 혼자 즐기는 편이다

그렇다 44.9
보통 34.3
아니다 20.9
(%)

구매 전에 여러 곳을 충분히 비교한다

2019년 그렇다 62.2
2020년 그렇다 63.0
(%)

포인트·쿠폰은 챙겨서 활용한다

2019년 그렇다 55.0
2020년 그렇다 62.5
(%)

가구에 비해 연말 정산 공제 항목이 적은 1인 가구의 다수가 연금저축이나 IRP 등으로 공제 혜택을 받으며 노후를 준비하고 있다. 한편 결혼 미의향 1인 가구의 경우 향후 재산을 상속보다는 "쓰고 싶은 곳에 최대한 사용"하겠다고 말하고 있는데, 그 외에 구체적인 재산 처리 방법을 생각해 본 적이 없는 경우가 다수로 나타났다.

라이프스타일 분석 방법

라이프스타일이 마케팅 전략 개발에 유용하게 이용될 수 있다는 사실이 알려짐에 따라 이를 측정하는 많은 노력이 이루어졌다. 라이프스타일 분석은 인구 통계적 분석과는 달리 소비자들을 심리적 차원에 입각하여 파악하고자 하는 계량적 접근 방법이다. 본 절에서는 AIO 분석 방법, 사이코그래픽스, VALS, 그리고 라이프스타일 분석 방법의 한계점에 대해 설명한다.

1 라이프스타일 분석의 접근 방법

라이프스타일의 분석은 접근 방법의 차원 따라 미시적 분석 방법과 거시적 분석 방법으로 구분된다Plumer, 1974. 미시적 분석 방법은 라이프스타일의 이해를 통해 사회를 구성하고 있는 하위 집단들의 사회적 경향을 파악하거나 예측하는 것이 목적이며, 욕구나 가치, 신념, 활동, 특정 제품의 소유, 기대 효용 등에 따라 소비자의 라이프스타일을 세분화한다김동기, 1991. 따라서 마케팅이나 소비자 행동의 측면에선 거시적 분석보다 미시적 분석이 우선시 되고 있다Plummer, 1974. 대표적 방법으로는 AIO와 사이코그래픽스가 있다.표 11-1 참조

거시적 분석 방법은 사회의 주요 추세와 문화적 가치 변화(예 개성화, 여성의 사회 진출 경향 등)를 추적 조사하여 사회 전체 라이프스타일 동향을 파악하고 그

표 11-1_ 라이프스타일 분석 방법

구 분	내용 및 분석 방법

미시적 분석	• AIO
	  활동, 관심, 의견 등의 변수로 라이프스타일 조사
	• Psychographics
	  개인의 개성, 가치, 신념 등의 심리 묘사 변수를 활용하여 라이프스타일 유형 분류

거시적 분석	• Yankelovich Monitor 조사
	  사회의 주요 경향 분석(시계열 분석 활용)
	• SRI의 사회 추세 예측 조사 : VALS
	  개인의 욕구, 가치, 신념 등의 변수를 활용하여 라이프스타일 유형 분류

출처 : 김원수(1990), 마케팅 정보 시스템론. (서울 : 박영사), p.434 내용 바탕으로 재구성

사회 고유의 가치 체계 및 문화적 특성에 대한 이해를 향상시키는 것을 목적으로 한다채서일, 1992; Wells, 1975. 대표적 방법으로는 Yankelovich Monitor 조사와 SRI-Stanford Research Institute의 사회 추세 예측 조사, 즉 VALS가 있다. 전자는 라이 프스타일을 구성하는 요인 중 사회적 동향에 밀접하게 연관된 것을 알아보는 것 이 주목적이다임종원 외, 1994. SRI 조사는 욕구needs, 가치values, 신념beliefs의 차이 를 통해 사회 구성원을 몇 개의 집단으로 분류하고, 이 세 가지 개념을 사용하여 사회 전체가 어떻게 변화하고 있는지 알아보는 데 그 목적이 있다최연정·진창현, 2013. 본 절에서는 라이프스타일의 대표적 분석 방법인 AIO, 사이코그래픽스, 그리고 VALS에 대해 학습한다.

2 AIO 분석 방법

AIO 방법은 소비자의 라이프스타일을 일상의 활동activities, 주변의 사물에 대 한 관심interests 그리고 사회적·개인적·사회적 이슈에 대한 의견opinions이라는 세 가지 차원에서 파악하려는 방법이다. 즉, 이 세 가지 요소에 라이프스타일이 반 영되어 있다고 보는 것이다. AIO의 요소들을 설명하면 다음과 같다.Reynolds & Darden, 1974

첫째, 일상의 활동이다. 이는 소비자가 무엇을 하면서 어떻게 시간을 소비하는 가를 알아보기 위한 것이다. 어떤 대중 매체를 시청 또는 구독하고, 어떻게 쇼핑을 하고, 제품 및 서비스에 대해 이웃과 주로 무슨 얘기를 하는가와 같은 소비자의 관찰 가능한 일상의 제반 행동이 측정 대상이다.

둘째, 주변 사물에 대한 관심이다. 이는 소비자가 좋아하고 중요하게 여기는 것 이 무엇인가를 알아보기 위한 것이다. 특정 대상, 사건, 그리고 상황에 대한 소비 자의 관심 정도가 측정 대상이 된다.

셋째, 자신과 주위 세계에 대한 의견이다. 이는 소비자가 특정 사물이나 사건에 대하여 어떻게 생각하고 있는가를 알아보기 위한 것이다. 다른 사람의 행동 또는 의도에 대한 신념, 장래 사건에 대한 예측, 여러 현실 문제에 대한 평가 등 소비자 의 해석, 기대, 평가 등을 측정한다.

Plummer에 의하면 AIO 측정 시에 나이, 소득, 직업, 교육, 거주지 등과 같은 인 구 통계적 변수가 포함될 수도 있다. 라이프스타일 분석에 포함되는 전형적인 변 수들을 정리하면 〈표 11-2〉와 같다.

🔵 표 11-2_ 라이프스타일 측정에 사용되는 AIO 변수

활 동 (A : Activities)	관 심 (I : Interests)	의 견 (O : Opinions)	인구 통계적 특성 (Demographics)
일	가 족	자기 자신	나 이
취 미	가 정	사회 이슈	교 육
사회 행사	직 장	정 치	소 득
휴 가	지역 사회	기 업	직 업
오 락	레크리에이션	경 제	가족 규모
클럽 회원	유행(패션)	교 육	거주지
지역 사회 활동	음식	제 품	지 리
쇼 핑	매체	미 래	도시 규모
스포츠	성취	문 화	라이프사이클 단계

출처 : Plummer, J. T.(1974). The concept and application of lifestyle segmentation.Journal of Marketing, 38(Jan.), p.34.

AIO를 이용하여 라이프스타일을 측정하는 경우 수십 혹은 수백 개의 진술로 표현하여 응답자에게 제시하고 그 진술에 대한 동의 정도를 나타내게 하여 측정한다. 최근에는 AIO에 포함되는 변수들이 너무 제한적이기 때문에 태도, 가치, 행동, 사용량, 사용 매체 등의 항목들을 포함하여 사용하기도 한다. AIO 측정에 사용되는 변수를 토대로 작성한 설문 문항의 예는 〈표 11-3〉과 같다.

스페인의 지역 주민 100,000명을 대상으로 관광 행동을 조사하기 위해 AIO 기법을 이용한 한 연구는 주민의 라이프스타일 유형을 가정 지향형home-loving, 이상주의형idealistic, 자율주의형autonomous, 쾌락주의형hedonic, 그리고 보수주의형conservative 다섯 가지로 분류하였다González & Bello, 2002. 가정 지향적 집단은 가족과 함께 휴가 여행을, 이상주의형은 도시 외곽에서의 휴가 여행을, 자율 주의형은 주말 여행을, 쾌락주의형은 즐거움을 만끽하는 쾌락 여행을, 그리고 보수주의형은 널리 알려진 해안가나 일광욕을 즐기는 것으로 나타났다.

우리나라에서 라이프스타일에 대한 분석은 1975년에 중앙일보와 동양방송에 의해 최초로 행해졌다. 그 후 제일기획의 마케팅 연구소[1998]가 1986년부터 라이프스타일과 소비 행동을 조사하였으며, 대홍기획[1999]의 마케팅 전략 연구소가 1989년부터 한국인에 대한 라이프스타일을 조사·발표하였다[박성연·최신애, 2000]. 이들 조사에서 소비자의 구매 활동, 관심사, 의견AIO에 관하여 각각의 항목에 관한

💡 표 11-3_ AIO 측정 설문 문항의 예

분류 문항		문항 내용	평점 척도 [동의함 동의 안 함]				
활동	휴가에 관하여	1. 우리집은 가족 단위로 자주 여행한다.	5	4	3	2	1
		2. 나는 혼자서 원거리 여행을 즐긴다.	5	4	3	2	1
		3. 휴가 땐 집에서 조용히 쉬고 싶다.	5	4	3	2	1
		4. 휴가는 자녀들 중심으로 계획한다.	5	4	3	2	1
	쇼핑에 관하여	1. 나는 쇼핑을 즐긴다.	5	4	3	2	1
		2. 나는 큰 쇼핑 센터에 가는 것을 좋아한다.	5	4	3	2	1
		3. 나는 인근의 쇼핑 센터를 더 좋아한다.	5	4	3	2	1
		4. 나는 할인 품목을 찾아 쇼핑하는 것을 좋아한다.	5	4	3	2	1
	스포츠에 관하여	1. 나는 스포츠 경기를 관전하는 것을 좋아한다.	5	4	3	2	1
		2. 나는 스포츠 경기를 관전하는 것보다 직접 하는 것을 좋아한다.	5	4	3	2	1
		3. 나는 팀 스포츠보다 개인 스포츠를 좋아한다.	5	4	3	2	1
	오락 및 휴식에 관하여	1. 우리 가족은 외식을 자주한다.	5	4	3	2	1
		2. 우리 가족은 함께 외출하는 것을 좋아한다.	5	4	3	2	1
		3. TV가 나의 주 오락원(娛樂源)이다.	5	4	3	2	1
		4. 나는 모임에 가는 것보다는 집에서 조용한 저녁을 보내는 것을 좋아한다.	5	4	3	2	1
		5. 나는 파티를 여는 것을 좋아한다.	5	4	3	2	1

출처 : 김종의·김소영·임승희·석유미·김소리(2013). 소비자행동론. 형설출판사. p.358.

연도별 변화 추이를 분석하였으나 라이프스타일의 유형화와 변화 추세에 대한 분석은 이루어지지 않았다.

국내의 선행 연구들은 유사한 연령층을 대상으로 조사를 하였지만, 연구마다 다른 라이프스타일 유형으로 분류하고 있어 라이프스타일 변화 추세를 연계하여 분석할 수 없는 실정이다표 11-4 참조. 라이프스타일의 변화 추세를 파악하기 위해서는 같은 응답자에게 매년 조사하는 개인 패널 조사 등이 필요하고, 이 결과를 사회적 변화 요인과 연계하여 연구함으로써 라이프스타일의 변화와 미래 동향을 예측할 수 있게 된다.박성연·최신애, 2000

💡 표 11-4_ 라이프스타일 유형 연구

연구자	연구 대상	표본 수	라이프스타일 유형
채서일(1992) – 라이프스타일별 구매 행동	서울 거주 15~59세	1,500명	• 전통적 알뜰형 • 합리적 생활 만족형 • 진보적 유행 추구형 • 보수적 생활 무관심형
대한상공회의소(1993) – 고객 라이프스타일 변화	전국 5대 도시 15~65세	1,045명	• 진보적 패션 추구형 • 합리적 생활 추구형 • 전통적 보수 추구형
조형오(1996) – 한국인 라이프스타일 유형 분류	전국 5대 도시 13~59세	6,000명	• 서구 지향적 자아 추구형 • 현실 부정적 자아 억제형 • 미래 지향적 갈등형 • 전통 지향적 현실 순응형 • 감각 지향적 자유 분방형 • 보수적 현실 향유형
박성연(1996년) – 한국인 라이프스타일 유형	전국 5대 도시 15~65세	1,045명	• 진보적 패션 추구형 • 합리적 생활 추구형 • 전통적 보수 추구형
한국방송광고공사(2005) – 심리적 라이프스타일	전국	1,318세대	• 활동 지향형 • 브랜드 추구형 • 매체 친화형 • 학업 매몰형
최연정·진창현(2013) – 라이프스타일에 따른 광고 유형별 선호도	전국 20세 이상 성인	3,000명	• 사회 리더형 • 여가 가치 추구형 • 여가 갈망형 • 실용주의 추구형

출처 : 박성연·최신애(2000). 경제적 변동에 따른 라이프스타일 변화의 추세연구. 마케팅 연구, 15(3), P.4 바탕으로 내용 수정 보완

③ 사이코그래픽스

사이코그래픽스Psychographics : 심리묘사는 마케터가 소비자 행동을 더 깊은 수준에서 이해하는 데 도움이 되는 라이프스타일 분석 방법이다. 인구 통계적 자료(예 나이, 성별, 민족, 직업, 교육, 거주지)는 제품이나 서비스를 구매하는 소비자

가 누구인지에 관한 정보를 제공한다. 이에 반해 사이코그래픽스는 소비자가 제품이나 서비스를 왜 구매하는지 그 이유를 설명해 주기 때문에 소비자 행동을 더 정확하게 이해하는 데 도움이 된다. 인구 통계적 사료에 비해 포괄적이며 소비자와 관련된 유용한 정보를 제공함에 따라 사이코그래픽스 정보를 활용하는 마케팅 활동이 증가하고 있다.

AIO 조사보다 광범위한 사이코그래픽스는 소비자들의 욕구, 필요, 동기, 관심, 태도, 신념, 개성, 가치 등에 대한 다양한 설문을 가지고 대규모 표본 조사를 통해 소비자의 심리적 특성을 양적으로 측정·분석한다. 설문 내용은 개성 조사나 동기 조사에서 이용하는 설문 내용과 유사하지만 조사 방법에 있어서는 다음과 같은 차이점이 있다.

우선, 동기 조사에서처럼 상담과 같은 주관적인 조사 방법보다는 대규모 표본을 대상으로 객관적 측정을 한다는 점이다. 따라서 심리적 특성에 대한 질적 정보 대신 양적 정보를 제공한다. 또한, 소비자의 심리적 측면을 행동과 관련시켜 측정함으로써 동기 조사에서와는 달리 추상적 정보가 아닌 상당히 구체적인 정보를 얻을 수 있다.

VALS

라이프스타일을 측정하는 데 있어 개인의 가치를 중요시한 VALS^{Values and Lifestyles} 기법이 도입되고 있다^{Mitchell, 1983}. 스탠포드 조사 연구소^{SRI}가 1978년 개발한 VALS는 미국 소비자들의 문화적 가치가 어떻게 변화하고 있는지를 정기적으로 추적해보기 위하여 개발한 프로그램으로서 소비자의 가치관과 라이프스타일에 따라 시장을 나누고 각 세분 시장의 변화를 추적·조사하는 것이다. VALS는 인구 통계적 자료나 소비 통계뿐만 아니라 전체적으로 개인을 조명한다는 점에서 유용성을 인정받고 있다. 여기서 가치^{values}란 소비자가 제품이나 서비스를 통해 기대하는 이익이나 혜택을 의미하는 경제학점 관점이 아니라 특정 상황이나 대상에 대해 행동이나 판단을 이끄는 지속적 신념을 의미하는 사회학적 관점에서의 가치를 의미한다.

VALS 프로그램의 종류에는 초기의 VALS I, VALS I 의 단점을 보완한 VALS II, 그리고 인터넷 사용자를 분류하는 iVALS, 일본인의 생활을 분류하는 jVALS가 있다. VALS와 AIO는 모두 소비자 특성 파악을 위해 소비자의 심리적 측면에 대한 측정 및 분석의 중요성을 강조하고 있다. 하지만 VALS는 AIO와 다르게 라이프스타일의 측정과 유형화에 있어서 개인의 삶에 대한 가치관을 가장 중요하게 반영한다.

1) VALS I

VALS I 은 Maslow의 욕구 계층 이론을 토대로 기업이 시장을 세분화하여 광고나 마케팅 전략을 차별화하기 위한 것으로 1,600여 명의 미국 소비자를 대상으로 욕구나 가치관 등에 관한 800여 개의 문항을 3년간 설문 조사한 것이다. 이를 바탕으로 소비자 집단을 통합형, 외부 지향형, 내부 지향형, 그리고 욕구 지향형으로 분류하였다표 11-5. 통합형은 내부 지향성과 외부 지향성의 조화를 추구하면서 행동하는 성숙하고 균형된 인격의 소유자 집단이다. 외부 지향형은 이미 확립된 기존의 가치관이나 규범에 순응하려는 소비자 집단이고, 내부 지향형은 다른 사람들의 의견에 따라 행동을 하는 것이 아니라 스스로의 생각에 따라 행동을 나타내는 집단이다. 마지막으로 욕구 지향형충동형 집단은 삶의 기본적 욕구를 충족하고자 하는 소비자 집단이다.

VALS I 은 시장을 세분화하여 광고나 마케팅 전략을 차별화하는 데 유용하게 사용될 수 있으나 몇 가지 한계점을 지니고 있다. 첫째, 실용성의 부족이다. 외부 지향형 소비자 집단이 전체 67%를 차지하여 가장 규모가 크고, 다음으로 20%를 차지하는 내부 지향형 집단이다. 나머지 일곱 개 집단은 기업에서 관심을 두기에는 너무나 작아서 실제 업무에 활용하기가 어렵다. 둘째, 소비자들은 오직 한 분류에 속한다는 가정을 두고 있다. 하지만 소비자의 구매 동기는 복수인 경우가 많아 두 개 이상의 집단에 속할 수 있다. 마지막으로, 특정 제품에 대해 구매 동기를 가진 소비자들은 자신들의 소득과 무관하게 그것을 소비한다고 가정한다. 하지만 소비자들은 자신의 경제적 능력을 고려하여 합리적으로 소비를 하는 경우가 많다. 이러한 비판에서 벗어나기 위해 SRI는 VALS I 을 수정 보완하여 VALS II 를 개발하였다.

국내에서 본격적인 라이프스타일 연구는 1986년부터 제일기획에서 실시하는 ACRAnnual Consumer Research인데, 이는 전국의 대규모 표본을 대상으로 하는 조사이다손영화, 2013. 2006년 ACR 조사전국 3,500명 대상에서 소비자의 유형을 성별이나 연령과 상관없이 가치관이나 사회관에 따라 분석한 결과, Green형, Red형,

Olive형, White형으로 분류되었다사례 11-2 참조. ACR에서는 VALS를 바탕으로 총 257개 라이프스타일 항목을 조사하였으며 요인 분석을 통해 8개의 요인을 도출한 후 4개 집단으로 유형화하는 K평균 군집 방법을 사용하였다. 그리고 이성적-감성적 그리고 외향적/도전적-내향적/개인적 요소를 기본적 축으로 설정하여 소비자를 분석하였다.

표 11-5_ VALS Ⅰ 라이프스타일 유형별 특징

대분류	세분 집단	라이프스타일 특성	구매 행동 특성
통합형	통합자 (integrateds)	• 전체 인구의 2%, 평균 연령 40세 • 개인적 성공과 사회적 문제에 모두 관심이 있음 • 외부 지향성과 내부 지향성의 조화 추구	• 자아 표현을 위한 구매
외부 지향형	성취자 (achievers)	• 전체 인구의 22%, 평균 연령 43세. 높은 교육 수준. 경제적 풍요 • 자부심이 있고 인생에 대해 도전적임 • 일에 적극적, 자신의 삶에 대해 전반적 만족	• 성공 과시형 구매 • 고급 점포에서 구매
	경쟁자 (emulators)	• 전체 인구의 10%, 평균 연령 27세 • 도전적, 경쟁적. 일에 대해 적극적 • 성취자의 삶을 갈망. 사회적 신분 상승 노림	• 재력 과시형 구매 • 모방 선호 • 유행 추종
	순응형 (belongers)	• 전체 인구의 35%, 평균 연령 52세 • 전통적, 보수적, 가정 지향적 성향. 고졸 학력. 생산직에 종사 • 긍정적 태도, 대체로 만족한 편. 단순한 사고	• 가족 중심 구매 • 대규모 대중 시장 선호
내부 지향형	사회 의식 (societally conscious)	• 전체 인구의 8%, 평균 연령 39세 • 사회적 문제에 관심이 많고 정신적으로 성숙함 • 교육 수준이 가장 높고 경제적으로 풍족함. 전문직이 많음 • 정신적 측면을 중요시하고 진보적인 사고를 가짐	• 검소, 절약형 구매 • 환경에 높은 관심
	경험 추구자 (experientials)	• 전체 인구의 7%, 평균 연령 27세 • 진보적이고 충동적. 인생의 새로운 경험을 원하고 찾음 • 직업 이외의 활동으로부터 심리적 만족을 추구함.	• 조립품 구매 선호 • 직접 점포 방문하여 제품 관찰
	개인주의 (I-Am-Me's)	• 전체 인구의 5%, 평균 연령 21세 • 새로운 인생과 경험을 적극적으로 수용하고 원함 • 개성과 감각 추구. 자아를 발견하고 가치관을 정립하는 단계	• 제품에 대한 호기심이 많음 • 취미를 과시하기 위한 구매
욕구 지향형	생계 유지형 (sustainers)	• 전체 인구의 7%, 평균 연령 33세 • 미래에 대한 희망을 갖고 현재의 낮은 생활 수준을 감내함 • 경제적 빈곤에서 탈피하기 위해 부단히 노력	• 가격 중시 • 신중한 구매 결정
	생존 위주형 (survivors)	• 전체 인구의 4%, 평균 연령 66세 • 경제 여건 열악. 낮은 교육 수준. 사회에서 소외되어 집안에서 주로 소일. 불안정한 사회적 신분, 심리적 무기력, 타인에 대한 신뢰 부족	• 가격을 매우 중시 • 비계획적 구매 빈번

출처 : Engel, J.F., Blackwell, R.D., & Miniard, P. W.(1995). Consumer behavior(8th ed.). The Dryden Press, p.457. 김종의 외(2013). 소비자 행동론, 형설출판사. p.360. 수정 보완

사례 11-2

유형별로 본 소비자 특성 - GROW

Green형

앞으로 더욱 자라날 것을 기대하는 그린형은 미래 지향적, 긍정적 사고를 보인다. 현실과 사회에 대해 아직 잘 모르지만, 활동적인 성향을 보인다. 특히, 가족 관계에 있어서는 아직은 가족보다 친구에게 고민을 상담하는 등 또래 집단을 선호한다. 소비를 즐기고, 기능이 복잡한 제품에 대해 별다른 거부 반응을 보이지 않는 특성을 보인다. 식생활에 있어서는 음식에 대한 관심이 적은 편이며, 건강이나 영양보다는 맛있는 군것질을 즐긴다. 〈중략〉

1. 가족 관계	친구가 좋은 걸 어떡해
2. 패션·미용	친구들과 똑같이, 동시에 눈에 띄게
3. 쇼핑	쓰고 싶으면 쓴다.
4. 식생활	음식? 끼니 때우기
5. 주생활	이왕이면 더 좋은 집
6. 건강 생활	아직은 건강해.
7. 여가 취미	일상 속 작은 발견
8. 직장생활	직장은 또 다른 나의 가정처럼
9. 금융·재테크	재테크??? 잘 몰라~
10. 정보 추구·기술	기술보다는 인간이 먼저~

Red형

정열적 행동파인 레드형은 자기 중심적이고 개인주의 성향이 짙다. 특히 트렌드, 패션, 개성 등을 중시하며, 충동성을 가지고 있으며, 즐거운 삶을 살고자 한다. 동시에 미래를 위한 준비를 히는 유형이며, 가족을 중시하면서도 자기 중심적 웰빙을 추구하는 성향을 보인다. 패션을 중시하고, 외모를 가꾸는 데 돈을 아끼지 않으며, 브랜드를 중시하며, 충동 구매를 즐기고, 신제품에 관심이 많고 친환경 제품을 선호한다. 식생활에 있어서는 맛있는 음식을 찾아다니며, 친환경 음식을 먹으려고 노력한다. 여가 생활에 있어서는 모험과 스릴을 즐기며, 동호회 및 외부 활동을 즐기는 특색을 보인다. 〈중략〉

1. 가족 관계	가족!
2. 패션·미용	난 소중하니까~
3. 쇼핑	나는 트렌드 리더
4. 식생활	맛집! 멋집!
5. 주생활	즐길 수 있는 주거 문화 만들기
6. 건강 생활	스스로에 대한 존중
7. 여가 취미	즐겨라. 이 순간을
8. 직장생활	조직의 일을 우선시~
9. 금융·재테크	수익을 위해서라면 위험도 즐겨라~
10. 정보 추구·기술	인터넷은 내 생활의 필수품

Olive형

가정적인 차분한 요리의 색깔을 보이는 올리브형은 보수적이고 안정성을 추구한다. 올리브형은 가족을 제일 중요시 여기고, 자녀의 성공을 중요시하는 가족 중심적인 성향을 보인다. 여가 생활에 있어서는 가족, 친구, 이웃과 함께 즐길 수 있는 여가를 추구한다. 기술 변화의 수용을 어려워하며, 여전히 전통적 매체에 의존하는 성향을 보이는 유형이다. 〈중략〉

1. 가족 관계	가족이 제일 중요~
2. 패션·미용	옷은 편안한 게 최고!
3. 쇼핑	멀리 보는 소비자
4. 식생활	건강한 먹을거리가 건강한 삶을 만든다.
5. 주생활	나만의 하우징 스타일을 꿈꾸며
6. 건강 생활	잘 먹고 잘 사는 법 깨치기
7. 여가 취미	함께 따로 또 같이
8. 직장생활	직업은 안정성이 최고!
9. 금융·재테크	안정적 투자를 위해 계획적으로 준비
10. 정보 추구·기술	그래도 TV, 신문이 믿을 만해

White형

자신을 드러내기보다 순응하는 화이트형은 대세 추종형이다. 다른 사람의 다양성을 인정하면서 동시에 경제성의 논리에 민감한 편이다. 쇼핑을 할 때도 할인 매장이나 세일 기간을 적극 이용하는 합리적인 소비 성향을 보인다. 식생활은 영양보다는 맛 위주로 먹으며, 가격에 민감한 편이다. 여가 시간을 주위 친구, 직장 동료들과 함께 보내며, 스트레스 해소를 여가의 목적으로 삼는 특색을 보인다. 〈중략〉

1. 가족 관계	결혼?! 인생을 살아가는 선택의 조건~
2. 패션·미용	거부할 수 없는 외모 지상주의
3. 쇼핑	선(先) 저축 후(後) 소비
4. 식생활	영양보다는 맛!
5. 주생활	내 집 갖기는 머나먼 나의 꿈인가?
6. 건강 생활	나도 건강할까?
7. 여가 취미	날려라, 스트레스
8. 직장생활	일은 일, 나는 나!
9. 금융·재테크	돈은 중요한 것, 관심을 가져야~
10. 정보 추구·기술	새로운 기술을 배우기는 해야지

출처 : 제일기획(2007)

2) VALS Ⅱ

VALS Ⅰ의 단점을 보완하기 위해 1988년 VALS Ⅱ가 개발되었다. VALS Ⅰ이 행동이나 관심에 중점을 둔 반면에, VALS Ⅱ는 소비자의 태도, 재정 상태, 직업 만족도, 매체 습관, 개인 활동, 제품 사용에 관한 내용에 초점을 두었다. VALS Ⅱ는 두가지 차원을 중심으로 전체 소비 시장을 8개 집단으로 분류하였다. 기준이 되는 두 가지 차원은 소비자가 세상을 바라보는 3가지 세계관원칙 지향적, 신분 지향적, 행동 지향적과 소비자가 보유한 자원소득, 교육 수준, 자신감 등을 나타내고 있다.

원칙 지향적 소비자는 세상이 어떠해야 된다는 자신의 견해에 따라 행동하고, 신분지위 지향적 소비자는 타인의 의견에 따라 행동한다. 그리고 행동 지향적 소비자는 여가 활동이나 다양성을 적극적으로 추구한다. 이러한 세계관에 따른 3개의 집단은 자원의 많고 적음에 따라 다시 두 집단풍부한 자원, 제한된 자원 소유 집단으로 나누어진다. 따라서 8개의 세분 집단으로 구분되며 세분 집단별 특성을 정리해 보면 〈표 11-6〉과 같다.

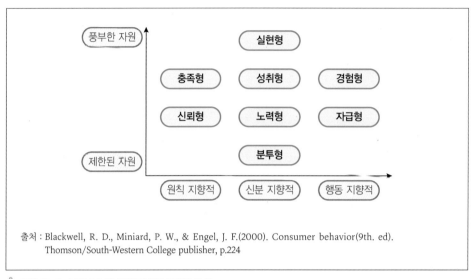

출처 : Blackwell, R. D., Miniard, P. W., & Engel, J. F.(2000). Consumer behavior(9th. ed). Thomson/South-Western College publisher, p.224

🎈 **그림 11-2_** VALS II에 의한 라이프스타일 유형

💡 **표 11-6_** VALS II에 의한 세분 집단별 특징

세분 집단	특 성
충족형	전문직에 종사, 변화에 능동적, 가정 중시, 건강 중시
신뢰형	전통적(보수적), 규칙 존중, 높은 애국심, 변화에 수동적
실현형	자아존중 성향, 삶을 보다 멋지게, 변화에 능동적, 고급품 선호
성취형	자신의 업무에 만족, 성공을 보여주기 위해 고급품 구매 경향
노력형	추구 가치는 성취자와 유사하나 더 격리된 생활을 원함, 성취자를 모방하려는 성향, 스타일 중시
분투형	안전과 생존에 관심, 소득 가장 적고 나이가 많음, 높은 상표 애호도
경험형	가장 젊으며 운동과 사회 활동 적극적, 유행에 민감, 높은 소비 성향
자급형	실용적 및 편리성 중시, 가족·일·여가 중시, 가정용 공구 소비

출처 : 이학식·안광호·하영원(2006). 소비자 행동: 마케팅 전략적 접근(4판). 법문사. p.365. 저자 수정 정리.

VALS II에 의한 라이프스타일 중 관광 산업에서 가장 의미 있는 유형은 성취형과 충족형으로 알려져 있다Mill & Morrison, 1998. 성취형 소비자는 여행을 자주하며, 고급 호텔이나 리조트에 머무르는 것을 좋아하고, 특히 개별 여행과 가족 여행을 선호한다. 충족형은 다른 집단에 비해 상대적으로 장기 여행을 하며, 여행 계획을 짜는 것에 즐거움을 느낀다. 가격 의식적이고 모험적인 여행을 좋아하지만 가이드 투어나 체인 호텔은 회피하는 경향을 보인다.

⑤ 라이프스타일 연구의 한계점

라이프스타일은 마케터가 소비자의 일상의 구매 활동을 이해하는 데 많은 도움이 된다. 특히, 라이프스타일을 이용한 시장 세분화를 통해 목표 고객의 특징을 이해할 수 있고, 제품 포지셔닝을 명확히 할 수 있고, 매체 전략을 더 적절하게 수립할 수 있으며, 그리고 신제품 개발의 가능성을 파악할 수 있는 장점이 있다. 하지만 라이프스타일 연구는 다음과 같이 네 가지 측면에서 한계점을 가지고 있다.남승규, 2006

첫째, 개념 정의의 문제이다. 라이프스타일 개념을 마케팅에 도입한 Lazer[1963] 이후 많은 연구자가 라이프스타일에 대한 정의를 다르게 내리고 있다. 예를 들어, 안광호 등[2001]은 개인의 행동, 관심, 의견 등을 표현하는 개인의 생활 패턴으로, 심성욱과 박종민[2004]은 개인 행동에 영향을 미치는 개인적 특성으로, 그리고 Solomon[2004]은 개인의 삶의 방식을 반영하는 소비 양식으로 정의하였다.

둘째, 라이프스타일 구성에 관한 것이다. 이것은 라이프스타일을 여러 변수를 종합적으로 고려하여 하나의 값, 즉 라이프스타일 유형을 얻어낼 것인가 아니면 개별적인 변수마다 각각의 값을 도출하여 세부적인 사항들을 검토할 것인가 하는 문제이다.

셋째, 라이프스타일 유형의 분류에 대한 것이다. 연구자, 연구 분야, 연구 주제에 따라서 라이프스타일 유형이 제각각이다. 라이프스타일을 몇 개의 유형으로 나눌 것인가 그리고 이런 유형 분류에 활용할 기준은 무엇인가를 밝히는 것에 공동 관심이 필요하다.

마지막으로, 라이프스타일의 활용에 대한 문제이다. 라이프스타일이 원인이 되어 다른 소비자 행동이 어떻게 달라지는가를 살펴보는 연구가 있는가 하면, 소비자의 인구 통계학적 변수나 심리적 변수들에 의하여 라이프스타일에서 어떤 차이가 있는가, 즉 결과의 측면으로서 살펴보기도 한다.

제3절 **라이프스타일과 마케팅 전략**

라이프스타일은 마케터가 새로운 발상이 필요할 경우, 제품 개발을 할 경우, 시장을 세분화할 경우, 포지셔닝 전략을 수립할 경우, 그리고 표적 시장에 적합한 마케팅 커뮤니케이션광고 전략을 수립하려는 경우 등에 유용한 정보를 제공한다. 왜냐하면 소비자는 라이프스타일 유형에 따라 그들의 구매 행동 양식에 차이를 보일 뿐만 아니라 그들이 선호하는 제품이나 광고 매체 등도 서로 상이하기 때문이다.

1 새로운 발상

과거의 소비자 행동 분석은 구매 행동이나 소비자 행동이라고 하는 생활의 부분적 분석이 주가 되었다. 오늘날 기업은 소비자의 라이프스타일 설계에 적극적으로 참가하고 있다. 이를 통해 기업은 소비자의 새로운 욕구를 발견하게 된다. 이것은 과거의 생산자 지향적 사고에서 소비자 지향적 사고로 변화됨을 의미한다. 마케터는 소비자의 라이프스타일 설계 과정에 마케팅을 접합시켜 나가야 한다. 〈사례 11-3〉은 캠핑하면 야외를 생각하게 되는데, 이를 도심과 고급 라이프스타일을 역발상하여 호텔의 빈 공간을 효율적으로 활용한 제주 신라 호텔과 쉐라톤 워커힐 호텔의 야외 캠핑존 사례이다.

 사례 11-3

'럭셔리 호텔에서 텐트치고 야외에서 논다?'

호텔과 캠핑. 전혀 어울리지 않을 것 같은 이 둘의 조합이 '호텔은 객실 내에서만 즐긴다'는 편견을 깨고 큰 호응을 얻고 있다. 31일 관련 업계에 따르면 국내 특급 호텔 중 처음으로 호텔 내에 야외 캠핑&바비큐 존을 선보인 제주 신라 호텔은 지난해 12

월 야외 캠핑 이용객이 전년 대비 29.1%, 올 1월에는 48.7% 증가했다. 겨울 한파에도 불구하고 이용객이 비약적으로 늘어난 것.

서울 광장동에 위치한 쉐라톤 그랜드 워커힐이 지난 해 10월 문을 연 캠핑존 '캠핑 인 더 시티' 역시 고공 행진을 이어가고 있다. 평일에는 저녁에만 운영하고 있음에도 불구하고 총 12동 중 평균 6∼10동이 예약되고 있으며 주말에는 예약이 90∼100% 만료될 정도도. 지난 12월에는 한 달 전부터 예약이 완료돼 2,000명 이상이 캠핑존을 이용했다. 연휴가 긴 이달에도 1,000명 정도가 찾은 것으로 호텔 측은 추정하고 있다.

이 같은 호텔 캠핑의 성공 비결은 최근 버라이어티 TV 프로그램인 '1박2일', '남자의 자격' 등을 보며 도심을 떠나 캠핑을 즐기고 싶어하는 고객들이 많아진 데에 있다. 호텔 측은 이러한 트렌드를 간파, 손쉽고 안전하게 즐길 수 있도록 틈새 시장을 파고들었다.

제주 신라 호텔 관계자는 "많은 이들이 친자연적인 야외 캠핑을 즐기고 싶어하지만 막상 직접 텐트치고 야외 취침하는 수고는 꺼린다"며 "이에 야외에서 셀프 바비큐를 만들며 캠핑의 분위기를 만끽하되 잠은 편안하게 객실에서 이용할 수 있도록 기획했다"고 말했다.

워커힐 호텔 관계자 역시 "캠핑존이 위치한 곳은 여름에 야외 수영장으로 운영되는 곳인데 겨울에는 활용도가 떨어졌다"며 "요즘 유행하는 걷기, 캠핑, 럭셔리 라이프스타일을 접목하는 동시에 호텔의 빈 공간을 활용할 수 있는 호텔의 '도심 속 캠핑'이야말로 역발상의 성공적인 모델"이라고 평가했다.

워커힐 호텔의 경우, 캠핑의 주요 고객이 넥타이·하이힐 부대라는 점도 색다르다. 장비 설치·장보기·설거지 등 뒷정리가 필요 없다는 점에서 새로운 회식 장소를 찾는 직장인들 사이에서 각광받고 있는 것. 이처럼 야외 테이블·그릴·파라솔 등 캠핑 도구에서부터 바비큐 재료까지 호텔에서 전부 제공한다는 점이 호텔 캠핑의 가장 큰 장점이다.

출처 : 아시아경제(2012. 1. 31.)

▲ 쉐라톤 워커힐 호텔의 캠핑존.

▲ 제주 신라 호텔의 야외 캠핑존. 텐트 한 동 설치하는 데 든 비용은 500~800만 원 선으로 호텔 객실 뺨치는 고급스러움을 느낄 수 있다. 1인당 7만 5,000원~10만 원 가량의 바비큐 비용만 내면 내 것처럼 즐길 수 있다.

모든 용품은 '스노우 피크', '오가와' 등 해외 유명 아웃도어 캠핑 브랜드다. 말이 텐트지 한 동 설치 비용은 500~800만 원 선으로 호텔 객실 뺨치는 고급스러움을 느낄 수 있다. 제 돈 주고 이러한 럭셔리 캠핑을 즐기기는 쉽지 않지만 호텔 캠핑은 전복·꽃등심·LA갈비 등이 제공되는 캠핑 음식값으로 1인당 7만 5,000원부터 10만 원 가량만 내면 내 것처럼 사용할 수 있다. 제주 신라 호텔은 오는 3월부터 기존의 호텔 캠핑에서 한 단계 더 나아간 '글램핑'(글래머러스+캠핑의 합성어)을 선보일 예정이다.

호텔 관계자는 "자연에서 느끼는 여유로움과 편안함과 함께 특별한 추억을 제공하는 호텔 캠핑존이 인기를 모으고 있다"며 "국내에서는 시작 단계인 만큼 앞으로는 '집 밖의 내 집' 같은 느낌을 살릴 수 있도록 점차 발전해나갈 수 있다"고 말했다.

2 제품 개발 전략

소비자는 라이프스타일에 맞는 욕구를 만족시킬 수 있는 새롭고 보다 개량된 제품을 기대한다. 즉, 소비자가 필요한 제품을 가족 수, 식습관, 여가 활동, 라이프스타일 등에 따라 최적의 상품이나 서비스를 개발하여 제공해야 한다. 라이프스타일 변화에 맞춤 서비스는 외식, 카드, 금융, 가전, 건축, 백화점 등의 분야에서 활발히 제공되고 있다. 〈사례 11-4〉는 하나투어가 여행객의 라이프스타일 맞춤 여행 브랜드인 '제우스월드'를 출시하여 큰 인기를 얻고 있는데, 이는 스포츠 마니아들을 위한 영국 4대 스포츠 직관 상품이다.

 사례 11-4

"직접 봐라, 즐겨라" … 라이프스타일 관광 뜬다

프리미어리그·윔블던·디오픈 직관하고
크라비서 김자인에게 암벽등반 배우고
그리스·이탈리아 인문학 여행도 인기'

'포스트 코로나' 시대의 여행을 규정짓는 키워드는 무엇일까. 여행 전문가들은 '라이프스타일'을 첫손에 꼽는다. 정인숙 한진관광 칼팍팀장은 "유명 관광지를 도장 격파하듯이 다니고, 좋은 숙소에서 묵는 것을 넘어 여행지에서 나만이 누릴 수 있는 체험을 중요시하는 경향이 커졌다"고 설명했다.

4대 '직관' 상품 내놓은 하나투어

하나투어의 하이엔드 맞춤 여행 브랜드인 '제우스월드'가 전 세계 스포츠 마니아들이 열광하는 영국 4대 스포츠 대회 '직관(직접 관람)' 상품을 내놓은 것은 라이프스타일 여행이 뜨고 있다는 방증이다. 골프, 테니스,

▲ 하나투어의 하이엔드 맞춤 여행 브랜드인 '제우스월드'가 영국 4대 스포츠 대회 '직관(직접 관람)' 상품을 선보였다. 영국 요크에서 열린 '존 스미스 컵' 경마대회에서 경주마들이 힘차게 달리고 있다. 하나투어 제공

경마, 축구 4대 스포츠의 종주국인 영국에서 개최하는 권위와 전통을 자랑하는 4개의 대회를 관람할 수 있는 상품이다.

세계에서 가장 오래된 테니스 토너먼트인 윔블던 챔피언십 직관은 테니스 애호가라면 누구나 꿈꿀 만한 여행이다. 하나투어 관계자는 "각자 좋아하는 테니스 스타가 모두 등장하는 개막전을 직접 볼 수 있는 상품"이라고 소개했다. 센터 코트, 또는 1번 코트의 '프라임 뷰잉(prime viewing)' 좌석을 배정해 인기 스포츠 스타를 직관할 수 있다.

올해로 151회를 맞는 가장 오래된 골프 대회인 '디 오픈' 참관 상품도 하나투어에서 구매할 수 있다. 대회가 열리는 리버풀 인근의 명품 골프장에서 36홀 라운딩도 상품에 포함돼 있다.

하나투어 제우스월드 관계자는 "유튜버 김진짜와 EPL 경기를 참관하는 테마 여행이 뜨거운 성원 속에 조기 마감되는 등 해외 스포츠 직관이 여행 트렌드로 급부상했다"며 "이런 수요에 발맞춰 영국 4대 스포츠 이벤트와 호스피털리티 서비스를 결합한 고품격 테마 여행을 기획했다"고 설명했다.

유럽 상류층 문화 즐기는 '그랜드 투어'

하나투어 제우스월드를 총괄하던 김석헌 상무가 마이리얼트립으로 최근 이직한 것도 이 같은 추세를 반영한 것으로 풀이된다. 여행업계 관계자는 "항공권 예약 중심으로 규모를 키워 온 마이리얼트립이 패키지 상품을 강화하기 위해 전문가를 영입한 것"이라고 말했다.

인터파크투어 역시 최근 '클라이밍 여제' 김자인 선수와 함께하는 체험형 상품을 내놨다. 스포츠 스타 매니지먼트 기업인 스포츠바이브와 협업한 상품으로, 세계적인 암벽 타기 성지 크라비를 방문한다. 인터파크 관계자는 "4박 6일 일정 중 이틀간 김자인 선수에게 기본기부터 중·고급 실전 테크닉까지 배울 수 있다"고 소개했다.

출처 : 한국경제신문(2023. 4. 25.)

▲ 잉글랜드 프로축구 프리미어리그[EPL] 경기장 전경

▲ 윔블던 테니스 경기장 전경

'그랜드 투어'로 불리는 문화 예술 여행이 부상하고 있는 것도 라이프스타일 여행의 유행과 연관이 깊다. 1700년대부터 시작된 유럽 상류층의 여행 문화를 체험해보는 상품들이 봇물 터지듯 쏟아지고 있다.

뚜르 드 메디치라는 여행사가 대표적이다. '나만을 위한 맞춤 여행'을 표방하며 독일 음악 투어, 멕시코 미식 투어 등의 상품을 판매 중이다.

삼성경제연구소에서 '세리 CEO'를 기획한 강신장 모네상스 대표가 주관하는 그리스·로마 인문 여행도 여행 고수들 사이에서 입소문이 난 프로그램이다.

강 대표는 김상근 연세대학교 신학과 교수와 함께 '루첼라이의 정원'이라는 인문학 고전 강독 모임을 만들고, 참가자들을 중심으로 그리스와 이탈리아 여행을 떠난다. 여행업계 관계자는 "각국에서 열리는 전시회를 찾아다니는 여행객들도 등장하고 있다"며 "어디를 다녀왔다는 식의 여행이 아니라 현지에서의 삶을 직접 경험해볼 수 있는 차별화된 여행 상품이 주목을 받을 것"이라고 전망했다.

③ 시장 세분화 전략

최근에는 라이프스타일을 기준으로 한 시장 세분화에 많은 관심을 보이고 있다. 종래에는 인구 통계적, 사회 경제적, 또는 성격 변수를 기준으로 시장을 세분화하는 것이 일반적이었다. 그러나 인구 통계적 변수나 사회적 요인 등을 기준으로 하여 세분화된 시장들 간에는 소비자 행동 측면에서 별다른 차이점이 확인되지 않았다. 다시 말해, 구매 행동과 밀접한 관계가 있는 소비자의 일상적인 행동, 욕구, 관심, 가치관 등의 변수들로는 시장 세분화를 명확하게 구현할 수 없다는 것이다.Wells & Tigert, 1971

여행객의 라이프스타일에 관한 연구에서 Lawson[1999] 등은 1,703명의 뉴질랜드인을 대상으로 설문 조사를 실시하였다. 분석 결과, 모험 추구형, 스포츠 헌신형, 재미 애착 휴가형, 학습 추구형, 가족 행사형, 그리고 가족 휴가형으로 여행자 집단을 분류하였다. 이들 집단별 여가 활동과 숙식 행동 등에 있어 차이가 존재하였다. 예를 들면, 여행 동기에 있어 모험 추구형은 사회 교류나 모험을 그리고 가족 휴가형은 휴식이나 일상 탈출이 주된 동기였다. 숙박에 있어

서는 모험 추구형은 캠핑장이나 배낭 여행객 숙박 시설을 주로 이용하는 편인데 반해 학습 추구형은 호텔이나 모텔을 선호하였다.

관광 소비자 행동의 특성에 따라 라이프스타일을 유형화하기 위한 노력도 다양하게 이루어져 왔다. 해외 지향적 관광객은 신비성과 같은 다양성 추구의 라이프스타일을 지니고 있으며Wells, 1972, 활동형 라이프스타일을 지닌 관광객은 적극적으로 생활 환경의 변화를 모색하고 해외 관광을 자주하는 경향이 있다Bernay, 1970. 위락용 자동차 여행객recreational vehicle traveller은 가족 중심적이며, 친환경적이고, 그리고 사교적 인관 관계를 중시하는 라이프스타일의 특징을 가지고 있다Hawes, 1978. 필리핀 방문 한국 관광객 중에서 가족 중심형 라이프스타일을 지닌 관광객은 색다른 체험, 기분 전환, 조용한 휴식 시간, 화합 등의 관광 동기를 가지고 있는 것으로 나타났다김성혁 외, 2008. 관광 소비자 행동 특성에 따른 라이프스타일 유형 연구를 요약하면 〈표 11-7〉과 같다.

🎙 표 11-7_ 관광 소비자 행동 특성에 따른 라이프스타일 유형

연구자	라이프스타일 유형
Bernay(1970)	활동 지향적 여행객, 가정 지향적 여행객
Wells(1972)	정태적 여행객, 자녀 지향적 여행객, 해외 지향적 관광객
Hawes(1978)	활동적 여행자, 몽상가, 한가로운 여행자
Darden & Perreault(1975)	일반적인 자신감, 의견 선도자형, 계획 중심자형 여행객, 정보 추구형 여행객, 캠핑 여행객, 건강 추구형 여행객, 1급 여행객, 국내 여행객, 방랑형 여행객, 역사 유적형, 스포츠 관람객, 향토 음식 추구형
Mayo & Jarvis(1981)	정태 지향형 여행자, 해외 지향형 여행자, 역사 지향형 여행자, 위락용 차량 지향형 여행자, 후불형 여행자
김홍범 & 허창(1997)	외향적 독립형, 가정적 진보주의형, 가정적 보수주의형, 성취 지향형, 현금 선호형, 리더십 및 자기 관리형
김성혁·전정아·정다운(2008)	개인 중심형, 가족 중심형, 무의식형
이서은·이태희(2015)	유행 추구형, 자아 중심형, 여가 문화 추구형, 가족 중심형, 개성 추구형
이정규(2020)	건강 추구형, 사회 추구형, 현실 추구형, 문화 추구형

4 포지셔닝 전략

라이프스타일을 활용한 포지셔닝 전략은 소비자의 가치관, 관심사, 행동 방식, 활동 등을 반영하여 특정 제품이나 브랜드를 특정 라이프스타일과 연계하여 소비자의 마음속에 자리 잡게 하는 것이다. 따라서 제품을 단순히 기능적, 물리적 차원에서가 아니라 소비자들이 추구하는 삶의 방식과 연관 지어 인식하도록 하는 것이 중요하다.

General Foods는 카페인 없는 Sanka 커피를 재포지셔닝하기 위하여 건강에 관심이 많은 소비자들의 사이코그래픽스를 이용하여 분석하였다. 과거에는 카페인 제거 커피의 표적 시장으로서 주로 노년층을 대상으로 하였으나, 연구 결과에 따라 모든 연령층의 활동적 성취자들을 표적으로 하였다. 이와 함께 광고의 소구점도 모험적 라이프스타일로 하였다. 〈사례 11-5〉는 술자리가 잦은 남성들의 라이프스타일을 분석하여 간 건강에 좋은 '헛개 차茶'를 남성들의 '차'로 포지셔닝하여 성공을 이룬 사례이다.

사례 11-5

간 건강 공신, 1천억 헛개 음료 시장을 잡아라

건강 음료 각광받으며 앞 다투어
헛개 제품 출시 '급성장'

남양유업 '17차', 광동제약 '옥수수 수염차' 이후 이렇다 할 '히트상품'이 나타나지 않은 차 음료 시장에 최근 헛개 음료가 돌풍을 일으키고 있다. 현재 시판되고 있는 헛개 음료는 10여 종에 달하며, 헛개 성분을 함유한 유산균 음료 등을 모두 합하면 50여 종에 달한다.

관련 업계 종사자에 따르면 국내 헛개 음료는 불과 2년 전만 해도 40억 원 수준이었지만 지난해에는 300억 원 가량으로 7배 이상 성장했으며, 올해는 1,000억 원에 달 전망이다.

현재 헛개 음료 시장은 업계 1위인 CJ제일제당의 '컨디션 헛개수'를 비롯, 광동제약의 '힘찬 하루 헛개차(茶)', 롯데칠성음료의 '오늘의 차 아침 헛개' 등이 각축을 벌이고 있다. 또한 지난 5일에는 웅진식품의 '홍삼 헛개수'가 이 시장에 새롭게 진입했다.

헛개 음료의 인기 이유

메이저 음료 업체들이 헛개 음료 시장에 뛰어드는 데는 노무족(No more uncle), 로엘족(Life of Open-mind, Entertainment and Luxury) 등으로 불리며 적극적이고 주체적으로 소비에 나서고 있는 남성들이 새로운 소비층으로 급부상했다는 점이다. 이에 헛개 음료 브랜드들은 술자리가 잦은 남성들의 라이프스타일을 분석하여 간 건강에 좋은 '헛개 차'를 '남성들의 차(茶)'로 포지셔닝하고 다양한 마케팅 활동을 전개하여 차 음료 시장에서 소외된 남성들을 적극적으로 공략하고 있다. 또 구수하고 담백한 헛개 차의 풍미는 단맛을 내는 성분에 민감하게 반응하는 웰빙족들까지 끌어들이며 건강 음료로 새로이 각광을 받고 있는 중이다.

다양한 헛개 음료 출시 러시

헛개 음료 시장에서 단연 돋보이는 제품은 업계 1위를 달리고 있는 CJ제일제당의 '컨디션 헛개수'(2010년 9월 출시)이다.

이 제품은 헛개 나무 중에서도 갈증 해소에 최고이며 100% 국산 헛개나무 열매 추출액이 8,300mg(340㎖ 기준)이 함유되어 있다. 또 이뇨 작용과 부기 제거에 월등한 효능이 있는 국산 칡 성분이 함유되어 있으며, 열량 뿐 아니라 당류, 나트륨, 지방, 콜레스테롤, 나트륨까지 모두 0(제로)이기 때문에 디톡스, 다이어트 등에 관심이 많은 여성 소비자들까지 주요 고객층으로 끌어들이고 있다. 이러한 여세를 몰아 출시 1년 4개월 만에 누적 판매량 2,000만 병을 돌파했다.

닐슨 데이터 분석 결과에 따르면 올해 1,2월 '컨디션 헛개수'의 마켓 점유율은 50%로 마감되어 업계 선두를 차지했다. 이는 지금까지 업계 1위라고 알려져 왔던 광동 '힘찬 하루 헛개차'의 점유율 34.1%를 크게 웃도는 수치이다. CJ제일제당 제약 사업부의 컨디션 헛개수 브랜드 매니저는 "'컨디션 헛개수'는 음주 후 갈증 해소에 도움을 주는 음료로 남심(男心)을 잡은 데 이어 건강 음료로 입지를 넓히며 여심(女心)까지 공략하고 있다."며 "앞으로 다양한 마케팅, 프로모션 활동 등을 펼치며 올 한해 400억 원 매출을 달성하는 데 주력할 계획이다."라고 전했다.

헛개 음료 시장의 2위 제품인 광동제약의 '힘찬 하루 헛개차'(2010년 4월 출시)는 헛개나무 열매 추출액이 4,390mg (340ml)이 함유돼 있으며 '남자들의 차(茶)'를 표방한 제품이다. 이 제품의 주요 소비자인 남성들의 만족도를 더욱 높이기 위해 거칠고 강한 남성의 이미지로 디자인된 리뉴얼 제품을 지난해 새롭게 출시했다. 특히 힘찬 느낌의 붓글씨로 한자 '男(사내 남)'을 형상화해 남자들을 위한 차라는 점을 확실히 느낄 수 있도록 했다. 또한 주요 고객인 남성들을 '시루떡'으로 표현한 광고로 화제를 모으기도 했다.

지난해 12월 출시한 롯데칠성음료의 '오늘의 차 아침헛개'(2011년 12월 출시)는 100% 국산 헛개 나무 열매 추출액과 칡즙 농축액, 한방 혼합 추출 농축액 등이 함유되어 있으며, 술 마신 다음 날 간 때문에 피곤한 아침, 숙취로 힘든 아침을 상쾌하게 시작할 수 있도록 도와준다는 콘셉트의 제품이다. 현재 월평균 3억~4억 원의 매출을 올리고 있으며 시장 점유율은 5.9%이다.

헛개 음료 시장에 가장 늦게 뛰어든 웅진식품의 '홍삼 헛개수'(2012년 4월 출시)는 숙취 해소와 간 건강에 관심이 많은 3040 직장인들을 위해 출시된 제품. 헛개 열매 추출액 1만 7,330mg과 홍삼 농축액이 들어 있다. 출시를 기념해 직장인들을 대상으로 한 회식 이벤트를 진행하는 등 공격적인 마케팅 활동을 계획하고 있다.

이 외 한국야쿠르트가 선보인 간 건강에 도움을 주는 제품인 '헛개나무 프로젝트 쿠퍼스'(2011년 10월 출시) 헛개 나무 열매에서 채취한 추출 분말이 2,460mg이나 들어 있다.

한국인삼공사가 30~40대 직장인 남성을 위한 차음료 '헛개 홍삼수'(2011년 6월 출시)는 국내산 헛개나무 열매 추출액에 국내산 6년근 홍삼 농축액을 조화시킨 차 음료이고, 풀무원녹즙은 신선초라고 불리는 명일엽에 헛개나무 추출액을 한 병에 담은 '칸 러브 명일엽 &헛개'(2012년 4월)는 유기농으로 재배한 국내산 명일엽과 헛개나무 추출물에 열대 과일과 레드 자몽이 함유돼

있다.

업계 관계자는 "헛개 음료가 처음 시장에 출시되었을 시 숙취 해소 등에 좋은 '남성 음료'로 포지셔닝되었지만 '헛개'의 다양한 효능이 알려지면서 남녀노소 할 것 없이 즐겨 찾고 있다"며 "앞으로 녹차, 옥수수 수염차를 잇는 차 음료의 차세대 주자로 자리잡을 것이다"라고 전했다.

간 건강의 일등 공신 헛개

중국의 맹선이 쓴 '식료본초'에는 어떤 사람이 집 수리 중 실수로 헛개나무 한 토막을 술독에 빠뜨렸는데, 며칠 후 술독의 술이 전부 물이 되었다는 설이 실려 있다. 또 서송이라는 사람이 지은 '도경본초'에도 헛개나무를 기둥이나 서까래로 써서 집을 지으

며 그 집안에 있는 술이 모두 물로 변한다는 흥미로운 이야기가 적혀 있다.

최근에는 이렇게 민간에서만 전해내려 오던 헛개의 효능이 과학적으로 입증되고 있다. 전남대 농업생명과학 대학 나천수 교수는 KBS '생로병사의 비밀'의 '헛개편'에서 "헛개는 알코올을 분해함은 물론이고 여러 가지 독성 물질들을 제거하는 효능이 우수한 것으로 나타났다"고 전했다.

분당 서울대학교 병원은 알코올성 간 손상 환자를 두 그룹으로 나뉘어 헛개 효능에 대한 임상 실험을 실시한 결과, 헛개 열매 추출물을 먹은 그룹이 r-GTP(감마GTP, 알코올에 의한 손상도를 나타내는 수치)가 정상 수준으로 돌아오는 것을 밝혀 내었다는 연구 결과를 발표했다.

출처 : 약업신문(2012. 4. 23.)

5 광고 전략

라이프스타일 분석이 광고 결정에 이용된 예로는 스낵 구매자를 대상으로 한 것에서부터 맥주나 승용차 등의 구매자를 대상으로 한 것에 이르기까지 다양하다. 연구자들은 응답자들의 일반적 혹은 제품 관련적 라이프스타일, 인구 통계적 특성, 매체 사용 패턴 등에 관한 자료를 수집·분석한 후 그 결과를 토대로 시장을 세분화하고 포지셔닝과 광고 전략을 수립하려는 데 주안점을 두고 있다.

〈그림 11-3〉은 한 우유 업체의 라이프스타일 맞춤형 광고 사례이다. '저무지방 & 고칼슘 우유' 3종을 홍보하기 위해 각각 별도의 영상을 제작하고 소비자가 연령과 체질 그리고 라이프스타일에 맞춰 제품을 선택하도록 광고하였다. '저지방 & 고칼슘 2%' 편엔 놀이터에서 신나게 뛰어노는 어린이를 이용하여 성장기 어린이를 공략하였다. '저지방 & 고칼슘 1%' 편엔 배우 정만식을 통해 건강을 챙기기 시작한 30~40대 남성을 공략하였고, '무지방 & 고칼슘 0%' 편에선 수영 선수 정다래를 기용해 다이어트 여성 소비자를 타깃으로 하였다.

출처 : http://www.google.co.kr

🧭 **그림 11-3_** 매일 유업 '저지방 & 고칼슘' 우유 2% 광고

관·광·소·비·자·행·동·론

PART
4

- - - - - - - - - - - - -

구매 의사 결정의
외부 영향 요인

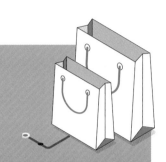

Chapter **12**

준거 집단 및 가족과
관광 행동

지금까지 구매 의사 결정 과정에 큰 영향을 미치는 내부 요인에 대해 살펴보았다. 이 장章부터는 외부 요인에 관해 설명한다. 구매 의사 결정 과정에 영향을 미치는 외부 요인으로는 준거 집단, 가족, 문화, 그리고 사회 계층이 있는데, 우선 준거 집단 및 가족과 관광 행동에 대해 살펴보고자 한다.

준거 집단의 행동 규범은 개인에게 행동 지침이나 준거 체계의 구실을 하게 된다. 준거 집단은 현재 개인이 속해 있거나 앞으로 소속되고 싶은 집단이므로 자기가 속한 준거 집단의 규범을 추종하거나 동일시 또는 내면화하여 행동하게 되는 것이다. 그러므로 소비자가 어떠한 집단에 소속되어 있느냐에 따라 저마다 다른 영향을 받게 된다. 왜냐하면 사람들이 한 집단의 구성원이 되고 싶어 하는 집단의 소비 규범은 다른 집단의 소비 규범과는 다르기 때문이다.

사회에 있어서 가족은 소비재에 대한 소비 단위라고 할 수 있다. 왜냐하면, 식료품, 주택, 자동차, 가구 등과 같은 제품은 가족 단위에 의해 소비되고 있기 때문이다. 따라서 가족은 소비 과정에 있어서 직접적인 역할을 하는 것뿐만 아니라 자녀의 사회화에 간접적인 역할도 한다. 개인은 가족의 사회적 가치관 및 행동 패턴에 의해 영향을 받기 때문에 구매와 소비 패턴은 가족에 의해 강하게 영향을 받게 된다.

본 장에서는 우선 준거 집단의 의의 및 특성, 준거 집단의 유형, 그리고 준거 집단의 영향력에 대해 살펴본다. 그리고 가족의 개념 및 기능, 가족 생활 주기, 그리고 가족 구매 의사 결정의 특성 등에 대해 학습한다. 마지막으로, 준거 집단과 가족을 활용한 마케팅 전략에 대해 살펴본다.

제1절 준거 집단과 관광 행동	제2절 가족과 관광 행동	제3절 준거 집단 및 가족과 마케팅 전략
• 준거 집단의 정의 및 특성 • 준거 집단의 유형 • 준거 집단의 영향 • 준거 집단의 영향력 결정 요인 • 제품과 브랜드 결정에 대한 준거 집단의 영향	• 가족의 개념 • 가족의 기능 • 소비 행동 측면에서 가족의 중요성 • 가족 생활 주기 • 가족 구매 의사 결정	• 준거 집단과 마케팅 전략 • 가족과 마케팅 전략

그림 12-1_ 제12장 요약도

준거 집단과 관광 행동

사람들은 현재 자신이 속해 있는 집단뿐만 아니라 소속되기를 갈망하고 있는 집단에 대해서 그 집단의 기대에 부응하는 행동을 하고 싶은 강한 욕구가 있어서 그집단의 규범에 순응하게 되고, 그로 인해 그 집단의 강한 영향을 받게 된다. 준거집단의 영향력은 제품이나 구성원의 개성에 따라 달라서 획일적으로 설명할 수는없지만, 자기의 것과 집단의 것과 비교할 때 준거 집단의 영향력을 더 많이 받는다. 본 절에서는 준거 집단이 무엇이며 어떠한 특징이 있는지, 그리고 어떤 유형이있는지를 설명한다. 또한 준거 집단의 영향 유형과 영향 요인에 대해 살펴본다.

① 준거 집단의 정의 및 특징

인간은 누구나 가족을 비롯해 학교나 직장 등에 소속되며 그 집단 속에서 행동양식을 학습한다. 즉, 개인은 한 특정의 준거 집단의 구성원으로서 활동하기 때문에 해당 준거 집단으로부터의 영향을 받을 수밖에 없다. 여기서는 준거 집단이 무엇인지 살펴본 후 준거 집단 유형과 특성에 대해 살펴 본다.

1) 준거 집단의 정의

준거 집단reference group이라는 용어는 1942년 Hyman의 저서 『The Psychology of States』에서 최초로 언급되었다. 그는 개인이 다른 사람과 비교되거나 또는 자신의 문제 해결에 대한 판단을 위해 사용되는 준거점을 제공하는 집단을 준거 집단이라 하였다. McCarthy[1993]는 한 개인이 특정 문제에 대해 태도를 형성할 때 사람들에게 영향을 받는다면 그것이 준거 집단이라고 하였으며, Kotler 등[2005]은 개인의 태도, 행동, 지각 등에 영향을 미치는 모든 집단으로 정의하였다.

준거 집단의 개념이 처음부터 이와 같은 의미를 지니고 사용된 것은 아니다. 처음에는 가족이나 친구와 같이 직접적인 대면 관계를 유지하고 있는 개인이나 집단만을 지칭하였다. 오늘날에는 직접적인 대면 관계뿐만 아니라 개인이 선호하는특성과 유사하게 행동하는 데 영향을 미치는 연예인, 스포츠 스타, 정치인 등 간접적으로 영향을 주는 개인이나 집단까지 포함한다. 집단으로는 가족, 친구, 지역 사회에 이르기까지 매우 다양하다.

2) 준거 집단의 특성

개인은 소비 행동을 수행하는 과정에서 가족을 비롯한 여러 준거 집단에 의해 영향을 받는다. 준거 집단이 소비자 행동을 이해함에 있어 특히 중요한 이유는 다음과 같은 특성을 지니고 있기 때문이다. 우선, 준거 집단의 영향은 소비자 자신의 목적이나 의도 또는 의식적인 노력 없이도 발생한다. 개인이 자연 발생적인 집단, 즉 가족과 같은 1차적 집단에 소속되어 있기 때문이다.

또한, 직접적인 대면 관계를 유지하고 있지 않아도 준거 집단은 소비자에게 영향을 미칠 수 있다. 가령, 연예인을 준거 대상으로 여기고 있다면 그 소비자는 연예인들의 행동 규범에 호의적 반응을 보이고, 그들의 행동을 모방함으로써 그들과 직접적인 접촉 없이도 영향을 받게 된다. 자신의 주위 친구들이 동일한 운동을 하는 사람일수록 여가 시간에 하는 운동의 빈도가 높아지는데 그 이유도 준거 집단의 영향 때문이라 볼 수 있다.

② 준거 집단의 유형

준거 집단은 그 목적에 따라서 다양하게 분류될 수 있다. 집단 구성원으로 소속될 수 있느냐의 여부에 따라 회원 집단과 비회원 집단 등으로 구분된다그림 12-2 참조. 회원 집단은 다시 접촉 빈도에 따라 1차 집단과 2차 집단으로 그리고 공식적인 역할과 조직 구조에 따라 공식 집단과 비공식 집단으로 분류된다. 비회원 집단은 열망 집단과 회피 집단으로 나누어진다.

1) 회원 집단

회원 집단membership group은 개인이 실제로 소속되어 있는 집단을 말한다. 개인은 특정 집단에의 구성원 자격을 자동적으로 얻기도 하지만 특정 목적을 위해 집단을 형성하거나 이미 조직되어 있는 집단에 구성원 자격을 의도적으로 얻기도 한다. 여기에는 1차 집단과 2차 집단 그리고 공식 집단과 비공식 집단이 있는데, 이들의 특성을 살펴보면 다음과 같다.

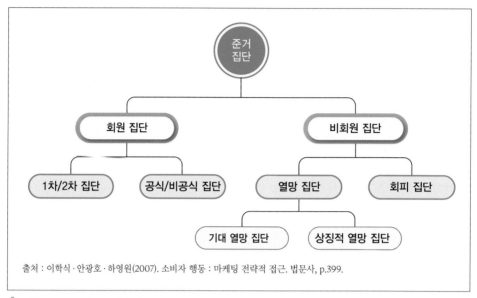

출처 : 이학식·안광호·하영원(2007). 소비자 행동 : 마케팅 전략적 접근. 법문사, p.399.

🖜 그림 12-2_ 준거 집단의 유형

(1) 1차 집단과 2차 집단

구성원 간의 접촉 방식에 따라 1차 집단과 2차 집단으로 분류된다. 1차 집단 primary group이란 구성원들 간의 직접적이고 친밀한 접촉을 통해 형성된 집단으로 대면 접촉, 친밀감, 전인격적인 인간 관계를 바탕으로 형성된 집단이다. 1차 집단의 구성원들은 신념이나 행동면에서 상호 간 유사성이 많아서 상당한 응집력이 있다. 예를 들어, 가정, 놀이 집단, 또래 집단, 그리고 지역 공동체 등이 있다.

2차 집단secondary groups은 공식적이고 형식적인 접촉을 통해 형성된 집단으로 간접적인 접촉, 수단적인 만남, 부분적인 인간 관계를 바탕으로 형성된 집단이다. 2차 집단은 특정 목적을 추구하려고 의도적으로 설립한 사회 집단으로서 집단의 목표가 뚜렷하고, 타 조직과의 경계가 명확하며, 구성원의 지위와 역할에 따른 전문성을 지니며, 규범이 엄격하게 적용된다. 예를 들어, 회사, 학교, 정당, 전문직 종사자들의 모임이나 각 업계 종사자의 협회 등이 있다. 1차 집단과 2차 집단의 의미나 특징을 정리하면 〈표 12-1〉과 같다.

💡 표 12-1_ 1차 집단과 2차 집단의 비교

구 분	1차 집단	2차 집단
접촉 방식	• 구성원 간 직접적(대면적), 친밀하고 인격적인 접촉	• 간접적, 형식적, 사무적인 접촉
특 성	• 구성원의 인간 관계 형성이 목적 • 구성원 간의 관계가 포괄적, 비형식적, 인격적 • 구성원 간의 관계가 지속적이고, 친밀감과 유대감이 높음 • 도덕이나 윤리와 같은 비공식적 수단에 의해 통제	• 특정한 목적 달성을 위해 의도적으로 형성 • 구성원 간의 관계가 부분적, 형식적, 비인격적 • 특수한 이해 관계를 바탕으로 한 공식적이고 합리적인 인간 관계 • 법률이나 규칙과 같은 공식적인 수단에 의해 통제
집단의 예	• 가정, 놀이 집단, 지역 공동체 등	• 회사, 학교, 군대, 동호회, 협회 등

(2) 공식 집단과 비공식 집단

공식 집단formal groups은 조직적 구조와 명확한 목적을 가지며 집단 구성원의 자격 요건멤버십이 명확히 규정되어 있는 집단을 말한다. 학교, 회사, 노동 조합 등이 대표적인 예이다. 공식 집단은 집단의 목적에 위배되는 행동을 규제하는 명시된 규정에 의하여 구성원들의 행동에 영향을 준다. 예를 들어, 멤버십 중심의 골프 클럽의 경우에는 클럽의 출입에 관련한 규정(예 복장)을 두기도 한다.

비공식 집단informal groups은 명확한 목적없이 비구조적 상호 작용을 특징으로 하는 자연 발생적 집단이다. 조직의 구조가 엄격하게 형성되어 있지 않으며 상호 간의 친목에 근거를 둔다. 규범이 엄격할 수도 있으나 문서화 되는 경우는 드물다. 공식 집단 내에는 많은 비공식 집단이 존재하는데 회사 내에 테니스 클럽, 등산 클럽, 독서 모임 등이 그 예이다. 마케터들은 비공식 집단에 많은 관심을 가지는데, 그 이유는 비공식 집단이 개인의 구매 행동에 더 영향을 미치기 때문이다.

한편, 회원 집단은 접촉 빈도와 조직 구조의 공식성에 따라 1차 공식 집단, 1차 비공식 집단, 2차 공식 집단, 2차 비공식 집단 등 4개의 세부 집단으로 분류될 수 있다표 12-2 참조. 1차 공식 집단은 학교 급우나 직장 동료 등과 같이 구성원 간 접촉

💡 표 12-2_ 접촉 빈도와 조직 구조의 공식성에 의한 회원 집단의 분류

구 분		접촉 빈도	
		자주 만남(1차)	가끔 만남(2차)
조직 구조	공식 조직	1차 공식 집단	2차 공식 집단
	비공식 조직	1차 비공식 집단	2차 비공식 집단

이 빈번하고 공식적인 관계를 유지하는 집단이고, 1차 비공식 집단은 가족이나 친구 등과 같이 자주 접촉하지만 비공식적인 관계를 유지하는 집단을 의미한다. 2차 공식 집단은 동창회나 커뮤니티 등과 같이 자주 접촉하지 않고 공식적인 관계를 유지하는 집단이고, 2차 비공식 집단은 먼 친척이나 회원 가입 조건이나 회원 명부 등이 문서화 되어 있지 않은 동호회와 같이 자주 접촉하지도 않고 관계도 비공식적인 집단을 의미한다.

2) 비회원 집단

개인이 현재 소속되어 있지 않은 비회원 집단은 열망 집단과 회피 집단으로 구분되고, 열망 집단은 기대 열망 집단과 싱징적 열망 집단으로 세분된다. 기대 열망 집단aspirational group은 개인이 닮고 싶거나 장래에 소속을 희망하는 집단으로 꾸준히 노력하거나 접촉한다. 마케터들은 사회에서 성공적인 위치에 있는 사람을 등장 인물로 내세운 광고를 통해 기대 열망 집단에 소속되고자 하는 소비자의 욕구에 소구하고 있다. 상징적 열망 집단은 장래에 개인이 소속되기 어려운 집단이지만 이 집단의 신념과 태도는 개인에게 수용된다. 마케터들은 유명 연예인이나 스포츠 선수를 광고 모델로 사용하여 상징적 열망 집단에 소속되기를 원하는 소비자의 욕구에 소구한다.

회피 집단avoidance group은 소속되고 싶지도 그리고 영향받고 싶지도 않은 집단이다. 가령, 어떤 종류의 바bar 혹은 클럽club이나 레스토랑의 경우에는 독특한 분위기와 문화로 인해 일반 사람들이 접근을 회피하기도 한다. 또한, 전통적인 사고를 가진 사람들은 자유 분방한 생활을 즐기는 연예인들의 언행을 따르려 하지 않는 경우도 이에 해당한다.

③ 준거 집단의 영향

개인은 직장, 학교, 친구 등 상호 접촉하는 과정에서 많은 사람들로부터 영향을 받게 된다. 준거 집단의 영향이 발생되는 과정과 영향의 유형은 집단의 규모나 집단 구성원들의 역할과 지위에 따라 다르게 나타난다. 준거 집단의 영향 유형으로는 규범적 영향, 정보적 영향, 그리고 가치 표현적 영향이 있다.

1) 규범적 영향

규범적 영향normative influence은 소비자가 준거 집단의 규범이나 기대에 순응하도록 하는 영향력을 말한다. 즉, 소비자가 보상을 기대하거나 처벌을 피하려고 다른 사람들의 기대에 순응하고자 할 때 발생한다. 준거 집단의 규범에 순응할 가능성은 첫째, 준거 집단이 보상과 처벌을 줄 수 있다고 지각될 때, 둘째, 개인의 행동이 집단에 의해 쉽게 관찰될 것으로 믿을 때, 셋째, 개인이 능동적으로 집단의 보상을 받고자 하거나 처벌을 피하고자 할 때 높아진다. 소비자가 준거 집단의 규범에 순응해야 한다는 심리적인 압박감은 제품의 구매나 사용이 타인의 눈에 띄고, 집단 구성원들로부터 회원의 한 사람임을 인정받기 위해 구매를 할 때 두드러진다. 가령, 호텔의 레스토랑에서의 식사나 백화점에서의 고급 의복이나 가구의 구매는 가시적이기 때문에 집단의 규범적 영향력을 많이 받을 수 있다.

2) 정보적 영향

준거 집단으로부터 구매 의사 결정과 관련한 정보를 얻는 데 영향을 받는 것을 정보적 영향informational influence이라 한다. 소비자는 자신이 구매하려는 특정 제품에 대해 관찰로는 파악하기 힘든 경우 다른 사람들의 추천이나 의견을 믿을 만한 정보로 받아들인다. 이때 제공된 정보의 신뢰도는 준거 집단이 전문성이 있다고 지각할 때 높아진다. 예를 들면, 광고에 등장하는 모델이 전문가라고 지각된다면 이들이 제공하는 정보의 영향이 높아진다. 또한, 제품 구매 시 지각된 사회적·경제적·기능적 위험이 크거나 소비자 개인의 지식이나 경험이 부족한 경우 준거 집단의 정보적 영향이 중요해진다. 가령, 휴가를 위해 캠핑카를 구매하는 경우 소비자는 캠핑카에 대해 잘 알고 있는 영업 사원이나 친구들로부터 정보를 탐색하게 된다. 왜냐하면, 캠핑카는 사회적으로 쉽게 남의 눈에 띄고, 구매 비용이 많이 들고, 그리고 고장의 위험이 있기 때문이다.

3) 가치 표현적 영향

개인은 특정 집단에 소속된 것을 나타내고 싶거나 혹은 그 집단에 소속되고 싶을 때 그 집단 구성원들의 규범, 가치, 행동 등을 따르는데, 이를 가치 표현적 영향value-expressive influence이라고 한다. 그렇게 함으로써 사람들은 자아 이미지를 유지 또는 강화할 수 있고 존경하는 사람들과 일체감을 느낄 수 있다. 이 과정에서 자기 자신을 다른 사람들과 비교하여 자아 이미지를 강화하는 집단을 따르게 되므로 비교적 영향이라고도 한다. 가치 표현적 영향은 준거 집단 구성원이 소비자와 비슷한 경우에 잘 일어나므로 광고 등에서 모델 등을 이용할 때 소비자와 비슷해지도록 하는 것이 중요하다.

4 준거 집단의 영향력 결정 요인

마케터는 소비자가 어떤 제품을 결정할 때 어떤 상황에서 어떤 종류의 집단을 참고하는가 그리고 그 집단의 영향력은 어느 정도인지 파악하는 것이 필요하다. 준거 집단의 영향력을 결정짓는 요인에는 제품 요인, 집단 요인, 그리고 개인 요인이 있다.

1) 제품 요인

첫째, 제품이나 서비스의 현저성을 들 수 있다. 준거 집단 영향력의 정도를 결정해 주는 가장 일반적인 속성은 제품의 현저성이다. 현저성이란 어떤 제품이 두드러져 사람의 주목을 끌 수 있는 정도를 의미한다[Keiman, 1961]. 어떤 제품이 매우 가시적인 것이라 할지라도 모든 사람이 그와 같은 제품을 소유하고 있다면 현저하다고 할 수 없다. 현저성이 뛰어난 제품이나 서비스를 구매할 때 소비자는 준거 집단의 영향을 많이 받게 된다.

둘째, 관여도이다. 준거 집단의 영향력은 관여도에 따라 다를 수 있다. 일반적으로 관여도가 높은 제품이 준거 집단의 영향을 받기 쉽다. Witt와 Bruce[1970]는 맥주, 세제, 담배 등의 세 가지 제품에 대한 구매 결정에 있어서 준거 집단 영향력의 차이를 분석하였다. 실험 결과, 관여도가 높은 담배나 맥주는 준거 집단의 영향을 많이 받아 집단 구성원 간 상표 선택의 일치를 보였다.

마지막으로, 제품에 대한 지각된 위험이다. 지각된 위험이 높은 제품은 대체로 기술적으로 복잡하고 고가격의 고관여 제품이라 할 수 있다. 여행과 같은 지각된 위험이 큰 제품일수록 소비자는 구전에 의한 정보를 더 의존하기 때문에 준거 집단의 영향도 커지는 것이다.

2) 집단 요인

집단 요인에는 집단 응집력, 구성원 간 공동 지향성, 그리고 집단 압력이 있다. 집단 응집력은 집단 내 구성원들이 서로에게 느끼는 친근감 또는 집단 내 전체의 매력 수준을 뜻한다. 공동 지향성은 한 개인이 어떤 대상에 대해 다른 사람들과 유사한 견해나 가치관을 가졌다고 느끼는 정도를 의미한다. 집단 압력이란 집단의 규범에 동조하도록 집단의 구성원들에게 행사되는 압력을 말한다. 일반적으로 집단 응집력이 강하고, 구성원 간 공동 지향성이 강할 때, 그리고 집단의 압력이 강할 때 준거 집단의 영향력이 증가한다.

3) 개인 요인

개인적 요인으로는 자신감, 성격, 지식 등이 있다. 예를 들어, 자신감이 강한 사람일수록 특정 문제에 대한 준거 집단의 영향력은 줄어든다. 타인 지향적 성격을 지닌 사람들은 존경하는 준거 집단과 동료의 가치와 태도에 민감하게 반응하는 경향이 높기 때문에 준거 집단의 영향력을 쉽게 수용하는 편이다. 그리고 개인은 타인의 행동에 대해 많이 알고 있을수록 주변의 영향력을 많이 받게 된다.

5 제품과 브랜드 결정에 대한 준거 집단의 영향

준거 집단이 구매 의사 결정 과정에 미치는 영향은 모든 제품과 브랜드의 구매에 동일하게 나타나지는 않는다. 즉, 어떤 제품이나 브랜드는 준거 집단의 영향을 더 많이 받을 가능성이 높다. 준거 집단의 영향은 개인과 구매 상황에 따라 달라질 뿐만 아니라 구매할 제품이나 브랜드의 성질에 따라서도 다르다.

Bearden과 Etzel[1982]은 두 가지 기준에 따라 준거 집단이 제품과 브랜드 결정에 미치는 영향의 정도가 달라진다고 주장하였다. 첫째 기준은 제품을 소유한 소비자의 숫자인데, 이를 토대로 필수품거의 모든 사람이 소유함과 사치품극소수 사람들만이 소유함으로 분류하였다. 두 번째 기준은 제품이 공공 장소에서 소비되는가 아니면 개인적으로 사용되는가에 따라서 공공 제품과 개인적 제품으로 분류하였다. 〈표 12-3〉는 네 가지 제품의 범주에서 제품과 브랜드 선택에 준거 집단이 어떤 영향을 미치는지를 보여주며 세부적 내용은 아래와 같다.

표 12-3_ 제품과 브랜드 결정에 미치는 준거 집단의 영향

제품 \ 브랜드	필수품(necessities) (제품 선택에 대한 준거 집단 영향이 약힘)	사치품(luxuries) (제품 선택에 대한 준거 집단 영향이 강함)
공공적으로 사용하는 제품 (제품·브랜드 선택에 준거 집단의 영향이 강함)	**공공 필수품** 공공 장소에서 사용되는 필수품 (손목시계, 자동차, 양복…)	**공공 사치품** 공공 장소에서 사용되는 사치품 (골프 클럽, 스키, 요트…)
개인적으로 사용하는 제품 (제품·브랜드 선택에 준거 집단의 영향이 약함)	**개인 필수품** 개인적으로 사용되는 필수품 (침대, 냉장고…)	**개인 사치품** 개인적으로 사용되는 사치품 (얼음 제조기, 쓰레기 압축기…)

출처 : Bearden, W. O. & Etzel, M. J.(1982). Reference group influence on product and brand purchase decisions. Journal of Consumer Research, 9, p.185.

1) 공공 필수품

손목시계, 휴대폰, 자동차 등과 같은 필수품은 거의 모든 사람이 소유하고 있고 여러 사람이 보는 앞에서 사용되는 제품이나 서비스이다. 준거 집단은 소비자의 제품 구매소유에는 거의 영향을 미치지 않으나 남의 눈에 띄는 공공 장소에서 사용되기 때문에 브랜드 선택에 대해서는 강한 영향을 미친다.

2) 공공 사치품

골프 클럽, 보석, 명품 가방, 스키, 요트 등과 같은 사치품은 소수의 사람만 소유하는 제품들이면서 다른 사람들에게 노출되는 공공 장소에서 사용되는 제품이나 서비스이다. 해당 제품의 소유와 브랜드 선택 모두가 준거 집단에 의해 영향을 많이 받게 된다.

3) 개인 필수품

대부분의 사람이 소유하는 제품이면서 타인들이 보지 않는 장소에서 사용하는 제품들이다. 해당 제품의 소유 여부는 물론 브랜드 선택에 대해서도 준거 집단으로부터 별로 영향을 받지 않는다. 예를 들면, 쌀, 치약, 비누, 냉장고, 옷걸이, 배달 앱이나 배달 서비스 등이 이에 해당한다.

4) 개인 사치품

연습용 골프채, 고급 세탁기, 크루즈 여행 등과 같이 소수의 사람만이 소유하는 제품들이면서 타인들이 보지 않는 장소에서 사용하는 제품들이다. 해당 제품의 소유 여부는 준거 집단으로부터 영향을 받지만, 브랜드 선택에 있어서는 준거 집단의 영향을 별로 받지 않는다.

사람들은 여행에 관한 정보를 주위의 친구, 직장 동료, 가족 등을 통해서 얻고 공식적인 정보원보다는 비공식적인 정보원을 자주 사용하는 경향이 있다. 또한, 해외 여행은 재정적 측면이나 혹은 안정성에서 높은 위험을 수반하고 사치품이라고 볼 수 있어서 준거 집단에 의존하는 경향이 높게 나타난다Kim & Chalip, 2004. 하지만 일반 여행 상품의 경우 공개성과 사적 영역의 구분이 명확하지 않고 브랜드 자체의 의미가 없는 경우가 많으므로 브랜드 선택 시 준거 집단의 영향은 상대적으로 미미할 수 있다.

제2절 | 가족과 관광 행동

가족은 사회에 있어서 가장 중심적이고 기본적인 구성 단위이다. 사회적 행동 중에서 가족이 중심이 되는 행동은 아주 많을 뿐만 아니라 개인의 구매 행동에 직접적이고 광범위한 영향을 미치고 있다. 가족과 다른 사회 집단과의 차이점은 가족은 대면적 친밀성과 협동성이 강하다는 점 그리고 소득 단위인 동시에 소비 단위라는 점이다. 가족은 중요한 소비 주체이기 때문에 마케터에게 많은 시사점을 제공하고 있다. 본 절에서는 가족의 개념과 가족 형태, 가족의 기능, 가족 생활 주기, 가족 구매 의사 결정의 특성, 그리고 관광 행동 측면에서의 가족의 중요성을 학습한다.

1 가족의 개념

가족이란 혈연, 결혼, 또는 입양에 의해 맺어진 2인 이상의 집단을 말한다. 가족은 구성원들의 생리적, 정신적, 경제적, 사회적 제 욕구를 충족시키기 위해 형성된 것으로서 한 개인이 소속된 최초의 일차적 집단이다. 또한, 인간 사회의 어디서나 발견할 수 있는 가장 기본적인 사회 단위이자 소비자 행동에 있어서 중요한 영향을 미치는 낲은 사회 집단 중의 하나이다.

가족은 핵가족과 대가족으로 구분된다. 핵가족은 부부와 그들의 미혼자녀로 구성된 최소의 가족 단위를 말하며, 핵가족에서 성장한 자녀들이 결혼하여 분가하면 그 자녀는 각각 독립된 새로운 또 하나의 핵가족을 형성하게 된다. 개별 가족, 단순 가족, 요소 가족, 부부 가족이라 표현하기도 한다.

핵가족에다 조부모, 삼촌, 숙모, 사촌 또는 인척을 포함하는 비교적 대규모의 식구를 대가족이라고 한다. 대가족은 결혼한 신랑, 신부가 어디에 거주하는가에 따라 부처 확대 가족, 모처 확대 가족, 양처 확대 가족, 외숙처 확대 가족의 네 가지 형태로 분류*할 수 있다.

> * • 부처 확대 가족 : 결혼한 신랑, 신부가 시가에 거주하는 형태
> • 모처 확대 가족 : 결혼한 신랑, 신부가 신부집에서 거주하는 형태
> • 양처 확대 가족 : 결혼한 신랑, 신부가 시가와 신부집 어느 쪽이든지 선택하여 거주하는 형태
> • 외숙처 확대 가족 : 신랑의 외삼촌 집에서 거주하는 모계 사회의 거주 형태

2 가족의 기능

과거의 가족은 생산, 소비, 교육을 비롯하여 아주 포괄적인 기능을 수행해 왔다. 오늘날에는 이러한 많은 가족 기능을 다른 기관들이 대행해 주고 있기 때문에 가족이 아니면 수행할 수 없는 본질적 기능만을 주로 수행하고 있다. 따라서 가족 성원의 역할도 변할 수밖에 없다. 전통적인 가족 기능을 살펴보면 〈그림 12-3〉과 같다.

1) 성(性)과 자녀 출산 기능

가족은 남녀의 사랑을 기초로 하여 이룩되므로 가족 구성의 중심이 되는 부부

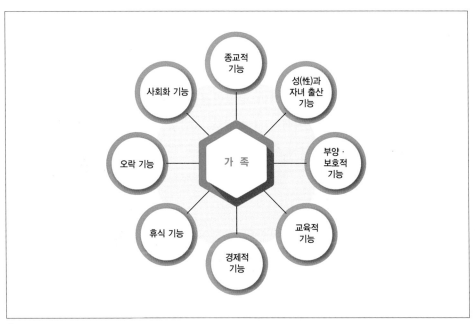

🧭 그림 12-3_ 가족의 기능

간의 성적性的 욕구를 충족시키는 기능을 한다. 그리고 부부 간 성생활의 결과로 자녀를 출산하는 생식의 기능은 사회의 다른 집단에서 대신할 수 없는 가족만의 고유한 기능이며 가장 중요한 기능이다.

2) 부양·보호적 기능

부모는 어린 자식을 양육하고 자식은 노부모를 부양한다. 이러한 부양·보호의 관계는 권리·의무의 관계 이전에 인간 본연의 사랑에서 우러나오는 자연적인 현상이다. 가족 중 환자, 실업자, 노령자 등의 보호는 보호적 기능의 대표적 예로 들 수 있다. 오늘날에는 가족의 부양·보호적 기능은 사회와 국가가 많은 책임을 지고 있다.

3) 교육적 기능

가족은 구성원들에게 지식, 기술, 가치, 믿음 등을 전달하는 교육의 중심 장소이다. 부모는 자녀들에게 학습 의욕을 높이고, 미래 진로와 목표를 설정하는 데 도움을 주는 기능을 한다.

4) 경제적 기능

가족의 경제적 기능은 생산적 기능과 소비적 기능의 양면을 모두 포함한다. 가족 생활은 재산의 공동 생산과 공동 소비의 성격을 띠고 있다. 과거에는 가족에서 남자는 생계를 위한 생산에 종사하여 수입면을 담당하고 여자는 자녀를 낳아 기르고 의·식·주 생활면을 관리하는 소비면을 담당하였다. 오늘날에는 맞벌이 가족이 많아 부부가 동시에 생산과 소비의 역할을 수행하고 있다.

5) 휴식 기능

가족은 가족 구성원에 대하여 심신의 긴장이나 피로를 회복시켜 주는 휴식의 기능을 갖는다. 가족 구성원들은 적극적 상호 작용을 통해 각종 스트레스로 지친 몸과 마음에 에너지를 공급하여 긴장을 해소시키고 활기찬 노동력을 재생산하는 데 중요한 역할을 한다. 오늘날 증가하는 직장 스트레스는 가족의 휴식 기능의 중요성을 더욱 부각시키고 있다.

6) 오락 기능

가족은 구성원들이 함께 즐기는 여가 생활을 통해 오락 기능을 수행한다. 가족끼리 옹기종기 모여서 즐기는 윷놀이와 같은 오락은 가족의 결속력과 생활의 활력을 제공하기 때문에 그 의의가 크다. 가족 오락은 가족 개개인에게 도움이 될 뿐 아니라 건전한 사회를 이룩하는 데도 필요하다.

7) 사회화 기능

자녀가 가족 내에서 성장하면서 사회인이 되어 사회에서 잘 적응할 수 있는 성인으로 성장하도록 돕는 기능을 가족의 사회화 기능이라 한다Wikie, 1986. 즉, 가족은 자녀들이 사회 생활을 원만하게 해나갈 수 있도록 사회의 가치와 규범을 가르치는 기능을 수행한다. 어린이는 성장하면서 소비와 관련된 것을 부모나 다른 사람으로부터 은연중에 보고 배우게 된다. 가족은 이러한 기능을 통하여 자녀들이 사회의 전통과 문화의 계승에 이바지하도록 한다.유영주 외, 2008

8) 종교적 기능

가족의 종교적 기능은 기본적인 종교적 의례나 형식뿐만 아니라 하루하루 생활하는 데 감사하고 삶의 진리를 깨달으며 인간 능력의 한계를 인정하는 생활의 태도를 가지도록 하는 기능을 포함한다. 조상님에 대한 차례나 숭배 등도 종교적 기능인데, 가령 명절날 친척끼리 모여 차례를 지내는 것도 종교적 기능의 하나이다.

3 소비 행동 측면에서 가족의 중요성

가족이 소비 행동 측면에서 중요한 이유는 다양한 측면에서 접근이 가능하다. 그 이유는 의사 결정의 주체가 다양하고 또한 가족 구성원의 역할이 다르기 때문일 것이다. 몇 가지를 설명하면 다음과 같다.

첫째, 자동차, 주택, 가전 제품, 여행 등 가족 단위에서 구매하거나 사용되는 제품이나 서비스가 많기 때문이다. 주5일제 근무로 인해 가족 중심의 비즈니스와 문화가 자리 잡고 있다. 이러한 분위기는 리조트나 스키장이 가족 중심으로 탈바꿈하고 있는 데서도 알 수 있다.

둘째, 관혼 상제와 같은 가족 단위의 의례 행사가 반복적으로 발생하므로 의례 용품 시장의 규모가 상당히 커 기업에 있어서는 중요한 시장 기회가 되기 때문이다. 연간 혼수 용품 시장의 규모는 약 10조 원대에 이른다고 한다.

셋째, 가족 단위의 소비 용품이 아닌 개인을 위한 제품이라도 구매 행동에 가족의 영향이 미치기 때문이다. 특히, 어린이를 위한 장난감 시장이나 학습지 시장은 부모의 의사 결정이 매우 중요하다. 최근 호텔 산업에서 골드 키즈gold kids의 영향으로 고가의 키즈 캠핑 매출이 증가하고 있다. 야외 캠핑장을 운영하고 있는 제주 신라 호텔이나 롯데 호텔 제주와 같은 특급 호텔에 어린 자녀가 있는 가족 단위 고객들이 '글램핑화려하고 럭셔리한 캠핑을 즐기는 이들'을 즐기러 오는 경우가 크게 증가하고 있다.

마지막으로, 가족의 생활 주기에 따라 소비 생활이 달라질 수 있기 때문이다. 신혼 부부 단계에서 어린 자녀를 둔 보금자리 1기로 이행되면 유아 용품이나 교육 용품이 구매 품목에 추가된다.

4 가족 생활 주기

가족 생활 주기는 결혼에 의한 가족 형성부터 이혼이나 사별로 인한 가족 해체까지 가족의 전 생애 과정으로서 세대별 및 세대 내에서 자녀 여부, 자녀 연령, 학력, 자녀 출산, 자녀 결혼 등을 기준으로 구분한다. 최근 초혼 연령의 상승과 미혼율의 증가 등으로 인한 출산력 저하와 평균 수명의 연장 및 고령화 등으로 가족 생활 주기에 많은 변화가 나타나고 있다. 여기에서는 가족 생활 주기 개념, 주기별 특성, 그리고 가족 생활 주기와 관광 행동에 대해 이해하고자 한다.

1) 가족 생활 주기의 개념

가족 생활 주기Family life cycle란 독신기로부터 출발하여 결혼, 자녀 출산, 성장한 자녀의 결혼, 그리고 부부 중 한 사람이 사망하는 단계에 이르기까지 가족 구성의 단계적 변화 과정을 말한다. 가족 생활 주기를 적응화 과정으로 설명하는 학자도 있다Cohen, 1981. 결혼 초 신혼 가족은 자녀 양육, 주택, 가구, 차량 등의 주요 구매 행동에 관한 장기 계획을 수립하며 장년기로 접어들수록 각자의 제품 선호도 등에 있어 전문화 내지 일치되는 경향이 생겨 가족 구성원에게 의사 결정이 위임되는데 이러한 과정이 바로 적응화 과정이다.

가족 생활 주기 개념이 마케팅 분야에서 관심을 얻고 있는 주된 이유는 생활 주기 변수가 인구 통계 변수에 비해 훨씬 명확하게 소비자 행동 특성을 설명해 주기 때문이다. 즉, 가족 생활 주기 변수는 동일한 연령이나 비슷한 소득 수준의 소비자라 하더라도 결혼 여부나 자녀 수의 차이 등으로 인해 소비 행동이 다를 수 있다는 점이다.

2) 가족 생활 주기별 특징

가족의 생활 주기는 외국 학자들에 의해서 다양하게 구분되어 왔다. 특히, 1960년 이후에 가족 생활 주기의 연구는 광범위해졌는데, 대표적으로 Wells와 Gubar 등이 있다.

Wells와 Gubar는 가족 생활 주기를 9단계로 분류하였다표 12-4 참조. 이 분류는 자녀 없는 부부만의 단계, 자녀를 출산하고 이들을 양육시키기 위해 재정적 어려움이 증대되는 단계, 자녀가 독립하거나 자녀의 생계 보조 역할로 인해 재정적 문

표 12-4_ 가족 생활 주기별 소비 및 행동 패턴

가족 생활 주기	소비 및 행동 패턴
1. 대학생 단계: 부모님 집에 거주하지 않는 젊은 단독 가구	• 적은 재정적 부담, 패션리더, 레크리에이션 지향적 • 기본적인 부엌 장비, 가구, 차 구입
2. 신혼부부 단계: 젊고 자녀가 없는 가구	• 자산 및 소득과 소비 동시 증가
3. 자녀 양육기(Full nest) Ⅰ단계: 6세 이하 자녀	• 주택 구입 시기, 금융 자산 적음 • 가구의 재정적 부담 증가
4. 자녀 양육기(Full nest) Ⅱ단계: 6~14세 자녀	• 가구의 재정적 부담 점차 완화 • 맞벌이 가구 증가 • 광고를 통한 구매 의도 감소
5. 자녀 양육기(Full nest) Ⅲ단계: 15세 이상 자녀	• 맞벌이 가구 증가 및 재정 상황 호전 • 새로운 제품에 대한 구매 욕구 증가
6. 노인 가구(Empty Nest) Ⅰ단계: 자녀의 출가로 인해 노인 부부만 거주, 직장에서 높은 지위	• 자가 주택 소유 정점 • 재정적 상황이나 저축 상황에 만족 • 자기개발, 기부 및 선행 활동, 고가 제품 구입
7. 노인 가구(Empty Nest) Ⅱ단계: 자녀의 출가로 인해 노인 부부만 거주, 직장 은퇴	• 수입이 급감하지만 주택 소유 중
8. 직장 있는 황혼(Solitary survivor Ⅰ) 단계: 사별 가구, 직장 근무	• 현재 소득은 괜찮으나 주택을 판매할 의사 존재
9. 은퇴한 황혼(Solitary survivor Ⅱ): 사별 가구, 직장 은퇴	• 다른 은퇴 그룹처럼 같은 의약 및 요양 청구

출처 : Wells, W. D. & Gubar, G.(1966). The life cycle concept. Journal of Marketing Research, 2, 355-363.
(권치홍 외, 2015. 재인용)

제가 거의 없는 단계, 마지막으로 수입원이 없어 재정적 곤란이 다시 문제가 되는 노년기 단계로 구분하고 있다. 이러한 분류 방법은 최근의 가족 특징인 이혼율 증가, 출생률 감소, 노인 인구와 독신자 증가 등에 비추어 볼 때 현실과 맞지 않은 측면이 있다.

오늘날 다양한 가족의 형태가 출현하고 있다. 따라서 〈그림 12-4〉와 같이 보다 현대적인 가족 생활 주기가 개발되었다. 현대 가족 생활 주기는 젊은 독신으로부터 노년기 독신까지 7단계로 나누어지며 단계에 따라 가족의 재순환 과정을 포함하고 있다. 늦은 결혼과 독신, 동거, 맞벌이 부부, 이혼, 적은 수의 자녀 등으로 인해 가족의 구조가 변하고 그로 인해 가족 생활 주기도 변하고 있다. 따라서 현대적 가족 생활 주기는 이혼을 한 가족과 자녀가 없는 부부를 특별히 고려하여 개발된 것이라 볼 수 있다.

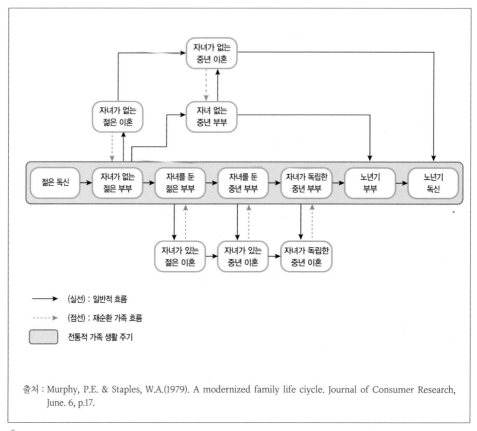

출처 : Murphy, P.E. & Staples, W.A.(1979). A modernized family life ciycle. Journal of Consumer Research, June. 6, p.17.

🧭 그림 12-4_ 현대적 가족 생활 주기

　우리나라의 경우에는 대가족 제도, 남아 선호, 자녀 과잉 보호, 자녀-부모 간의 경제적 관계 등 서구의 가족 특성과 많은 차이점이 있기 때문에 서구의 가족 생활 주기 모델을 그대로 적용하기에는 문제점이 있다. 우리나라의 가족 생활 주기에 대한 연구는 해외 연구자들의 연구 결과를 수정하여 주로 사용하고 있다. 예를 들어, 유영주[1984]는 듀발과 밀러의 8단계 유형을 우리나라 가족 생활 주기에 적절하게 수정하여 첫 자녀를 기준으로 6단계 유형으로 제시하였다. 즉, 가족 형성기, 자녀 출산 및 양육기, 자녀 교육기, 자녀 성인기, 자녀 결혼기, 노년기 등으로 분류하였다. 또한, 세계보건기구[WHO]의 가족 주기 모형을 적용하여 우리나라 가족 주기를 가족 형성기[결혼~ 첫째 출생], 가족 확대기[첫째 출생~ 막내 출생], 가족 확대 완료기[막내 출산~ 자녀의 첫 번째 결혼], 가족 축소기[자녀의 첫 번째 결혼 ~ 모든 자녀 결혼 완료], 가족 축소 완료기[노부부만 남는 빈둥지 시기], 가족 해체기[배우자 사망 이후 혼자서 살아가는 시기] 등 6단계로 구분하는 경우도 있다.[김승권 외, 2000]

3) 가족 생활 주기와 관광 행동

가족 생활 주기는 관광 관련 활동과 밀접한 연관성이 있는 것으로 입증되고 있다. 가족 여가 활동은 가족 생활 주기의 각 단계에 따라 여가 활동의 유형, 참여도, 시간 사용의 양 등에 차이가 있는 것으로 알려져 있다. 가족 생활 주기에 따른 가족 여가 스포츠 참여 동기의 차이를 살펴본 연구에 따르면, 노년기에서 신체적 동기, 정서적 동기, 사회적 동기가 가장 높게 나타났다이수연, 2014. 가족 외식 행동의 차이에 관한 연구에서는가족 1~4단계로 구분 전화 배달 서비스나 레스토랑 방문 식사는 2단계초등생 자녀가 있는 가족의 가족이 가장 빈번히 이용했지만 4단계의 가족자녀 없는 시니어 가족은 거의 사용하지 않았다유정림 & 박동연, 2002. 그리고 각 가족 생활 주기 단계별로 가장 자주 이용하는 메뉴는 치킨으로 나타났다. 농어촌 민박에 있어 가족 생활 주기가 다음 단계로 넘어갈수록 친절성, 청결성과 같은 환대 시설로서의 속성을 보다 중시하는 경향에서 체험, 직판, 식사 등의 부대 서비스의 중요성도 함께 고려하는 경향으로 변화하는 것으로 나타났다.송완구, 2020

뉴질랜드를 찾은 외국인을 대상으로 가족 생애 주기에 따른 관광 지출의 패턴과 휴가 여행의 종류를 분석한 연구에 따르면, 가장 많이 지출하는 사람들은 독신자와 노인 가구 Ⅰ단계였다표 13-1 참조. 쇼핑 지출의 경우에는 의외로 은퇴 후 독신이 된 사람들이 가장 지출을 많이 하는 것으로 나타났다Lawson, 1991. 미혼의 독신자는 활동적이고 장기간 여행을 선호하는 것으로 나타났다. 자녀 양육기 Ⅰ단계와 Ⅱ단계에 해당하는 사람들은 거의 모든 관광 활동에 관심을 보이지 않았으나 자녀 양육기 Ⅲ단계에 접어들면서 서서히 다양한 관광 활동이나 스포츠에 대한 관심을 보이기 시작하였다. 노인 가구 Ⅰ단계에 속해 있는 사람들은 여행 기간은 짧지만 여행 빈도는 높고 관광지에서의 지출을 많이 하는 편이었다. 노인 가구 Ⅱ단계는 신체적 문제로 육체적 부담이 많은 래프팅이나 모터 보트 등은 회피하는 대신에 시간적 제약이 감소함에 따라 여행 기간도 늘어나고 방문 장소도 많이 증가하였다.

5 가족 구매 의사 결정

가족 구매 의사 결정은 개별 소비자의 구매 결정과는 그 방법이나 절차면에 있어서 차이점이 있다. 그러므로 가족 구매 행동을 이해하기 위해서는 무엇보다도

가족 구성원 가운데 누가 구매 결정에 실제로 참여하고 구매 결정 과정에서 어떤 역할을 수행하는지 살펴보아야 한다. 여기서는 가족 구매 의사 결정 모델, 가족 구매 의사 결정에서의 가족 구성원의 역할, 가족 구매 의사 결정 유형, 그리고 가족 구매 의사 결정과 관광 행동에 대해 학습한다.

1) 가족 구매 의사 결정 모델

가족 구매 의사 결정은 가족의 욕구 충족을 극대화하는 의사 결정을 하기 때문에 개인의 의사 결정과는 다르다. 또한, 가족 집단을 분석 단위로 하며 구매 의사 결정 역할을 두 사람 이상에게 위임할 필요성을 갖기 때문에 개인의 구매 의사 결정보다는 더욱 복잡하다. 여기서는 대표적인 Assael 모델을 살펴본다.

Assael의 가족 구매 의사 결정 모델은 가족 구성원의 심리적 요소를 중심으로 Sheth 등의 연구를 발전시킨 것이다그림 12-5 참조. 이 그림에서 가족 구매 의사 결정은 개인의 구매 의사 결정과 세 가지 점에서 차이가 있다.

첫째, 개인적 구매 의사 결정에서와는 달리 의사 결정의 전 과정이 개별 소비자 한 사람에 의해 처리되지 않고 여러 가족 구성원들에 의해 분담 또는 공동으로 처리된다는 점이다. 둘째, 가족 구성원 사이에 역할 분담이 이루어진다는 점이다. 제

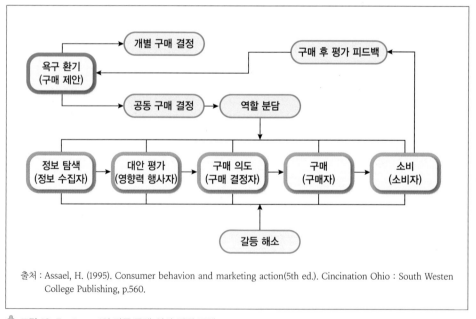

출처 : Assael, H. (1995). Consumer behavior and marketing action(5th ed.). Cincination Ohio : South Westen College Publishing, p.560.

🧭 그림 12-5_ Assael의 가족 구매 의사 결정 모델

품이 가족 구성원들에 의해 공동으로 사용되는 경우는 제품 구매에 따르는 지각된 위험이 크고 중요한 제품을 구매하는 경우에는 다른 구성원들과 공동으로 구매 결정을 하게 된다. 이런 경우에도 가족 구성원은 서로 역할 분담을 하게 된다. 마지막으로, 이러한 역할 분담 등으로 갈등이 발생할 수 있어 갈등 해소를 위한 노력(㉑ 설득, 협상, 흥정)이 필요하다는 점을 강조하고 있다.

2) 가족 구성원의 역할

가족 구성원들은 구매 과정에서 각자의 역할을 수행한다. 상황에 따라 모든 역할이 가족 구성원 중 어느 한 사람에 의해 단독으로 수행되기도 하지만 대부분은 여러 구성원에 의해 분담되어 수행된다. Hawkins 등[2004]은 구매 과정에서 인식할 수 있는 역할들을 제안자, 정보 수집자, 영향자, 결정자, 구매자, 사용자 등 6가지로 분류하였다.[그림 12-6 참조]

제안자 (initators)	특정 제품의 필요성을 인식하고 구매의 필요성을 제안한 사람
정보 수집자 (information gather)	구매 결정에 필요한 정보를 수집하고 제공하는 사람
영향력 행사자 (influencer)	구매 결정 과정에서 직·간접으로 영향력을 행사하는 사람
의사 결정자 (decionmaker)	최종적으로 구매 결정을 하는 사람
구매자 (purchaser)	실제로 구매하는 사람
사용자 (user)	구매된 제품이나 서비스를 실제로 소비 또는 사용하는 사람

🧭 **그림 12-6_** 구매 의사 결정 과정에서의 가족 구성원 역할

3) 가족 구성원 간의 영향력 관계

가족 구매 의사 결정은 의사 결정에 있어서 누가 지배적인가에 초점을 두고 있다. 여기서 지배력이란 상대적으로 큰 영향력, 즉 다른 가족 구성원들보다 의사 결정에 더 많은 영향력을 행사하는 것으로 정의된다. 우리나라의 가족 구조는 가부장적 특성으로 인해 대부분 가장이 모든 문제에 있어 최종 결정권을 갖는 경우가 많다. 그러나 권력 구조에 많은 변화가 일어나면서 아내도 상당한 결정권을 가지고 있으며 자녀들도 자율적 결정을 할 수 있도록 자유 재량권을 많이 가지고 있다. 가족의 구매 의사 결정에는 부부 간의 권력 구조를 기준으로 〈그림 12-7〉과 같이 네 가지 유형으로 분류할 수 있다.

(1) 아내 주도적/지배적 결정

주로 아내에 의해 구매 의사 결정이 이루어지는 경우로서 가정 내에서 사용되는 제품에서 흔히 나타난다. 아내 주도적 의사 결정의 예는 가사나 자녀 양육에 필요한 용품, 아내 의류, 자녀 의류, 주방 용품, 식품 등에서 흔히 찾아 볼 수 있다.

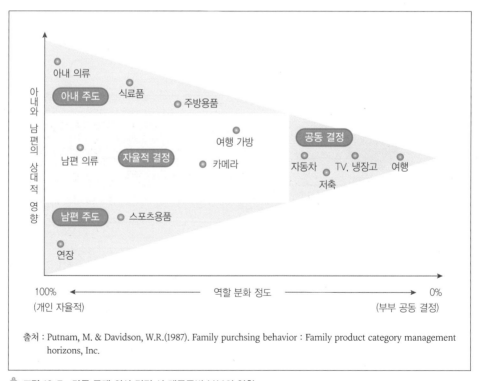

출처 : Putnam, M. & Davidson, W.R.(1987). Family purchsing behavior : Family product category management horizons, Inc.

그림 12-7_ 가족 구매 의사 결정 시 제품군별 부부의 역할

(2) 남편 주도적/지배적 결정

남편이 구매 의사 결정에 주도적인 영향력을 행사하여 최종적인 의사 결정을 한다. 자동차 수리, 연장 구입, 스포츠용품 구입, 생명 보험 가입 등에 대한 결정은 대체로 남편 주도형으로 이루어진다. 이러한 남편 주도적 의사 결정은 문화적 요인에 의해 나타나기도 한다. 예를 들어, 인도와 같은 나라에 있어서는 전통적으로 여성이 제품 구매나 상표 선택에 개입하는 것이 금지된다.

(3) 자율적 결정

남편과 아내 각자 독자적으로 행하는 경우로서 부부의 상대적 영향력이 비슷하게 미치는 여행 가방이나 카메라 등과 같은 제품과 일상적인 제품을 구매할 때 주로 발생한다. 이러한 자율적 의사 결정 배경에는 각자가 구매하려는 제품에 대한 구매 지식이 있다는 것을 반영한다.

(4) 공동 결정

배우자 각각이 동등한 영향력을 갖는 경우로서 주택, 의복, 자동차, 가구, 여행 등 주로 상품의 가격이 높거나 부부에게 큰 영향을 미치는 제품 구입에 있어서는 공동 의사 결정을 한다. 휴가를 갈 경우 휴가의 날짜나 경비, 휴가 기간, 숙박 비용 등은 남편이 주로 결정하고, 목적지나 숙박 시설의 결정은 가족 전체의 공동 의사 결정으로 이루어지는 경향이 높게 나타난다.Ritchie & Filiatrault, 1980

4) 가족 구매 의사 결정과 관광 행동

가족의 구성원이 구매 의사 결정 과정에서 서로 다른 역할을 수행하기 때문에 그리고 때로는 공동으로 역할을 수행하기 때문에 구매 결정에 어떻게 영향을 미치는지 이해하기가 쉽지 않다. 여기서는 남편과 아내의 영향과 자녀의 영향으로 나누어 설명하고자 한다.

(1) 남편과 아내의 영향

가족 여행의 의사 결정은 가족 구성원 간의 공동 의사 결정에 의해 결정된다고 볼 수 있다. 기존의 연구는 관광 행동을 공동 결정에 의한 행동보다는 개인 결정에 의한 행동으로 인식하여 왔다. 가족의 여행 의사 결정에 대한 초기 연구들에 따르면, 여행 정보 탐색은 주로 남성들에 의해 주로 이루어지는 것으로 나타났다 Jenkins, 1978. 하지만 이후의 연구에서 아내가 관광 목적지 선택과 정보 수집자녀가 있는 경우에서 그리고 남편은 재정 부분에서 깊이 관여하고 있음이 밝혀졌다 Zalatan, 1998. 한 국내 연구에서는 가족 여행 목적지 선택에 있어서 주부의 영향력이 지배적이었다. 권용주, 2001

그러나 대부분 가족 여행 의사 결정(예 정보 탐색, 예산, 관광시 선택, 숙박 기간)이 가족의 여러 구성원들에 의해 공동으로 이루어진다 Litvin, Xu, & Kang, 2004. 가족 여행은 심리적·경제적 위험을 많이 수반(예 많은 비용 지출)하며 매우 중요한 의사 결정이기 때문이다. 관광의 경우 전체 의사 결정 과정의 약 70% 가 남편과 아내가 공동으로 그리고 나머지 30% 정도는 남편 주도 혹은 아내 주도적으로 결정되는 것으로 나타났다. Nicolas & Snepenger, 1999

최근에는 요리, 세탁, 청소, 육아 등 전통적으로 여성의 역할로 간주되던 영역에 남편의 참여가 증대되고 있다. 이는 여성의 사회적, 경제적 능력의 향상에 따른 것으로 볼 수 있다. 이러한 현상은 가족 구조를 기본으로 한 해당 제품군에 대한 표적 시장과 메시지 유형의 변화가 필요하다는 사실을 암시하고 있다.

(2) 자녀의 영향

가족 의사 결정에 있어서 자녀가 최종 결정을 할 수 있는 수준은 아닐지라도 자녀의 영향력은 엄연히 존재한다. 일반적으로 아이들은 어른들보다 사회적 경험이 적기 때문에 가족 구매 의사 결정에는 큰 영향을 주지 못한다. 그러나 장난감, 옷, 시리얼, 학용품 등과 같은 아이들과 관련된 상품의 구매에 대해서는 부모보다 지식이 더 많기 때문에 비록 그 의사 결정이 가족에 의해 이루어진다 하더라도 다른 상품보다 아이들의 영향력이 상대적으로 더 크게 나타난다. Lee & Beatty, 2002

관광 분야에서 가족 의사 결정에 관한 연구가 미흡하지만 어린이들의 역할에 대해서는 많은 관심을 가져왔다. 자녀들은 가족이 특정 여행지를 방문하려 할 때 촉매 역할 내지는 거부권을 행사하기도 하며 Ryan, 1992 부모와 교섭을 통하여 그들의 욕구를 달성하고자 함으로써 가족 행동에 영향을 미치기도 한다 Thornton 외, 1997. 어린이가 선호하는 패스트푸드 레스토랑이나 패밀리 레스토랑일 경우 정보 탐색에 있어 자녀의 역할이 크게 나타난다 박진영, 1997. 공공 레크리에이션 서비스 구매의 경우 어머니의 역할은 정보 검색 단계와 최종 결정 단계에서는 우세하였지만 최종 결정은 어머니와 자녀가 공동으로 하는 것으로 나타났다.Howard & Madrigal, 1990

　마케터들은 어린이의 역할에 대해 많은 주의를 기울이고 있다. 그 이유로 어린이 시장의 규모가 급속히 성장하고 있고, 가족의 구매 의사 결정에 중요한 영향을 미치며, 그리고 현재 어린이의 소비 행동은 미래 성인이 되었을 때 자화상이 되기 때문이다. 어린이들은 대부분의 제품을 직접 획득할 수 없고 구매 대리인인 부모를 통해 얻는다. 이때 부모의 의사 결정에 어린이가 행사할 수 있는 영향력의 크기는 두 가지의 기본적인 요인, 즉 어린이의 자기 주장과 부모의 자녀 중심적인 정도에 달려 있다.

제3절 ｜ 준거 집단 및 가족과 마케팅 전략

　구매 의사 결정 과정에 영향을 미치는 외부 요인 중 준거 집단과 가족에 대해 살펴보았다. 이들 요인이 소비자의 구매 의사 결정 과정에 중요한 역할을 함에 따라 마케터들은 효과적인 마케팅 전략을 수립하기 위해 많은 노력을 기울이고 있다. 본 절에서는 준거 집단과 가족을 활용한 마케팅 전략을 살펴보고자 한다.

1 준거 집단과 마케팅 전략

　소비자는 자신이 필요로 하는 제품 구매를 위해 다양한 정보를 수집하고, 가격이나 품질 등의 요인들을 고려해 구매 의사 결정을 내리게 된다. 소비자는 가족 구성원이나 친구, 유명 인사, 영업 사원 등 다양한 유형의 집단을 통해 직간접적인 영향을 받는데, 이때 영향을 주는 집단을 준거 집단이라고 한다. 앞서 설명한 바와 같이 준거 집단은 개인의 행동이나 태도에 막대한 영향을 미친다. 따라서 마케터는 준거 집단을 활용한 다양한 마케팅 활동을 전개하고 있다. 대표적으로 전문가 활용 마케팅, 소비자 증언 광고, 브랜드 커뮤니티 마케팅, 인플루언서 마케팅, 그리고 멤버십 마케팅에 대해 살펴본다.

1) 전문가 활용

준거 집단의 전문성은 소비자의 제품 구매에 영향을 미치는 중요한 요인의 하나이며 유명 인사의 전문성과 진실성에 의해 결정된다. 유명인이 등장하는 제품 광고가 그렇지 않은 광고보다 호의적으로 평가되는 경향이 있는데, 이러한 현상은 청소년층을 주요 고객으로 하는 제품의 광고에서 두드러진다. 한 사례로, 한국 야쿠르트는 유산균 분야의 저명한 과학자인 배리마셜 박사를 '헬리코박터 프로젝트 윌'이라는 위 건강 음료 광고 모델로 발탁하여 큰 성공을 거두었다.마셜박사는 2005년 노벨 의학상 수상

2) 소비자 증언 광고

증언testimonial 광고란 브랜드나 제품에 대해 전하고 싶은 얘기를 소비자의 입을 빌려 증언하듯 전달하는 광고 기법을 말한다. 왜 광고에 증언이 필요할까? 내가 직접 경험해 보지는 못했지만 나보다 먼저 경험해 본 사람의 얘기를 통해 제품에 대한 판단을 내릴 수 있도록 해 주기 때문이다.

가정 주부 또는 일반 소비자가 일상 생활에서 발생되는 문제점을 광고하고 그 제품을 사용하여 문제점을 해결하는 방법을 보여줌으로써 증언 형태의 광고가 효

▲ 헬리코박터 프로젝트 윌 광고 모델인 배리 마셜 박사

▲ 헬리코박터 프로젝트 윌

출처 : https://www.google.co.kr/

🧭 그림 12-8_ 전문가를 활용한 광고의 예

청정원의 천연 조미료 맛선생 광고는 주부가 직접
맛선생을 써 본 경험을 얘기한다. 주부가 "좀 비싸
다고 생각했는데 가족이 매일 먹는 것이라 생각하면
아깝지 않다"고 전한다.

출처 : 중앙일보(2010.3.9.)

실제 워킹 마니아인 모델 이선진 씨를 발탁. 이 씨는
처음에 러닝화를 신었다가 워킹화로 바꿔신고 훨씬
편안하고 가볍게 걷는다. "당신에게 워킹은 완벽한
스포츠입니다. 그런데 왜, 러닝화를 신고 걸으시죠?"
라며 워킹화와 러닝화를 구분해야 한다고 조곤조곤
설명한다.

출처 : 한국경제신문(2009.10.10.)

🧭 **그림 12-9_** 소비자 증언 광고 사례

력을 발휘할 수 있다. 이러한 증언 광고는 광고 모델과 소비자를 같은 입장에 서
게 함으로써 소비자가 "나도 모델로 참여할 수 있겠다"라는 기대를 할 수 있도록
해야 한다.

3) 브랜드 커뮤니티 마케팅

브랜드 커뮤니티는 소비자의 성향과 욕구를 파악하는 정보의 원천이 되므로 기
업은 적은 비용으로 고객과 장기적인 관계를 유지할 수 있다. 뿐만 아니라 브랜드
커뮤니티는 브랜드에 대한 태도, 충성도, 연대감 형성 등에 긍정적인 영향을 미치
므로 결과적으로 강력한 브랜드 자산을 구축하게 하는 영향 요인이 된다성영신·임성
호, 2000; 이문규 외, 2004. 〈사례 12-1〉은 기업이 고객과의 원활한 소통을 위해 공식 커
뮤니티를 성공적으로 운영하는 유아복, 외식, 그리고 유통업체 사례이다.

하지만, 브랜드 커뮤니티는 때때로 위협 요인이 되기도 한다. 이는 회원들 간의 커뮤니케이션을 통해 부정적인 정보를 공유하면서 개인으로서는 거의 행사할 수 없었던 파워를 지니게 되기 때문이다. 강력한 브랜드 커뮤니티가 특정한 마케팅 활동이나 브랜드의 변화에 대해 저항을 하거나 거부하게 되면 이는 기업의 입장에서는 큰 위협으로 작용할 수도 있다.Muniz & O'guinn, 2001

 사례 12-1

마니아 브랜드, 홈페이지보다 '커뮤니티'가 대세

주부들 입소문의 근원지 '인터넷 커뮤니티'로 기업 마케팅 집중

주부들에게 소통이 가능한 커뮤니티가 새로운 마케팅 수단으로 각광받고 있다. 소비재 관련 기업들이 인터넷 공식 커뮤니티를 통한 주부들과의 소통의 장을 늘려가고 있기 때문이다. 브랜드 홈페이지에서는 딱딱한 제품 정보만 얻을 수 있는 데 반해, 커뮤니티에서는 제품을 사용하는 유저 간의 교류가 가능하고 기업과의 양방향 소통이 가능해 소비자들의 호응이 높다. 이 같은 추세에 힘입어 홈페이지보다 공식 커뮤니티에 홍보 중점을 두는 기업들의 행보가 두드러지고 있다.

기업은 공식 커뮤니티에서 다양한 콘텐츠로 살림의 실질적인 구매자인 주부들의 입맛에 맞춘 정보와 이벤트를 제공한다. 또한 실속 있는 이벤트로 브랜드 이미지 상승을 유도하기도 한다.

공식 브랜드 커뮤니티 운영은 주부들에게 브랜드에 대한 친근함을 늘리고, 회원들의 의견을 제품 개발에도 반영시킬 수 있기 때문에 이러한 추세는 더욱 늘어날 전망이다.

커뮤니티 회원들에게 각종 정보와 혜택을 제공하고 있는 브랜드의 공식 커뮤니티들을 소개한다.

오픈부터 풍성－알퐁소 공식 카페 론칭

유아동 전문 기업 ㈜제로투세븐의 의류 브랜드 '알퐁소'는 최근 공식 카페 '알퐁홀릭'을 개설했다. 0~5세 아이를 위한 캐주얼 브랜드 '알퐁소'는 8월 27일 공식 카페를 론칭하고 이에 발맞춰 '알퐁소'는 8월 29일부터 한 달간 카페 오픈 이벤트로 '알퐁소' 캐릭터에 대한 느낌을 적는 '알퐁소의 첫인상을 말해주세요'.

친구에게 카페 가입을 추천하거나 타 커뮤니티 및 블로그에 알퐁홀릭을 홍보하는 '알퐁소 카페를 친구에게 추천하면 선물이 팡팡', '알퐁홀릭 카페 소문내기 이벤트' 등 다양한 행사를 진행하며, 참여자 중 당첨된 회원에게는 궁중비책 효72 로션 세트와 매일아이 포인트 등 풍성한 상품을 증정한다. 또한 '알퐁소'는 추후 카페를 통해 '알퐁소 체험단 모집' 등 다양한 온라인 이벤트를 실시할 예정이다.

'알폰소'를 담당하는 제로투세븐 김소영 비주얼마케팅팀 대리는 "이미 자매 브랜드 '알로앤루'의 '아이러브 알앤루'와 포래즈의 '포래지안' 공식 카페가 알찬 정보로 엄마들 사이에서 인기 커뮤니티로 자리 잡고 있어 출발이 순조롭다"며 "콘텐츠 개발을 통해 더욱 친근한 이미지를 구축하겠다"라고 밝혔다.

만든 요리 자랑하고 레시피 공유까지 – 르쿠르제 공식 카페

프랑스 주방용품 브랜드 르쿠루제 코리아의 공식 카페는 주부들의 인기에 힘입어 '2011 네이버 대표 카페'에 선정된 대표적인 브랜드 커뮤니티다. 르쿠르제는 '음식과 요리는 단순한 쿠킹이 아닌 문화와 사람이 함께하는 라이프'라는 취지로 공식 카페를 통해 회원들의 노하우를 공유하는 사이버 공간으로 활용하고 있다.

출처 : 뷰티한국(2012. 8. 30.)

르쿠르제 카페에는 본사에서 제공하는 동영상 레시피 게시판과 회원들이 참여하는 레시피 게시판이 운영되며 오프라인 쿠킹클래스와 할인 행사 정보를 제공하고 있다. 또한 벼룩시장 코너를 통해 가지고 있는 르쿠르제 제품을 회원 간에 매매할 수 있는 공간을 만들어 인기를 끌고 있다.

다양한 오프라인 정보 전달–현대백화점 아이클럽

백화점에서도 주부들을 잡기 위한 커뮤니티를 개설하고 있다. 현대백화점은 '아이클럽(i-club) 카페'를 운영하여 기업에 대한 호감도를 높이고 있다.

아이클럽 카페는 0~12세의 자녀를 둔 백화점 고객을 대상으로 육아, 건강, 교육 문화 등의 정보와 혜택을 제공하고 있다.

특히 연령대별로 주제를 달리하여 출산 전 '프리맘 클래스', 출산 후 '스마트맘 클래스'를 별도 개최하고, 백화점에서 진행하는 온·오프라인 행사에 대한 정보를 신속하게 제공하여 카페 가입자를 늘리고 있다. 백화점 각 지점에서 개최되는 유·무료 체험전도 아이클럽 회원들에게는 할인 혜택이 부여된다.

현대백화점은 아이클럽을 통해 고객이 직접 작성한 현대백화점의 서비스와 상품에 대한 개선 사항을 실질적인 운영 방침과 행사 기획 등에 반영하고 있다.

4) 인플루언서 마케팅

준거 집단이란 개인의 판단이나 행동에 기준이 되는 집단이다. 일반적인 사람들의 준거 집단은 가족, 친구, 유명인, 회사나 군대 동료, 동창회, 동호회 등을 포함한다. SNS에서 쇼핑할 때 소비자들의 준거 집단은 인플루언서라고 볼 수 있다.

SNS상에서 일반 대중들에게 영향력을 미치는 인플루언서영향력 있는 개인, 즉 입소문을 낼 수 있는 사람를 활용한 기법이 인플루언서 마케팅이다KB 지식 비타민, 2018.

　최근 몇 년 동안 여행업계 마케팅은 블로그에서 인플루언서로 확대되어 왔다. 여행사들은 인기 유튜버와 동행하는 여행 상품을 만들어 판매하기도 하고 인플루언서 개인 계정에 여행 상품 홍보물을 게재하기도 한다. 인플루언서는 제품에 대한 상세한 설명, 솔직한 사용 경험, 재미있는 멘트, 전문 지식 등을 소유하고 있어 시 충성도가 높은 팔로워 및 구독자에게 외식 및 관광 서비스에 대한 구매 결정에 큰 영향을 미친다사례 12-2 참조.

사례 12-2

인플루엔자보다 강한 영향력 '인플루언서'

1인 미디어 발달로 개인의 영향력 증가

인플루언서가 갖는 상업성엔 문제점도 존재 싸이월드 시절에 유명인의 미니홈피를 들어가본 기억이 있는가. 좋아하는 배우나 연예인의 미니홈피 BGM을 듣고, 대문사진을 구경하는 건 꽤 흥미 있는 일이었을 것이다. 하지만 그들과 '친구'를 맺는 건 거의 불가능했기 때문에 그들이 보여주고 싶은 만큼의 삶만 구경하고 동경하는 게 일반인에게 허락된 전부였다.

　시대가 변하면서 SNS 풍경도 바뀌었다. 이제 사람들은 연예인뿐 아니라 SNS에서 '핫한' 사람, '셀럽'들의 일상을 시시각각 확인하고 댓글이나 라이브 방송 채팅으로 그들과 소통한다. 그 중심엔 지금 '인플루언서'가 있다.

　1인 미디어 발달로 등장한 영향력 있는 개인
영향력을 뜻하는 '인플루언스(influence)'

에서 파생된 인플루언서(influencer)는 영향력 있는 개인이란 의미다. 주로 인스타그램, 페이스북, 유튜브 등에서 수많은 팔로워를 거느린 연예인, 셀럽, 소셜 스타를 지칭한다. 유튜브, 아프리카TV 등에서 직접 창작한 콘텐츠로 시청자와 소통하는 유명 '크리에이터(creator)'들 역시 인플루언서에 속한다.

　인플루언서는 팔로워의 수에 따라 구분되기도 한다. 팔로워 수가 500명~1만 명 사이면 '마이크로(혹은 나노) 인플루언서', 1만~100만 명은 '매크로 인플루언서'이고 팔로워가 100만 명 이상일 경우는 '메가 인플루언서'이다. 참고로 160만 명의 팔로워를 보유한 뷰티 인플루언서 이사배는 월수입이 5000만 원 이상, 연봉은 6억에 달한다.

　인플루언서의 부상은 1인 미디어의 발달과 관계가 깊다. 인터넷, 스마트폰의 발달로 개인이 스스로 콘텐츠를 생산하고 콘텐츠 소비자와 직접 소통하기가 쉬워졌기 때문이다. 이는 '씬님', '밴쯔', '대도서관' 같은 인기 크리에이터들을 등장시키고 더 나아가 대중에게 큰 영향력을 행사할 수 있는 인플루언서가 되도록 만들었다.

기존 마케팅 공식을 깨는 인플루언서의 상업적 영향력

인플루언서가 가진 영향력은 상품을 홍보하고 판매하는 데 활용되기도 한다. '인플루언서 마케팅'이라고 불리는 이 전략은 인플루언서가 협찬이나 보상을 받은 브랜드의 상품을 홍보하는 방식으로 진행된다. 실제로 아모레퍼시픽에 속한 아리따움은 2017년 뷰티 인플루언서 '고밤비'와 협업 제품을 내놓아 출시 3분 만에 완판시켰고, 마몽드는 '홀리'와 협업을 하여 신제품 홍보 영상이 게시 2일 만에 10만 조회수를 기록하기도 했다.

한발 더 나아가 요즘은 SNS를 통해 직접 만들거나 구한 제품을 판매하는 인플루언서 '셀슈머(Cell-sumer)'와 이렇게 제품을 파는 채널 '셀 마켓(Cell Market)이 팔로워들에게 주목을 받고 있다. 기존 마켓의 이미지와는 전혀 다른 1인 마켓의 모습을 세포(cell)로 표현한 것이다. 실제로 셀슈머들은 제품을 포스팅하고, 댓글과 라이브 방송을 통해 소비자와 직접 소통하는 등 판매의 모든 절차를 혼자서 해결한다. 셀슈머들의 이런 노력은 제품의 판매량으로 보답 받는다. 일례로 인스타그램 인플루언서 '비글 부부'의 자체 뷰티 브랜드 '리바이포유'의 '스팀셀 에센스'는 출시 8시간 만에 완판되었다.

이처럼 인플루언서 마케팅과 셀 마켓이 효과를 볼 수 있는 이유로는 팔로워가 인플루언서의 행위에 친숙함을 느끼고 그것을 자연스러운 것으로 여겨 큰 거부감을 갖지 않는 데 있다. 또한 인스타그램의 주 사용 연령층인 10~20대에게 가장 인기 있는 콘텐츠가 패션, 뷰티 콘텐츠인 것도 한몫을 한 것으로 보인다. 무엇보다도 인플루언서의 영향을 매일 받는 수많은 고정 팔로워들의 존재는 인플루언서가 가진 가장 큰 힘이라고 볼 수 있다.

▲ 먹방 전문 인플루언서 '밴쯔'(사진=아프리카TV 화면 캡처)

상업성에 뒤따르는 문제점들 해결해야 영향력 유지 가능

　하지만 이런 인플루언서의 상업적 영향력에 대한 부정적인 시선도 존재한다. 인플루언서가 제품 사용 경험을 소개한다면서 실제로는 제품 홍보를 하는 행위나 광고주에게 협찬 받은 제품을 본인 돈으로 직접 구매해서 체험했다며 후기를 올리는 경우가 그 원인에 속한다. 인플루언서를 믿고 그의 제품을 구매·사용했다가 피해를 봤는데 제대로 된 피해 보상을 받지 못하는 사례 등도 팔로워가 인플루언서를 곱게 보지 못하게 만든다. 또한 인플루언서의 영향력을 이용해서 돈을 벌 목적으로 가짜 SNS 계정을 만드는 업체들까지 존재한다.

　가짜 계정 문제나 제품 협찬 사실을 밝히는 문제는 정부와 공정거래위원회의 규제로 해결해야 할 일이다. 하지만 제품 교환·환불, 피해 보상 등을 확실히 하여 팔로워와의 관계를 깨뜨리지 않는 것, 더 나아가 상업적 콘텐츠가 아닌 원래 하던 콘텐츠에도 집중하는 것은 인플루언서 자신의 '인플루언스'를 위해서라도 스스로 신경 써야 할 부분이다.

출처 : 이데일리(2019. 4. 4.)

5) 멤버십 마케팅

　준거 집단이란 개인이 자기 행동상의 판단이나 평가를 할 때 집단 구성원의 기준에 맞추어 판단의 근거로 삼는 집단이다. 준거 집단 중 회원 집단membership reference group은 개인이 어떤 집단의 회원으로 소속되어 있고 겉으로도 다른 사람들과 구별되는 멤버십회원권을 가진 사람으로 이루어진 집단이다.

　마케터들은 소비자들에게 소속감, 친밀감, 혹은 동일감을 부여하기 위해 회원 자격을 부여하고, 궁극적으로 자사 제품으로의 구매 전환을 유도하기 위한 멤버

십 마케팅membership marketing을 잘 활용하고 있다. 멤버십 마케팅은 고객에게 일정한 서비스 비용을 받고, 이를 지불한 고객에게 정해진 범위 안에서 서비스를 무료로 제공하는 마케팅 전략이다. 기업마다 멤버십 제도를 시행하는 이유는 다르지만 대체로 고객의 충성도를 제고하여 자사 제품서비스에 락인lock-in 혹은 종속시키기 위해 활용하고 있다. 충성 고객을 확보하기 위해 국내 호텔업계와 전자 상거래 업계가 회원들에게 제공하고 있는 혜택을 요약하면 〈그림 12-10〉과 같다.

출처 : 서울경제신문(2024. 3. 4.)　　출처 : 조선비즈(2024. 7. 15.)

🧭 그림 12-10_ 멤버십 마케팅 사례

2 가족과 마케팅 전략

가족 구성원 개개인은 구매 의사 결정 시 다양한 기능을 수행하기 때문에 마케터는 세심한 주의가 필요하다. 가족 구성원들의 제품 및 서비스 구매 행동에 영향을 주는 마케팅 전략은 제품, 가격, 유통, 광고 전략으로 나누어 살펴볼 수 있다. 여기서는 또한 가족의 생활 주기에 따른 마케팅 전략도 학습한다.

1) 제품 전략

가족 구성원의 욕구에 맞추어 제품을 개발할 것인가를 결정하는 일은 쉽지 않다. 가족 구성원의 욕구와 성격 등이 모두 다를 수 있기 때문이다. 하지만 가족 구성원이 공동으로 사용한다면 마케터는 다음과 같은 신제품 개발을 위한 전략을 선택할 수 있다. 가족 중 어느 한 사람만을 중심으로 제품을 개발하거나, 가족 구성원 각각을 만족시킬 수 있는 여러 가지 제품을 개발하거나, 가족이 공동으로 사용할 수 있는 한 가지 제품을 개발할 수 있다. 오늘날 여행사들은 가족 여행을 위한 다양한 상품을 출시하고 있다. 가족 구성원의 다양한 요구와 취향을 만족시켜 줄 수 있는 대표적 상품이 〈표 12-5〉와 같이 가족 맞춤형 여행 패키지이다.

표 12-5_ 가족 맞춤형 여행 패키지 상품 비교

국가	제품/서비스명	설명	장단점	출처
한국	하나투어 맞춤 여행	• 가족 맞춤형 여행 패키지 제공 • 고객의 요구에 맞춰 세부 일정 조정 가능	• 장점 : 세부 일정 조정 가능, 다양한 패키지 옵션 • 단점 : 가격이 다소 비쌈	하나투어 공식 사이트
미국	트립어드바이저 패밀리 패키지	• 가족 여행을 위한 다양한 패키지 제공 • 사용자 리뷰 기반 추천	• 장점 : 사용자 리뷰 기반 추천 • 단점 : 패키지 옵션 한정	트립어드바이저 공식 사이트
중국	씨트립 가족 여행	• 다양한 가족 맞춤형 여행 옵션 제공 • 예약부터 여행 종료까지 지원	• 징점 : 디양한 옵션, 예약 지원 • 단점 : 서비스 품질 변동	씨트립 공식 사이트
유럽	투이 그룹 패밀리 투어	• 유럽 전역에서 가족 맞춤형 여행 패키지 제공 • 다양한 활동 포함	• 장점 : 다양한 액티비티 포함, 유럽 전역 서비스 • 단점 : 고가 패키지	투이 그룹 공식 사이트
동남 아시아	아고다 패밀리 패키지	• 가족 여행을 위한 맞춤형 패키지 제공 • 가격 비교 및 리뷰 기반 선택 가능	• 장점 : 가격 비교, 리뷰 기반 선택 • 단점 : 고객 서비스 한계	아고다 공식 사이트

출처 : 스몰 브랜드 디자인 홈페이지(https://smallbd.com/). 내용 수정

2) 가격 전략

의사 결정자가 누구인가에 따라 가격 전략이 달라질 수 있다. 일반적으로 승용차 구입에 대한 지출 범위는 주로 남편이 결정하고 가구에 대한 지출 범위는 주로 부인이 결정하는 경향이 있는데, 이는 남편과 부인의 가격 민감도에 따라 가격 수준이 결정되어야 함을 의미한다. 어린이날과 어버이날 등의 각종 기념일로 가득한 5월에 관광, 외식, 항공, 테마파크 호텔업계에서는 가족과 어린이 소비자들을 위해 합리적인 가격으로 맛과 혜택을 모두 즐길 수 있는 다양한 가정의 달 프로모션을 선보인다.그림 12-11 참조

3) 유통 전략

가족 구매 의사 결정의 성격은 유통 전략에도 영향을 미친다. 공동으로 결정이 이루어지면 부부가 오랫동안 편안하게 쇼핑할 수 있는 점포가 되어야 한다. 따라서 가족의 휴식을 위한 편의 시설과 휴식 공간 제공이 매우 중요하다. 또한, 남편과 부인이 함께 올 수 있는 시간을 배려하여 매장의 개점 시간은 길게 해야 한다. 어린이를 동반한 가족의 외식을 돕기 위해 외식업체들이 어린이 놀이 시설, 게임

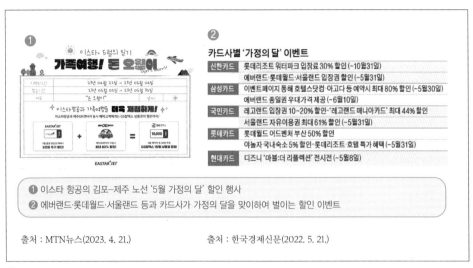

① 이스타 항공의 김포-제주 노선 '5월 가정의 달' 할인 행사

② 에버랜드·롯데월드·서울랜드 등과 카드사가 가정의 달을 맞이하여 벌이는 할인 이벤트

출처 : MTN뉴스(2023. 4. 21.)   출처 : 한국경제신문(2022. 5. 21.)

🧭 그림 12-11_ 관광 서비스 업계의 가정의 달 가격 할인 전략

시설 등을 설치 운영하는 것이 요즈음 추세이다사례 12-3 참조. 부모들은 자녀들의 요구를 가정에서보다 쇼핑 센터 등에서 더 많이 수용하는 경향이 있다. 그러므로 과자류, 캔디, 아이스크림 등의 점포 내 촉진은 어린이 지향적이어야 한다.

사례 12-3

패밀리 레스토랑, 요즘 매장 평수 줄이는 까닭

운영비 감소 ··· 장내 북적해져 맛집 '착시' 효과도

패밀리 레스토랑 하면 대형 규모의 매장을 떠올리곤 했던 기존 선입견에서 벗어나 매장 크기를 줄이고 실속형으로 리뉴얼한 매장들의 매출이 눈에 띄게 증가하고 있는 것으로 나타났다. 크기를 줄이면 같은 수의 고객이 오더라도 매장이 북적거리기 때문에 자연스럽게 전시 효과도 거둘 수 있다.

22일 관련 업계에 따르면 아모제 그룹이 운영하는 오므토토마토는 지난달 오므토토마토 신림점을 리뉴얼 개장했다. 약 132㎡ (40평) 규모였던 매장을 절반 수준인 82㎡ (25평) 가량으로 줄이고 매장 내부 인테리어를 밝고 활기찬 분위기로 바꿨다. 매장 콘셉트에 맞게 기존 메뉴들보다 약 10~20%

가량 저렴하게 신메뉴도 출시했다. 결과는 성공적이었다. 고객 수가 눈에 띄게 증가한 것. 가격이 저렴해진 덕분에 매출은 지난해와 비교했을 때 비슷한 수준이지만 매장이 절반으로 줄었다는 점을 상기하면 매장 운영 효율성 측면에서는 집객 효과를 톡톡히 보고 있는 셈이다. 특히 눈에 띄는 점은 어린이를 동반한 가족 고객이 많이 늘었다는 점이다.

오므토토마토 매장 관계자는 "리뉴얼하기 전보다 가족 고객이 2배 가량 늘었다"면서 "이전에는 젊은 여성 고객이 많았던 것과 비교하면 고객층이 다양해졌다"고 말했다. 그는 이어 "식사 시간대나 주말에는 인원이 몰려 대기 시간도 길어졌다"며 "기존에는 대기 시간이 거의 없거나 있어도 5~10분 정도로 짧았는데 지금은 15~20분 정도 된다"고 설명했다.

베니건스는 최근 베니건스 분당점 매장 안에 66㎡(20평) 규모의 어린이 놀이 시설을 따로 만들었다. 기존 약 330㎡(100평) 규모의 매장에서 264㎡(80평)만 실제 운영 공간으로 활용키로 한 것. 식사 공간을 다소 줄여 가족 단위 고객을 위한 키즈 카페를 만든 것인데 고객 반응이 뜨겁다. 리뉴얼 개장 이후 고객 유입이 평일 오후 기준 300%까지 늘어나는 등 전달 대비 고객 수가 2배 넘게 증가했다. 주부들의 입소문을 타고 분당 주민뿐만 아니라 판교까지 고객들의 발길이 이어지고 있다는 게 회사 측 설명이다.

베니건스 관계자는 "매장의 공간 활용을 높인 사례"라면서 "좌석 규모를 줄이고 고객 수는 오히려 늘어나는 효과를 얻었다. 리뉴얼 개장 초기라 매출이 집계되진 않았지만 고객 수가 증가한 만큼 당연히 매출에도 긍정적인 영향이 있을 거라고 본다"고 말했다.

업계 관계자는 "사람들이 줄 서서 먹는 식당은 왠지 한번쯤 가고 싶은 게 소비자 심리"라면서 "이 때문에 맛집 같은 경우는 매장 크기를 늘리지 않고 좁은 채 그대로 운영하는 경우도 있고, 역으로 장사가 잘 돼 매장을 넓혔다가 매출이 떨어지는 곳들도 있다. 이 매장들도 규모보다 내실을 우선으로 삼아 매출을 올리겠다는 의지로 보인다"고 설명했다.

출처 : 아시아경제(2012. 8. 22.)

4) 촉진 전략

효과적인 광고 메시지를 개발하기 위해 무엇보다도 가족의 구매 행동 양식을 파악하고 이해하여야 한다. 구매 결정이 남편 지배적이라면 남편의 관심을 유발시킬 광고 메시지를 개발해야 하고, 광고 매체도 남성지향적인 것을 선정해야 한다. 패스트 푸드의 경우 어른과 어린이를 함께 지향하는 광고를 시행하는 것이 바람직하다. 특히, 패스트 푸드에 대한 기존의 상식과 편견을 깨고 건강한 식재료로 만든 음식이라는 것을 강조하기 위해 가족과 함께 나눠 먹는 모습을 묘사하는 것이 중요하다.

구매 결정에는 최종 결정권자뿐만 아니라 결정 과정에서 다양하게 영향력을 행사하는 다른 구성원들의 역할도 중요하기 때문에 영향력 행사자들의 관심, 욕구, 취향도 메시지 개발과 매체 선정에 반영해야 한다. 구매 결정에 관여하는 가족 모두에게 접근할 수 있는 방법으로 가족 개개인을 대상으로 별개의 메시지를 개발한 후 여러 매체를 이용하여 차별적 광고를 하는 방법이 있다. 하지만 이 방법은 비용이 많이 든다. 또 다른 방법으로는 구매 결정에 관여하는 가족 모두에게 동시에 소구하기 위해 광고의 모델로 가족 구성원을 대변할 여러 사람을 동시에 등장시키는 방법이 있다.

5) 가족 생활 주기와 마케팅 전략

여가 내지 관광 활동은 가족 구성원에게 매우 중요하다. 관광 활동은 가족 구성원 간 상호 교류 촉진은 물론 가족 결속력을 증진시키기 때문이다. 이러한 이유로 오늘날 가족 단위의 관광이 많이 증가하고 있다.

따라서 관광 서비스 공급자들은 가족의 생애 주기에 따라 시장을 세분화하고 이를 토대로 특정 서비스를 기획, 판매하고 있다. 예를 들어, 신혼 여행 부부를 위한 휴양지 호텔의 개발이 이에 해당한다. 또한, 여행사들이 노년층을 상대로 효도 관광과 같은 상품을 제공해 온 것도 좋은 예이다. 크루즈 여행사들은 과거에는 주로 노년층을 대상으로 서비스를 제공해 왔으나 최근에는 젊은 고객에게도 크루즈 관광 상품의 매력을 소구하여 큰 인기를 끌고 있다.

주제 공원 역시 여러 단계의 생애 주기에 속한 가족에게 적합한 상품, 즉 어린아이, 소년 소녀, 그리고 부모들에게까지도 어필할 수 있는 상품을 개발해 왔다. 스키장도 한때는 소수의 마니아들을 대상으로 서비스를 제공하여 왔으나 스키 이외에도 즐길 수 있는 시설들을 마련함으로써 여러 단계의 생활 주기에 속한 사람들의 욕구를 만족시키고 있다. 따라서 요즘은 스키장이 중요한 가족 놀이 장소로서 각광 받고 있다.

이러한 예들은 단순히 나이만을 고려한 마케팅 활동이 아니라 가족 생활 주기와 그에 따른 개인과 가족의 욕구와 흥미에 따라 이루어져야 한다는 것을 암시하고 있다. 여행 업계는 가족 생활 주기에 따라 다양한 여행 전략을 고려할 수 있다

💡 표 12-6_ 가족 생활 주기에 따른 여행 전략

가족 생활 주기	여행 전략
어린이	어느 장소나 관광지로 재빨리 가서 그곳에서 다양한 휴가 활동에 참여한다.
결혼 전 젊은층	모험적인 여행으로 목적지나 활동이 계획되어 있지 않다. 따라서 여행의 진정한 즐거움을 그 자체의 목적으로 삼는다.
결혼 후 젊은층	분주한 여행으로 가능한 많은 곳을 다니면서 최대한으로 관광 대상을 보게 한다. 관광 대상 중 어느 하나에 더 큰 중요성을 부여하지 않도록 한다.
중년층 대상	다양한 목적과 다양한 목적지가 포함된 여행을 제공한다. 여기에는 친구, 친지, 종교, 사업, 직업상의 모든 여행 이유가 오락적인 관심 하나로 귀결되어야 한다.
노년층	여행 자체와 관광지에서의 활동에 대해 동등하게 관심을 가질 수 있는 특정 관광지를 개발하여 공급한다.

출처 : Nolan, M. L.(1971). A qualitative study of family travel patterns. Unpublished paper, Recreation and Parks Department, Texas A & M University.

표 12-6 참조 Nolan, 1971. 예를 들어, 결혼 전 젊은 층은 모험적인 여행을 선호하고 진정한 여가를 즐기려는 경향이 강하므로 패키지 관광보다는 배낭 여행, 오지 탐험 등의 개인 혹은 소규모 여행 상품 개발이 고려되어야 할 것이다.

한편, 국내 한 여행사가 최근 5년간 자사 여행 상품 예약 데이터 약 1,200만 건을 분석한 결과, 영·유아부터 노년에 이르기까지 생활 주기가 흘러감에 따라 선호 하는 해외 여행지가 바뀌는 것으로 조사됐다표 12-7 참조. 가족 생활 주기별 최고 인기 국가는 1순위와 2순위 합계 기준 일본으로 나타났다.

💡 표 12-7_ 2014~2018년 한국인 여행객의 가족 생활 주기별 선호 여행지

구 분	1순위	2순위
미취학 아동(1~7세)	괌(17.4%)	필리핀(17.0%)
초등학생(8~13세)	필리핀(11.6%)	일본 오사카(10.5%)
중고등학생(14~19세)	일본 오사카(19.3%)	일본 북규슈(7.2%)
사회 초년생(20~29세)	일본 오사카(22.4%)	일본 도쿄(8.4%)
신혼기(30~34세)	필리핀(10.5%)	태국(9.8%)
자녀 육아기(35~44세)	일본 오사카(10.6%)	필리핀(10.2%)
중년기(45~59세)	베트남(11.7%)	태국(8.5%)
은퇴기(60세~)	베트남(12.6%)	일본 북규슈(9.2%)

출처 : 하나투어. 투어코리아(2020. 8. 26.) 재인용

관광소비자
행동론

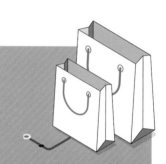

Chapter **13**

문화 및 사회 계층과
관광 행동

🎯 **학습목표**

이 장을 학습하고 나면 학생들은 다음의 내용을 이해하게 될 것이다.

1. 문화의 개념과 특성

2. 물질 문화와 비물질 문화의 차이점

3. 하위 문화별 역할 및 중요성

4. 비교 문화 이해

5. 문화적 차이에 의한 관광 행동

6. 사회 계층의 특징 및 측정 방법

7. 사회 계층별 소비 행동의 특성

8. 사회 계층별 관광 행동

9. 문화와 마케팅 전략

10. 사회 계층과 마케팅 전략

제품이나 서비스를 구매하는 데 다양한 요인들이 작용하고 이 요인들에 의해 실제 상품 구매가 일어난다. 그러한 요인에는 개인적·심리적 요인이 있는가 하면 사회적·문화적 요인이 있다. 사회적·문화적 요인으로는 앞서 설명한 바와 같이 가족, 준거 집단이 있고, 이 장에서 설명할 문화와 사회 계층이 있다. 이러한 요인 중 한 가지만 작용할 수도 있지만 일반적으로 여러 요인들이 복

합적으로 작용하여 소비자의 구매 행동에 영향을 미치게 된다.

　문화는 인류가 만들어낸 정신적, 물질적 유산으로서 집단이 공유하기 때문에 집단의 가장 작은 단위인 가족, 사회, 국가 등이 가진 성격에 따라 다양한 모습으로 나타나게 되고 각각의 고유한 특징을 가지게 된다. 문화는 집단 구성원들이 갖는 필요에 의해 만들어지는 것이기 때문에 그 구성원들의 삶에 맞으면 그 이상의 어떤 것을 요구하지 않는 경향이 강하다. 따라서 문화는 어느 것이 우수하고 어느 것이 열등한지 비교가 불가능한 성격을 지니고 있다. 개인의 소비 행동, 특히 의사 결정은 이러한 개인 혹은 집단의 문화적 차이에 따라 다르게 나타난다.

　문화와 같이 개인의 구매 의사 결정에 큰 영향을 미치는 또 하나의 사회·문화적 요인은 사회 계층이다. 사회 계층은 한 사회 안에서 구별되는 인간 집단을 말하는 것으로 서열적 상하 관계의 구조를 이루고 있다. 사회에서 계층의 존재는 개인의 의식이나 생활 양식에 큰 영향을 준다. 예를 들어, 여가, 주거, 여행, 음식, 자동차, 교육 등의 소비 수준이나 소비 방식의 차이에 영향을 미친다. 본 장에서는 문화와 사회 계층의 기본적 특성과 관광 행동에 미치는 영향, 그리고 이들 요인에 따른 마케팅 전략을 학습한다.

제1절 문화의 특성과 분류	제2절 사회 계층의 특성과 분류	제3절 문화 및 사회 계층과 관광 행동	제4절 문화 및 사회 계층과 마케팅 전략
·문화의 개념 ·문화의 특성 ·문화의 분류	·사회 계층 개념 ·사회 계층 특성 ·사회 계층의 측정 　방법	·문화와 관광 행동 ·사회 계층과 관광 　행동	·문화와 마케팅 전략 ·사회 계층과 마케팅 　전략

🧭 그림 13-1_ 제13장 요약도

제1절 문화의 특성과 분류

문화는 인간의 욕구와 행위의 가장 기본적인 요소이다. 인간은 태어나 성장하면서 사회화되는 과정에서 가치, 규범, 흥미와 행동을 학습하게 된다. 예컨대, 미국에서 성장한 어린이는 성취와 명예, 효율과 실천, 향상 심리, 물질 향수, 자유, 박애주의 및 부유함과 용기와 같은 가치관을 시니는 경향이 있다. 한국에서 성장한 사람은 그와는 달리 가정과 우정, 예의 범절을 중시하고, 자기 주위의 사회 구성원들의 평가에 깊은 관심을 가진다. 문화의 차이에 따라 라이프스타일이 다르게 되며 이에 따라 소비 행위도 다르게 나타나게 된다. 본 절에서는 문화의 개념 및 특성, 문화의 종류, 그리고 비교 문화에 대해 학습한다.

1 문화의 개념

문화를 의미하는 영어의 'Culture'는 '보살핀다', '경작한다', '양육한다'는 뜻을 가진 라틴어 'Cultus'에서 유래되었다. 따라서 문화라는 말은 자연 상태에서 인간이 만들어낸 것이란 뜻을 지니고 있다. 어느 사회나 그 사회 특유의 생활 방식, 즉 문화가 존재한다. 문화는 한 사회의 고유한 특성을 반영하고 있으므로 다른 사회의 구성원들에게는 이해하기 어려운 현상일 수 있다. 예를 들면, 우리나라 사람들은 추석 명절에 가족이 함께 모여 차례를 지내고 조상의 묘를 참배하는 생활 관습은 매우 자연스러운 현상이다. 하지만 서구 사회에서 쉽게 볼 수 있는 보편적인 현상은 아니다.

Taylor[1891]는 문화를 인간이 사회의 구성원으로서 얻은 지식, 신념, 예술, 법률, 도덕, 관습 및 습관 등을 포함하는 한 사회의 총체적인 생활 방식으로 정의하였다. 문화 인류 학자인 Linton[1947]은 문화를 사회의 구성원에 의해 공유되고 계승되는 학습된 행동과 행동 결과의 집합체로 정의하였다. Jary 등[1991]은 문화를 사상, 의상, 언어, 종교, 의례, 법이나 도덕 등의 규범, 가치관 등을 포괄하는 사회 전반의 생활 양식으로 보았다. 위 정의를 종합해 보면 문화란 그 사회에 속해 있는 사람들의 사회적인 유물이며 독특한 생활 양식이라 할 수 있다.

문화는 박물관, 민속 공연, 역사적인 유물과 같은 과거의 유산을 의미하기도 하지만, 영화, 드라마, 축제와 같은 지금 시대의 산물도 포함된다. 또한, 문화는 책, 석탑, 고택과 같은 유형적인 것과 도덕, 생활 풍습과 같은 무형적인 것도 포함한다. 문화는 한 사회가 공유하는 의미와 전통을 반영하며 그 속에 포함된 가치나 규범 등을 통해 사람들의 다양한 행위에 영향을 미친다.

2 문화의 특성

문화를 서로 다르게 정의하고 있지만 문화가 어떤 속성을 가지고 있는가에 대해서는 대부분 의견의 일치를 보이고 있다. 이러한 일치된 견해를 보이는 것은 문화의 본질에 대해서는 공감한다는 의미이다. 문화의 본질을 이해하기 위해 문화의 특성을 생각해 볼 필요가 있다. 문화의 특성은 〈그림 13-2〉와 같이 여섯 가지로 설명할 수 있다.

(1) 문화는 학습된다

문화는 선천적, 생물적 특성과는 달리 후천적으로 어린 시절부터 학습된 것이다. 예를 들어, 식사 시간에 숟가락과 젓가락을 사용하는 것이나 어른을 보고 인사

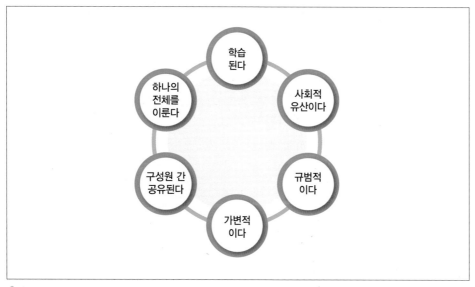

🧭 그림 13-2_ 문화의 특성

하는 것 등은 문화적인 행동이지만, 배가 고플 때 음식을 찾는 것이나 졸려서 하품하는 것은 생물학적 본능이나 욕구에 의한 행동이므로 문화가 아니다. 인간은 생활하는 과정에서 욕구를 충족시키는 방법을 배우고, 선과 악을 구분하는 판단력을 기르며, 특정 상황에 대응하는 적합한 행동이 무엇인가를 배우게 된다.

문화 인류 학자들에 의하면, 문화의 학습에는 세 가지의 유형이 있다이학식 외, 2006. 첫째, 공식적 학습이다. 이는 성인이나 연장자가 어린 가족 구성원들에게 어떻게 행동해야 하는지를 가르침으로써 이루어지는 학습이다. 둘째, 비공식적 학습이다. 어린이가 가족 구성원이나 친구, TV 주인공 등 타인들의 행동을 모방함으로써 학습하는 것이다. 셋째, 기술적 학습이다. 선생님이 교육 환경 내에서 어린이들에게 무엇을 해야 하며, 어떻게 해야 하며, 왜 해야 하는지를 가르침으로써 이루어지는 학습이다.

(2) 문화는 사회적 유산이다

문화는 인간이 창조하여 세대 간에 전승된 사회적, 역사적 유산이다. 현재 문화는 선대로부터 내려오는 삶의 지혜가 축적된 결과이며 여기에 우리의 지혜가 가미되어 후대에 전승된다. 따라서 문화의 가치는 사회적 차원에서 특별한 상황이 전개되지 않는 한 시대를 초월하여 상당한 세월 동안 변화하지 않는다. 다만, 시간이 지날수록 양적으로나 질적으로 문화적 특성이 성숙되는 것으로 볼 수 있다.

(3) 문화는 규범적이다

문화는 인간이 자연 환경에 적응하기 위해 창조한 것이지만 인간이 만들어 낸 문화적 환경에 의해 행동의 제약을 받게 된다. 문화는 인간에게 사회의 일원으로서 바르게 생활하는 방법과 살아가는 데 필요한 인간의 유형을 제시할 뿐만 아니라 그것을 따르도록 강요하는 영향력을 지니고 있다. 사실 사람들은 아무 행동이나 할 수 있는 것은 아니다. 먹고 싶고, 가지고 싶다고 해서 남의 것을 훔쳐서도 안 되며, 덥다고 해서 혼자서만 완전히 벗고 다닐 수 있는 것

도 아니다. 다만, 더울 때 얼마만큼 시원하게 입고 다닐 수 있는지는 오직 그 사회의 문화적 규범이 말해 줄 뿐이다.

(4) 문화는 가변적이다

문화는 사회의 욕구가 변화하면 그에 적응하기 위해 변화하는 특성을 가지고 있다. 문화가 가변적인 가장 큰 이유는 유전이나 본능이 아닌 후천적으로 배우는 것이기 때문일 것이다. 예를 들어, 전통적인 관혼상제冠婚喪祭 관습은 허례 허식적인 측면이 많아 검소하고 부담 없는 생활 분위기를 요구하는 현대 사회의 욕구를 충족시키지 못하기 때문에 새로운 가정 의례 준칙을 통해 관습의 변화를 도모하게 되었다.

(5) 문화는 사회 구성원에 의해 공유된다

특정 행동 유형이나 생활 방식이 그 사회의 문화적 특성으로 인식되기 위해서는 다수의 구성원들에 의해 공유되어야 한다. 문화적 제 특성을 공유할 수 있도록

▲ 전통 관례　　▲ 전통 혼례

▲ 전통 상례　　▲ 전통 제례

출처 : http://www.google.co.kr/imgres?imgurl

🧭 그림 13-3_ 우리나라 전통 관혼상제 모습

해주는 일차적 변수로는 공통의 언어를 들 수 있다. 공통의 언어를 사용하는 구성원들 간에는 의사 소통 및 사회적 교류가 활발히 이루어지기 때문에 문화적 특성의 보편화가 가능하고 용이하다. 흔히 다민족 국가에서 단일 문화가 존재하지 않고 다수의 하위 문화가 공존하는 것도 이 때문이다. 또한, 대중 매체의 발달도 많은 구성원들로 하여금 문화적 특성을 공유하도록 하는 데 일익을 담당하고 있다.

(6) 문화는 하나의 전체를 이루고 있다

문화를 구성하는 지식, 신앙, 예술, 도덕, 법, 관습 등의 개념들은 서로 독립적으로 존재하지 않고 상호 긴밀한 관계를 유지하면서 하나의 전체를 이룬다. 이에 따라 사회의 특정 부문에서의 변화는 연쇄적으로 다른 부문의 변화를 초래하게 된다.

3 문화의 분류

문화는 문화가 가지고 있는 내용, 공유 범위, 성격, 시대, 상황 등과 같은 다양한 기준으로 세분화할 수 있다. 여기서는 문화의 공유성, 유형성, 비교성, 대중성, 그리고 역사성을 기준으로 살펴본다.그림 13-4 참조

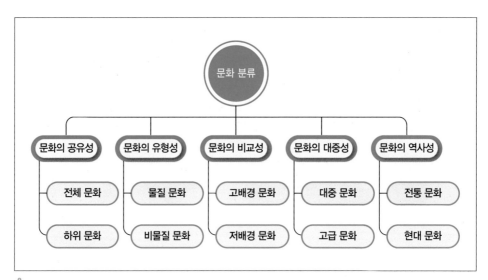

🧭 그림 13-4_ 문화 분류

(1) 문화의 공유성

(1) 전체 문화

전체 문화와 하위 문화는 문화를 공유 혹은 향유하는 사회 구성원들의 범주로 구별한 것이다. 전체 문화는 사회 구성원 대다수가 누리는 문화를 의미하며, 주류 문화 혹은 지배적인 문화라고 부르기도 한다. 전체 문화는 전체 사회에서 공유성을 갖고 하위 문화는 그 문화를 향유하는 특정 집단 내에서만 공유성을 가진다. 유의할 점은 하위 문화를 모두 합해서 전체 문화가 되는 것이 아니라 하위 문화들의 교집합이 전체 문화라는 것이다.

(2) 하위 문화

하위 문화subculture란 용어는 사회학자 Riesman[1950]이 사용한 것이 최초이다. '서브'sub란 사회적 주류 문화high culture와 가치관으로부터 일탈한, 인종적으로 소외된 그룹이나 거리의 아이들, 동성 연애자 등의 하위 단위란 의미로 가치관, 행동 양식, 언어 등 원래의 문화에 대응하는 의미에서 'subculture'라는 이름이 붙게 되었다. 즉, 하위 문화는 주류 문화의 사람들과 구분되는 일부 사람들이 공유향유하는 부분 문화를 의미한다[Cutler, 2006]. 하위 문화는 인종별, 연령별, 종교별, 지역별 등 네 가지로 분류할 수 있다[김소영 외, 2008]. 개인은 여러 하위 문화의 구성원이 될 수 있으며 개인의 문화 정체성은 어느 하나의 하위 문화가 아닌 여러 하위 문화를 바탕으로 형성하게 된다. 또한, 하위 문화를 향유하는 집단에서도 전체 문화의 요소를 향유한다.

① 인종별 하위 문화

일반적으로 인종이 다르면 전통, 가치, 습성이 달라 그들의 소비 양식에도 차이가 난다. 미국은 흑인계, 스페인계, 인디언계, 중국계 등 무려 100개 이상의 인종 집단이 서로 다른 문화권을 형성한 채 공존하고 있다. 오늘날 아주 작은 규모의 사회를 유지하는 오지의 사람들이나 특유한 소수 민족 집단의 문화와 관련된 관광이 인기를 끌고 있는데, 이는 인종별 하위 문화의 독특성을 체험하기 위한 것이다.사례 13-1 참조

해가 사막으로 숨어들면 실크로드는 꿈을 꾼다

회족의 도시 중국 인촨

인촨 사파두 사막에서 낙타를 탄 관광객들이 사막을 가로지르고 있다. 당나라 시절 실크로드의 주요 거점 중 하나였던 인촨의 풍경이 재현된 듯하다.

눈이 침침할 정도로 지상은 온통 누랬다. 흙과 바위만이 끝없이 펼쳐졌다. 비행기가 중국 인촨(銀川) 공항 활주로에 내려앉는 동안 창밖에서 생기를 찾기는 어려웠다. 황사의 발원지인 중국 서북부 내륙 지역의 풍광다웠다. 그러나 인촨을 둘러싼 척박한 환경이 이 일대 문명을 낳았다. 인촨은 타클라마칸 사막 북쪽을 가로질러 동방과 서방을 이은 실크로드의 주요 거점이었는데 이는 도시 자체가 오아시스였기 때문이다. 72개의 호수가 있는 '호수의 도시', 뒤로는 '아버지의 산' 하란산, 앞으로는 '어머니의 강' 황하가 있는 배산임수의 지형이다. 상인들이 긴 여정의 중간에 쉬어가고, 사막의 사람들이 대를 이어갈 수 있는 삶의 자리였던 셈이다.

사막에 남은 아라비아의 꿈

곳곳에서 뾰족한 첨탑으로 하늘을 찌르고 있는 이슬람 사원들이 그 교류의 역사를 증언하고 있다. 인촨이 속한 닝하회족 자치구 인구의 3분의 1인 2,000여만 명은 중동 지역에 뿌리를 둔 소수 민족 회족으로 무슬림 문화를 지켜오고 있다. 약 1,000~1,400년 전인 중국 당나라 시절 중동 지역의 아라비아와 세 차례 대전을 치렀는데 이때 중국에 왔다가 고향에 돌아가지 못한 아라비아 병사와 상인들이 이들의 조상이라고 한다.

"중국은 14~17세기 명나라 시절부터 회족을 한족과 결혼시켜 융화하는 정책을 폈지만 저희는 이슬람 율법에 따라 민족의 정체성을 지켜왔죠." 인촨 중화 회향 문화원에 들어서자 목덜미부터 발목까지 가린 푸른 전통 의상을 입은 젊은 회족 여성 가이드가 마중을 나왔다. 박물관, 이슬람 사원, 공연장 등을 갖춘 이곳에서는 회족의 문화를 체험할 수 있다. 박물관에는 회족이 중동 지역에서 가져온 코란과 향로, 넝쿨 같은 문자와 용맹한 전쟁의 역사가 빼곡하다. 이슬람 사원에서는 '여성들은 눈 이외에는 다 가려야 하고 남성도 배꼽부터 무릎까지는 드러내서는 안 된다'는 원칙이 관광객에게도 적용된다. 실제 예배를 드릴 때에는 남녀 신도 간에 병풍을 칠 정도로 이슬람 율법은 엄격하다고 한다.

하지만 예외가 있다. 공연장에서 펼쳐지는 회족의 저녁 공연에서 낮의 금기는 가차 없이 깨진다. 밸리 댄스 복장의 여성 무용수, 웃통을 벗은 반라 차림의 남성 무용수들이 남녀의 사랑을 주제로 통속적인 공연을 펼친다. 그리워하고, 만나고, 헤어지고, 너풀거리는 몸짓은 과장되어 있다. 관광객들은 약 1시간 정도 이 공연을 안주 삼아 만찬을 즐긴다.

"원래 농사를 짓던 회족들은 문화원이 생긴 후 이렇게 예술가가 되었죠." 인촨시 여유국 관계자가 술잔을 쨍그랑 부딪치며 설명했다. 조금 아리송했다. 관광객의 얕은 눈으로는 융화 정책에도 굴하지 않고 지켜온 회족의 건전성과 관광 산업의 요구 사이의 긴장을 읽을 수 없다. 눈이 어지럽고 취기가 오르는 만큼 밤이 깊어갈 뿐.

관광 코스가 된 전쟁의 미로

교류의 거점에는 침략과 전쟁의 역사 또한 깃들게 마련이다. 이튿날 찾은 황하변 만리장성에는 명나라 때 흉노족의 공격에 대비해 병사들을 주둔시킨 지하 굴인 장병동이 복원되어 있다. 원래 길이는 3km에 달하지만 관광객들에게 공개된 것은 1km 남짓 정도다. "조심해서 따라오라"는 가이드의 경고는 엄살이 아니다. 한 사람만 지나갈 수 있는 계단을 따라 16m를 내려가면 군데군데 켜진 작은 조명등 외에는 빛이 전혀 없는 동굴이 기다리고 있다. 어두울 뿐 아니라 복잡하다. 적이 들어왔을 경우 길을 잃도록 거미줄처럼 설계했기 때문이다. 중간중간에는 함정이 있다. 바닥에 쇠꼬챙이를 박아 놓은 5m 깊이 구덩이, 벽에서 불쑥 튀어나온 몽둥이 모양의 장애물이 앞을 가로막는다.

출처 : 한국일보(2012. 4. 18.)

물론 지금은 구덩이를 유리로 덮고 장애물을 부드러운 재질로 감싸 위험하지는 않지만 일행을 잃었을 때는 무시무시할 법하다. 〈중략〉

사막의 일몰, 백일몽 같은

2010년 '중국 내 10대 휴양 도시'로 선정되기도 한 인촨의 사막은 중국인들에게 인기 있는 놀이터다. 다양한 놀거리가 개발되어 있다. 모래 바람으로 인한 호흡기 질환만 괘념치 않는다면 낙타 타기, 지프차 타기, 모래 썰매 등을 통해 망망대해 같은 사막을 누빌 수 있다. 인촨 북부 사파두 사막이 대표적인 곳. 중국의 4대 사막인 이곳은 중국 과학원이 1950년대부터 풀을 1m × 1m 간격 그물 형태로 심어 모래 날림을 막는 사업을 해 유명해졌고 360여km의 사막 횡단 철도 포란선의 경유지이기도 하다. 사막에서 하룻밤을 청할 수 있는 호텔도 있다.

사막의 레포츠보다 사막의 정취를 느끼고 싶다면 사호를 찾는 편이 낫다. 황하의 지류를 댐으로 막아 만든 인공 호수 내에 바람에 날린 모래가 겹겹이 쌓인 사구가 섬을 이룬 곳. 철마다 다른 철새가 날아와 갖가지 날개로 물과 하늘을 수놓는다. 여름에는 연꽃이 피고 가을에는 갈대가 3m 높이로 자란다. 사구로 가려면 유람선을 타고 이들 사이를 천천히 흘러가야 하는데 그 기분이 한적하다.

이곳에도 낙타와 지프차, 모래 썰매가 기다리고 있지만 백미는 일몰이다. 위치에 따라 물속으로 떨어지는 해도, 모래 속으로 숨어드는 해도 볼 수 있는데 어느 쪽이든 눈이 시리게 붉다. 깜빡, 백일몽을 꾼 것 같다.

② 연령별 하위 문화

연령을 기준으로 청소년층과 노년층 또는 신세대와 기성 세대 등으로 하위 문화를 식별할 수 있다. 어느 사회에서나 청소년층과 노년층 사이에는 소비 성향, 쇼핑 행동, 미디어 습성 등에 상당한 차이가 있다. 한 예로서 욘족YWAN을 들 수 있는데, 2000년대 젊고young 부유하지만wealthy 평범한normal 사람들을 일컫는 말이다사례 13-2 참조. 30, 40대에 자신의 힘으로 큰돈을 벌고도 사치를 멀리하는 사람들을 지칭한다. 욘족의 특징은 평범과 자선인데 이들은 사치를 멀리하고 되도록 평범하게 살려고 한다. 그리고 제3세계의 빈곤 문제나 질병 퇴치 같은 자선 사업에 시간과 돈을 아끼지 않는데, 그 이유는 정신적인 만족과 보람을 주기 때문이다.

사례 13-2

막대한 부를 쌓고 평범한 삶을 사는 2000년대의 엘리트 '욘족'

지난 6월 영국의 선데이텔레그래프가 처음 사용하고 미국의 월스트리트 저널로 인해 신조어 욘족(Yawns)이 세계적으로 크게 알려졌다.

이 용어는 1980년대 고등 교육을 받고 도시 근교에 살면서 전문직에 종사하여 고소득을 올리는 젊은 부자들을 상징하는 여피족(Yuppies)과 1990년대 부르주아의 물질적 실리와 보헤미안의 자유를 동시에 추구하는 젊은 부자를 상징하는 보보스족(Bobos)에 이은 개념이다.

욘족(Yawns)은 2000년대의 엘리트를 의미하는 말로써 '부유하지만 평범하게 사는 젊은 사람(Young And Wealthy but Normal)'이라는 말의 약자다. 이들은 30~

40대의 나이에 막대한 부의 축적을 이룩해냈지만 재산을 고급 자동차나 요트, 제트기 등 사치를 하는 데 쓰는 것보다 자선 사업 등 사회적 책임을 수행하면서 가족과 함께하는 평범한 삶을 추구한다.

욘족과 여피족, 보보스족의 공통점은 자신들이 직접 부를 이뤘으며 주로 IT 계통의 업종을 가졌다는 점이다. 그러나 이들이 자신의 부를 사용하는 방식은 많은 차이가 있다. 과거 여피족 등은 자신의 부를 과시하기 위해 아르마니 정장과 BMW 등 명품과 사치품을 두르는 것을 선호하였고 보보스족들은 괴짜스러운 면을 보이며 예술과 자유로움을 위해 돈을 썼다.

그러나 욘족은 캐주얼 차림 등 평범한 옷

차림을 선호하며 호화스러운 생활과는 거리가 먼 수수한 생활을 하며 자녀에게 재산을 물려주지도 않고 다른 사람들의 생활을 돕는 것을 큰 가치로 여긴다.

대표적인 욘족으로는 월스트리트 저널이 언급한 마이크로소프트 회장인 빌게이츠51가 있다. 빌게이츠는 세계에서 가장 많은 부를 축적했지만 그의 대부분의 재산은 사람들을 돕는 자선 단체에 기부되고 있다. 그는 2000년에 설립한 빌앤멜린다 게이츠 재단(Bill & Melinda Gates Foundation)을 통해 기부 사업을 펼치고 있는데 공공 도서관 고속 통신망 개선, 대학생 장학금, 중국의 소아마비와 결핵 퇴치, 빈곤층을 위한 모바일 금융 서비스 사업과 결핵 백신 개발 등 빈곤층과 저소득층의 건강과 생활 개선을 위해 천문학적인 금액의 기부를 하고 있다.

또한 야후의 공동 창업자인 제리 양(49) 역시 대표적인 욘족 중 하나다. 그는 한때 전 세계 최고의 검색 시스템인 야후를 개발하여 천문학적인 부를 쌓았는데 자신의 모교인 스탠포드 대학에 7500만 달러(약 700억 원)를 기부하였고 글로벌리 기부 행사를 진행하고 있다. 또한 이베이 창업자 피에르

오미다이어는 회사가 상장이 되기도 전에 이베이 재단을 설립하였고 개도국의 경제 성장을 위해 1억 달러를 기부하였으며 자선 단체인 오미다이어 네트워크를 운영하여 저소득층, 다문화 가정 등 취약 계층들이 쉽게 금융 서비스를 이용할 수 있도록 장벽을 없애는 데 힘쓰고 있다.

이처럼 욘족은 자신이 일궈낸 부를 사회에 환원함으로써 부의 균형을 조금이라도 맞추기 위해 노력하고 있고 이들의 이런 활동은 많은 사람들을 감동시키고 전 세계적인 존경을 받게 한다.

스스로 쌓은 부이기에 자신의 마음대로 사용해도 그 누가 뭐라고 할 것인가. 그러나 이들은 함께 사는 사회를 택했고 그로 인해 많은 사람들이 고통에서 벗어날 수 있었다. 대표적인 욘족들이 대부분 IT 계통의 기업인 것은 그만큼 이들이 정보를 받아들이는데 유연한 사고 방식을 가진 사람들이었고, 그런 사고 방식이 부는 자신에게만 종속되어야 한다는 기존의 개념에서 벗어날 수 있게 한 것은 아닐까. 앞으로 세계적으로, 그리고 우리나라에서도 많은 욘족이 등장하여 더욱 살기 좋은 세상을 만들기를 기대해 본다.

출처 : 시선뉴스(2018. 10. 18.)

③ 종교별 하위 문화

개인의 종교적 신념은 생활 태도와 행동 양식에 지배적인 영향을 끼친다. 예를 들어, 가톨릭은 전통적으로 가족의 결속을 강조하는 경향이 강하고 신교는 성공에 대한 수단으로서 일에 대한 윤리관에 가치를 부여하는 경향이 강하다. 그리고 유대교는 자기 행동과 자기 교육에 대해 개인적인 책임을 강조하고 이슬람교는 가족 규범을 고수하는 보수적인 경향이 강하다.

④ 지역별 하위 문화

지역적 특성으로 인해 특정 지역 구성원들의 의식 구조와 문화 유형에도 차이가 있다. 우리나라에서는 서울, 경상도, 충청도, 전라도, 제주도 등 행정 구역별로 문화적 차이를 발견할 수 있다. 그러나 우리나라의 경우에 지역이 협소할 뿐만 아니라 최근에 이르러 교통 수단의 발달, 대중 매체의 보급, 지역 간 인구 이동 등으로 지역별 문화적 차이가 현저히 희석되고 있다. 지역별 문화 차이의 대표적 사례가 지역별 전통 음식이다.(📖 전주 비빔밥, 함흥 냉면 등)

(2) 문화의 유형성

(1) 물질 문화

물질 문화material culture란 우리가 일상 생활에서 사용하는 모든 물리적 유형 재와 그것을 이용하는 기술적인 방법에 관한 문화를 말한다. 식사할 때 사용하는 도구젓가락, 숟가락, 포크 등에서부터 건물, 도로, 교통 수단, 커뮤니케이션 수단, 대중 매체 등에 이르기까지 사람들의 일상 생활과 관련된 물리적 측면을 총칭하는 개념이다.

물질 문화는 정신 문화와 달리 실용성이 문화 수준을 평가하는 기준이되므로 사회 간 우열을 쉽게 내릴 수 있는 것이 특징이다. 즉, 인간의 기본적 욕구를 충족시키기 위해 어떤 재화나 도구가 사용되고 있으며 어느 정도로 문명이 보급되어 있는가 등에 따라 그 사회의 물질 문화 수준이 결정된다. 손으로 음식을 먹는 사회보다는 도구를 이용하여 식사를 하는 사회가, 그리고 전화, 냉장고, 컴퓨터 등의 보급률이 높은 사회가 그렇지 않은 사회에 비해 적어도 물질적 측면에서는 문화 수준이 더 높다고 말할 수 있다.

(2) 비물질 문화

비물질 문화non-material culture란 인생의 목표와 방향 그리고 행동의 규칙과 방식에 관한 문화를 말한다. 즉, 미신, 사상, 관습을 비롯해서 예절, 법률, 제도 등 정신적·행동적 측면의 생활 양식을 비물질 문화라 한다. 일반적으로 비물질 문화는 정신 문화또는 가치 문화와 규범 문화또는 행동 문화로 구분할 수 있다.

정신 문화는 삶의 의미와 인생의 목표 그리고 행동의 방향에 대해 부여하는 가치, 신념, 태도에 관한 문화를 말한다. 즉, 이상적인 인생 설계에 대한 그 사회의 보편화된 신념 및 가치 체계를 정신 문화라 한다(⑩ 노인 공경 사상). 규범 문화는 구체적으로 행동이 수행되는 절차나 방식에 관한 문화이다. 다시 말해서 대다수의 사회 구성원이 인정하고 기대하는 행동 양식을 말한다.(⑩ 인사 하기)

(3) 문화의 비교성

문화권이 다르면 사람들의 생활 방식이 다르고 그들의 행동 양식도 서로 다르기 때문에 소비자로서의 행동에도 많은 차이점이 존재한다. 상이한 문화권에 속하는 사람들 간에 과연 소비자 행동적 측면에서 어떠한 차이점이 있는지를 알아보는 것은 소비자 행동 연구자나 마케팅 담당자에게 모두 의미 있는 일이다. 문화를 비교 분석하는 데 유용한 세 모델을 소개하면 다음과 같다.

(1) Kluckhohn과 Strodtbeck의 비교 문화 모형

Kluckhohn과 Strodtbeck은 서로 다른 문화를 비교하기 위해 각 문화의 가치 체계를 구분하고자 하였다. 이들은 문화의 가치 체계를 파악하기 위해 여섯 개의 질문을 제시하였으며, 각 질문에 대해 그 사회의 대다수가 어떻게 답변하느냐에 따라 그 사회의 문화를 분류하였다. 이 연구는 한 문화권 내의 많은 사람이 제각기 다른 가치관과 행위 유형이 있지만, 그중에서도 충분히 많은 수의 구성원이 공통으로 가진 가치관과 사고 방식을 찾아내 보자는 것이다.

- 인간의 본성은 기본적으로 선한가, 악한가?
- 사람들은 환경을 지배한다고 믿는가? 사람들이 환경이 사람들을 지배한다고 믿는가? 사람들은 자연의 일부라고 믿는가?
- 인간 관계는 개인주의적인가, 그룹 중심적인가, 권위주의적인가?

- 사람들은 개인적 성취를 위한 동적인 삶을 추구하는가? 편안한 정적인 삶을 추구하는가? 정신적인 삶을 추구하는가?
- 사람들은 자신의 활동을 개인적인 공간에서 하는 것을 선호하는가? 혹은 공적인 공간에서 하는 것을 선호하는가?
- 사람들은 미래를 더 중요하게 생각하는가? 현재를 더 중요하게 생각하는가? 과거의 일을 중요하게 생각하는가?

위 질문에 대한 답변의 범위를 표시하면 〈표 13-1〉과 같다. 이 표는 수평석으로 읽어야 하며, 각 기준에 대해서 유형이 반드시 한 줄로 나올 것으로 기대할 수는 없다. 예를 들어, 한국인의 행위와 사고 유형은 '선과 악의 혼합-자연과의 조화-권위주의적-동적-공적-과거 지향적'과 같이 지그재그형의 유형이 나올 수 있다. 서구 사회는 〈표 13-1〉에서 최우측의 유형이 주가 될 것이고 더 전통적인 사회는 최좌측의 유형이 주가 될 경향이 높다.

이 모형은 간단하게 현지 문화에 대한 이해를 높일 수 있다는 것이 장점이 있다. 하지만 문화의 여러 측면 가운데 일부만을 보여 주고 있어 이를 바탕으로 현지의 외국 문화를 완전히 이해하는 데는 한계가 있다.

(2) Hall의 비교 문화 모형

Hall[1976]은 국가의 문화를 고배경 문화high-context culture와 저배경 문화low-context culture의 개념으로 이원화하였다[그림 13-5 참조]. 여기에서 배경은 인간

🎈 표 13-1_ Kluckhohn과 Strodtbeck의 비교 문화 모형

가치 지향성 기준	행위 및 사고 유형		
인간의 본성	기본적으로 악(惡)함	선과 악이 혼합됨	기본적으로 선(善)함
인간과 자연의 관계성	자연에 복종	자연과 조화	자연을 정복
인간 관계 지향성	권위 주의적(상하 관계)	단체 중심적(공존)	개인 중심적(평등 관계)
활동 지향성	정적(靜的)	내면 성장	동적(動的)
공간 지향성	공적(公的)	공사 혼합	사적(私的)
시간 지향성	과거 지향적	현재 지향적	미래(목표) 지향적

출처 : Kluchohn, F. & Strodtbeck, F.(1961). Variations in value orientations. Evanston, Illinois : Row, Person & Co, p.196.

이 의사 소통하기 위해 사용하는 여러가지 상징적인 표현들, 즉, 언어, 문서, 몸짓, 얼굴 표정 등을 의미한다.

고배경 문화에서는 사회 구성원들이 자신의 생각이나 의견을 상대방과 대화를 통해서 솔직하게 겉으로 표현하는 것을 주저한다. 대부분의 정보가 개인에 내부화되어 명백하게 부호로 나타나거나 메시지로 옮겨지지 않는다. 다시 말해, 의사 전달자의 배경이나 기본적인 가치관 등에 더 많은 정보를 포함하기 때문에 실제로 구두로 나타낸 메시지에는 정보가 적게 포함된다는 것이다.

반면에 저배경 문화에서는 메시지가 명백하고 커뮤니케이션에 있어서 실제의

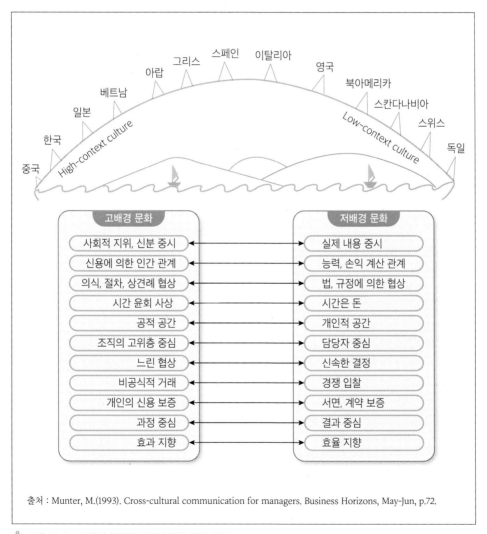

출처 : Munter, M.(1993). Cross-cultural communication for managers. Business Horizons, May-Jun, p.72.

그림 13-5_ 고배경 문화와 저배경 문화 특징 비교

대화를 통해서 대부분의 정보가 교환된다고 보고 있다. 저배경 문화에서 중요한 것으로 여기는 법률적인 서류 사무가 고배경 문화에서는 오히려 그것보다 개인의 말이 더욱 확실한 보증서적인 역할을 한다. 즉, 책임과 신뢰와 의리가 중요한 가치로서 강조되는 고배경 문화에서는 법적 인가 등이 그렇게 필요한 것이 아니고 책임, 명예, 신뢰 등에 더 큰 의미를 두고 있다는 것이다. 조직상의 책임 문제가 발생했을 때 고배경 문화에서는 그 조직의 최고위층에게 그 책임이 주어지나 저배경 문화에서는 가능한 한 그 책임과 관련된 최하위층에게로 옮겨진다. 〈사례 13-3〉은 고배경과 저배경의 차이가 국가 간은 물론 국내 지역 간에도 존재함을 설명하고 있다. 이러한 차원에서 볼 때 중국, 일본, 아랍 문화는 고배경 문화에 속하며 미국 또는 독일의 문화는 저배경 문화로 분류된다.

　Hall의 연구는 기술적이고 주관적이며 고배경과 저배경의 경계가 불분명하다. 그러나 해외 진출 기업들이 해외 파견 직원들을 위한 현지 문화 적응 훈련을 설계하는 데 도움이 된다.

 사례 13-3

"몸 안 좋아?" 이 질문에 영국인들이 당황하는 이유

돌려 말하느냐, 직설적으로 말하느냐…
고맥락-저맥락에 따른 언어 사용의 온도차

'미국인들의 속마음 해석'이라는 표가 많이 공유되면서 인기를 끈 적이 있다. 이 표에 따르면 미국인들의 "대단해/굉장해/놀라워!"(Awesome/Fabulous/Amazing)는 "좋아"(Good)의 뜻, "좋아"(Fine/OK)는 "나빠"(Bad)의 뜻, "어렵지만 도전할 만해"(Challenging)은 "미쳐버리겠다"는 뜻, "연락하고 지내자"는 "잘 가라, 난 너 별로 안 좋아해"의 뜻. "내 친구"(My friend)는

"그냥 지인", "내 절친"(My best friend)은 "내가 좋아하는 지인"이라고 한다.

'영국인들의 속마음 해석'도 있었다. "최대의 존경을 담아…"(With the greatest respect...)의 속뜻은 "너 멍청이 같아"(I think you are an idiot), "매우 용감한 제안이군요"(That is a very brave proposal)의 속뜻은 "너 미쳤구나"(You are insane), "아주 흥미롭군요"(Very interesting)의 속뜻은 "확실

히 헛소리야"(That is clearly nonsense), "거의 동의합니다"(I almost agree)의 속뜻은 "전혀 동의하지 않음"(I don't agree at all), "약간 지적할 부분이 조금 있어요"(I only have

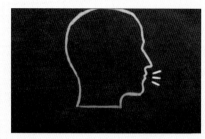

▲ 언어

a few minor comments)는 "전체 다시 써와"(Re-write completely)라는 뜻이라고 한다.

미국인들이 긍정적인 쪽으로 과장해서 말하기 때문에 그들의 말을 깎아 들어야 한다는 해석, 영국인들은 변죽을 울리며 돌려 말하기 때문에 예의를 걷어냈을 때의 진심을 알기 위해서는 행간을 읽어야 한다는 해석이 폭넓게 공감을 얻은 것이다.

초기 미국은 말이 통하지 않는 이민자들이 많아서 서로 오해를 사지 않으려 크게 미소 짓는 문화가 생겼다고도 한다. 영국은 섬나라인 데다가 한 귀족 집안이 같은 영지를 오래 통치하는 환경에서 완곡 화법이 생겼다는 이야기도 있다(천 년이나 일본의 수도였던 교토에서 완곡 화법이 강하게 자리 잡은 것과 비슷하다).

실제로 미국의 월마트가 독일에 진출했을 때, 미국에서 하던 식으로 밝게 미소 지으며 직원들이 손님들에게 인사했더니, 독일 사람들(특히 남자들)이 사적으로 연애 신호를 던지는 것으로 오해해 문제가 많이 발생했고, 결국 그 밝은 미소 정책이 철회된 바 있다.

미국에 살기 시작한 한국인은 매번 밝게 안부를 묻는 문화 때문에 고민에 빠진다고 한다. "한국인들에게는 그 인사가 좀 어색해. 너네 미국인들은 별로 궁금하지도 않으면서 왜 안부를 물어? 내가 정말 안 좋은 일이 있으면 진지하게 각 잡고 내 사정을 털어놔도 돼? 아니면 그럴 때도 그냥 'Good' 하고 넘어가는 게 미국식 예의야?"라고 물어보고 싶은 것이 진심이지만, 그렇게 묻다 보면 하루가 다 갈 것이다.

따라서 어느 시점에 이르면, 왜 처음 보는 사람이 왜 내 안부를 묻는 걸까, 어디까지 대답해야 하는 걸까, 왜 미국 사람들은 항상 '엄청 잘 지낸다'고 답하는 걸까, 등의 실존적인 고민을 포기하고(?) 그냥 영혼 없이 "How are you?"와 "Extremely good"을 남발하는 가면 무도회에 참여하는 기분으로 사는 것이 편할 것이다. 미국식 영어를 쓰는 페르소나를 하나 새로 장착하는 것이다.

마찬가지로 외국인들은 한국에 처음 왔을 때 왜 많은 한국인들이 "밥 먹었어?"라고 묻는지 난감해할 것이다. 하지만 얼마 후에는 이러한 한국어 담화 화용에 적응하여, "밥 먹었어?"를 아무렇지도 않게 묻고 안 먹었어도 "응, 먹었어"라고 대답하게 되는 새로운 페르소나를 갖게 된다.

고맥락-저맥락의 차이

누군가 일을 못한다고 평을 했을 때 충청도에서는 "그래도 애는 착해"라고 말하는데, 이 말의 속뜻을 '맞아. 그 사람 무능해'라고 읽어낼 수 있다고 한다. "지둘려 봐아, 다아 쓸 데 있겠지"라는 말은 무능할 뿐 아니라 못됐다는 의미를 내포한다고 해석하기도 한다. 사람에 대한 최악의 품평은 "갸 원래 그랴"로, 도저히 개선의 여지가 없는 인간 말종을 의미한다고 한다.

기존에 공유하는 맥락이 많기 때문에 문자 그대로의 뜻뿐 아니라 숨어 있는 뜻을 사람들 사이의 관계를 통해 유추할 수 있는 문화를 고맥락 문화, 문자 그대로의 뜻이 액면가로 전해지는 문화를 저맥락 문화라고 한다. 서울은 충청도에 비해 저맥락 사회, 충청도는 서울에 비해 고맥락 사회라고 할 수 있겠다.

고맥락 문화는 '눈치로 감을 잡다', '알아서 긴다', '이심전심', '척 하면 삼천리' 등으로 표현할 수 있다. 저맥락 문화는 제품 설명서처럼 오해의 여지가 없게 직접적이고 상세하게 명시하는 의사소통법을 쓴다. 〈중략〉

출처 : 오마이뉴스(2021. 7. 24.)

(3) Hofstede 비교 문화 모형

네덜란드의 심리학자 Hofstede[1991]는 자신이 IBM에 근무할 당시 70여 개국의 약 10만 명의 IBM 직원들에 대한 설문 조사를 통해서 국가별로 일반화할 수 있는 네 가지 문화적인 차원을 제시하였다. 네 가지 차원은 개인주의-집단주의, 권력 격차, 불확실성의 회피성, 남성다움-여성다움이다. 추후 연구에서 장기 지향성 차원을 추가하였다. 이러한 이분법적 비교는 몇 가지 한계점에도 불구하고 문화 간 차이와 유사성을 쉽게 비교할 수 있어 타문화를 이해하는 데 유용한 것으로 평가받고 있다.

Hofstede 모형은 방법론에 있어 Kluckhohn과 Strodtbeck의 모형이나 Hall의 모형과는 달리 계량적인 분석 방법을 도입하였기 때문에 객관성이 훨씬 높다고 볼 수 있다. 그러나 그가 연구에 선택한 표본이 각 국가의 문화를 대표할 수 있는가와 그가 표현한 차원의 타당성 문제가 제기된다.

① 개인주의와 집단주의 individualism-collectivism

사람들이 얼마나 개인주의적이거나 집단주의적인 성향을 보이는가를 의미한다. 개인주의 사회는 개인의 이익이 집단의 이익 때문에 희생되어서는 안 된다고 생각하는 데 반해, 집단주의 사회는 집단의 이익을 위해서는 언제라도 개인의 이익이 희생될 수 있다고 믿는 문화이다. 이 지수의 점수가 높으면 개인이나 가족의 이익과 안녕에 집중하고 낮으면 사회 전체나 소속 집단에 비치는 자신의 모습에 관심도가 높다. 대체로 아시아 국가들이 점수가 낮고 북미나 유럽 국가들이 높은데, 미국이 91점으로 가장 높고 한국이 18점으로 가장 낮다.

🎈 표 13-2_ Hofstede의 국가별 문화 차이

국 명	개인주의	권력 간의 간격	불확실성의 회피성향	남성 중심의 정도
한 국	18	60	85	39
그리스	35	60	112	57
대 만	17	58	69	45
싱가포르	20	75	8	48
파키스탄	14	55	70	50
미 국	91	40	46	62
일 본	46	54	92	95
영 국	89	35	35	66
독 일	67	35	65	66
프랑스	71	68	86	43
인 도	48	77	40	56
덴마크	74	18	23	16
이스라엘	54	13	61	47
오스트리아	55	11	70	79

* 주 : 각 국가별 점수 분포: 최저 1점에서 최고 120점

출처 : Hofstede, G, H.(1980). Motivation, leadership, and organization: Do American theories apply abroad?. Organizational Dynamics, Summer, pp. 46-49.

② 권력 격차power distance

권력 격차는 사회 내에서 부富와 권력이 불평등하게 배분되어 있다거나 혹은 편중되어 있을 경우 이를 어느 정도 수용하는가를 나타낸다. 권력 격차가 높은 문화에서는 중앙 집권적이며 계층화된 형태의 조직 구조를 가진다. 따라서 권력 격차가 큰 사회에서는 인간 사이의 불평등은 당연한 것으로 여기며 사회 관계는 권위적이다. 반면, 권력 격차가 작은 나라(예 영국)에서는 인간 간의 불평등이 최소한도로 억제되고 권한이 분산되는 경향이 있다. 이 지수의 점수가 높은 나라는 구성원 간의 권력 배분의 차이가 크다는 것을 의미하는데, 한국은 60점으로 평균보다는 높고 북미나 서구 국가들이 낮다.

③ 불확실성의 회피성avoidance of uncertainty

불확실성의 회피는 불확실성에서 오는 두려움을 회피하고자 하는 정도를 말한다. 불확실성에 대한 회피가 강한 사회에서는 초조, 불안 등이 뚜렷하게 나타나기

때문에 법적, 규범적 제도 장치를 마련하여 위험을 줄이고 안정을 기하기 위해 노력한다. 한편, 불확실성을 수용하는 정도가 높은 국가에서는 개인의 독창성, 위험 추구 행동, 그리고 개인의 책임성이 강조된다. 한국은 85점으로 한국 사람들이 불확실하거나 불안정한 상황을 피하고 싶어 하는 성향이 강하다는 것을 의미한다. 이 성향은 한국 사회 특유의 집단주의와 결합해 자기 집단에 순응하지 못하는 사람을 배척하는 소위 '왕따' 문화가 생겨나기도 하였다.오피니언뉴스, 2021.3.17.

④ 남성성과 여성성masculinity-femininity

생물학적 구분을 할 때는 남성male 및 여성female이라는 용어를 사용하지만, 문화적으로 결정되는 사회적 역할에 대해서는 남성적남성성 : masculine 및 여성적여성성 : feminine이란 용어를 주로 사용한다Connell, 1995. 남성적 사회에서는 높은 수입, 타인으로부터 인정, 더 높은 자리로의 승진, 성취감을 주는 도전과 성과 등의 가치를 중요하게 여긴다. 한편 여성적 사회에서는 구성원들과의 원만한 관계, 주변 사람과의 협동, 원하는 곳에서의 주거, 원하는 회사에서 계속 일할 수 있는 고용의 안정성과 같은 배려와 화합 등의 가치를 중요하게 여긴다. 우리나라는 남성성의 지수 점수가 39점으로 조사 국가 76개 중 59위로 비교적 여성성의 가치를 중요하게 여긴다는 것을 알 수 있다.

⑤ 장기 지향성과 단기 지향성long term orientation-short term orientation

장기 지향적인 사회는 신앙이나 전통적인 관습보다는 실제 생활에 유용한 덕목과 장기적인 관점에서의 이익을 추구한다. 단기 지향적인 사회에서는 전통에 대한 존중, 호혜성, 사회적 책임의 준수 등 과거와 현재에 관련된 가치가 중요시된다. 한국은 100점으로 세계에서 가장 실용주의적인 경향을 보이는 나라 중의 하나이다. 미국은 26점으로 한국보다는 더 이념적이고 단기적인 이익에 집중하는 사회라고 할 수 있다. 이는 미국 국민의 높은 애국심, 종교, 동성 결혼과 같은 이념적인 이슈와 함께 단기 이익을 중요시하는 기업 경영의 경향에서 볼수 있다.

(4) 문화의 대중성

(1) 대중 문화

대중 문화와 고급 문화의 구분은 기준점에 따라 다양한 결과가 도출될 수 있다.

두 문화는 문화에 대한 지식, 문화 인식 수준, 그리고 비용접근성을 기준으로 분류할 수 있다. 문화 지식은 문화를 이해하고 참여하는 능력, 즉 지식을 강조하기 때문에 교육 수준이 중요한 요인이 된다. Gans[1974]는 대중 문화와 고급 문화의 차이는 취향의 차이일 뿐이라고 강조하였다. 한편, Gans는 대중 문화를 영어 'mass culture'가 아닌 'popular culture'로 지칭하였다.

일반적으로 대중 문화mass culture는 일반 대중大衆이 부담 없이 즐기는 문화인 동시에 대중이 형성하는 문화이다. 가령, 길거리 공연busking이 벌어지고 있는 거리의 국밥집에서 저녁을 먹고 영화관에서 영화를 보는 것과 같은 것이다. Mass란 원래 단순히 많은 사람을 의미하는 용어로서 근대 사회의 공중public에 대응한 개념이다. 공중의 문화는 품위 있고 가치 있는 어떤 것들인 데 비해, 대중의 문화는 저급하고 깊이가 없는 것으로 비하하는 의미에서 만들어진 개념이다.

오늘날 대중 사회에서 대중은 학력, 계층, 지역, 성별을 구분하지 않는 구성원 대다수를 의미하는 말이 되었다. 이러한 대중이 누리는 대중 문화는 한 사회 내의 특정 집단만이 누리는 독특한 하위 문화가 아니라 불특정 다수가 공유하면서 향유하는 전체 문화가 되었다고 할 수 있다.

(2) 고급 문화

고급 문화는 귀족의 문화적 전통을 이어받아 소수의 지식인이 생산하고 향유하는 문화로 연극이나 발레, 클래식 음악, 순수 미술 등을 들 수 있다Gans, 1974. 예를 들어서 유명 화가의 그림이 걸려 있는 고급 한식 레스토랑에서 저녁을 먹고, 오페라 공연을 보는 것이 고급 문화의 향유이다. 흔히 말하는 '교양' 있는 사람들이 즐기는 문화이다. 한국 사회에서는 무용, 연극, 뮤지컬 등이 고급 문화최샛별·이명진, 2013로 그리고 미술 전시회, 연극, 대중 가요, 영화 등은 대중 문화김선형, 2008로 인식되고 있다.

(5) 문화의 역사성

(1) 전통 문화

문화는 과거와 현재 그리고 미래를 이어주는 가교 역할을 하기 때문에 전통 문화는 현대 문화와 단절된 것이 아니라 연속성을 갖고 있고 현대 사회에서도 적합성을 가지고 있는 문화 유산이다이미혜, 2002. 일반적으로 전통 문화는 여러 세기 또는 수천 년 동안 이어져 내려온 국민성, 믿음, 관습, 가치관을 반영한다. 전통 문화는 우리 생활의 곳곳에 깊게 스며들어 있다. 예를 들면, 우리 민족은 새해가 되면 떡국을 먹고 정월대보름엔 부럼을 깬다. 연날리기, 제기차기, 팽이치기, 윷놀이 등과 같은 다양한 놀이도 있다.

(2) 현대 문화

현대 문화는 오늘날의 문화를 일컫는데, 현대 사회에서 널리 받아들여진 상대적으로 새로운 가치관, 규범, 행동을 반영한다. 전통 문화는 안정성, 지속성, 문화적 정체성을 제공하는 반면, 현대 문화는 진보, 창의성, 개인적 자유를 제공한다. 두 문화 요소를 조화시켜야 사회는 진보적이면서도 전통을 존중하는, 역동적이고 조화로운 사회를 만들 수 있다. 대표적 현대 문화의 예로서 '아이돌idol' 중심의 K-pop이나 K-드라마를 들 수 있다. 이제는 아이돌의 문화가 대중화되어 대중 문화 산업에서 주류의 위치를 차지하고 있다.김호영·윤태진, 2012

제2절 사회 계층의 특성과 분류

사회 계층은 성격, 동기, 가치 등의 면에서 소비자 행동을 분석하려 할 때 큰 의의가 있다. 같은 소득이라 하더라도 직업에 따라 다른 구매 패턴이 작용되고 있다. 사회 계층의 결정 요인으로서 많은 수의 지표를 이용하고 있는데 그중 몇몇은 측정이 가능하나 매우 추상적이고, 또한 몇몇은 다른 지표들보다 더 중요하게 고려되고 있다. 본 절에서는 사회 계층의 의미 및 특징 그리고 사회 계층의 측정 방법에 대해 설명하고자 한다.

1 사회 계층 개념

사회 계층은 사회 내의 개인과 집단을 구분하는 개념으로 그 접근법은 다양하다. 대표적으로 생산 수단의 소유 여부에 초점을 둔 마르크스의 관점과 소득, 직업, 교육 등의 사회 경제적 자원의 보유 수준에 초점을 둔 베버의 관점이 있다이병훈·윤정향, 2006. 한국의 경우, 생산 수단의 소유 여부에 초점을 둔 계급이나 단순한 소비 수준을 의미하는 소득 계층보다는 생활 양식, 교육, 직업 등과 같은 비경제적인 요소 등을 고려하는 베버의 관점이 더 적절하다고 평가받고 있다.조동기, 2006

계층과 유사한 개념으로 계급이 있는데, 계급은 로마 시대에 인구 조사원이 시민들의 재산을 분류하면서 사용한 인구 통계학적 용어로서 라틴어 classis에서 유래하였다Hall, 2011. 계급은 계층과 달리 경제적 속성에 의해 결정되기 때문에 집단 간의 경계가 명료하고 귀속 의식이 강하다이철우, 2017. 한편, 계층은 경제적 자원, 사회 문화적 자원, 정치적 권력의 차이까지 포괄하는 다차원적 개념이다이철우, 2017. 따라서 위에서 언급한 마르크스의 관점에서 사회 계층은 계급을 의미하고 오늘날 사회 계층의 의미는 베버의 관점을 기반으로 한 것이다.변상우, 2018

사회 계층이란 한 사회 내에서 거의 동일한 지위에 있는 사람들로 구성된 집단으로 정의할 수 있다. 동일 계층에 속하는 사람들은 사회적·경제적 특성이 유사하므로 그들의 신념이나 가치, 사고 방식, 교양, 라이프스타일, 행동 양식에 이르기까지 여러 측면에서 유사하다. 어느 사회에서나 구성원들은 다양한 기준에 의해 여러 집단으로 분류되고 분류된 집단들은 다시 계층화됨으로써 결국 어떤 형태로든 사회적 계층이 존재하게 된다.

2 사회 계층의 특성

앞서 설명한 바와 같이 사회 계층은 한 사회 안에서 구별되는 인간 집단을 의미한다. 사회 계층은 피라미드형 구조를 가질 수도 있고 다이아몬드형 구조도 가질 수 있다. 그럼에도 불구하고 인간의 집단은 다음과 같이 몇 가지 특성을 가지고 있다.

(1) 사회적 지위

사회 계층은 사회적 지위를 나타내는데, 지위란 타인에 의해 지각된 사회에서의 개인의 서열을 의미한다. 개인의 사회적 지위는 개인적인 특성, 즉 다른 사람에 대한 영향력의 정도라든가, 권력, 혈통, 학벌, 직업 등에 의해 결정된다. 따라서 권력이 많거나 다른 사람이 존경하는 직업을 가진 사람은 타인에 의해 높은 신분으로 지각되고 사회 속에서 대우를 받게 된다. 소비자들은 이러한 사회적 계층적 의미와 상징 때문에 제품을 구매하기도 한다. 오늘날은 재화의 이용 가능성이 높아져 계층적 의미와 상징성을 띤 제품들이 대중화나 평준화됨으로써 전통적인 지위 상징물들이 계층을 명확하게 나타낼 수 없게 되는 경우가 많다.

(2) 계층적 구조

사회 계층은 상층에서 하층에 이르기까지 몇 단계로 층화되어 있는데, 이는 신분의 고하를 나타내는 신분 구조적 성격을 가지고 있기 때문이다. 따라서 특정 계층에 속하는 사람은 그가 그 계층의 규범이나 행동 양식을 따르고 있지 않다 하더라도 그보다 낮은 계층의 사람들에 의해 자신들보다 높은 신분으로 지각된다. 이는 사회적 집단의 세분 현상이 결과적으로 신분의 계층화를 초래하였음을 의미한다.

(3) 동질성

동일한 계층에 속하는 사람들은 가치관, 사고 방식, 태도, 라이프스타일, 행동 양식 등에 있어 동질성이 많은데, 이는 사회적·경제적 특성이 비슷하기 때문이다. 이를 테면 중류층은 하류층에 비해 좀 더 합리적이고 미래 지향적이며 국가관·사회관이 명확한 반면, 하류층은 국가나 사회보다는 자신이나 가족 중심적이며 단기적인 안목과 사고를 하는 특성이 있다. 따라서 구매 행동을 수행함에 있어서도 중류층이 하류층에 비해 보다 계획적이고 합리적인 것으로 알려져 있다.

(4) 이동성

개인은 특정 계층에 영구히 소속되는 것이 아니라 계층 구조를 따라 신분이 상승하거나 하락할 수 있다. 예를 들어, 외식업 종업원이 성공하여 외식업의 사장이 된다면 계층 구조상 더 높은 단계로 상승하는 예가 된다. 또한, 사회 전체적으로도 그 나라 사회 계층의 특성은 시간과 상황의 변화에 따라 조금씩 변화한다. 2023년 통계청이 실시한 사회 조사 결과에 따르면, 우리 사회에서 노력한다면 본인 세대에서 개인의 사회·경제적 지위가 높아질 가능성즉, 계층적 이동이 높다고 생각하는 사람은 26.4%로 2년 전보다 1.2%p 증가하였다. 그러나 19세 이상 인구 중 자식 세대의 계층 상승 가능성에 대해서 높다고 응답한 사람은 29.1%로 2년 전보다 0.2%p 감소하였다.그림 13-6 참조

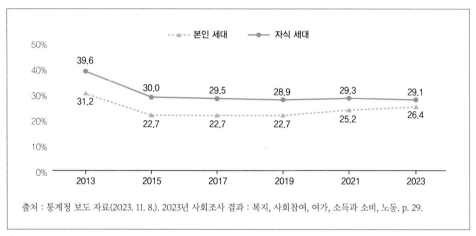

출처 : 통계청 보도 자료(2023. 11. 8.). 2023년 사회조사 결과 : 복지, 사회참여, 여가, 소득과 소비, 노동. p. 29.

그림 13-6_ 우리나라 국민의 계층 이동에 대한 인식

(5) 계층 간 이질성

교육 배경이나 직업, 소득 수준, 라이프스타일이 유사한 동일 계층의 구성원들 끼리는 서로 유대 관계를 가지는 성향이 있지만 다른 계층의 구성원들과는 별로 관계를 가지지 않는다. 이와 같은 계층 간 상호 작용의 제한성으로 인해 마케터들 은 계층 간의 대인적 커뮤니케이션을 통해 제품 구매를 확산시키는 데 어려움이 있다.

3 사회 계층의 측정 방법

사회 계층의 지표로 가장 일반적으로 사용되는 변수로는 직업, 교육, 자산, 소득, 가문, 생활 양식 등이 있다. 그중에서도 직업은 다른 변수의 기본적 속성을 거의 모두 포함하고 있어 만족할 만한 지표로 평가되고 있다. 사회 계층의 측정은 객관적 측정, 주관적 측정, 평가적 측정평정의 세 가지 방법 중 한 가지를 사용한 다.김소영 외, 2008

첫째, 객관적 측정은 일정한 기준에 의해 계층별로 사회 구성원을 분류하는 방 법인데, 직업, 교육, 소득, 가족 배경, 소유 재산 등 개인의 사회적 지위에 영향을 미치는 요인들을 지표로 활용한다. 대표적으로 Warner의 ISC, Coleman-Rain- water의 사회 지위 계층 등이 있다. 각 속성의 평균 점수를 기준으로 사회 계층을

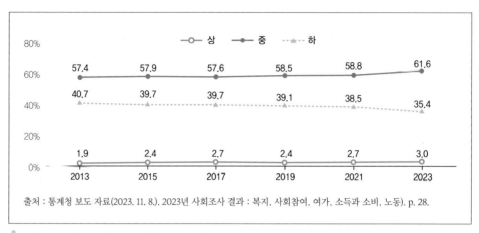

출처 : 통계청 보도 자료(2023. 11. 8.). 2023년 사회조사 결과 : 복지, 사회참여, 여가, 소득과 소비, 노동). p. 28.

그림 13-7_ 우리나라 국민의 사회·경제적 계층 의식

평가하므로 개별 속성은 무시될 수 있고, 속성변수의 선정과 가중치 결정이 주관적이라는 한계점이 있다.

둘째, 주관적 측정은 '자신이 어느 계층에 속한다고 생각하는가?'에 대해 응답자 스스로 평가토록 하는 방법이다. 정확하고 정직하게 응답하지는 않고 일반적으로 애매하면 중류층으로 명시하는 경향이 있어 중류층의 비대 현상을 초래하는 단점이 있다. 주관적 측정의 사례로 매년 통계청에서 실시하는 사회 조사를 들 수 있다. 2023년 사회 조사 결과, 19세 이상 인구 중 자신의 사회·경제적 지위가 '중' 또는 '상'이라고 생각하는 사람은 각각 61.6%, 3.0%로 2년 전보다 각각 2.7%p, 0.3%p 증가한 반면, '하'라고 생각하는 사람은 35.4%로 3.0%p 감소하였다.그림 13-7 참조

마지막으로 평가적 측정법은 평가자에게 자기 자신이 아닌 다른 사람의 사회적 지위를 평가하게 하여 계층 구조를 파악하는 방법이다김병성, 1997. 이 방법의 한계점으로는 사회 구성원들이 서로 잘 알고 있어야 하므로 좁은 지역 사회에서 유효하다는 점이다.

여기서는 사회 계층의 분류 방법인 Warner의 지위 특성 지표, Coleman과 Rainwater의 사회 지위 계층, BBC 계층 분류 방법, 그리고 우리나라의 사회 계층 구조를 살펴본다.

(1) Warner의 지위 특성 지표

사회 계층에 대한 종합 지표들 중에서 가장 넓게 이용되는 지표는 Warner의

지위 특성 지표^{ISC : Index of Status Characteristics}이다. Warner는 1940년대 초 미국 중서부 도시에 대한 사회 계층 연구에서 지위 특성 지표^{ISC}를 개발하였다. 이 지표는 직업, 소득 원천, 주택의 유형, 주거 지역 등 4개 요인을 이용하여 조사하였다. 그는 각 계층 결정 요인을 7단계로 나누어 1점부터 7점까지 부여하여 각 개인의 지위 특성 지수를 최저 12점부터 최고 84점까지 산출하여 점수에 따라 사회 계층을 최하류층에서 최상류층까지 6단계로 구분하였다^{표 13-3 참조}.

표 13-3_ Warner의 지위 특성 지표(ISC)

점 수	직업 (가중치 4)	소득원 (가중치 3)	주택 유형 (가중치 3)	주거 지역 (가중치 2)
1	전문직 대기업의 소유주	상속받은 재산	초호화 저택	대단히 양호
2	준전문직 대기업 임원	본인이 번 재산 소득	고급 주택	양호 : 고급 아파트, 교외의 고급 주택지
3	사무직 근로자	이익과 상속 재산	좋은 집	평균 이상 : 집 주위에 상당한 공간이 있는 주거지, 좋은 조건의 아파트
4	숙련 노동자	봉급	평균적인 집	평균 : 주거 환경이 악화되지 않은 보통 주거 지역
5	소규모 자영업자	임금	보통 집	평균 이하 : 상업 지구화되어 주거 환경이 악화되기 시작한 지역
6	반숙련 노동자	사적인 생계비 보조	나쁜 집	열악한 지역 : 주거 환경이 상당히 악화된 준빈민가
7	비숙련 노동자	정부의 생계비 보조	판잣집	매우 열악한 지역 : 빈민가

* ISC 점수 = (직업 × 4) + (소득원 × 3) + (주택유형 × 3) + (주거지역 × 2)
* 사회 계층의 분류 체계

사회 계층	점수의 범위	인구 분포
최상류층	12~17	1.4%
상류층	18~24	1.6%
중상층	25~37	10.2%
중하층	38~50	28.8%
하류층	52~62	33.0%
최하류층	63~84	25.0%

출처 : Warner, W. L., Meeker, M., & Eells, K.(1960). Social class in America ; A manual of procedure for the measure-ment of socical status. NY : Harper & Row Publishers, p.123.

(2) Coleman과 Rainwater의 사회 지위 계층

Coleman과 Rainwater에 의해 개발된 사회 지위 계층은 인구 통계적 변수와 사회 변화 추세를 반영하여 Warner 지수를 수정·보완한 것이다. Warner 지수와 다른 점은 교육과 직업에 더 많은 비중을 둠으로써 각 계층 간의 파워와 권위의 차이를 명확히 부각시키고자 한 것이다. 또한, 중류층을 중산층과 근로자층으로 세분화함으로써 두 계층 간에 직업과 가치에서 차이가 존재함을 반영하였다.표 13-4 참조

(3) BBC의 사회 계층 분류

영국 BBC 방송국은 계층을 결정하는 전통적 잣대인 경제적 자본소득 등과 교육 수준을 사회적 자본 인맥과 문화적 자본 등을 함께 측정했다. 그 결과 현대 영국 사회는 〈그림 13-8〉처럼 엘리트, 안정된 중산 계층, 기술적 중산 계층 등 7개 계층으로 분류되었다.

신 사회 계층의 특징으로 노동자 계층의 쇠퇴이다. 대신에 '풍족한 신노동자 계층'과 '신흥 서비스 노동자 계층'으로 분화되고 있다. 풍족한 신노동자 계층15%은 도시의 젊은 노동자로서 소득은 중간 수준이지만 사회·문화적 자본 향유도는 높다. 영국 사회에서 두 번째로 높은 비중을 차지하는 신흥 서비스 노동자 계층19%

🏆 표 13-4_ Coleman과 Rainwater의 사회 지위 계층

계층	특징
상류층	• 최상층(0.3%) : 유산으로 물려받아 부자인 '특별한 자본가 계층' 사회, 귀족적 가문 • 상류층(1.2%) : 새로운 사회적 엘리트, 전문 직업인, 기업의 지도자 • 중상층(12.5%) : 대학을 졸업한 관리자 및 전문 직업인 중 나머지 부류
중류층	• 중류층(32%) : 평균 소득의 사무실 근무자 및 이와 비슷한 현장 작업자, '좋은 거주지'에서 살고 있음. '적절한 것을 하려고' 시도함. • 근로 계층(38%) : 평균 소득의 현장 작업자로서 소득, 학교 배경 및 직무에 관계없이 '근로 계층 라이프스타일'을 선도함.
하류층	• 하층(9%) : 일을 함. 복지 혜택을 받지 않음. 생활 수준은 빈곤층보다 높음. '지저분하고 쓰레기 같이'로 판단되는 행동을 함. • 최하류층(7%) : 복지 혜택을 받음. 보기에도 몹시 빈곤함. 거의 일을 하지 않음(또는 '아주 지저분한 일'을 함)

출처 : Coleman, R. O.(1983). The continuing significance of social class of marketing. Journal of Consumer Research, 10(December), p.270.

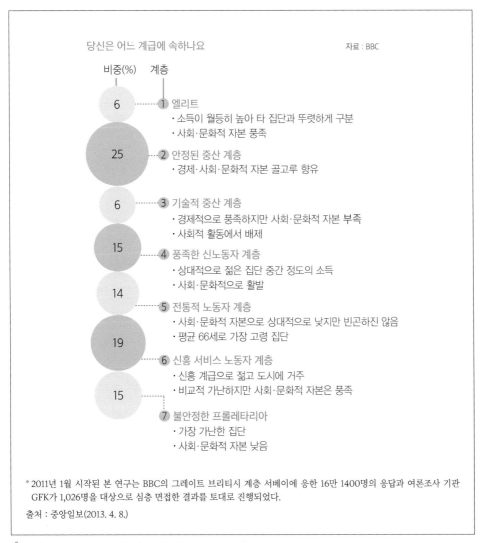

당신은 어느 계급에 속하나요   자료 : BBC

비중(%)   계층

6 ········① 엘리트
· 소득이 월등히 높아 타 집단과 뚜렷하게 구분
· 사회·문화적 자본 풍족

25 ········② 안정된 중산 계층
· 경제·사회·문화적 자본 골고루 향유

6 ········③ 기술적 중산 계층
· 경제적으로 풍족하지만 사회·문화적 자본 부족
· 사회적 활동에서 배제

15 ········④ 풍족한 신노동자 계층
· 상대적으로 젊은 집단 중간 정도의 소득
· 사회·문화적으로 활발

14 ········⑤ 전통적 노동자 계층
· 사회·문화적 자본으로 상대적으로 낮지만 빈곤하진 않음
· 평균 66세로 가장 고령 집단

19 ········⑥ 신흥 서비스 노동자 계층
· 신흥 계급으로 젊고 도시에 거주
· 비교적 가난하지만 사회·문화적 자본은 풍족

15 ········⑦ 불안정한 프롤레타리아
· 가장 가난한 집단
· 사회·문화적 자본 낮음

* 2011년 1월 시작된 본 연구는 BBC의 그레이트 브리티시 계층 서베이에 응한 16만 1400명의 응답과 여론조사 기관 GFK가 1,026명을 대상으로 심층 면접한 결과를 토대로 진행되었다.

출처 : 중앙일보(2013. 4. 8.)

그림 13-8_ BBC에 의한 사회 계층 분류

은 사회적·문화적 자본을 풍부하게 소유하고 있으면서 도시에 거주하는 젊은 신흥 계층이다. 가장 큰 비중25%을 차지하는 안정된 중산 계층은 자본을 골고루 향유하며 도시 외곽의 인구 밀도가 낮은 지역에 거주하는 비율이 높았다.

(4) 우리나라의 사회 계층 구조

우리나라의 사회 계층 구조에 대한 것으로는 통계청에서 행하는 주관적 계층 의식 조사가 있다. 통계청에 의한 사회 계층 분류는 가족 단위로 가구주를 조사

표 13-5_ 우리나라의 사회 계층 구조

계층 분류(6)		특징
상위 및 중상위 계층		고위 임직원, 전문가이면서 종사상의 지위가 자영업자, 고용주, 상용 근로자로써 종사상의 지위와 관계없이 상위 직업군에 속하는 사람
중간층	신중간층	정신적 노동에 종사하는 기능공, 사무 종사자로 종사상의 지위가 고용주에서 일용 근로자에 이르는 사람
	구중간층	서비스와 판매 근로자, 기능원 및 관련 기능원, 장치 기계 조작원이며 자영업자
노동 계층		서비스 및 판매 근로지로서 상용 근로자나 임시, 일용 근로자
농촌 자영자층		농업, 어업 종사자이면서 자영업
하위 계층		농업, 어업 종사자 중 피고용인이거나 단순 노무 근로자
주부 계층		전업 주부

출처 : 김민경 외 6인 (2010). 한국인의 사회 경제적 불평등에 따른 주관적 건강 수준의 차이와 건강 행태 기여 요인 분석. Journal of Preventive Medicine and Public Health, 43(1), 50-61. p.52-53 바탕으로 저자 내용 정리.

대상으로 주관적 방법으로 조사하며, 상상, 상하, 중상, 중하, 하상, 하하의 여섯 계층으로 구분하고 있다.

〈표 13-5〉는 국민건강영양조사에서 김민경 등2010이 선행 연구에 근거하여 사회 계층을 6단계로 분류한 것이다. 상위 및 중상위 계층은 고위 임직원 전문가이면서 종사상의 지위가 자영업자, 고용주, 상용 근로자로서 종사상의 지위에 별 상관없이 상위 직업군에 속하는 사람을 말한다. 중간층은 신중간층과 구중간층으로 분류된다. 신중간층은 주로 정신적 노동에 종사하는 기능공과 사무 종사자들을 그리고 구중간층은 서비스와 판매 근로자, 기능원 및 관련 기능원을 포함한다. 노동 계층은 주로

서비스 및 판매 근로자로서 상용 근로자나 임시, 일용 근로자를 포함한다. 농업·어업 종사자이면서 자영업자를 농촌 자영자 계층으로 그리고 농업·어업 종사자 중 피고용인의 경우와 단순 노무 근로자를 하위 계층으로 분류하였다. 마지막으로, 우리나라 20-64세 여성의 40%를 차지하는 주부 계층을 하나의 계층으로 분류하여 전업 주부에게도 사회 경제적 위치 지표를 적용하였다.

제3절 문화 및 사회 계층과 관광 행동

관광자의 행동에 영향을 미치는 외부 영향 요인 중 가장 범위가 넓은 것이 문화일 것이다. 문화는 한 사회의 성격을 나타내기 때문에 그리고 사회 계층은 관심이나 가치관이 유사한 그룹끼리 형성되기 때문에 개인 혹은 집단의 생활 방식이나 관광 소비 행동에 영향을 미치게 된다. 본 절에서는 문화 및 사회 계층과 관광 소비자 행동 간의 관련성에 대해 살펴본다.

1 문화와 관광 행동

문화는 관광자의 행동에 다양하게 영향을 미친다. 예를 들면, 관광 동기, 정보 탐색, 여행 일정 및 방식, 관광 활동 기간, 서비스 만족도, 재방문 의도 등의 의사 결정 과정에 영향을 미치게 된다. 이에 대한 내용을 살펴보면 다음과 같다.

(1) 관광 동기

문화에 따라 관광 동기가 다르게 나타난다. 예를 들어, 일본 관광객은 지위나 가족 간의 화목 그리고 지식의 동기를 중요시하는 경향이 강하다. 반면, 모험심이 강하고 도전적인 미국인의 경우는 일상 탈출이나 신기성을 더 중요하게 여기는 경향이 높다Kim & Lee, 2000. 중국인과 일본인의 한국 방문의 동기 연구에서, 중국 관광객은 한류 문화 체험과 자신의 사회적 지위 고양 동기에 있어 일본인 관광객들보다 중시하였고, 일본인 관광객들은 한국 전통 문화와 역사에 대한 관심과 같은 동기에서 중국인 관광객들 보다 중시하는 것으로 나타났다.임성택, 2011

(2) 정보 탐색

정보 탐색 행위도 문화의 차이에 따라 다르게 나타난다. 불확실성을 회피하는 경향이 강한 문화에 속해 있는 여행객일수록 리스크를 감수하기 싫어하므로 정보 탐색 시 상업적 정보보다는 친구나 여행사와 같은 커뮤니케이션 채널을 주로 이용한다. 독일 여행객은 관광 목적지 정보를 TV나 라디오를 통해서 주로 획득하

는데 반해 일본인은 여행사로부터 정보를 획득하는 경향이 높다.Money & Crotts, 2003

한편, 정보 탐색에 있어 집단주의와 개인주의 문화 간에도 차이가 존재한다. 한국인이나 일본인은 비즈니스 여행의 경우 여행사나 회사의 여행 담당자, 여행 가이드나 친구로부터 여행 정보를 주로 얻는다. 한편, 개인주의적 성향이 강한 호주 사람들은 주로 관광청이나 항공사 등을 통해 직접적으로 정보를 얻는다.Chen, 2000

(3) 여행 일정 및 방식

일본인이나 미국인은 세밀하게 짜여진 여행을 높이 평가하지만 한국인은 느슨하고 자유롭게 여행을 할 수 있는 여행 스케줄을 선호한다Pizam & Jeon, 1996. 동양인(예 일본인)은 가이드가 있는 패키지 여행을 선호하나 서양인(예 독일인)은 리스크를 무릅쓰고서라도 개인 여행을 선호한다Money & Crotts, 2003. 또한, 일본, 한국, 인도네시아, 중국인과 같은 아시아인들은 모호한 것을 회피하고 다른 사람과의 충돌을 회피하는 경향이 강하지만 호주 관광객들은 모호한 것을 감내하고 다른 사람과의 충돌을 회피하지 않는 경향이 강하다.Reisenger & Turner, 2003

(4) 관광 활동 기간 및 서비스 경험

문화에 따라 관광 활동에 대한 태도도 다르게 나타난다. 예를 들어, 불확실성을 회피하고자 하는 경향이 강한 아시아 관광객(예 일본과 한국)은 대부분 짧은 기간 동안 관광지에 체류하므로 방문하는 관광지의 수가 적으며 그리고 비교적 단체 관광을 선호한다Crotts & Litvin, 2003. 또 다른 연구에서는 미국 방문 일본인의 평균 체류 기간이 약 5일 정도로 평균 14일을 체류하는 독일인보다 약 3배의 차이가 있는 것으로 나타

났다Money & Crotts, 2003. 또한, 미국인 관광객은 고급 서비스와 고급 레스토랑을 선호하나 일본 관광객은 이에 비해 새로운 요리를 먹으려 하지도 그리고 시도하지도 않는 경향이 높은 것으로 나타났다.Seldon & Fox, 1988

(5) 서비스 만족도 및 재방문 영향 요인

관광객의 사후 평가, 즉 만족도나 재방문 의도 또한 문화적 차이에 영향을 받는다. 한국인이나 일본인은 서비스의 적시성 혹은 정시성을 매우 중시하기 때문에 만족도에 미치는 영향이 상대적으로 크다Reisenger & Turner, 2003. 일본인은 관광지 재방문 영향 요인 중 재미와 휴식을 가장 중요하게 고려하나 미국인과 중국 여행객들은 관광지에 대해 더 많이 알고 경험하는 것을 더 중요시한다Caneen, 2004. 문화에 따른 관광 행동의 차이점을 요약하면 〈표 13-6〉과 같다.

표 13-6_ 동서양인의 문화 차이에 따른 관광 행동 비교

주 제	아시안 관광자	서구인 관광자
관광 동기	• 일본인 : 지위, 가족 간 화목, 지식 동기 강함	• 미국인 : 일상 탈출, 신기성 욕구 강함 • 독일인 : 위험 감수 성향
정보 탐색 원천	• 한국인·일본인 : 여행사, 친구, 여행 담당 동료, 여행 가이드의 정보에 의존	• 독일인 : 미디어 광고, 목적지 관광청에 직접 접촉한 정보에 의존 • 호주인 : 관광청이나 직접 항공사로부터 정보 획득
여행 방식과 일정	• 한국인 : 느슨하고 자유로운 여행 일정 선호 • 일본인 : 세밀하고 완벽하게 짜인 계획의 여행 선호 • 중국인 : 안전하고 대규모 그룹 여행 선호 • 공통 : 패키지 투어 선호	• 독일인 : 위험 감수 경향, 렌터카 선호 • 미국인 : 세밀하게 짜인 여행 일정 선호
지역 사회 교류	• 한국인·일본인·중국인·인도네시안 : 다른 사람과 충돌·갈등 회피, 언어적 장벽 상황 회피	• 호주인 : 모호한 것을 감내하고 타인과의 충돌을 회피하지 않음
여행 기간 및 방문 장소	• 비교적 짧은 기간 체류, 방문지 수 적은 편, 여행 동료 많은 편, (미국 방문 일본인) 체류 기간 평균 5일	• 개별 여행 선호, 장기 체류 경향, (미국 방문 독일인) 체류 기간 평균 14일
선호 경험	• 한국인 : 자국 요리 선호, 모험적 활동 선호 • 고급 레스토랑 선호, 집단 활동 선호	• 새로운 경험과 메뉴 선호, 다양한 경험 중시, 개별 활동 선호
서비스 평가 기준	• 한국인·일본인 : 서비스 정시성, 신뢰성, 정중함, 사려 깊은 배려 중시, 외국어에 대한 두려움	• 미국인 : 고유한 경험과 자유로운 선택 중시
재방문 시 기대하는 편익	• 일본인 : 재미와 휴식을 중시 • 중국인 : 관광지에 대해 더 많이 알고 다양한 경험 중시	• 미국인 : 관광지에 대해 더 많이 알고 다양한 경험 중시

출처 : 고동우(2013). 관광심리학. 대왕사. pp. 396.

② 사회 계층과 관광 행동

사회 계층 또한 개인의 태도와 행동에 직접적 영향을 미친다. 예를 들어, 중상층에 속한 사람들은 남부끄럽지 않은 생활에 신경을 쓰게 되어 일상 생활 속에서 상당한 변화를 추구하고 자녀들의 교육에도 중요한 비중을 둔다. 따라서 상위 계층 사람들의 행동을 어느 정도 모방하고 싶어 하는 경향이 나타난다. 구체적으로 사회 계층은 가족 여행, 관광 목적지 선호도, 자기 지각, 그리고 부부 여가 활동 등에 영향을 미친다.

(1) 가족 여행

사회 계층은 가족 여행에 상당한 영향을 미칠 수 있다. 일반적으로 중산층 가족은 관광의 교육적 경험을 중시하기 때문에 관광에 더 많이 참여하게 되지만, 노동 계층은 교육에 대해 똑같은 중요성을 부여하지 않기 때문에 똑같은 식으로 관광에 참여하지 않는 경향이 있다Mayo & Jarvis, 1981. 따라서 여행 상품을 중산층 가정에게 권장할 때는 여행을 교육적 경험으로서의 중요성을 강조하는 것이 바람직하다. 반면 노동 계층에게는 교육 이외의 다른 편익을 강조하거나 가족의 교육 경험이 중요하다는 것을 먼저 확신시키는 것이 필요하다.

(2) 관광 목적지 선호도

각 계층은 서로 다른 형태의 여행 목적지와 관광 대상을 선호한다. 중산층 부모들은 자신들의 자녀들이 역사나 과학에 관해 중요한 것을 배운다는 점에서 여행 경험을 중요시하여 역사적 유적지, 이색적인 풍습, 박물관, 해외 여행, 농촌 관광 등에 많은 매력을 느낀다Sharpley, 1996. 스코틀랜드의 농촌 지역을 방문한 관광객을 조사한 연구에서 전체 방문자의 71%가 중산층, 중하층, 그리고 숙련된 노동자 계층이었다Frochot, 2005. 한편, 하류 계층의 사람들은 친구나 친척 방문 여행에 큰 의미를 두는 경향이 강하게 나타난다.Seaton & Palmer, 1997

좋아하는 레스토랑이나 음식에서도 사회 계층 간 선호도의 차이가 존재한다. 보통 서민층 사람들은 새롭고 진귀한 음식보다는 익숙하고 전통적인 음식을 선호하는 경향이 있다. 반면, 상류층 사람들은 자연 식품을 더 선호하며 정크 푸드Junk food를 최대한 피하는 경향을 보였다.장호찬·라선아, 2008

(3) 자기 지각

사회 계층에 따라서 관광에 대한 개인의 지각은 달라진다. 중산층에 속한 사람들은 보통 하위층에 속한 사람들보다 이 세상에 대해 폭넓은 관점과 그에 대한 사기만의 위상을 가지고 있다고 인식한다. 또한, 국가적 행사나 세계적 사건에 대해 자기 스스로 직접 또는 간접적으로 관련이 있다고 느끼며, 하위 계층보다 외부로부터의 자극에 대해 더 자신감을 가지며 모험적으로 위험에 대처하는 경향이 있다. 결국 중산층은 하위층보다 여행에 더 관심을 갖게 된다고 볼 수 있다. 중산층의 사람들은 또한 연극이나 영화 감상 등의 취미 생활과 자녀의 교육 그리고 여행과 같은 정신적 충만을 도모하는 데 많은 시간을 소비하는 경향이 있다.Berelson & Steiner, 1967

이에 반해 하위층에 속한 사람은 보통 주변 세상에 대해 한계를 쉽게 느끼고 주변 세상을 위협적인 측면에서 지각하고 있다Gans, 1962. 따라서 유럽이나 장거리 목적지로 여행하는 것을 불필요하고 무익하고 흥미 없는 것으로 느낀다. 이런 부류의 사람들은 국내의 익숙한 환경을 갖춘 가까운 곳에서 휴가 여행을 즐기는 것이 대부분이다. 또한, 하위층의 사람들은 경제적 여유가 생기면 여행보다는 값비싼 주방 기구나 가재 도구 등 여러 가지 물건을 구입하려고 한다. 이러한 물건은 경제적 안정을 상징하기 때문에 우선시 된다.

(4) 부부 여가 활동

노동 계층은 중산층보다 남편과 아내의 역할이 분명히 구분된다. 노동 계층의 부인은 자녀의 양육과 같은 일상적인 책임의 대부분을 맡고 있고, 중요한 가정일에 있어서 남편의 동의를 구하며, 그리고 상당히 순종적이다. 자기를 돌봐 주고 정체 의식을 부여해 주는 사람으로서 남편에게 의지하도록 배워왔기 때문이다.Benette & Kassarjian, 1972

노동 계층의 남편은 중산층의 남편과 마찬가지로 가족들과 함께 여가를 즐긴다. 그러나 노동 계층의 남편은 주기적으로 친구 몇몇과 함께 집을 떠나 장기간 여가 활동을 하는 경향이 있는데, 이것이 가장의 남성다움을 확인시켜주는 행위라고 생각하기 때문이다Levy, 1966. 하지만 중산층 부부의 여가 활동에 있어서는 남자들끼리 가끔 낚시나 사냥을 가지만 거의 가족과 함께 휴가 시간을 보낸다.Benette & Kassarjian, 1972

문화 및 사회 계층과 마케팅 전략

문화와 사회 계층은 개인 행동에 직·간접으로 영향을 미치는 제 요인 중 가장 포괄적인 요인이다. 특히, 구매 의사 결정 과정에 영향을 크게 미치기 때문에 마케터는 시장 세분화 및 마케팅 믹스 전략을 적절히 수립해야 한다. 본 절에서는 문화와 사회 계층의 차이에 따른 효과적 마케팅 전략에 대해 학습한다.

1 문화와 마케팅 전략

개인이 속한 문화권이 다르면 그의 집단 관계에 대한 사고 방식 또는 집단 속에서의 질서에 대한 견해마저 달라진다. 따라서 마케터에게 있어서 표적 시장이 어떠한 문화권에 속해 있으며 문화적 가치가 어떻게 변화하고 있는지 세심하게 관찰하지 않으면 안 된다. 여기서는 제품 전략, 가격 전략, 유통 전략, 그리고 촉진 전략을 살펴본다.

(1) 제품 전략

국가 간 소비 패턴이 다르다는 사실은 구매될 수 있는 제품 유형이 다르다는 것을 의미한다. 예를 들면, KFC는 1973년 브라질 시장에 진출하였으나 실패하였는데, 그 이유는 KFC에서 판매하는 치킨이 브라질인들의 식성과 맞지 않는 음식이라는 사실을 무시했기 때문이다. KFC의 이런 실패 사례는 해당 국가의 식습관에 대한 무지에서 나온 것이라고 할 수 있다. 브라질에서는 길에서 판매하는 숯으로 구운 훈제 닭고기가 훨씬 인기있는데, 이는 KFC치킨에 비해 가격이 저렴할 뿐만 아니라 그 사람들의 입맛에 잘 맞기 때문이다.

한편, 색채의 이해도 매우 중요하다. 동일한 색채라도 문화마다 그 의미는 다르게 받아들여지고 있다. 예를 들어, 미국에서는 핑크색을 여성의 색으로 취급하는 경향이 있지만, 다른 많은 나라에서는 노랑색을 그렇게 여긴다. 이란에서는 청색이 조의를 표하는 색으로 인식되지만 극동 지역에서는 흰색이 동일한 상황에서 사용된다. 녹색은 이집트와 시리아의 국가 상징색이므로 제품이나 포장에서 이를 사용하는 것은 국민의 부정적 감정을 유발시킬 수 있다. 중국 문화에서 빨간색은 생명 그리고 자주색은 고급 제품을 나타내기 때문에 광고에 빨간색과 자주색을 많이 사용한다.

유교 문화의 영향을 받은 아시아권 관광객들은 정중하고 신뢰성과 정시성이 있으며 사려 깊게 배려하는 서비스에 대해 높은 가치를 부여한다Wong & Lau, 2001. 또한, 여행 기간 집단 의식을 존중하기 때문에 가능한 범위 내에서 레크리에이션 활동이나 바비큐 파티 등과 같은 집단 활동을 여행 일정에 포함하는 것이 바람직할 수 있다Reisinger & Turner, 2003. 따라서 마케터는 고객의 이러한 욕구를 충족시킬 수 있는 양질의 서비스를 제공해야 한다.

(2) 가격 전략

가격 전략의 수립에 있어서 해당 지역의 경제 여건과 관습을 고려해야 한다. 예를 들어, 개발 도상국은 국민의 평균 소득이 낮기 때문에 소포장 단위의 제품을 개발해 구매에 소요되는 재정적 부담을 낮춰 줄 필요가 있다. 이에 비해 미국의 경우에는 1회에 대량으로 구매하는 구매 패턴을 보이며 또 국민 소득도 높기 때문에 오히려 대포장 단위의 형태로 제품을 판매하는 것이 효과적이다.

(3) 유통 전략

나라에 따라 쇼핑 관습과 유통 패턴이 다르기 때문에 점포 위치나 형태를 결정하는데 마케터는 신중해야 한다. 예컨대, 식료품 구매에 있어 프랑스 주부들은 구멍 가게나 집 근처 슈퍼 마켓을 많이 이용하지만 미국 주부들은 대형 슈퍼마켓을 더 많이 이용한다. 여성 의류의 구매도 프랑스에서는 전문점을 선호하는 데 반해 미국 주부들은 백화점이나 할인점을 더 자주 이용하는 경향이 있다.

(4) 촉진 전략

촉진 프로그램을 개발할 때에는 다른 어떤 마케팅 프로그램 개발 때보다도 문화적 차이에 민감해야 한다. 광고의 경우 매체의 가용성, 매체별 선호도, 메시지의 소구력 등 여러 측면에서 면밀한 분석이 선행되어야 한다. 예컨대, 형식주의나 타인 지향적 가치가 지배적인 사회(예 아시아)에서는 상표의 명성이나 제품의 가시적 가치에 중점을 두어야 하고, 반대로 실용주의 문화가 성숙한 사회(예 유럽)에서는 제품의 실용성이나 실질적 가치를 강조해야 한다.

촉진 커뮤니케이션에 사용되는 언어의 선정에 있어서도 신중을 기해야 한다. 언어는 문화의 신념과 관습을 전달해 주는 수단이다. 상당수의 마케팅 실수가 언어에 대한 이해 부족에서 발생하고 있다. 코카콜라가 중국에 도입되었을 때 점포 소유주들은 'Ke Kou Ke La'라는 단어, 즉 '왁스 올챙이를 씹는다'라고 번역되는 단어로 된 문구로 점포의 간판을 만들었는데 판매를 촉진시킬 가능성이 전혀 없는 것이었다. 그 후 코카콜라는 4만 자의 중국말을 조사하여 실제와 발음이 거의 같게 발음될 뿐만 아니라 '입을 즐겁게 하다'라고 의미하는 'Ko Kou Ko Le'로 변경하였다.

2 사회 계층과 마케팅 전략

사회 계층을 정확하게 측정하는 것이 쉬운 일은 아니다. 하지만 사회 계층에 대한 이해는 여행, 승용차, 외식, 골프 클럽 등 사회 계층 간의 구매 행동에 많은 차이를 보이는 제품들에 대한 마케팅 전략 수립에 유용하다. 사회 계층에 따른 마케팅 전략을 살펴보면 다음과 같다.

(1) 시장 세분화

사회 계층에 의한 세분화는 사회의 구성원들 중에 동일한 가치, 관심 그리고 행동을 공유하는 층으로 세분화하는 것을 의미한다. 일반적으로 사회 계층에 따라 자동차, 의류, 가구, 관광 활동, 독서 습관 등에 대한 선호에 큰 차이를 보인다. 사회 계층은 어떤 하나의 변수에 의해 형성된 것이 아니라 교육 수준, 직업, 소득, 집의 형태, 거주 지역 등의 여러 변수들이 복합적으로 관련되어 있기 때문에 사회적 계층을 명확히 구분하는 것은 쉽지 않다. 마케터는 사회 계층별로 라이프스타일이 다르기 때문에 하나의 특정 계층을 표적 시장으로 선택하여 배타적 마케팅 전략을 구사하는 것이 필요하다.

(2) 제품 전략

사회 계층에 따라서 제품 선택과 제품 사용에는 많은 차이가 있다. 상류층에 의해 주로 구매가 이루어지는 제품들은 해외 여행, 골프, 고급 승용차, 고급 의류, 고급 화장품 등이 있다. 하지만 이들 제품은 중류층이나 하류층에 의해 구매되는 경우도 종종 있다. 마케팅 담당자가 관심을 가장 많이 가지는 집단은 가장 큰 세분 시장인 중류층이다. 상류층은 고가 사치품들의 중요한 표적 시장이 될 수 있지만 시장의 규모가 크지 않아서 대부분의 신제품들은 이 집단에 대한 비중을 높이 두지 않는다. 상류층을 위해서는 고가의 사치품 표적 시장이고 사회적 영향도가 크므로 상징성이 큰 제품 개발을 그리고 중하류층을 위해서는 기능성이 우수한 제품을 소비자에게 제공하여 리스크를 줄여 주는 전략이 중요하다.

(3) 유통 전략

점포 선택과 사회 계층 간에는 깊은 관계가 있다. 소비자들은 일반적으로 어떤 점포의 사회적, 지위적 서열을 생각하고 자신들과 부합되지 않은 것으로 판단되는 점포는 좋아하지 않는다Rich & Jain, 1968. 그 결과 서로 다른 사회 계층의 구성원들은 동일한 제품과 브랜드를 각각 다른 점포에서 구입한다. 예를 들어, 상위 계층 소비자들은 위험하다고 지각되는 제품에 대해서는 일상적으로 이용하는 백화점에서 그리고 위험 지각이 낮은 제품은 할인점에서 쇼핑하는 경향이 있다. 반면에 하위 계층 소비자들은 가장 편안하다고 느끼며 정보를 얻는 데 친절한 판매원들에게 의존할 수 있는 인근의 점포와 할인점에서 쇼핑하곤 한다.Benette & Kassarjian, 1972

(4) 촉진 전략

사회 계층을 가장 잘 이용할 수 있는 부분은 광고이다. 하류층에 속하는 소비자들은 시각적으로 강하고, 활동적이며, 외향적이고, 힘이 있고, 일상 생활의 문제 해결 방식을 제시하는 광고에 더 주의를 기울인다. 그러나 상류층에 속하는 소비자들은 상징적이며 보다 개별적인 분위기, 지위나 자기 표현에 의미 있는 상징이나 대상을 제시하는 광고에 반응을 더 나타낸다. 예를 들어, 미국의 「The New Yorker」나 「Saturday Review」와 같은 잡지는 거의 중산층 이상의 계층이 구독하고 있어 외국 관광지, 국제 항공사, 유람선 등에 관한 광고를 많이 게재하고 있다. 이와는 대조적으로 「Time」, 「Newsweek」, 「Sports Illustrated」와 같은 잡지는 국내 여행 시장을 취급하는 기업 광고를 주로 게재한다 .Mayo & Jarvis, 1981

참고문헌

국문 참고문헌

김민경·정우진·임승지·윤수진·이자경·김은경·고난주(2010). 한국인의 사회 경제적 불평등에 따른 주관적 건강 수준의 차이와 건강 행태 기여 요인 분석. Journal of Preventive Medicine and Public Health, 43(1), 50-61.

김소영·김숙영·김종의·한동여(2008). 소비자 행동의 이해와 마케팅 응용. 형설출판사

김영한·임희정(2003). 스타벅스 감성마케팅. 넥서스

김완석(2000). 광고심리학, 서울 : 학지사

김원수(1990). 마케팅 정보 시스템론. 서울 : 박영사

김인신·조민호(2011). 제주 올레 관광지 속성, 도보 관광객 편익, 그리고 지각된 가치 간 관계 분석-수간-목적 사슬 이론 적용, 관광연구논총, 23(2), p.127-154.

김종의·김소영·임승희·석유미·김소리(2013). 소비자행동론. 형설출판사

김주향(2014). 와인 소비자의 성격 유형에 따른 시장 세분화 연구 : 2단계 군집분석을 적용하여 관광·레저연구, 26(7), 467-484.

김지헌(2012). 소비자의 기억을 잡아라. 갈매나무

박정운·양승룡(2012). 도시가구 소비자의 농식품 구매행태 분석. 한국식품유통학회 2011 동계 학술대회 논문집, p.69-104.

박진영(1997). 가족외식 구매의사결정에 있어서 자녀의 역할에 관한 연구. 관광연구, 24(1), 143-161.

서구원·민형철(2009). 복합문화공간형 유통매장에서의 체험과 소비자 태도. 서울 도시연구, 10(4), 143-158.

성영신·임성호(2000). 브랜드 커뮤니티 활동, 왜 하는가. 광고학 연구, 13(5), 159-175.

손상훈(2024, 3.11). 여행에 도움이 될 심리학 : 여행 기대와 실제 경험의 간극. The Psychology Times. http://psytimes.co.kr/m/view.php?idx=8189&mcode=

송완구(2020). 가족생애주기를 고려한 농어촌민박 활성화 방안 연구. 호텔관광연구, 22(2), 191-203.

안영면(2000). 현대관광소비자 행동론. 동아대학교 출판부

오세진(2009.11.30). '루저' 양산하는 평가 제도, 조직 망친다. 동아비즈니스리뷰 46호, 동아일보

유영주(1984). 한국도시가족의 가족생활주기 설정에 관한 연구. 한국가정관리학회지 2(1). 111-129.

유정림·박동연(2002). 가족생활주기에 따른 외식동기의 차이. 대한지역사회영양학회지, 7(2), 188-198.

이수연(2014). 가족생활주기에 따른 가족 여가스포츠 참여 활동 및 활성화 방안. Journal of Leisure and Recreation Studies, 38(2), 102~113.

이학식·안광호·하영원(2006). 소비자 행동 : 마케팅 전략적 접근(제 4판). 법문사

이학식·안광호·하영원(2007). 소비자 행동 : 마케팅 전략적 접근. 법문사

임봉영·이지호(1996). 외식산업경영론. 형설출판사

임종원·김재일·홍성태·이유재(1999). 소비자 행동론-이해와 마케팅에의 전략적 활용(제2판). 경문사

장호찬·라선아(2011). 관광객 행동론. 방송통신대학교 출판부

한경수(1990). 관광객 행동론. 형설출판사

신문·인터넷

남도일보(2019.10.8.). 식음료업계, 숫자 마케팅으로 브랜드 강점 단번에 알린다. http://www.namdonews.com/news/articleView.html?idxno=543996

내 삶의 심리학(2019.7.9.). 상품과 모델, 어느 쪽이 먼저 나와야 할까? http://www.mind-journal.com/news/articleView.html?idxno=77

네이트뷰(2024.3.27.). 요즘 MZ들이 장악했다는 패키지 여행, 이유가… https://view.nate.com/travel/view/154405/

뉴스투데이(2015.7.13).가장 센 놈과 붙어 이기려는 '2등 전략' 광고. http://www.news2day.co.kr/

뉴시스1(2020.11.20.). 롯데리아, '국가고객만족도 1위' 기념 버거 할인 행사 연다. https://www.news1.kr/articles/?4124777

대한상공회의소 (1993). 소득수준향상에 따른 소비형태변화 및 라이프스타일에 관한 조사 연구, 대한상공회의소

대홍기획 마케팅전략연구소(1999). 한국 사람들: 1989-1999 소비행동 및 라이프스타일 변화. 대홍기획

데일리안(2011.1.8). 호프집 왜 뻥튀기를 공짜로 막 퍼줄까. http://www.dailian.co.kr/news

데일리안(2019.4.22.). 동아제약 박카스 '시작은 피로회복부터'. https://www.dailian.co.kr/news/view/789209/?sc=naver

데일리인도네시아(2023.6.15.). 발리 당국 "외국인 관광객, 무례한 행동 목격하면 즉시 신고하세요" http://dailyindonesia.co.kr/m/page/view.php?no=23220&code=net-fu_64709_77360&d_code=20110809192501_1035&ds_code=

동아비즈니스 리뷰(2013.9.15. 137호). 만지면 중독된다… 촉각 마케팅의 힘

동아일보(2010.7.2). 쉬는 느낌까지 색다른 'W'만의 음악을 느껴보세요. www.donga.com

동아일보(2014.5.14.). 신제품 모험 대신 '리뉴얼 전략'. http://news.donga.com/3/all/20140513/63452185/1

매일경제신문(2012.8.17). 주스도 '강남 스탈'~ 강남 아줌마들 덕에 10배 비싼 착즙주스 불티. http://news.mk.co.kr

매일경제신문(2024.3.17.). 휴양 수영·설경 스키'…사업규모 2조 9천억 달성한 글로벌 리조트 기업의 전략. https://www.mk.co.kr/news/culture/10975366

매일신문(2012.5.26). 알레그로, 때론 포르테… 매장 음악 마케팅의 비밀은. http://www.imaeil.com/

머니위크(2014.3.14.). 성격에 맞는 창업아이템은.. 내성이면 배달, 외형이면 음식점 유리해. http://mnb.moneyweek.co.kr/mnbview.php?no=2014031310328033541

머니투데이(2006.1.5). 펩시가 코카의 아성을 무너트린 비결은. http://www.mt.co.kr/view/mtview.php?type=1&no=2006010510041789858&outlink=1

머니투데이(2010.12.28). 외식 브랜드 첫 인상, 유니폼도 전략! http://mnb.moneyweek.co.kr

머니투데이(2015.2.2). UX, '양은 냄비'에서 배워라. http://news.mt.co.kr

뷰티한국(2012.8.30). 매니아 브랜드, 홈페이지보다 '커뮤니티'가 대세. http://beauty.hankooki.com/

서울경제신문(2024.3.4.). "호텔 회원 가입하고 외식해볼까"…'본전 뽑는' 멤버십 인기. https://www.sedaily.com/NewsView/2D6I6QETPB.

스몰 브랜드 디자인. 가족 여행을 위한 맞춤형 패키지 스몰브랜드와 틈새시장. https://smallbd.com/

시선뉴스(2018.10.18.). 막대한 부를 쌓고 평범한 삶을 사는 2000년대의 엘리트 '욘족'. http://www.sisunnews.co.kr/news/articleView.html?idxno=91762

시티타임스(2023.5.12.). 인생샷'에 진심…인플루언서 앞세운 해외패키지 '완판' 행렬. https://www.citytimes.co.kr/news/articleView.html?idxno=7698

식품외식경영(2022.4.21.). 취향 저격 MBTI 마케팅 열풍. http://foodnews.news/news/article.html?no=503675

식품외식경제(2018.11.29.). 미스터피자, 새 광고 모델 배우 '조보아' 선정. https://www.foodbank.co.kr/news/articleView.html?idxno=55909

식품음료신문(2021.1.18.). 청정원 광고 '야식의 남자들' 조회수 300만 돌파. https://www.thinkfood.co.kr/news/articleView.html?idxno=89918

아시아경제(2010.2.22). 가족 사랑이 최고의 소화제. http://www.asiae.co.kr/news/

아시아경제(2012.1.31). '럭셔리 호텔에서 텐트치고 야외에서 논다?' http://view.asiae.co.kr/

아시아경제(2012.8.22). 패밀리레스토랑, 요즘 매장 평수 줄이는 까닭. http://view.asiae.co.kr/news

아트인사이트(2015.11.24.).컬러마케팅, 마음을 찬란하게 물들이다.http://www.artinsight.co.kr/news/view.php?no=20010

약업신문(2012.4.23.). 간 건강 공신, 1천억 헛개 음료 시장을 잡아라. http://www.yakup.com/news/index.html?mode=view&cat=12&nid=151889

연합뉴스(2012.7.16).'뗏목타고, 농사짓고'… 영동 체험마을'인기'. http://news.naver.com/

연합뉴스(2016.6.20.). "네가 하면 나도 한다"…항공업계 '미투' 마케팅. https://www.yna.co.kr/view/

연합뉴스(2020.6.30.). 성베드로 대성당 유지·보수에도 비리가?…바티칸 경찰 수사 착수. https://www.yna.co.kr/view/AKR20200630214800109

오마이 뉴스(2008.3.16.). 재채기를, 팔뚝으로...미국인의 '세균과의 전쟁'과 독특한 위생 관념. http://www.ohmynews.com/NWS_Web/view/at_pg.aspx?CNTN_CD=A0000855136

오마이뉴스(2021.7.24.). "몸 안 좋아?" 이 질문에 영국인들이 당황하는 이유. https://www.ohmynews.com/NWS_Web/View/at_pg.aspx?CNTN_CD=A0002760730

오피니언뉴스(2021.3.17.). 불확실성 회피성향으로 본 학폭 논란과 코로나 방역. https://www.opinionnews.co.kr/news/articleView.html?idxno=47612

월간 CEO&(2021.3.7.). 갈수록 많아지는 1인 가구 라이프스타일 변화 몰고 오다. https://www.ceopartners.co.kr/news/articleView.html?idxno=11465

월간CEO&(2015.6.1.). 라이프스타일 진화

이데일리(2019.4.4.).인플루엔자보다 강한 영향력 '인플루언서'. https://www.edaily.co.kr/news/read?newsId=01108646622452840&mediaCodeNo=257

이코노믹 리뷰(2011.12.6). "대박 매출 색깔을 찾아라" 기업들 컬러마케팅, '열공.' http://er.asiae.co.kr/

이코노믹리뷰(2019.2.15).그들이 하면, '100만 팔로어'들이 본다 - 우리나라의 인플루언서 마케팅 확장. http://www.econovill.com/news/article

일요서울(2011.8.13). 성적 코드로 유혹하는 프랜차이즈 '벌집삼겹살' 광고. http://www.ilyoseoul.co.kr/news/

제일기획(2007). 유형별로 본 소비자 특성-GROW

조선비즈(2011.9.17). 리조트王이 된 대통령의 아들

조선비즈(2024.7.15.). '탈쿠팡족 잡아라' 요금 인상 임박에 멤버십 손 보는 경쟁사들 https://v.daum.net/v/20240715152346903

조선일보(2008.6.4). 스타 목소리로 소비자의 귀를 잡는다

조세일보(2018.5.21.). 4차산업혁명이 몰고온 소비자 행동의 변화. https://m.joseilbo.com/news/view.htm?newsid=353378#_enliple

佐藤尚之 외(2011). SIPS~소셜미디어 시대의 새로운 소비자 행동 모델 개념도. http://www.dentsu.co.jp/sips/

주간한국(2012.1.25, 2408호). '금남의 벽' 허물고 외모 가꾸기 열중

중앙일보(2010.3.9.). 직접 써보니 …'테스티모니얼 광고' 뜬다. https://news.joins.com/article/4050740

중앙일보(2013.4.8.). 노동자·중산층의 분화 … 현대는 7계급 사회. http://article.joins.com/news/article/article.asp?total_id=11142267&ctg

코메디닷컴(2022.5.1.). 성격별 건강 상태와 질환 위험성 8가지. https://kormedi.com/1395250

통계청 보도 자료(2023. 11. 8.). 2023년 사회조사 결과 : 복지·사회참여·여가·소득과 소비·노동)

한겨레신문(2007.1.12.). 1등은 바뀌지만 '1호'는 영원하다.http://www.hani.co.kr/arti/

한국경제(2012.7.19.). '매스티지 브랜드'의 대표적인 성공사례는…? http://www.hankyung.com/news/

한국경제신문(2009. 10. 9). 증언 광고가 많아진 까닭은. http://www.hankyung.com/news/app/newsview.php?aid=2009100926831

한국경제신문(2012.4.9.). 특이한 브랜드명이 고객의 눈길 끈다. http://kmomnews.hankyung.com/

한국경제신문(2013.2.7). 아웃도어 출혈경쟁시대 막 올랐다. 등산화도 보상판매

한국경제신문(2018.11.6.). 저관여 상품 광고 봇물. https://www.hankyung.com/article/201811064982i

한국경제신문(2020.7.21.). 향기에 취해 지갑 여는 소비자들…향기 마케팅의 세계. https://news.naver.com/main/read.nhn?mode=LSD&mid=sec&sid1=004&oid=050&aid=0000054422

한국경제신문(2022.5.21.). 레고랜드 등 테마파크, 호캉스, 골프 여행…카드사 할인 쏠쏠하네. https://www.hankyung.com/article/2022050261531

한국경제신문(2023.4.25.). "직접 봐라, 즐겨라"… 라이프스타일 관광 뜬다. https://www.hankyung.com/article/2023042513181

한국경제신문(2023.6.5.). "파워 인플루언서 모셔라" 대기업 줄섰다. https://www.hankyung.com/article/2023060511331

한국경제신문(2023.6.7.). 약과·마라…2030 빠져든 '대세 식품' 제조기. https://www.hankyung.com/article/2023060749141

한국경제신문(2024.3.30.). 유럽을 구석구석 누비는 방법 '유레일 패스'. https://www.hankyung.com/article/202403149918K

한국관광연구원(1999). 관광안내정보 시스템 구축방안

한국방송광고공사 (2005). 2005 Media & Consumer Research 소비자 행태조사

한국일보(2012.4.18). 해가 사막으로 숨어들면 실크로드는 꿈을 꾼다. http://news.hankooki.com

한국일보(2017.11.3.).SNS 입소문 좇아 젊은 세대 자유여행 바람. http://www.hankookilbo. com/News

한국정책 신문(2017.714). 나 알아요? 보험사 캐릭터로 친해지기. http://www.kpinews.co.kr/ news/article

헤럴드 경제 신문(2014.9.29.). 우주여행, 해저호텔 10년 후 보편화 된다"…2024 보고서- http://news.heraldcorp.com/view.php?ud=20140929000327&md= 20141002005806_BL

헤럴드경제(2012.8.25). 진지한 여가에도 관심을 기울일 때. http://news.heraldcorp.com/

헤럴드경제(2022. 10.25). 빙하속 '고대 바이러스' 지구 덮칠 수 있다? "야생동물 감염 가능성". https://biz.heraldcorp.com/view.php?ud=20221025000650

헤럴드경제신문(2016.10.7.). 뇌파로 맛 진단…日, 최첨단 미각 마케팅. http://pop.heraldcorp. com/

헬스조선(2024. 5. 17)스 혈당 봐주는 의사 동행… '밀당365 크루즈' 성료

KB 지식 비타민(2018,10. 79호). 인플루언서 마케팅과 SNS커머스의 성장

Klaus Schwab (2016). 「클라우스 슈밥의 제4차 산업혁명」, 새로운 현재

MTN뉴스(2023.4.21.). 이스타항공, 김포-제주노선 '5월 가정의 달' 할인. https://news.mtn. co.kr/news-detail/2023042110370959760

THE PR News(2013.1.8.). 오리온 초코파이의 이유 있는 변신. http://www.the-pr.co.kr/ news/articleView.html?idxno=7292

해외 참고문헌

Aaker, D. A.(1996), Building strong brands. NY : The Free Press.

Aaker, D. A.(1997). Should you take your brand to where the action is? Harvard Business Review, 745(5), 135-142.

Aaker, D. A., & Joachimsthaler, E. A.(2000). Brand leadership. NY: The Free Press.

Aaker, D. A., Batra, R., & Myers, J.G. (1992) Advertising management. 4th ed. Englewood Cliffs, NJ: Prentice Hall.

Achenbaum, A. A.(1972). Advertising doesn't manipulate consumers. Journal of Advertising Research, 12(2), 3-13.

Ackoff, R. L., & Emshoff, J. R. (1975). Advertising research at Anheuser-Busch Inc.(1963-1968). Sloan Management Review, 16(Winter), 1-15.

Adams, J.S. (1965). Inequity in social exchange. In L. Berkowitz (Ed.), Advances in experimental social psychology (Vol. 2) (pp. 267-299). New York: Academic Press.

Ajzen, I.(1985). From intentions to actions: A theory of planned behavior. In J. Kuhl & J. Beckman(Eds.), Action-Control: From cognition to behavior(pp. 11-39). New York: Springer.

Ajzen, I (1991). The theory of planned behavior. Organizational Behavior and Human Decision Processes, 50. 179-211.

Ajzen, I. & Fishbein, M.(1980). Understanding attitudes and predicting social behavior. Englewood Cliffs, NJ : Prentice-Hall.

Ajzen, I., & Thomas J. Madden. (1986). Prediction of goal directed behavior: Attitudes, intentions, and perceived behavioral control. Journal of Experimental Social Psychology, 22, 453-474.

Alderfer, C. (1969). An empirical test of a new theory of human needs. Organizational Behavior and Human Performance, 4, 142-175.

Allport, G. W.(1931). What is a trait of personality? The Journal of Abnormal and Social Psychology, 25(4), 368-372.

Allport, G. W.(1935). Attitudes. In C.A. Murchinson,(ed), A Handbook of social Psychology, Worcester, MA : Clark University press).

Allport, G. W.(1937). Personality : A psychological interpretation. New York: Holt, Rinehart, & Winston.

Assael, H.(1984). Consumer behavior and marketing action(2nd ed.). Boston, Massachusetts : Kent Publishing Company.

Assael, H.(1992). Consumer behavior and marketing action(4th ed.). Boston : Kent Publishing Company.

Assael. H.(1995). Consumer behavior and marketing action(5th ed.). Cincinnati, Ohio : South Western College Publishing.

Azen, I.(1991). The theory of planned behavior. Organizational Behavior and Human Decision Processes, 50, 179-211.

Babin, B., Darden, W., & Griffin, M.(1994). Work and/or fun : Measuring hedonic and utilitarian shopping value. Journal of Consumer Research, 20, 644-656.

Balogu, S., & Uysal, M.(1996). Market segments of push and pull motivations : A canonical correlations approach. International Journal of Contemporary Hospitality Management, 8(3), 32-38.

Bandura, A.(1977). Social learning theory. New York : General Learning Press.

Bargeman, B., Joh, C. H., & Timmermans, H.(2002). Vacation behavior using a sequence alignment method. Annals of Tourism Research, 29(2), 320-337.

Barkman, H. W., & Gilson, C. C.(1978). Consumer behavior : Concept and strategies. California : Dickonson Publishing Company.

Baron, R. A., & Byrne, D.(1977). Social psychology : Understanding Human Interaction(2nd ed.). MA : Allyn and Bacon Inc.

Bearden, W. O., & Etzel, M. J.(1982). Reference group influence on product and brand purchase decision. Journal of Consumer Research, 9, 183-194.

Bech-Larsen,T., & Nielsen, N. A.(1999). A comparison of five elicitation techniques for elicitation of attributes of low involvement products. Journal of Economic Psychology, 20, 315-341.

Belk, R. W.(1974). An exploratory assessment of situational effects in buyer behavior. Journal of Marketing Research, 11(2), 156-163.

Bem, D. J.(1970). Beliefs, attitudes, and human affairs. Belmont, Calif.: Brooks/Cole.

Bem, D. J.(1972). Self-perception theory. In L. Berkowitz (Ed.), Advances in Experimental Social Psychology(Vol. 6, pp.1-62). New York : Academic Press.

Benette, P., & Kassarjian, H. H.(1972). Consumer behavior. Englewood Cliffs, New Jersey : Prentice Hall, Inc.

Berelson, B., & Steiner, G. A.(1967). Human behavior. New York : Harcourt, Brace & World, Inc.

Bernay, E. K.(1970). Emerging lifestyles and their effect on the travel market. Proceedings of the First Annual Conference, Salt Lake City : Travel Research Association.

Bettinghaus, E. P., & Cody, M. J.(1987). Persuasive communication. Fort Worth, TX : Harcourt Brace Jovanovich College Publishers.

Bitner(1992). Servicescapes : The impact of physical surroundings on customers and employees. Journal of Marketing, 56(April), 57-71.

Blackwell, R. D., Miniard, P. W., & Engel, J. F.(2001). Consumer behavior(9th ed.). Southwestern, Thomson Learning.

Bloch, P. H.(1981). A conceptual and empirical analysis of consumers' involvement with products. Unpublished Doctor Dissertation, University of Texas at Austin.

Bloch, P. H., & Richins, M. L.(1983). A theoretical model for the study of product importance perceptions. Journal of Consumer Research, 47(Summer), 69-81.

Botha, C., Compton, J., & Kim, S.(1999). Developing a revised competitive position for Sun/Lost city, South Africa. Journal of Travel Research, 37, 341-352.

Brown, T. J.(1999). Antecedents of culturally significant tourist behavior. Annals of Tourism Research, 26(3), 676-700.

Caneen, J. M.(2004). Cultural determinants of tourist intention to return, In Crouch, G.I., Perdue, R.R., Timmermans, H.J. & Uysal, M. (eds), Consumer Psychology of Tourism, Hospitality and Leisure. Wallingford, Oxfordshire : CABI Publishing.

Cattell, R. B.(1946). Confirmation and clarification of primary personality factors. Psychometrika, 12, 197-220.

Cattell, R. B. (1965). The scientific analysis of personality. Baltimore, MD: Penguin.

Chen, J. S.(2000). Cross-cultural differences in travel information acquisition among tourists from three Pacific-rim countries. Journal of Hospitality & Tourism Research, 24(2), 239-251.

Cherry, E.C.(1953). Some experiments on the recognition of speech, with one and with two ears. The Journal of the Acoustical Society of America. 25(5), 975–79.

Cohen, D. C.(1981). Consumer behavior, Random House, inc.

Cohen, J. B.(1967). An interpersonal orientation to the study of consumer behavior. Journal of Marketing Research, 4(August), 270-278.

Cohen, S.A., Prayag, G., & Moital, M.(2013). Consumer behaviour in tourism: Concepts, influences and opportunities. Current Issues in Tourism, 17(10), 1-38.

Coleman, R. O.(1983). The continuing significance of social class of marketing. Journal of Consumer Research, 10(December), 265-280.

Connell, R.W.(1995). Masculinities. Cambridge : Polity Press.

Cook, R. A., Yale, L, J., & Marqua, J(2006). Tourism : The business of travel(3rd ed.), p.44.

Crompton, J. L.(1979). Motivations for pleasure vacation. Annals of Tourism Research, 6(4), 408-424.

Crotts, J. C., & Litvin, S. W.(2003). Cross-cultural research : Are researchers better served by knowing respondents' country of birth, residence? Journal of Travel Research, 42(Nov.), 186-190.

Darden, W. R., & Perreault, D. D.(1975). A study of vacation lifestyle, marketing travel and tourism. Proceedings of the Seventh Annual Conference, Salt Lake City : Travel Research Association, pp.231-236.

Decrop, A.(2006). Vacation decision making. Wallingford, Oxfordshire: CABI Publishing.

Decrop, A., & Snelders, D.(2004). Planning the summer vacation : An adaptable process. Annals of Tourism Research, 31(4), 1008-1030.

Dutta-Bergman, M.J., & Wells, W. D.(2002). The values and lifesyles of Idocentrics and Allocentrics in an individualist culture : A descriptive approach. Journal of Consumer Pyschology, 12(March), 231-242.

Edwards, A. L.(1957). Edwards Personal Preference Schedule manual. New York : Psychological Corp.

Engel, F., Blackwell, R. D., & Miniard, P.W(1995). Consumer behavior(8th ed.). The Dryden Press.

Engel, J. F., & Blackwell, R. D.(1982). Consumer behavior(4th ed.). New York : The Dryden Press.

Engel, J. F., Blackwell, R. D., & Kollat, D. K.(1978). Consumer behavior(3rd ed.). Dryden press, Hinsdale, IL.

Engel, J. F., Blackwell, R. D., & Miniard, P. W.(1986). Consumer behavior(5th ed.). The Dryden Press.

Engel, J. F., Blackwell, R. D., & Miniard, P. W.(1993). Consumer behavior(7th ed.). The Dryden Press.

Evans, F. B.(1959). Psychological objective factors in the prediction of brand choice : Ford versus Chevrot. Journal of Business, 32, 340-369.

Eysenck, H. J.(1944). Types of personality: A factorial study of 200 neurotic soldiers. Journal of Mental Science, 90, 851-861.

Festinger, L. A.(1957). Theory of cognitive dissonance. California : Stanford University Press.

Festinger, L.(1953). A theory of cognitive dissonance. Stanford, CA : Stanford University Press.

Fishbein, M.(1963). An investigation of relationships between beliefs about an object and the attitude toward that object. Human Relations, 16, 233-240.

Fishbein, M., & Ajzen, I.(1975). Belief, attitude, intention, and behavior: An introduction to theory and research. Reading, Massachusetts: Addison-Wesley.

Formica, S., & Uysal, M.(1998). Market segmentation of an international cultural-historical event in Italy. Journal of Travel Research, 36(4), 16-24.

Frochot, I.(2005) A benefit segmentation of tourists in rural areas : A Scottish perspective. Tourism Management, 26(3), 335-346.

Galanter, E.(1962). Contemporary psychophysics, In New Directions in Psychology(eds.), R. Brown et al., Holt, New York : Rinehart, Winston.

Gans, H. J.(1962). The urban villagers. New York : The Free Press.

Gans, H. J.(1974). Popular culture and highculture : An analysis and evaluation of taste. Basic Books.

Gilbert, D. C.(1991). Consumer behavior in tourism. In C. P. Cooper (Ed.), Progress in tourism, recreation and hospitality management, Vol. 3: 78-105. Lymington, Hants, UK: Belhaven Press.

González, A. M., & Bello, L.(2002). The construct lifestyle in market segmentation: The behaviour of tourist consumers. European Journal of Marketing, 36(1/2), 51-85.

Gorn, G. J.(1982). The effects of music in advertising on choice behavior: A classical conditioning approach. Journal of Marketing, 46, 94-101.

Gutman, J. (1991), Exploring the linkage between consequences and values, Journal of Business Research, 22, 143-149

Gutman, J. (1997), Means-end chains as goal hierarchies, Psychology & Marketing, 14, 6, 545-560,

Hall, E. T.(1976), Beyond culture, New York, N.Y; Anchor Press-Doubleday.

Hawes, D. K.(1978). Empirically profiling four recreational vehicle marketing segments. Journal of Travel Research, 16,

Hawkins, D. I., Best, R. J., & Coney, K. A.(2004). Consumer behavior : Building marketing strategy(9th ed.). New York, NY, McGraw-Hill.

Hawkins, D. I., Best, R. J. & Coney, K. A.(1992). Consumer behavior : Implications for marketing strategy. Richard D. Irwin, Inc.

Hawkins, D. I., Coney, K. A., & Best, R. J.(1980). Consumer behavior. Dallas : Business Publications, Inc.

Hearst, E.(1999). After the puzzle boxes: Thorndike in the 20th century. Journal of the Experimental Analysis of Behavior, 72, 441-446.

Heider, F.(1946). Attitudes and cognitive organizations. Journal of Psychology, 21(Jan.), 107-112.

Hellriegel, D., Slocum, J..W., & Woodman, R.W.(1998). Organizational behavior(8th ed.). Southwestern College Publishing, Cincinnati, Ohio.

Hergenhahn, B. R.(1988). An introduction to theories of learning. Prentice Hall.

Herrington, J. D., & Capella, L. M. (1996). Effects of music in service environments: A field study. The Journal of Services Marketing, 10, 26-41.

Herzberg, F.(1966). Work and the nature of man. Cleveland: World Publishing Co.

Hofstede, G, H.(1980). Motivation, leadership, and organization: Do American theories apply abroad?. Organizational Dynamics, Summer, pp. 42-63.

Hofstede, G, H.(1991). Cultures and organizations : Software the mind. England : McGraw - Hill Book Company.

Hogarth, R.(1987). Judgement and choice(2nd ed.). John Wiley & Sons Inc.

Holbrook, M. B., & Hirchman, E.(1982), The experiential aspects of consumption : Fantasies, feelings, and fun. Journal of Consumer Research, 9, 132-140.

Holbrook, M. B.(1983). Using a structural model of halo effect to assess perceptual distortion due to affective overtones. Journal of Consumer Research, 10(2), 247-252.

Homer, P. M. (1995). Ad size as an indicator of perceived advertising costs and effort: The effects on memory and perceptions. Journal of Advertising, 24(4), 1-12.

Hornik, J.(1992). Tactile stimulation and consumer response. Journal of Consumer Research, 19(December), 449-458.

Hosany, S., &d Witham, M.(2009). Dimensions of cruisers' experiences, satisfaction and intention to recommend. Working paper series SoMWP-0905, School of management, Royal Holloway University of London.

Houston, M. J., & Rothschild, M. L.(1978). Conceptual and methodological perspectives on involvement. In: Hunt, H.K. (Ed.), Advances in Consumer Research 5, Ann Arbor MI : Association for Consumer Research, pp.184-187.

Howard, D. R., & Madrigal, R.(1990). Who makes the decision : The parent or the child?: The perceived influence of parents and children on the purchase of recreation services. Journal of Leisure Research, 22(3), 244-258.

Howard, J. A., & Sheth, J. N.(1969). The theory of buyer behavior. New York : John Wiley & Sons Inc.

Howard, J. A., & Sheth, J. N.(1973). A theory of buyer behavior, Harold H. Kassarjian, and Thomas S. Robertson(eds.), Perspective in consumer behavior, rev. ed., Glenview, ILL. : Scott, Foresman and Company.

Hudson, S., & Gilbert, D.(1999). Tourism constraints: The neglected dimension in consumer behaviour research, Journal of Travel & Tourism Marketing, 8, 69-78.

Hunziker, W., & Kraft, K. (1942). Grundriss der Allgemeinen Fremdenvekebrslebere, Zurich: Polygraphischer Verlag A. G. Schëlern(1911). NA.

Iso-Ahola, S. E.(1980). The social psychology of leisure and recreation. Duguque, IA: Wm C. Brown Company Publisher

Jary, D., & Jary, J.(1991). Social structure, in The Harper Collins Dictionary of Sociology.

Jenkins, R. L.(1978). Family vacation decision making. Journal of Travel Research, 16(4), 2-7.

Jennings, G. R., & Weiler. B. (2006). Mediating meaning: Perspectives on brockering quality tourism experiences. In G. R. Jennings & N. Nickerson (Eds.), Quality tourism experiences (pp. 57-78). Burlington, MA: Elsevier

Jurowski, C.(2009). An examination of the four realms of tourism experience theory. Paper presented at the 2009 ICHRIE Annual Conference & Marketplace Schedule. 28 July -1 August 2009.

Kardes, F. R.(2002). Consumer behavior and managerial decision making(2nd ed.). Prentice Hall, Inc.

Kassarjian, H. H.(1971). Personality and consumer behavior : A review. Journal of Marketing Research, 8(November), 409-418.

Katona, G.(1960), The powerful consumer. New York : McGraw-Hill Book Co.

Katz. D.(1960). The functional approach to the study of attitudes. Public Opinion Quarterly, 24, 163-204.

Keiman, H. C.(1961). Three processes of social influence. Public Opinion, Quarterly, 25, 57-78.

Kellaris, J. J., & Cox, A. D.(1989). The effects of background music in advertising : A re-assessment. Journal of Consumer Research,16, 113-118.

Kelley, S., & Mirer, T.W.(1974). The simple act of voting. American Political Science Review, 68(2), 572-591.

Kenebel, H. J.(1960). Soziologisbe struckturwandlungen im modernen tourismus. Stuttgart Enke.

Khler, E.(1926). Die Pers nlichkeit des dreija¨ hrigen Kindes. Leipzig: Verlag von S. Hirzel.

Kim, C., & Lee, S.(2000). Understanding cultural differences in tourism motivation between Anglo-American and Japanese tourists. Journal of Travel and Tourism Marketing, 9(1/2), 153-170.

Kim, H. J., Shin, K. H., & Umbreit, W. T.(2007). Hotel job burnout : The role of personality characteristics. International Journal of Hospitality Management, 26, 421-434.

Kim, J, Allen, C. T., & Kardes, F. R.(1996). An investigation of the mediational mechanisms underlying attitudinal conditioning. Journal of Marketing Research. 133, 318-328.

Kim, N., & Chalip, L.(2004). Why travel to the FIFA World Cup? Effects of motives, background, interest, and constraints. Tourism Management, 25, 695-707.

Kimble, GA (1961) Hilgard and Marquis' conditioning and learning(2nd ed.) New York: Appleton-Century-Crofts.

Kluchohn, F., & Strodbeck, F.(1961). Variations in value orientations. Evanston, IIIinois : Row, Person & Co.

Kotler, P, Armstrong, G, & Cunningham, P. H.(2005). Principles of marketing(6th Canadian ed.) Toronto, Ontario: Pearson Prentice Hall.

Krugman, H.(1965). The impact of television advertising : Learning without involvement. Public Opinion Quarterly, 29, 349-356.

LaPiere, R., T.(1934). Attitudes vs. actions. Social Forces, 13(2), 230-237.

Laurent, G., & Kapferer, J.(1985). Measuring consumer involvement profiles. Journal of Marketing Research, 22, 41-53.

Lawson, R.(1991). Patterns of tourist expenditure and types of vacation across the family life cycle. Journal of Travel Research, 29(Spring), 12-18.

Lawson, R., Thyne, M., Young, T., & Juric, B.(1999). Developing travel lifestyles: A New Zealand example in Pizam, A. and Y. Mansfeld Consumer Behaviour in Travel and Tourism, The Haworth Hospitality Press, New York.

Lazer.W.(1963). Lifestyle concepts and marketing, In toward scientific marketing, ed., S.A. Greyer, Chicago, IL : American Marketing Association.

Lee, C., K. C., & Beatty, S. E.(2002). Family structure and influence in family decision making. The Journal of Consumer Marketing, 19(1), 24-41.

Lee, C., Lee, Y., & Wicks, B. E.(2004). Segmentation of festival motivation by nationality and satisfaction, Tourism Management, 25, 61-70.

Levy, S. J.(1966). Social class and spending behavior, in On Knowing the Consumer, ed., J.W. Newman, New York : John Wiley & Sons, Inc.

Lewin, K.(1940). The background of conflict in marriage, in Gertrude Weiss Lewin (ed.) Resolving Social Conflicts: Selected Papers on Group Dynamics, London: Souvenir Press (Education and Academic Ltd), 1948.

Linton, R.(1947). The cultural background of personality. Routledge & Kegan Paul Ltd., London.

Litvin, S. Xu, G., & Kang, S.(2004). Espousal vacation-buying decision marking revisited across time and place. Journal of Travel Research, 43, 193-198.

Lovelock, C., Wirtz, & Chew, P.(2009). Essentials of service marketing. Prentice Hall.

Mackenzie, S., & Spreng, R. A.(1992). How does motivation moderates the impact of central and peripheral processing on brand attitudes and intentions. Journal of Consumer Research, 18(March), 519-528.

Malsow, A.H.(1970). Motivation and personality(2nd ed.). NY : Harper & Row.

Matillar, A. S.(1927). Consumer behavior research in hospitality and tourism journals. International Journal of Hospitality Management, 23, 449-457.

McCarthy, E. J.(1993). Basic marketing(11th ed.). Homewood, IIIinois : Richard D. Irwin, Inc.

McClelland, D. C. (1961). The achieving society. New York: The Free Press.

McCrae, R. R., & Costa, P. T.(1987). Validation of the Five-Factor Model of personality across instruments and observer. Journal of Personality and Social Psychology, 52, 81-90.

McIntosh, R. W., & Goeldner, C. R.(1990). Tourism: Principles, practices, philosophies (6th ed.). N.Y : John Wiley & Sons, Inc.

McIntosh, R. W., Goeldner, C. R., & Ritchie, J. R. B. (1995). Tourism : Principles, practices, philosophios(7th ed.). New York : John Wiley & sons. Inc.

Mehmetoglu, M., & Engen, M.(2011). Pine and Gilmore's concept of experience economy and its dimensions: An empirical examination in tourism. Journal of Quality Assurance in Hospitality & Tourism 12(4), 237-255.

Meyer, C., & Schwager, A.(2007). Understanding customer experience. Harvard Business Review(February) 117-126.

Middleton, V., & Clarke, J.(2001) Marketing in travel and tourism(3rd ed.), Elsevier, Oxford.

Mill, R. C., & Morrison, A. M.(1992). The tourism system. Prentice Hall, Inc., N.J.

Mill, R. C., & Morrison, A. M.(1998). The tourism system(3rd ed.). Dubuque, IA : Kendal/Hunt Publishing Company.

Milliman, R. E.(1986). The influence of background music on the behavior of restaurant patrons. Journal of Consumer Research, 13, 286-289.

Mitchell, D. J., Kahn, B. E., & Knasko, S. C.(1995). There's something in the air : Effects of congruent or incongruent ambient odor on consumer decision making. Journal of Consumer Research, 22(September), 229-238.

Mizerski, R. W., Goldin, L. L., & Kerman, J. B.(1979). The attributional process in consumer decision making. Journal of Comsumer Research, 6(September), 123-140.

Money, R. B., & Crotts, J. C.(2003). The effect of uncertainty avoidance on information search, planning and purchases of international travel vacations. Tourism Management, 24, 191-202.

Muniz, A. M., & O'guinn, T. C.(2001). Brand community. Journal of Consumer Research, 27, 412-432.

Munter, M.(1993). Cross-cultural communication for managers. Business Horizons, 36(3), 69-78.

Murphy, P. E., & Staples, W. A.(1979). A modernized family lifecycle. Journal of Consumer Research, 6, 12-22.

Naknishi, M., & Bettman, J. R.(1974). Attitude models revisited : An individual level analysis. Journal of Consumer Research, 1(3), 16-21.

Nevis, E.C.(1983). Using an American perspective in understanding another culture; Toward a hierarchy of needs for the peoples republic of China. The Journal of Applied Behavioral Science, 19, 249-264

Nicolas, C. M., & Snepenger, D. J.(1999). Family decision making and tourism behaviors and attitudes. In A Pizam & Mansfeld(eds.), Consumer Behavior in Travel and Tourism, pp.135-148. Binghamton, N.Y : The Haworth Hospitality Press.

Nicosia, F. M.(1964). Opinion leadership and flow of communication : Some problems and prospects. Proceedings, Fall Conference American Marketing Association, p.355.

Nicosia, M. N.(1966). Consumer decision process : Marketing and advertising implications, Enlewood Cliffs, NJ. : Prentice Hall, Inc. p.156.

Nielsen(2019). Global trust in advertising. Nielsen, report. Retrieved from http://www.nielsen.com.

Nisbctt, R. E., & Wilson, T. D.(1977). Telling more than we can know: Verbal reports on mental processes. Psychological Review, 84, 231-259.

Nolan, M. L.(1971). A qualitative study of family travel patterns. Unpublished paper, Recreation and Parks Department, Texas A & M University.

Oglivie, F. W. (1933). Tourist movement.

Oliver, R. L.(1980). A cognitive model of the antecedents and consequences of satisfaction decision. Journal of Marketing Research, 17(Nov.), 460-469.

Oliver, R. L.(1997). Satisfaction : A behavioral perspective on the consumer. N.Y. : The McGraw Hill Companies, Inc.

Osgood, C. E., & Tannenbaum, H.(1955). The principle of congruity in the prediction of attitude change. Psychological Review, 62, 42-55.

Park, C. W., & Lessig, V. P.(1977). Students and housewives : Differences in susceptibility to reference group influence. Journal of Consumer Research, 4(september), 102-109.

Pendergrast, M.(1993). For God, country and Coca-Cola. New York : Charles Scribner's Sons.

Peter, J. P., & Olsen, J. C.(1987). Consumer behavior : Marketing strategy perspectives. Irwin.

Peter, J. P., & Olson, J.(2002). Consumer behavior and marketing strategy(6th ed.). Mc-graw-Hill.

Petty, R. E., & Cacioppo, J. T. (1986). Communication and persuasion: Central and peripheral routes to attitude change. New York: Springer-Verlag, in press.

Petty, R. E., Cacippo, J. T., & Schumann, D.(1983). Central and peripheral routes to advertising effectiveness : The moderating role of involvement. Journal of Consumer Research, 10, 134-148.

Pine, B. J., & Gilmore, J. H.(1998). Welcome to the experience economy. Harvard Business Review, 76(4), 97-105.

Pizam, A., & Jeon, G.(1996). Cross-cultural tourist behavior : Perceptions of Korean tour guides. Tourism Management, 17(4), 277-286.

Pizam, A., & Mansfeld, Y.(2000). Consumer behavior in travel and tourism : Routledge.

Plog, S.(1972). Why destination areas rise and fall in popularity. Cornell Hotel Restaurant Administration Quarterly, 14(Feb.), 55-58.

Plog, S.(1974). What destination areas rise and fall in popularity. Cornell Hotel and Restaurant Administration Quarterly, 14(4), 55-58.

Plummer, J. T.(1974). The concept and application of lifestyle segmentation. Journal of Marketing, 38(1), 33-37.

Plummer, J. T.(1985). How personality makes a difference. Journal of Advertising Research, 24(January), 27-31.

Plummer, J.T. (1985). Brand personality : A strategic concept for multinational advertising. in Marketing Educators' Conference. NY : Young & Rubicam. pp. 1 - 31.

Putnam, M., & Davidson, W. R.(1987). Family purchasing behavior : Family roles by product category. Management Horizons, Inc.

Reisinger, Y., & Turner, L. W.(2003). Cultural differences between Asian tourist markets and Australian hosts. Journal of Travel Research, 40(Feb.), 295-315.

Reynolds, F. D., & Darden, W.(1974). Constructing lifestyle and psychographics, W.D Wells ed., Lifestyle and Psychographics, Chicago : American Marketing Association, 1974, pp.71-96.

Reynolds, F. D., & Wells, W. R.(1977). Consumer behavior. McGraw-Hill : New York.

Reynolds, T. J., & Gutman, J. (1988). Laddering theory, methods, analysis, and interpretation. Journal of Advertising Research, 2, 11-31.

Reynolds, T. J., Dethloff, C., & Westberg, S. J.(2001). Advancements in laddering. In T. Reynolds & J. C. Olson (eds.), Understanding consumer decision making : The means-end approach to marketing and advertising strategy, pp.91-118, Mahwah, NJ: Lawrence Erlbaum Associates

Rich, S. U., & Jain, S.C.(1968). Social class and life cycle as predictors of shopping behavior. Journal of Marketing Research, 5(1), 41-49.

Ritchie, J. R., & Filiatrault, P.(1980). Family vacation decision making - A replication and extension. Journal of Travel Research, 16(April), 3-14.

Robert. E. (1993). Investment decisions and the theory of planned behavior. Journal of Economic Psychology, 14, 337-375.

Rogers, E. M. & Svenning, L.(1969). Modernization among peasant : The impact of communication. New York : Holt, Rinehart and Winstone Inc.

Rokeach, M.(1973). The nature of human values, New York: Free Press.

Rothschild, M. L.(1979). Advertising strategies for high and low involvement situations, In Attitude Research Plays for High Stakes, J. C. Maloney and B. Silverman, eds. Chicago: American Marketing Association, pp.74-93.

Rothschild, M. L., & Gaidis,W.C. (1981). Behavioral learning theory: Its relevance to marketing and promotion. Journal of Marketing, 45(Spring), 70-78.

Ryan, C.(1992). The child as a visitor. World Travel and Tourism Review, 2, 135-139.

Ryan, M. J., & Bonfeld, E. H. (1980). Fishbenis intentions model : A test of external and pragmatic Validity. Journal of Marketing Research, 44 Spring

Schmoll, G. A.,(1977). Tourism promotion. London, Tourism International Prcss.

Seaton, A. V., & Palmer. C. (1997). Understanding VFR tourism beharior: The first five gears of United Kingdom tourism survey Tourism Management, 18(6), 345-355.

Seldon, P. J., & Fox, M.(1988). The role of food service in vacation choice and experience: A cross-cultural analysis. Journal of Travel Research, 27(3), 9-15.

Sharpley, R.(1996) Tourism and leisure in the countryside(2nd ed.). Huntingdon : Elm Publications.

Sherif, M., & Hovland, C. I.(1961). Social judgment: Assimilation and contrast effects in communication and attitude change. Yale Univer. Press.

Sheth, J. N. (1974). A field study of attitude structure and attitude-behavior relationship, In models of buyer behavior, Sheth, J. N. , ed., New York: Harper and Row, 242-68.

Sheth, J. N., Newman, B. I., & Gross, B. L.(1991). Consumption values and market choice: Theory and applications. Cincinnati, OH : South-Western Publishing Co.

Sirakay, E., & Woodside, A. G.(2005). Building and testing theories of decision making by travelers. Tourism Management, 26, 815-832.

Smith, G. H., & Engel, R,(1968). Influence of a female model on perceived characteristics of an automobile, proceedings from the 76th APA Annual Convention, 681-682.

Solomon, M. R.(2009). Consumer behavior : Buying, having, and being(8th ed.). Pearson Prentice Hall.

Sternberg, R. J.(1997). The concept of intelligence and its role in lifelong learning and success. American Psychologist, 52(10), 1030-1037.

Swarbrooke, J., & Horner, S. (1999). Consumer behaviour in tourism. Oxford, Butterworth- Heinemann.

Swarbrooke, J., & Horner, S.(2007). Consumer behaviour in tourism(2nd ed.). Oxford, Butterworth- Heinemann

Taylor. E. B.(1981). Primitive culture. London : John Murray.

Terry, D. J., & O'Leary, J. E. (1995). The theory of planned behavior: The effects of perceived behavioral control and self-efficacy. British Journal of psychology, 35, 199-220.

Thornton, P. R., Shaw, G., & Williams, A. M.(1997). Tourist group holiday decision-making and behaviour: the influence of children. Tourism Management, 18(5), 287-297.

Thurstone, L. L.(1931). The measurement of social attitudes. The Journal of Abnormal and Social Psychology, 26(3), 249-269.

Tom, G.(1990). Marketing with music. Journal of Consumer Marketing, 7(2), 49-53. Annals of Tourism Research, 19(4), 752-770.

Um, S., & Crompton, J. L.(1990). Attitude determinants in tourism destination choice. Annals of Tourism Research, 17(3), 432-448.

Upshaw, L. B.(1995). Building brand identity: A strategy for success in a hostile marketplace. John Wiley &Sons, Inc.

Uzzell, D.(1987). An alternative structuralist approach to the psychology of tourism marketing. Annals of Tourism Research, 11(1), 79-99.

Van Raaij, W., & Francken, D.(1984). Vacation decisions, activities, and satisfactions. Annals of Tourism Research, 11, 101-112.

Vander Stoep, G. A., & Gramann, J. H. (1987). The effect of verbal appeals and incentives on depreciative behavior among youthful park visitors. Journal of Leisure Research, 19(2), 69-83.

Vaughn, R. (1980). How advertising works: a planning model. Journal of Advertising Research, 20(5), 27-33. https://www.etoday.co.kr/news/view/1965781

Vroom, V. H. (1964). Work and motivation. San Francisco, CA: Jossey-Bass.

Warner, W. L., Meeker, M., & Eells, K.(1960), Social class in America: A manual of procedure for the measurement of social Status. New York: Harper & Row Publishers.

Weitz, B., & Bradford, K.(1999). Personal selling and sales management: A relationship marketing perspective. Journal of the Academy of Marketing Science, 27(2), 241-254.

Wells, W. D., & Gubar, G.(1966). The lifecycle concept. Journal of Marketing Research, 2, 355-363.

Wells, W. D.(1972). Lifestyles in selection media for travel advertising, the values of travel research. Proceedings of the Third Annual Conference, Salt Lake City : Travel Research Association, pp.63-74.

Wells, W. D., & Tigert, D. J. (1971). Activities, interests and opinions. Journal of Advertising Research, 11(4), 27-35.

Wells, W.D. (1975). Psychographics: A critical review', Journal of Marketing Research 12, 196-213.

Whyte, W. H.(1954). The Web of word of mouth. Fortune, November, 140-143.

Wilkie, W. L.(1986). Consumer behavior(1986). N.Y. : John Wiley & Sons, Inc.

Witt, R. E., & Bruce, G. D.(1970). Purchase decisions and group influence. Journal of Marketing Research, 7, 533-535.

Wong, S., & Lau, F.(2001). Understanding the behavior of Hong Kong Chinese tourists on group packages. Journal of Travel Research, 40(August), 57-67.

Woodside, A. G., & Lysonski, S.(1989). A general model of traveler destination choice Journal of Travel Research, 27(4), 8-14.

Woodside, A. G., & MacDonald, R.(1994). General system framework of customer choice processes of tourism services, in R.V. Gasser and K. Weiermair (eds.). Spoilt for choice. Decision-making processes and preference change of tourists: intertemporal and intercountry perspectives (pp.30-59). Thaur, Germany.

WTO(2005). Http://www.world-tourism.org.

Young, R. A., & Kent, A.(1985). Using the theory of reasoned action to improve the understanding of recreation behavior. Journal of Leisure Research, 17(2), 90-106.

Yuan, Y., & Wu, C.(2008). Relationships among experiential marketing, experiential value, and customer satisfaction. Journal of Hospitality & Tourism Research, 32(3), 387-410.

Zaichkowsky, J. L. (1994). The Personal Involvement Inventory: Reduction, revision, and application to advertising. Journal of Advertising, 23(4), 59–70.

Zaichkowsky, J. L.(1994). The personal involvement inventory : Reduction, revision, and application to advertising. Journal of Advertising, 23(4), 59-70.

Zalatan, A.(1998). Wives' involvement in tourism decision process. Annals of Tourism Research, 25(4), 890-903.

Zuckerman M.(1979) Sensation seeking: Beyond the optimal level of arousal. Hillsdale, NJ: Erlbaum.

찾아보기

저자 소개

김 병 용
e-mail : kimyong@suwon.ac.kr

한양대학교 관광학과 졸업
연세대학교 경영학 석사
미국 Iowa State University 호텔외식경영 석사
미국 Iowa State University 호텔외식경영 박사
미국 Iowa State University 가정 · 소비자교육 박사(복수전공)
현) 수원대학교 호텔관광학부 교수

관광소비자 행동론

초판 1쇄 발행 2013년 8월 16일
2판 1쇄 발행 2015년 8월 25일
3판 1쇄 발행 2021년 2월 10일
4판 1쇄 발행 2025년 2월 10일

저   자 김 병 용
펴 낸 이 임 순 재
펴 낸 곳 (주)한올출판사
등   록 제11-403호
주   소 서울시 마포구 모래내로 83(성산동, 한올빌딩 3층)
전   화 (02)376-4298(대표)
팩   스 (02)302-8073
홈페이지 www.hanol.co.kr
e - 메 일 hanol@hanol.co.kr
I S B N 979-11-6647-520-7

관광소비자
행동론